神社のいろは要語集 祭祀編

監修・神社本庁
扶桑社

■本書は、一般財団法人 神道文化会が発行（非売品）している
　『神道要語集　祭祀篇』を基とし、編集部の責任において要約したものです。
■『神道要語集』には「祭祀篇」と「宗教篇」があり、
　昭和49〜62年（1974〜1987）にかけて刊行されたものです。
■用語・引用・ルビなどは『神道要語集』に従っていますが、必要に応じて言葉を補
　い、用語についても適宜平易なものに変更しています。
■要約に際しては、各項目が署名原稿という性格から、その主旨を尊重し、
　原意を変えないようにしてあります。
　また、項目によっては、「宗教篇」から補うなど編集を加えています。
■『神道要語集』に引用されている文献のうち、割書きになっている部分は、
　括弧の中に入れて、割書きにせずに表記しています。
■原本となった『神道要語集』についての説明は348ページに記載しています。
　また、原本を入手することも可能です。

目 次

① じんじゃ　神社……8
② うぶすなのやしろ　産土社（産須那の神）……16
③ ちんじゅのやしろ　鎮守の社（鎮守の神）……20
④ やしきがみ　屋敷神……22
⑤ やまみや・さとみや　山宮・里宮……25
⑥ はっしんでん　八神殿……30
⑦ しゃかくせいど　社格制度……41
⑧ かんべ　神戸……47
⑨ まつり　祭り（祭祀）……52
⑩ さいじょう　祭場　斎場……54
⑪ しんでん　神田……60
⑫ かみのつかい　神の使者（つかわしめ）……71
⑬ さいじつ　祭日……73
⑭ きがん　祈願……79
⑮ さんけい　参詣……87

⑯ じゅんれい　巡礼……89
⑰ きゅうちゅうさいし　宮中祭祀……91
⑱ さんしゅのしんき　三種の神器……98
⑲ ひもろぎ　神籬……102
⑳ いわさか　磐境……109
㉑ かんなび　神奈備（神名火、甘南備）……115
㉒ しんたいざん　神体山……120
㉓ しんぼく　神木……123
㉔ しんのみはしら　心御柱……126
㉕ しんたい　神体……128
㉖ しんぞう　神像……130
㉗ しんよ・みこし　神輿……135
㉘ かみだな　神棚……139
㉙ じんぽう　神宝……150
㉚ とくさのみずだから　十種神宝（瑞宝）……155

㉛　たま　玉……158
㉜　しめなわ　注連縄……167
㉝　ちのわ　茅の輪……169
㉞　さいかい　斎戒……175
㉟　ろっこんしょうじょうのはらえ　六根清浄祓……180
㊱　じんじゃさいしき　神社祭式……182
㊲　かしわで　拍手……191
㊳　なおらい　直会……195
㊴　へいはく　幣帛……207
㊵　たまぐし　玉串（玉籤）……211
㊶　しんせん　神饌……213
㊷　みき　神酒……216
㊸　はつほ　初穂……225
㊹　のりと　祝詞（諄辞）……228
㊺　せんみょう　宣命……233
㊻　とおかみえみため　吐普加美依身多女……240
㊼　あまつのりとのふとのりと　天都詔詞太祝詞……243

㊽　しょうぞく　装束……245
㊾　だいじょうさい　大嘗祭……260
㊿　かんなめさい　神嘗祭……277
(51)　にいなめさい　新嘗祭……284
(52)　としごいのまつり　祈年祭……288
(53)　つきなみさい　月次祭……292
(54)　ちょくさい　勅祭……297
(55)　せんぐう　遷宮……301
(56)　とくしゅしんじ　特殊神事……310
(57)　なつまつり　夏祭り……317
(58)　じんこうさい　神幸祭……321
(59)　いずもこくそうのしんじょうえとこでんしんじょうさい
出雲国造の新嘗会と古伝新嘗祭……325
(60)　きゅうていのねんちゅう（じゅう）ぎょうじ
宮廷の年中行事……333
(61)　うらない　占（卜、占卜、卜筮）……338
(62)　みくじ　神籤（御鬮）……343

① じんじゃ　神社

「じんしゃ」「かみのやしろ」ともいう。日本民族古来の神祇（かみ）および祖先、偉人などの神霊（みたま）を奉斎する施設を有し、公衆の礼拝する宗教的、道徳的な尊信対象である。自然的、行政的、また文化的な関係に基づいて、歴史的にさまざまな発達の形態がある。神宮、宮（ぐう）、社（やしろ）、また、一宮、惣社、別宮、摂社、末社の名称や、氏神の社、鎮守の社、産須那の社といった呼び方があるのもこのためである。なお、古くから、「カンナビ」（神奈備、神南備ほか）、神籬、磐境、石座、御室などといった形式で存在した。「ほこら」（祠宮）ともいい、「お宮」や「神祠」ともいう。

名称と性格

神社は日本民族が古代から神霊の鎮座を仰いで奉斎し、もっぱら祭祀を行い、祈りを捧げるための形式である。上古、人々は神霊が春秋の季節に、あるいは一時的に降臨されるものと信じてきた。それが、祭祀を行う氏族の移住定着の傾向にともない、神霊降臨の時季や場所に変化が少なくなり、神祠の建築的発達を促したと思われる。同時に、奉斎方法に関しても変化が表れ、人々が置かれる社会環境も移り変わり、神社としての性格、機能に種々の変化が起きた。

つまり、奉斎する神霊にも自然神、功労神、文化神、国家神、地方神、慰霊神、また、先住者の神や帰化人の祖先などの多様性が見られるようになり、信仰心理や生活事情の変化により、社会的に鎮守の神、氏の神、産土（本居）の神、あるいは特殊な信仰対象の神となっていった。あるいは、国家的制度として官社の制が生じ、地方では慣習として一宮、惣社などの称を生んだ。さらに、特定の社格的呼称としてそれぞれの時代の制度を反映し、官幣社、国幣社、さらには府県社、郷村社、あるいは、神宮、宮および一般の神社という区別ともなった。一方で、とくに仏教との交渉により、権現あるいは宮寺など、信仰ならびに奉斎方法にも著しい変遷も見られる。

これらの変遷には個々に複雑な諸相があるが、神社全般という視点で考察すると、崇神天皇の御代から国家行政上、朝廷の崇敬する官社の制度が徐々に発達し、大化改新後には中央に神祇官が成立した。平安時代には、『延喜式』に

よると、全国の神社のうち三一三二座（二八六一所）の官社は伊勢の神宮をはじめ、2月の祈年祭には班幣（頒幣）が行われた。官幣の大社には月次祭・新嘗祭にも幣帛を奉り、畿内の官幣小社には鍬・靫（矢を入れて背負う道具）の二具、もしくはその一方が献ぜられた。このような神祇崇敬は地方の国府にあっても、国司（国守）崇敬の社として、地方行政上の重要事項の一つでもあった。『延喜式』巻八「祝詞」によると、重要な祭祀は、ほぼ農耕に関連し、これに除災防衛の神祭が加わっている。神社崇敬の根本は主として宝祚無窮、天下の安穏、国民の幸福という3点がその基盤となっている。

同時に、すでに奈良時代から神仏信仰の調和が進み、平安時代にかけては護法善神、寺院鎮守の神、また、神祇の聞法解脱（聞法とは仏教の教えを聞く・学ぶということ）といった理解も現れ、平安時代末期から鎌倉時代にかけては、神宮および各地の大社に本地垂迹の神学的理論も進展し、権現の信仰や法体（仏や僧侶の姿）の神像も諸社に現れるようになった。ここに修験道や陰陽道なども影響し、人々の敬神観念は複雑かつ包容的になった。こうして神社は、公共的な性格とともに、種々の様相を生じていく。以降、武家政権という新しい政治体制の出現、さらには経済の発展にともなって、その信仰形態には、武家的、文化的、職業的な色彩も濃厚になっていった。

また、平安時代半ばからは各地で総社、一宮、二宮、三宮、四宮など社格に準ずる称号も定まり、一方で、霊物、霊験としての特殊な信仰も集団的に発生した。中世期には氏神と氏子の関係も強固なものとなり、また、特定の人物や祟霊（怨霊）を神祠に祭ることも著しくなっていった。

このような、ある種、個人的な信仰が顕著となっていった間にも、神社を政治的な観点から、あるいは道徳的に尊崇する傾向は発展し、神社の祭祀は国家の公事として取り扱われ、神社そのものの公共性（国家性および地域性）が発達した。この傾向は明治維新に際して、祭政一致の方針が強調された結果として、とくに顕著となった。

祭神、神体、神異および敬神観念

神社には神霊（かみのみたま・神祇）が鎮座し、これを祭神と称する。通常一柱の神、即ち一座であるが、これに二座、三座、さらに多くの神霊を配祀する神社もある。

祭神は天照大神をはじめとして、多くの天神地祇（あまつかみくにつかみ）即ち八百万神だが、祭神として奉斎する神祇は、種々の由縁によって定まる。神社の数は古来、さまざまな理由によって増加し、明治時代には日本人のいるところ、神社が存在するといわれた。一時、一二万社を数えたこともあるが、明治末年、地方振興の目的で多くの神社の合併が行われ、今では、およそ八万前後の社数であるといわれる。

　中世以降、主として国家的功労者を祭ったいわゆる人格神を祭神とする神社が多くなり、とくに明治以降、それは著しくなる。また、神社のうちには、生存中の人を神祠に祭ったところがある。これを生祠（せいし）と呼ぶ。多くは尊信感謝の念から記念的に設けたものだが、次第に神社の祭神に奉仕する形式となっていった。古く中国にも存在したが、日本でも近世以来、相当の数にのぼっている。また、不遇の運命に夭折した人を慰霊するために祀る神社は、中古以来、御霊社（ごりょうしゃ）として多くなったが、さらに明治の初年に、国家のために殉難した人々の霊を奉斎する招魂社も発達し、東京の靖國神社をはじめ、全国各地の護国神社を出現させた。

　神社に奉斎する神霊が憑依する・鎮まるものを神体といい、みたましろ（御霊代）と称している。即ち、神霊（みたま）の憑（よ）り坐し処であり、神社の本体である。神体は、その祭神もしくは神社と格別の関係を有するもの、あるいは、それに模するものが多く、鏡、玉、剣、弓矢、神像などが用いられているが、全国多数の小社には、神聖感を想起しやすい紙を特殊な形式で加工した幣束（へいそく）が備えられている。また、特殊な形体の石材や木材などによるものもある。

　神社のうちには神木が尊重される信仰がある。京都伏見の稲荷大社の験（しるし）の杉、和歌山県の熊野本宮大社や熊野速玉大社などの梛（なぎ）がその例である。また、神社と密接な関係を有する鳥獣の類が、神の使者と考えられるものもあった。これをつかわしめ（神使）という。八幡宮の鳩、春日神社の鹿、日枝神社の猿、稲荷神社の狐などその例は少なくない。

　神社は古来、その祭神の神威・神徳に基づいて、普通ではない現象や、そのように理解する心情などにより、人々に畏怖、驚歎、もしくは感謝の念を促してきた。それは時として、著しい神佑（しんゆう）・神助や神罰崇咎（すうきゅう）として受け取られ、それぞれの個人の信仰に影響を与えてきた。吉野末昭の『本朝諸社霊験記』、橘守部（ちりべ）の『歴朝神異例』、山口起業の『神判記実』、度会延佳（わたらいのぶよし）の『伊勢太神宮神

異記』などにはそれらの例が多く出ている。

　神社の祭神、また、神祇に対する日本人の崇敬は、存在の根本に感謝し発生の始めに思いを致す「報本反始」、もしくは「祖先敬慕」の念を基調とするが、そこには感謝の意を捧げる「感恩報謝」や「和慰奉告」の心情のみならず、「祈祷」もしくは「除災招福」の動機も著しい。『万葉集』で「社」の字を、希望の意味がある「こそ」と読ませてあるのも、これに由来するのであろう。

　このように日本の敬神観念には、その歴史に裏づけられた文化と思想によってさまざまな特色が形成されている。従来、神祇信仰を表現する上でよく使われる「敬神愛民」「敬神尊皇」「敬神愛国」「敬神崇祖」「敬神崇仏」「敬神崇儒」「敬神尚武」「敬神好学」「敬神明倫」「敬神愛郷」「敬神勤労」などという用語を列挙すれば、そこに神社崇敬に関する重要な特色が見えてくるだろう。

神社の建築的発達

　古い時代には、神霊が坐すところとして神南備、石座と称する場所、また、神霊を招請する一時的な施設として神籬などがあったと思われる。この間のことを、神社無建築時代と称している。これらの場所や施設については、その施設がそのまま続いて使われることもあった。また、神聖な場所や施設の美称を意味する「磯城神籬（磯堅城神籬）」や「磐境（いわき・磯城磐境）」の名が古典にあることから、その名称が設備が発達した後も引き続いて使用されたとも推測される。

　神祠の最初の建築は、上記の推移と古代の住宅建築の元始的形式から考えて極めて簡単な「天地根元宮造」（地面を掘った竪穴の上に切妻屋根を伏せただけの簡単な形式のもの）というようなものの存在が推測される。次いで、宮殿建築様式としての出雲大社、それから変化したものと思われる祭祀建築様式としての伊勢の神宮、また、それらから発達した大鳥神社、住吉神社および春日神社などの設備に基づいて「大社造」、「神明造」、「大鳥造」、「住吉造」などの神社建築が発生した。そして、仏教文化の影響を受けて、平安時代の末から「日吉造」、「八幡造」、「権現造」などの出現を見ることとなった。

　これらの建築様式は主として本殿（神殿）を中心としての称呼だが、全体としては、拝殿、幣殿、および楼門などが相まって一社を構成するように進展した。社殿は本来、純粋性を重んじ、その多くは総檜造や素木造で清々しさを湛

えているが、中世以降、次第に華麗で複雑な様相をそなえるものも発達した。日光東照宮や静岡の浅間神社などである。その一方で、古くから神体山を信仰する大神神社や金佐奈（金鑚）神社などでは、本殿を構えない神社も存在している。

一般に神社は、自然の山水を背景とし、荘厳な瀑布や岩石が神殿のごとく作用する場合もある。ことによく繁った森林は、『万葉集』で「神社」または「社」と書いて「もり」と読ませ、今も象徴的称呼として「鎮守の森」という語が使われるように、その神威的感化は深い。境内には、鳥居や狛犬、神楽殿、手水屋（手洗池）、参道などがあり、また、多くの神社には摂社、末社などの付属の社もある。

神社の奉仕者

日本には、天皇が天神地祇を祭り、皇祖皇宗の神霊社を斎う祭祀があり、上古から中臣氏、忌部氏などの神祇氏族が朝廷の神祭に奉仕する制度があった。一方、神社に奉仕する者として、古く宮主、国造などがあり、上代以降、宮司、禰宜、祝、神主、祠官、神官、神職などの官制的、社会的名称を有する奉仕者がいる。また、比較的古い時代からの奉仕者として、男女の巫覡（みこ、みかんなぎ）などもおり、中古の末からの神仏習合の神社では別当、社僧、供僧などの奉仕者も生まれた。なお、古くから神宮をはじめ各地方の特殊な大社には、さまざまな奉仕要務の多様性や世襲的な奉仕との関係から、職別による種々の名称もあった。

これらとは別に、天皇の命を受けて神明に奉仕した皇女、伊勢の斎宮（いつきのみや）・斎王（いつきのひめみこ）、賀茂の斎院（斎王）もあって、神の御杖代とも称せられた。神宮では明治以降は必ずしも皇女ではなかったが、祭主が親しく神宮に奉仕し、一面で中古以来のこれらの遺制を継いでいる。

また、古代の神祇官に伯、大副、大佑、神部、卜部などと称する奉仕者がいたことも、併せて考えなければならない。これらの奉仕者の中には、伊勢の内宮における荒木田氏、外宮における度会氏、また、神祇官における白川伯家、卜部氏や、出雲大社、日前国縣神宮、阿蘇神社における国造家をはじめ、かなり古い系図を有する世襲祠官が多いことも注目される。

明治時代から終戦までは、神社行政の方針から、伊勢の神宮における神祭の

主要な直接奉仕者が神官と称され、ほかの一般の神社の奉仕者は神職として官吏に準ずる待遇を受けた。

近世期、一般神社の神祭奉仕者を巫祝(ふしゅく)とも称したが、その直接的な奉仕者以外で、重要な間接的奉仕者というべきものとして氏子、崇敬者および奉賛団体がある。祭政一致の体制の時代には、その監督あるいは参与的位置にあった官公吏も一種の奉仕者だったといえよう。とくに上代氏族制度の時代では、一族の祖神を祀ったり特殊の崇敬があった神社に、その氏族の長である氏上(うじのかみ)が、氏人を率いて奉仕した。前者においては、国司が参向して行われた山城の賀茂神社の国祭(くにまつり)、後者においては藤原氏の氏上が行った奈良の春日神社の例祭がその好例である。しかし、言ってみればそれらは委員的な臨時の奉仕者だが、常任的に奉仕を続けている家柄に社家や神人(じにん)といった存在もあった。

氏子は氏神たる産土神社の創立者、支持者、奉仕者として最も重要な要員で、明治以来の神社制度にもそこに重点が置かれた。氏子区域にとくに氏子会を設けたところもあるが、その氏子総代による各神社の総代会は現在、都道府県の連合体としてまた、全国組織としても神社の興隆に関係が深い。また、氏子に準ずる崇敬者も存在している。さらに、特殊な団体的奉仕を継続する講社（講、講中）や、主として経済的後援もしくは興隆の趣旨によって組織された奉賛会を持つ神社も各地に存在する。

奉仕の方法

神社の奉仕には種々の形態があるが、その主たるものは祭りへの奉仕である。神社の祭祀にはさまざまな方法や形式があり、それらの変遷もある。祭りは神威を崇め、神意を和ませ、また、神助霊験を祈請したり、あるいは、神恩を報賽し神徳を礼讃するものである。その奉仕の形式には、祭祀の構成に沿って、斎戒や修祓を経て、神饌の献供、祝詞の奏上、神楽の奉奏、幣帛の奉献や玉串奉奠(ほうてん)などがある。

上代には特定の氏人が多く参加し、長い時代にわたって朝廷や国司、官衙などの奉幣使が参向してきた。また、山車・山鉾などを曳いて華麗さも呈することとなり、神社によっては特色ある特殊神事も発達した。賀茂の葵祭、奈良の春日祭、厳島の管絃祭、京都の祇園祭など著名なものは多い。

神社の奉仕の中には、神社の維持運営のための日常業務もある。それは神社

の運営事務、氏子崇敬者の取り扱いなどを含めた常務的奉仕であり、神明の奉仕とともに神職にとっての要務である。地方の多くの小規模神社では、氏子崇敬者の総代が神職を助け、あるいは、神職に代わって奉仕する場合も少なくない。現行の制度では、総代もしくは、これに準ずるものが神職とともに宗教法人法上の責任役員となっている。

　神社の存立には、もとより経済的な安定が重要である。山林田畑などの不動産や資金など基本財産を有するところもあるが、多くは賽銭や初穂料の奉納など氏子崇敬者の負担金や献穀を主としている。とくには社殿の修理、祭典の挙行、また、種々の調度や施設の整備に関しても、奉納によることが少なくない。

神社をめぐる制度と神社の社会的・文化的意義

　神社行政ならびに社格など神社をめぐる制度については、系統立てて考察する必要があり、それらに関する学問としての神祇史（神社史）も存在する。概括的にそれを見て、とくに注意すべき点は、上古から、朝廷や国家、地方行政府の崇敬ならびに管理を受けて官社としての発達を遂げたことである。とくに明治以来は、祭政一致の方針が打ち出され、官幣社、国幣社、府県社以下神社の社格制度も進展した。そして、その敬神思想を基調とし、「国家の宗祀」としての行政的・教育的性格がほぼ確立したといえよう。しかしながら、終戦とともに、連合国軍の占領政策に基づいて、神社の公共性や国家的性格は一朝にして放棄され、宗教法人として取り扱われることとなった。こうして神社の崇敬は、民族的伝統というよりも、郷土の習俗に重きを置く民間信仰や宗教的観念に基調が置かれるようになった。一方で、伝統的な敬神観念は、神祇崇敬の根本課題として、今なお影響力を残している。

　しかし、神社の制度に幾多の変遷があったにもかかわらず、常に伊勢の神宮が全国各地の神社の中心として尊崇の位置にある。それは国家国民の中心が皇室であるように、常に変わるところがない。終戦以降は、神宮を本宗とし、各都道府県の神社庁を基盤として、中央に設置された神社本庁が少数の単立神社を除いて全国の神社を統合組織している。

　神社の祭祀は国家の公事として、上古から近代に至るまで、その公共性を発揮してきた。一方、神社の郷土的・社会的性格とあいまって、産業および種々の習俗や娯楽などに関係の深い神事や芸能が、直接・間接に神社の祭祀に結び

ついてきた。神社は祭りの宗教であり、生活の宗教、民族的習俗であるといわれる理由の一つである。したがって、全国いたるところに、特色ある神事芸能が形成され、存続されているものが少なくない。これらも、日本における祭り、祭祀、郷土芸術、民間信仰として格別の考察が必要とされている。

神社をめぐる神事習俗は多年の間に、広義の祭祀、即ち祭礼を形成し、その祭事から離れて郷土のま・つ・り・として特立したところもある。一方では、その地方での神社の存在を際立たせ、神社と氏子崇敬者、また郷土との関係を深めさせると同時に、種々の有形、無形の文化財を生むきっかけともなっている。日本の民情、文化、風俗の地方色を研究する場合の主要な資料としても重要であろう。

神社の支持・崇敬の基盤が時代によって重点を異にしても、その基盤は氏族であり集落、郷土、国家などであった。つまり、教育や職業などをはじめ種々の共同体や社会と関係を持っており、神社は思想的、文化的、社交的、経済的にもさまざまな関連を有している。各地の年中行事をはじめとして、各種の習俗（宗教的、儀礼的、娯楽的、協同的、産業的、教化的、体育的、芸能的な習俗）を形成してきた。そのため、民俗学や社会学、また、風俗史、郷土史、産業史、文化史といった幅広い方面から研究され、とくに日本のまつり、民間行事、都市の発達といったことは重要な研究対象となっている。

また、神社の建築や奉納品などは、日本の工芸美術、林苑および郷土の物産といったアプローチからの研究対象にもなっている。そこからは、人々の協働の技や知恵、それらを形成してきた思想や郷土愛なども浮かび上がってくる。中央も地方をも含めた日本の悠久の姿を見ることができよう。

【参照事項】
うぶすなのやしろ　ちんじゅのやしろ　しゃかくせいど　まつり
さいじょう　ひもろぎ　いわさか　かんなび　しんたいざん　しんぼく
しんたい　しんぞう　じんぽう　じんじゃさいしき　へいはく　のりと
にいなめさい　としごいのまつり　つきなみさい　とくしゅしんじ
なつまつり　じんこうさい
（以下『宗教編』）しんとう　じんじゃしんとう　はっけしんとう
りょうぶしんとう　じんぎかん　たいきょうせんぷ　だいきょういん
しんとうしれい　じんじゃほんちょう　そせんすうはい

② うぶすなのやしろ
産土社（産須那の神）

　うぶすなとは「産土」とも「本居」とも書いて、出生地もしくは永住地に対する情緒的・信仰的意識で、郷土意識と結びついた神祇信仰の一つの形態である。そこに奉斎する神社を「産土の社（産土神社）」「産須那の神」、また、「氏神」や「鎮守の社」とも称する。

語義

　「うぶすな」の名義については、その用語の出典である『日本書紀』推古天皇32年10月条に、蘇我馬子が、阿曇連（あずみのむらじ）と阿倍臣（あべのおみ）の2人から天皇に奏上させた詞のうちに「葛城縣者元臣之本居也。故因‐其縣‐為‐姓名‐」（葛城県はもと、私の「うぶすな」であります。その県にちなんで蘇我葛城氏の名もあります）とある。この訓については、古く北野本にも「本居」を「うぶすな」としており、明治時代に飯田武郷（たけさと）が著した『日本書紀通釈』巻五十四では、『三代実録』や「風土記」、『延喜式』などでの用例が紹介されている。

　平田篤胤の門人で京都・向日神社の祠官・六人部是香（むとべよしか）は、その著『産須那社古伝抄廣義』巻二で「産須那と称すは、為‐産根（うぶね）といふ事なるを、根と那とは、親しき通音なり。然るを、産砂の義なりとて、近世の学者の、産土の字を填来（あてき）つるは、大きなる誤りなり」と説き、「産須那とは、万物を産為（うぶす）根本といふ義」であると強調している。しかし、一般的には「産土」「産砂」に近い考え方に基づく語源説のほうが多く、妥当であると思われる。同じく篤胤門下の鈴木重胤は『日本書紀伝』巻二で「産為地（うぶすな）」の義とし、「うぶすな」の「な」という語について、同じく巻二で「名は成（なり）にて、物を成によりて名あるよりして、其住着ける地を名といへり。（中略）産業をナリハヒと云事は、もと土地に物を生ずる農作に起れる名なるべし」と解説している。

　この「な」という語について、谷川士清（たにかわことすが）が著した国語辞典『倭訓栞（わくんのしおり）』では「名は生也、成也」とし、本居宣長は『古事記伝』巻三十九で「名と云言の本の意は、為（ナリ）なり、為（ナリ）とは、為（ナ）りたるさま状（カタチ）を云フ」と説いている。

　また、『倭訓栞』では、「うぶすな」の項に、「推古紀に本居をよめり、産出の義なるべし。邑里の名にいふも、名ある人の出でたる所をよべり。その義風

土記などに見えたり。俗に本村の社祠をもいへり。神名帳に宇夫須那神社といへるも皆同じ。西土に斎二土地一など見えたり。児を生んで、産土の神に詣る事、竺土も同じ……」と、かなり豊富な解説をし、その頭註には伊勢貞丈による『貞丈雑記』巻十六より以下の部分を引用している。「うぶすな　と云ふは、人々の生れたる在所の神をいふ。然れども是はうぶすなの神といふべし。神の字を添へていふべき事なり。(中略)本居はもとのをりどころにて、産れたる処を云ふ。うぶは産なり、すなはち土なり。然れば本居と神の字をそへていふべし。うぶすなと計にては神の事にあらず。」

　六人部是香の説の影響を受けた幕末から明治時代にかけての国学者で、神理教の教主・佐野経彦（つねひこ）は、『宇夫須根神考』で、ウブスニともウブスネとも通じて、万物の生ずる根と解しているが、さらにウブスニという語がウヂ（氏）という語とほぼ同義で、産須那（産土）の神、即ち氏神だと説いている。

　また、明治時代の国語学者・大槻文彦が編纂した日本初の近代的国語辞典といわれる『言海』の増補改訂版である『大言海』の「うぶすな」の項には「産住場ノ約カト云フ」、「(一) 人ノ、其生レ出デタル土地、本籍ノ地、産地、生地、……、(二) 次条の語の略」として、次条で「うぶすなのかみ」を解釈し、「産土神、産神。［諸人ノ産土ノ神ノ義］、其地ヲ敷キマシ、鎮マリマス神。地主ノ神、鎮守ノ神、コレヲ氏神トモ云フ。略シテうぶすな。生土神……」と記載されている。

　この産神という称は、古くは平安末期の『今昔物語』巻三十にも見えて、一般的には「うぶがみ」と読ませている。これは俗称もしくは産須那の神の略称、もしくはこの二字でも「うぶすなのかみ」と読ませたとも考えられる。また、この産神に対して氏子を産子（うぶこ）という呼例も近世以降には見られるが、生まれ落ちた子、即ち赤子（あかご）を「うぶご」と称する例もあるため、あまり適当な名称とは思われない。

ほぼ同一視される産須那の神と氏神、鎮守の神

　「本居」または「生土」、即ち「ウブスナ」の神を、古代から各氏族は「氏神」として尊崇した。武田祐吉が「万葉集に現れた神の観念」の中で、「氏神といふのは、それぞれの氏族で特に崇敬してゐる神をいふ」（『国文学』三ノ一）と略言したのもこの意味であると思われる。その「特に崇敬してゐる神」は、土

地についての霊的観念であると同時に、生活や経済的な意味において土地は上古の人たちにとって今以上に意識が強く、そこに鎮座しうしはく神をうぶすなの神として尊崇するのは自然であろう（「うしはく」については『神社のいろは要語集　宗教編』参照）。それが長い年月にわたって一族の祖神として仰ぐ氏神と同一であれ、違うものであれ、信仰的な親近感によって結びつけられてきた。平田篤胤（あつたね）は『玉だすき』巻五において、本質的には祖先神たる氏神と本居神たる産須那の神々を区別しながらも、「氏はもと内と同言なるが、其の一族また一郷の内にて、親しく仕へ祀る神の義なり。然れば内神といふに同じく、氏子は内子（みうちこ）といふが如く、其の神の御内子なる義なり」と説いている。

　このように、本居（生地、地主（じしゅ））の神と氏の神（家の神、宅神（やかつかみ））というような地縁的・血縁的観念に基づく信仰は、生地、居住地、所領地といった郷土的・集落的な生活意識が深くなるにともなって、同時に発達してきた「鎮守の神」の信仰と結びついて、平安時代以来ますます濃やかになっていった。そうして中世以降、各地方に発達する山の神、田の神、産業の守護神などに対する信仰的習俗とも関連して、種々の発達を示した。そして、氏神、鎮守神といった信仰とほとんど同一に意識された産土神の信仰は、都市にあっても農山漁村にあっても、氏子奉斎の中心となった。それが、明治維新以来の行政的制度としては、「氏神氏子」の用語で公に称されるようになった。

うぶすなの神の信仰

　これまで概観したように、氏神祭の祭祀と産土神の祭祀は時代を経るにしたがい共通していくが、上代以来、氏神祭にはそれぞれの氏族において特殊の様相が存在し、一方で氏神信仰は広く源平藤橘（とうきつ）の氏族的信仰としての形式をもそなえていて、実際にはそれらを概括的に捉えるわけにはいかない。とくに中世以降、全国的に郷土的、集落的な生活が発達して各地方の習俗が発展・固定化するにつれて、それぞれの特殊神事、郷土祭祀が形成されてきた。

　一方、うぶすな信仰はその語の意味からも、子供の出生と関連して意識されるところが多く、近世になると「初宮参り」や「お宮参り」を「うぶすな詣」と称する例が多く見られるようになった。その裏づけとして、近世の神道思想では、産須那の神の幽世（かくりよ）における性格が積極的に説かれることが顕著となった。

　即ち、産土の神（各地の鎮守の神、氏神）は、その氏子を常に守護しつつ、

その帰幽後の霊魂を導き、顕世（あらわによ）における行動を審判し、また、ともにその郷土を守護するというもので、『日本書紀』の「神代紀」にいう幽冥主宰の神たる大国主神に報告・連絡するという信仰である。その信仰は10月（神無月）の出雲大社における「神在月」の信仰として伝説化された。

　この幽政の思想は唯一神道で知られる吉田兼倶（かねとも）の『唯一神道名法要集』のうちに、顕露教に対して隠幽教を立てていることからも、兼倶の時代に、その内容が展開されてきたと思われる。その思想を祖述した近世中期の匹田以正（ひきたこれまさ）の『神風記』や吉田定俊の『唯一神道俗解』などからも、それが窺えよう。この幽政の思想は「かくりよ」の項（「宗教編」）で解説したように、篤胤が強調し、その門人・六人部是香による『産須那社古伝抄』に詳細に述べられている。

　これは前述の通り、ウブスナの語義を産為根（うむすね）と解する見解によるもので、その語義解釈にともなう産須那神の幽政の性格については、篤胤が『玉だすき』にも引用しているように、元禄のころの神道学者・真野時綱（まのときつな）の『古今神学類編』神階篇に見える土地の神霊の信仰にも遡ることができよう。

> 其の国、其の土地の霊（みたま）の御徳（みいつ）は、各（おのおの）異にして、人物動植みな其神気を得て、産生する故に、地宜方物各々その性を異にす。産土神はこれ土地の霊（みたま）なるが、大八洲に各自の国魂ノ神あり。一国には、国魂といひ、一処には産土ノ神と称す。地勢方角に従ひて、其霊（みたま）異なる故に方隅不産の物あり。人また容貌言語志気の不同あり。是みな土地の神霊の寓する所ある故なり。

　このような日本古代における土地に内在する神霊、その神がその土地をうしはく信仰や、おぼろげながらも幽冥（かくりよ）の観念などが、遠くその源流をなしている。そういった観念を踏まえ、篤胤は顕世の生活を有意義ならしめる幽政について創見的にその想像をめぐらしたが、是香は、いっそう、具体的な幽政の教えを説くべく、産須那神のはたらきを説いている。

【参照事項】
じんじゃ　ちんじゅのやしろ　やしきがみ　さいじょう　とくしゅしんじ
（以下『宗教編』）うしはく　かくりよ

③ ちんじゅのやしろ
鎮守の社（鎮守の神）

　日本における神社もしくは神祇に対する信仰の形態の一つ。一定の集団または家族が定住する土地を鎮安保護する神としての信仰で、氏神の社、産土の神などと相通じ、後世にはほぼ同義の語として用いられる。氏神、産土神と同じく単に鎮守の神（鎮守神、鎮守様）ともいう。

　歴史的には、古く一定区域の土地を鎮安守護する神の義で、広く一国の鎮守神、あるいは王城、後院（上皇の御所）、城内、神社、寺院、第宅（邸内）など、それぞれの鎮守神があり、その土地ならびにその地に存する中心的営造物を鎮護する意に基づいている。「うしはく神」という思想に関連する信仰で、地主神ともいい、まれに総社と称することもあった（「うしはく」は『神社のいろは要語集　宗教編』参照）。

　これらの思想については『古語拾遺』や、平安末期に国衙の命で注進された『大倭神社注進状』の「大地主神」、また、後世の「地主神」の思想とも関連が深い。いずれも鎮守（の社）の信仰の基盤だが、この鎮守の社の思想自体には神明加護の信仰が深くはたらいている。中世末期以降、一般には住民を守護するという信仰的称呼として用いられる場合が多い。

鎮守の社の歴史と諸例

　一国の国土鎮守神は、五畿七道の各国々における一宮あるいは名神大社のような著名な神社を、その国の鎮守神と仰ぐもの（『本朝世紀』天慶2年4月条／『本朝世紀』は六国史のあとを継ぐ史書）、また、国内の数社を合わせてその国の鎮守とするものもある（『淡路国太田文』、『上野国神名帳』）。ちなみに「太田文」は図田帳・田数目録ともいい、鎌倉時代、一国内の荘園、公領のすべてについて田数を記載した土地台帳とのこと。また、『上野国神名帳』は上野国の「国内神名帳」のことで、神祇官が作成した神名帳・「延喜式神名帳」に対して、国司が作成した所管国の神社を記したものである。神社帳ともいう。

　王城鎮守神は都を守護する神で、特定の二一社をもって王城鎮守神としたり（『廿一社記』／北畠親房著）、賀茂大明神を朝家（皇室および朝廷）の鎮守としたりする（『朝野群載』巻二／平安時代の詩文・宣旨・官符などを分類編纂

したもの)。また、後院鎮守神については、上皇や法皇の御所(後院)を守護する神で、中京に坐す式内の隼（はやぶさ）神社を朱雀院の鎮守神とした(『山城名勝志』巻四／山城国の名所旧跡を収録。宝永2年・1705)もので、ほかにも正徳4年(1714)に遷座祭があったと記録される法皇御所の鎮守神・春日社(『続史愚抄（ぞくしぐしょう）』巻四／江戸時代後期の編年体歴史書)などがある。

　城内鎮守神は、徳川家康が江戸入府の際、麹町の山王(日枝神社)を選定して「当城の鎮守のやしろ」と仰いだことでも知られるように、近世、各藩でも多く見られる。山王の神を鎮守にしたのは比叡山に早く例があり、中世以来、白山社、稲荷社などとともに城内や社寺の境内に多く見る風習である。

　神社鎮守神は、神社の特殊な事情あるいは氏子の格別な尊信に基づいて勧請し創立した神社で、神宮の神機殿の鎮守神(『神名秘書』、『大神宮儀式解』巻二十四／『神明秘書』は『伊勢二所太神宮神明秘書』のことで鎌倉時代中期の渡会行忠の書。『大神宮儀式解』は江戸時代中期)や、江戸の富岡八幡宮の四隅に鎮守神を祀った(『江戸砂子（すなご）』巻六／江戸時代中期に著された江戸の地誌)ものが挙げられる。

　また、寺院鎮守神としては、古く東大寺の鎮守八幡宮勧請(『東大寺縁起』など)、東寺の鎮守八幡宮(『東宝記（とうぼうき）』三巻など／南北朝から室町初期にかけて成立した東寺の歴史やあらましが書かれた書)がよく知られており、東福寺鎮守としての法性寺成就宮（ほっしょうじじょうじゅぐう）(『百錬抄』巻五十／鎌倉後期に成立したと見られる歴史書)、仁和寺の鎮守・熊野若王子など、中世以来、その例が多く見られる。著名な寺院に鎮守神を奉斎するのは、寺院開基の僧侶が大陸に渡り唐や宋で修行を行った際に神明の加護を祈ったとする伝説や、あるいは神仏の習合を図るため、さらには霊山勝地（しょうち）を開拓して建立した寺院自体の守護を祈るなどの理由から、護法善神として奉斎したものが多い。その際には、新たな神社を創建したり、以前からその地に鎮座する神社を鎮守神としたりする場合がある。延暦寺と日吉神社(比叡大明神・日吉大社)や、金剛峯寺と丹生都比売（にうつひめ）神社との関係はその後者にあたる。

　中世から近世にかけての文書類などには、氏之鎮守神や第宅鎮守神なども散見される。いずれも上代・中世の氏神の信仰に由来していると思われる。前者には、武士の一族が一集落に定住し開拓に従事した関係で、前述したように、以前からその地に鎮座する神社もしくは新たに勧請した神社を鎮守神・氏神と

仰いだ例も見られる。

　以上のほかに、伊予の大三島神社（大山祇神社）などは、中世以来、武家を中心として、とくに武神としての尊崇が篤かった事情などから、日本総鎮守、六十六国の総鎮守大明神と称された（『茅窓漫録』、『神社私考』など／『茅窓漫録』は江戸後期の茅原定の随筆、『神社私考』は伴信友による）。

　このように鎮守神の信仰は古くからあったが、この名称は六国史までの重要古典には見出せず、前引の『本朝世紀』の天慶2年（939）の記事をその初見とし、次いで『伊呂波字類抄』（平安末期から鎌倉初期にかけて成立した古辞書）、また、『節用集』（室町時代中期に成立した用字集・国語辞典の一種。その後、形を変えて昭和初期までその名で出版された）などに鎮守と出ている。

　鎮守という語は近世以来、一種の生活上の安定感にともなって庶民的に親しまれ、氏神の社を鎮守の森と呼んだ。したがって、氏神祭りや、産土祭りを鎮守祭（鎮守祭礼）と称する場合が多い。

【参照事項】
じんじゃ　うぶすなのやしろ　しゃかくせいど
せんぐう
（以下『宗教編』）うしはく

やしきがみ　屋敷神

　屋敷地内とその周辺に奉斎される神で、そこに住む人間の生活全般にわたる守護と、奉斎地域、家宅の鎮守と考えられている。古くから文献に見え、日本全域にわたって見出せた民間信仰の一つ。その形態は非常に複雑だが、神社信仰の研究にとって非常に重要な存在で、民間信仰の基本問題に深く関わる信仰現象でもある。屋敷神という語は明治以降に学術用語として一般化したが、古くは「宅神」と書いて「ヤカツカミ」「ヤケノカミ」「イエノカミ」「ヤドノカミ」などといい、「邸内神」と書くこともあった。これらの概念では、竈神などの屋内に祀られる神も含み、必ずしも屋外に奉斎される神とは限らないため、屋敷神の用語が用いられるようになったと考えられる。しかし、屋内外の斎場の区分で信仰の本質を区分することは難しく、神道の分野では公に認められているとはいえないが、ここではそれに関する一連の信仰を取り扱う。

屋敷地内に住む者の生活全般に関与する神

　屋敷は語義からいうと「ヤ（家）」・「シキ（敷）」であつて、家屋が建築されている土地、または建築されるべき地積をいう。普通に「イエ」というときは、それが日常の生活を共同にしている家族を指す場合と、その家族が起居し、諸活動を行う場としての家屋を指す場合の二通りの意味がある。この二つがそろって「イエ」の本質が成り立つ。

　古くは、一般の農山村では屋敷の概念が非常に広く、母屋を中心に、離れ・納屋・厩屋・長屋・隠居屋・倉・作業小屋などの建物を含む地積のほかに、前庭、苗代田、菜園、水使い場、裏山などの屋敷林、墓地といった諸設備も屋敷の一部と考えられていた。日常、これらの設備を共同に利用する人々の集まりが家族として、村落社会を構成する最小の単位となっていた。家族単位で考えれば同じ屋敷に住む者は「内の者」であり、ほかの屋敷に住む家族は「外の者」と意識される。

　したがって、家屋は「イエ」の具体的な象徴でしかなかった。屋敷地内に祀られる神が、単に土地の守護神としてではなく、そこに住む者の生活全般に関与する神と考えられていたのも、以上のような前提がなくては理解しえない。

　屋敷神の呼称には地方的ないくつかの系統がある。ウチガミ、ウヂガミは関東から東北地方、南九州ではウツガンと呼んでいた。イワイジン・イワイガミ系統は長野県から山梨県で分布するが、中国地方山間部や北・東九州にも事例がある。ジノカミ、ジヌシ系統の呼称は、中部地方から西日本にかけて広く分布するが、その中には中国地方のように荒神と呼ぶ地域もある。また、明らかに勧請して奉斎した稲荷、八幡、愛宕、秋葉といった神々であっても、一般にはこれらの地方名で呼ばれることが多い。

戌亥の方角

　屋敷神の神座には、樹木・石・藁の仮屋・小祠・舎屋など多くの形式があり、自然物を対象として無施設から、しだいに常設の祠の形式に移行したと考えられている。祀られている方角は、一般に屋敷の西北の隅が多い。『日本三代実録』などにも戌亥の方角（北西）とする記述が見られる。

　この点については三谷栄一の詳細な論文があるが、結論をいえば祖霊の来臨する方角が西北あるいは戌亥であったという（「日本文学発生試論」）。とくに

戌亥の隅については「祖霊神が遠く西の彼方から去来される常世の国を指し、もともと漠然たる西方を指してゐたに相違ない。それが大陸からの方位説により戌亥の彼方と考へられたのである。なぜ戌亥の隅の神との名称が与へられたかは（中略）憶説を大胆に述べるならば、犬が霊界から福徳をもたらす動物と考へられて居り、亥の神が田の神として信仰されてゐたことが古く、今日でも広い分布なので、かかる信仰があつた上に、祖霊神が坐ます霊界を例の漠然たる西の彼方にあり、そこから去来すると考へてゐたために方位説の入つて来た折、戌亥の方角に早くから固定したのではないかといふのである」（「日本文学に於ける戌亥の神の信仰」）と、述べている。

　屋敷神は、本家などの旧家にだけ祀られていて分家などが祭りに関与する形と、各戸が独立して祀っている形の二つがある。これを柳田國男は『氏神と氏子』の中で次のように説いている。まず、民間で祀られる諸種の氏神の形態を、村氏神、屋敷氏神、一門氏神の３種に分け、村氏神は一定の地域に住む者が氏子として奉仕する神、屋敷氏神は個々の家ごとに祀る神、一門氏神は本家分家の一門によって祀る神とした。そして、このうち一門氏神が基本形態で、これが合同することによって村氏神となり、その一方では一門同族の結合がゆるむことによって個々の家にも氏神と称する神を奉斎しはじめたというのである。

先祖の霊と農耕の守護神

　また、柳田は氏神の合同の要因を７つ挙げているが、その中には一門氏神と屋敷氏神の特質を考える上で重要な指摘が３点ほどある。一つは、祭日の点で、氏神の祭日が共通して春は旧２月から４月、秋は９月から11月のうちの一定日であり、稲作の開始と終わりの時期であつたこと。二つは、家々の氏神の祭場は常設の建物もなく、神を迎えるに適した山の口や家々の最も大切な生産場の近くであったこと。三つは家の中にみたま棚を設けて死者の霊を祭るようになると、氏神祭に来臨する神が祖先神であるという信仰が弱くなってきたこと。とくにこれについては仏教の影響を指摘している。これらは祖霊＝田の神説を背景にして考えれば容易に理解され、その祭りの形態は農耕儀礼の中に最もよく伝承されてきた。

　屋敷神についての最も普遍的な伝承に、屋敷神は先祖の霊を祀ったとするものがある。これには一族あるいは一家の超世代的、没個性的先祖を祀ったもの

や、世代を限った系譜上の先祖の個人名を伝えるものとがある。さらには死後33年や50年の弔い上げを終えると、その霊は屋敷神になるとしたり、そうした人の墓を屋敷神とするものもある。これによって、ウチガミ・ウヂガミ系統、またイワイガミ系統の呼称が持続されてきたのである。谷川士清の『和訓栞』でも、『令義解』に「月次祭を庶人の宅神祭の如し」とあるのを引きながら、「祖先の祭をいふなるべし」と指摘されている。

屋敷神について伝承される二番目に顕著な特徴としては、農耕の守護神ということが挙げられる。屋敷神の祭りが春秋の田の神去来の日と一致する事実、祭場がしだいに田圃から屋敷内に移動している事実がこれを証明している。それだけでなく、屋敷神が農耕・作神・田の神であると伝える地方は多い。呼称としてはヂガミサマ・ヂノカミサマ系統の神が多いが、稲荷様という所があるのは、稲荷信仰の普及が農耕神としての屋敷神を基盤としてなされたことを推測させる。『延喜式』巻八の「大殿祭」の祝詞には、屋船豊宇気姫命を稲霊、宇賀能美多麻だと註しているが、藤原清輔による平安後期の歌学書『奥儀抄』には「うけもちのかみはいへの神なり。和名には保食神とかけり」としている。稲荷社の祭神が保食神であるという理解は広く認めることができるが、それは田の神信仰との結びつきにおいて成り立った現象であろう。

【参照事項】じんじゃ　うぶすなのやしろ　ちんじゅのやしろ　さいじょう　しんでん　さいじつ　じんじゃさいしき　としごいのまつり　つきなみさい

⑤ やまみや・さとみや　山宮・里宮

同一神社で2か所以上に本殿が存在する場合に用いられ、二社で一社を構成する。山の頂や中腹と麓の里にある事例が多く見られるため、一般に、山宮・里宮と呼ぶ。それ以外にも、上社・下社、前宮・本宮、春宮・秋宮などの呼称もあり、山宮のことを奥社、奥の院と称することもある。

また、山全体を神体（神体山）と見て、これと里の神社との関係を考える場合や、一つの神社で上宮・中宮・下宮のように2つ以上の本殿で一社を成す場合もこの対象となる。

この山宮・里宮に関しては、ほぼ次の諸点に分けて考察することができる。①神社成立の一形態として。②日本人の神観念ないし神祭祀の諸特質として。

③山岳信仰との関連性。④民間信仰における諸特質との関連性。

　山宮・里宮に関する調査資料は極めて少なく、民間信仰を対象とした民俗学的研究に負うところが大きい。しかし、民俗学上の実証的理論の適用が、日本全国の山宮・里宮的神社の実態に対してどこまで普遍性を持つかという問題があり、個々の神社研究と同時に総括的な考察が期待される。

遙拝所としての里宮

　山宮・里宮の信仰を考える場合に、従来の神道上の解釈は、特定の山に依憑、降臨する神霊を麓で拝する際、登拝に便利なように里宮を設けたとする解釈が一般であった。有名な埼玉の金鑽(かなさな)神社や奈良の大神神社などはその好例である。この場合の里宮は遙拝所としての性格を持つ。したがって、近在に著名な山があればその周辺の麓の村々に里宮がいくつも設けられることになる。長野の御嶽(おんたけ)神社を中心に里宮がいくつも存在するのもその一例であるが、静岡の富士宮市に鎮座する浅間大社の奥宮は富士山頂にあり、岩手の駒形神社は奥州市水沢に本社があって奥宮は胆沢郡金ケ崎町の駒ケ岳(こまがたけ)頂上に存在するように、両者が距離的に隔たっている例も多い。

　遙拝所は「伏拝み(ふしおがみ)」ともいい、近世の記録に散見される。真野時綱(まのときつな)の『古今神学類編』にも触れられていて、遙拝所には神殿はなく拝殿があるのみで、あるいは、鳥居が据えられていると書かれている。また、その信仰の形態についても言及し、簡単に拝礼をする場合もあれば、その神境に入るのを畏れたり、秘伝の拝礼作法もあったという。

　遙拝所での拝礼には略式の登拝という意味もあったらしいが、そこに神殿が設けられることで、山宮よりも重点が置かれるようになる場合もあった。また、真野時綱が指摘しているように、樹木に覆われてしまった遙拝所には本来の意味が忘れられて、菩薩の旧跡などの「仏地」として解説されたりするなど、仏教との結合が見られるなど、聖地信仰としての発展過程には注意が必要である。

　中国地方にはミチマイリ（道詣り）と称して、信仰する遠方の神社に向かって一日中歩き続け、日暮れたところで遙拝して帰宅すれば実際に参詣したと同様の効果を得るという習俗がある。その神社が特定の山である場合には、それを仰ぎ見ることのできる特定の場所に遙拝石、結界石を据えたり、里宮を祀るなどしたのである。

しかし、すべての山宮・里宮の関係が、山宮と遙拝所との関連において理解されるものではない。山は神の降臨する場所、また神の常在する場所として、神信仰の基礎的形態の一つを成してきた。現在、認められるところの神体山も、神南備や御室などと同様に、山を神霊そのものとしたのではなく、神霊が依憑し降臨するところとして崇拝の対象となったのである。その信仰の背景について、次に山宮と山上霊地との関係から述べていく。

山の霊地と山宮

　山宮・里宮の関係は言葉を換えれば、天界と地上との関係になる。天香具山は高天原における御山であるが、単なる香具山はこの国土にあって神霊の籠る山として古くから霊力を認められていた。民間の信仰では、神霊の籠る山と民居のある平地とは顕幽(けんゆう)の世界を表出するものとして捉えられている。

　盆・正月その他の神祭りに山から神霊を招(お)ぐ儀礼、あるいは葬送儀礼において山に死霊を送る習俗および墓制との関連などからそれが窺えるが、ことに墓制と山宮との関係で注意されるのが柳田國男の指摘する伊勢両宮の祠官の山宮祭である。

　柳田は『山宮考』で荒木田・度会両氏の氏神祭と山宮祭に注目し、両氏の山宮祭には共通した伝承が存在するという。荒木田氏の山宮は氏神の祭場から1里余りも水上の積良(つぶら)谷と椎尾谷を毎年選定によって祭場とした。また度会氏の山宮は、その名も山宮谷と称した。この両者の山宮祭は氏神祭に先立って行われている。結論のみを書けば、この山宮祭場は2氏の古い葬地であったと推測し、両氏が祈る神は遠い先祖の霊であり、それが一定の期日を約して山から降りて来るのであるとする。

　このような推定は、山宮および山宮行事を有する全国各地の諸例からも多く立証されるのだが、その中心は上世以来の日本人の霊魂観に支えられてきた葬法の様式にあり、死者の霊がしだいに汚濁を脱して祖霊となり、山の霊地に至ると考えたのである。これが氏神祭にあたって、まず神霊を山に迎え、山宮を山頂に求めて里宮を麓に設け祭儀を行う根底となった。そして山宮を持たない神社にあっては、その神社よりもさらに低い場所に仮宮・御旅所、拝所などを設けている。この形式は山宮・里宮の変型と見るべきだろうというのである。

　中世以来の山岳信仰の複雑な宗教化の諸形態を分析し、その原型を柳田の所

説に求めたものとして、堀一郎の『日本に於ける山岳信仰の原初形態』がある。盆・正月などの歳時習俗に見られる山から精霊を迎える儀礼、葬送儀礼や墓制に見られる山と死霊との結合観念、山中他界観念の表出などを多角的に取り上げている。山を霊魂の常在する場所とする日本人固有の信仰が、他宗教との習合のうちにもいかに持続し得たかが論じられており、宗教学・民俗学上の一つの到達点を示すものである。

農神信仰との関係

　荒木田・度会の2氏はともに早く4門に分かれたが、そのうち荒木田は一門と二門、度会は二門と四門が栄えた。荒木田氏は、少なくとも建久3年（1192）の『皇太神宮年中行事』の時代までは、二門は田辺社、一門は小社湯田神社を氏神社としていた。その地名をタノヘ、タヌイと呼んだことから、荒木田氏の開拓による名田の地であったことが推定される。また、度会氏の氏神社は宮崎文庫の付近にあり、二門は宮崎氏神社、四門は田上大水社を氏神社とした。大水社は丸山とも車塚とも呼ばれる盛土の地であったが、この大水は伊勢では灌漑の徳を称える名であるから、度会氏の開拓による名田の所在地であったと思われる。そして度会氏の氏神社には常設の社があったが、荒木田氏の氏神社には社殿がなく、巌や樹木を神座として祭りのたびごとに仮屋を設けていた。

　この祭りが春秋の二季に行われ、しかも山宮祭の後であることは、氏神祭の古い形が、祖霊をその鎮まる山宮から一定の期日に里に迎えて祭り、祭りが終わると山に還るという形式が存在したことを示唆している。日本の農村に普遍的に分布する農神の春秋両季の去来信仰や、盆、正月の祖霊祭と同じ基盤に立つということができる。

　いわゆる田の神が稲作開始に先立つ春に、山や天から里に降りて田圃に留まり、秋の収穫を終えると還るという信仰には、いくつかの種類が存在するとしても、春秋の去来が基本であることに変わりはない。各地の氏神社の重要な祭日が、この春秋両季に行われることとも関係なしに考えることはできない。常陸の筑波山神社の親神・子神の御座替祭は有名だが、これと同じような伝えはいくらもある。秋に里から山へ還った神が、再び里へ降りてくる春までの期間を、神常在の場たる山居にお過ごしになるという信仰である。しかしながら、田の神と山の神との神格の転機に関する信仰と、山宮・里宮の信仰とが直接的

に結びつく資料は存在しない。

山の信仰は地域ごとにいくつも存在した

　修験の中心であった特定の山が、かつてはその地方の霊山として信仰されていたことは周知の通りであり、仏寺についても同じことがいえる。

　羽黒山麓の手向にある坊には、東北・関東・中部の各地から御山詣りに来た人が宿泊するが、登拝の動機は各地域の集団によって異なっている。例えば、秋田県や岩手県の一部から来る人々は、死者の供養のために必ず一度は羽黒詣りするといい、新潟県の一部の人は御山詣りを終えなければ結婚できないという。修験者の活動によってその信仰圏は拡大されてきたが、その背景は各地の山に対するそれぞれの信仰が羽黒に統一されたということに過ぎない。

　同じく山形県でも鶴岡市の摩耶山を仰ぎ見ることのできる地帯には、各々の村に「大里様」と呼ぶ杜を設けていたが、これも『紀伊続風土記』などに多く見える里神社と同様に、里宮を意味する信仰であると思われる。

　もともとは数国にわたるような特定の山でなく、一国・一郡・一村という小地域の社会を中心にした山の信仰がいくつも存在したのだろう。祖や御岳などの尊称を付して呼ばれる山々がおびただしい数にのぼるのも、その名残を留めるものと見てよい。それが中世以降の山岳宗教の発達にともなって、徐々に統一されてきたのではなかろうか。四国の石鎚山を中心にした信仰も、その強力な地域は、山を仰ぐことができる地域に限られている。徳島県や香川県の東部は剣山の信仰圏に入っているが、とくに徳島県西部の祖谷山の周辺では人の死後は直ちにイヤダニマイリと称して霊魂が祖谷山に参詣すると伝えていた。このような霊魂の集まる小さな中心は各地に存在したことが分かる。その残留がどの程度まで確認され、統一がどのように行われたかの研究が今後に残されている。

先祖祭りの併存形態をどう解釈するか

　鹿児島県の大隅地方では、特定の山を中心にした麓の村々の氏神を近戸神社と呼ぶ例が多い。「近戸」とはこの地方の言葉で「近い場所」を意味しており、「里宮」にあたる。旧肝属郡佐多町打詰（現・肝属郡南大隅町佐多辺塚打詰）には白佐神社が打詰集落の海岸近くに鎮座している。村人は近戸宮（近津宮）と呼んでいた。この白佐神社の山宮は稲尾岳の山頂にある稲尾権現（稲尾神社）

である。祭りは２月と11月の卯日であり、稲尾岳に登って祭りをした。また、３・５・９月の節供にも祭りがあり、とくに５月には小麦団子、９月彼岸には稲の初穂を供えた。そのために初穂田と呼ぶ宮田が集落にあったが、ここでは田の神信仰を認めることはできない。むしろ、白佐神社にあるカンザカという一区域が注意される。この区域では、タユウ（神官）が死亡すると五十日祭のときに浜から円形の小石を拾ってきて置き、これで神になったしるしとする。その場所をカンザカと呼び、代々の神官の石が置かれている。石は長男が海辺から拾ってくる。それを毎年11月卯日に祭ったのである。

隣の旧内之浦町大浦（現・肝付町岸良大浦）では、同じく稲尾岳の信仰を持ちながら社殿はないが、ウツドン（内殿＝内神）と呼ぶ場所に、人の死後三年忌を済ませると海岸から小石を１個拾ってきて埋めた。すべての村人がこれを行ったが、やはり夜中に他人に知られぬよう、長男が拾いに行き、石には神官から紙の衣を着せてもらって埋めたのである。

この両集落では盆の精霊は海の彼方から来て家の棚へ祭られ、終わると海の向こうへ還って行くという伝承が存在するが、同時に墓場でも迎え火や送り火を焚く習慣があり、七夕の盆道作りも行った。この２種の先祖祭をどう解釈するかという問題が生じてくるが、大浦では新暦４月３日にタケマイリと称して稲尾岳に詣り、つつじの花を持ち帰り墓に供える行事もある。この儀礼の併存形態については、別個の課題として扱う必要があるが、とくに他界を山中に想定する観念と、海の彼方とする場合との併存関係の分析も今後に残された課題である。その交錯関係を知ることにより山宮・里宮の問題も発展し、農神信仰と祖霊信仰の結合形態が明確になる。

【参照事項】
じんじゃ　さいじょう　さいじつ　かんなび　しんたいざん　はつほ　にいなめさい　なつまつり
（以下『宗教編』）しゅげんどう　さんがくしんこう　そせんすうはい　たかまのはら

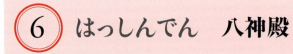

⑥ はっしんでん　八神殿

　律令制における神社行政の中央官庁・神祇官に奉斎された官衙神のうち、御巫の祭る神八座を総称して八神といい、その八宇の神殿を名づけて八神殿と呼んだ。『延喜式』巻九「神名上」に次のようにある。

宮中神　　卅(さんじゅう) 六座
　　　神祇官の西の院に坐(ま)す御巫(みかんなぎ)等の祭る神　廿(にじゅう)三座(みなだい)（並大。月次・新嘗。）
　　　御巫の祭る神　八座（並大。月次・新嘗。中宮・東宮の御巫も亦同じ。）
　　　　　神産日神(かみむすびの)　　高御産日神(たかみむすびの)
　　　　　玉積産日神(たまつめむすびの)　生産日神(いくむすびの)
　　　　　足産日神(たるむすびの)　　大宮売神(おおみやのめの)
　　　　　御食津神(みけつ)　　事代主神(ことしろぬしの)

　八神殿は、平安京では、大内裏内郁芳門の南わきに所在した神祇官の西院（斎院）内の西築垣側に一郭を占めていた。各社殿の長さは一丈七尺（1丈は約3.03メートル、1尺は約30.3センチ）、広さ一丈二尺五寸（1寸は3.03センチ）、切妻妻入で、棟上に破風・堅魚木を揚げ、朱の玉垣がめぐらされていた。四周に土壇を築き、北を第一殿として、すべて東面して南北に並び立ち、一・四・八殿の前面玉垣の間には三基の鳥居を建て、西院北門の八足門には「八神殿」の額が掲げられていた。『延喜式』巻三「臨時祭」には、「御巫の遷り替る毎に神殿以下を改め換へよ」とあり、これらの神殿は、その祭祀に奉仕する御巫が替わるたびに造替されるのを本来の制としていた。

起源と成立

　この八神奉斎の起源については、これを神武天皇の御代にかけ、斎部広成の『古語拾遺』に次のように述べてある。
　　爰(ここ)に、皇天二(あまつみおやのみことのり)はしらの祖の詔に仰従(したが)ひて、神籬(ひもろぎ)を建(た)樹(つ)。所謂(いわゆる)、高皇産霊(たかみむすびの)・神産霊(かむむすびの)・魂留産霊(たまつめむすび)・生産霊(いくむすび)・足産霊(たるむすび)・大宮売神(おおみやのめ)・事代主神(ことしろぬしの)・御膳神(みけつかみ)。（巳上、今、御巫の斎(いわい)奉(まつ)れる也。）櫛磐間戸神(くしいわまとの)・豊磐間戸神(とよいわまとの)。（巳上、今、御門(みかど)の巫(かんなぎ)の斎ひ奉れる也。）生嶋(いくしま)。（是、大八洲(おおやしま)の霊(みたま)也。今、生嶋の巫の斎ひ奉れる也。）坐摩(いかすり)。（是、大宮地(おおみやどころ)の霊也。今、坐摩の巫の斎ひ奉れる也。）

　つまり同書において、天孫降臨に際し、天照大神と高皇産霊尊の詔として（『日本書紀』では高皇産霊尊のみの詔）、「吾は天津神籬(あまつひもろぎ)また天津磐境(いわさか)を起(おこ)し樹(た)てて、吾(わ)が孫の為に斎ひ奉らむ。汝(いまし)天児屋命(あめのこやねの)・太玉命(ふとだまの)の二はしらの神、天津神籬を持ちて、葦原の中国(なかつくに)に降り、亦(また)吾が孫の為に斎ひ奉れ」とある記事に対応している。このいわゆる「神籬磐境の神勅」のまにまに、八神だけではなく、

31

同じく神祇官の西院に坐す「座摩巫の祭る神　五座」「御門巫の祭る神　八座」「生嶋巫の祭る神　二座」も宮中に奉斎したというのである。

　『古語拾遺』に記すこの斎部氏の所伝は、古来の定説とされたもので、例えば北畠親房は、『元元集』でとくに「神籬建立篇」の一編を起こし、卜部兼敦は『神祇官八神殿之事秘決』で「鎮坐事」として、先の神勅を引用して論じている。なお、卜部兼敦はその「鎮坐事」で、神祇官で八神が勧請された始まりは、孝徳天皇の大化5年（649）2月に八省百官が置かれた際であったと述べている。

『古語拾遺』と『日本書紀』

　この『古語拾遺』以来の定説の妥当性について見ていこう。同書の原拠ともされたのが、以下の『日本書紀』（神代下、天孫降臨章）第二の一書の記事である。

　是の時に帰順ふ首渠は、大物主神及び事代主神なり。乃ち八十万の神を天高市に合めて、帥ゐて天に昇りて、其の誠款の至を陳す。時に高皇産霊尊、大物主神に勅すらく、「汝若し国神を以て妻とせば、吾猶汝を跣き心有りと謂はむ。故、今吾が女三穂津姫を以て、汝に配せて妻とせむ。八十万神を領ゐて、永に皇孫の為に護り奉れ」とのたまひて、乃ち還り降らしむ。即ち紀国の忌部の遠祖手置帆負神を以て、定めて作笠者とす。彦狭知神を作盾者とす。天目一箇神を作金者とす。天日鷲神を作木綿者とす。櫛明玉神を作玉者とす。乃ち太玉命をして、弱肩に太手繦を被けて、御手代にして、此の神を祭らしむるは、始めて此より起れり。且天児屋命は、神事を主る宗源者なり。故、太占の卜事を以て、仕へ奉らしむ。高皇産霊尊、因りて勅して曰はく、「吾は天津神籬及び天津磐境を起し樹てて、当に吾孫の為に斎ひ奉らむ。汝、天児屋命・太玉命は、天津神籬を持ちて、葦原中国に降りて、亦吾孫の為に斎ひ奉れ」とのたまふ。乃ち二の神を使はして、天忍穂耳尊に陪従へて降す。

　この一段の意味については、本居宣長が『古事記伝』巻十五で「さて書紀彼ノ段にては、此ノ神籬磐境も、大物主事代主二神に係て云るものなり」とした文章に最も妥当な見解を見出すことができる。宣長は、読者が誤読に陥りがちなところを詳しく説明しているが、結論からいえば、『日本書紀』の所伝と『古語拾遺』のそれとは、相互に緊密な連関を有していて、八神奉斎の起源が、かの「皇天二祖」の「神籬磐境の神勅」に発するものであることは疑いのないと

ころである。それは『古語拾遺』における斎部氏の単なる私説では決してない。

　言い換えれば、上記の神勅や前掲のことがらは、むしろ宮中における八神の奉斎という事実の上に立って述作されたものとも考えることができる。もとよりその述作、もしくは伝説化の確かな年代は分かるはずもないが、大化の改新よりも前代に遡る、はるかな古であったことが予想される。

　しかしながら、前掲の神話には事代主神のことは見えるが、神産日神以下の七神に関しては何も語られてはいない。おそらくそれは宣長がいうように、「彼ノ段は、大物主事代主の本末をもはらに記す処なるが故に、此ノ二神に係て云るなり」だったからであろう。あるいはこれらの七神は、高皇産霊尊（高御産日神）と同じく、「又八神に定れるは、やゝ後にてもあるべければ、後に加へ祭れるにもあるべし」であったのかもしれない。

『先代旧事本紀』と『延喜式』

　ところで、『先代旧事本紀』巻七「天皇本紀」神武天皇の条では、八神奉斎の起原を伝えて次のように記してある。

　　辛酉を元年と為し、春正月庚辰朔に、橿原宮に都す。肇て即皇位す。（中略）于時に皇子大夫、群官臣・連・伴造・国造等を率て、元正朝賀礼拝す。凡て厥の即位、賀正、建都、践祚等の事、並て此時より発れり。

　　復、皇天二祖の詔に従て、神籬を建樹つ。復、所謂、高皇産霊・神皇産霊・魂留産霊・生産霊・足産霊・大宮売神・事代主神・御膳神は今、御巫が斎祭る。復、櫛磐間戸神・豊磐間戸神は、並て、御門の御巫の斎奉所なり。復生嶋は是れ大八州之霊、今、生嶋の御巫の斎祀るなり。復、坐摩、是大宮地之霊、坐摩の御巫に斎祭るなり。

　座摩御巫の祭る神五座などの神祇官の西院に坐す御巫等の祭る神二三座のそれとともに、神武天皇の辛酉元年正月朔日における建都践祚・即位賀正などの際に発するとしている。これは『古語拾遺』の所伝と同じく、これらの起原を、ただ人皇第１代である神武天皇、ことにその建都践祚・即位賀正という吉辰（よき日）に託したものであろう。

　続いて、『先代旧事本紀』には次のように記してある。

　　十一月朔庚寅に宇摩志麻治命、殿内に天璽瑞宝を斎奉る。帝・后の

奉為に御魂を崇鎮り、寿祚を祈祷る。所謂、御鎮魂祭、此より始れり。凡て厥の天瑞は、宇麻志麻治命の先考饒速日尊、天より受来れる天璽の瑞宝十種是なり。所謂、瀛都鏡一つ、辺都鏡一つ、八握劔一つ、生玉一つ、足玉一つ、死反玉一つ、道反玉一つ、蛇比礼一つ、峰比礼一つ、品物比礼一つ、是なり。天神教導く「若し、痛処有ば茲十宝を令て、一二三四五六七八九十と謂て布瑠部。由良由良止布瑠部、此如く之を為ば、死人も返生なむ」とのたまふ。即ち是布瑠の言本なり。所謂御鎮魂祭、是其縁なり。其鎮魂祭の日は、猨女君等、百歌女を率て、其言本を挙て神楽を歌舞は、尤も是其縁なり。」(これと大方同様の記事が、巻五「天孫本紀」神武天皇の条にも見える。)

　周知のように、『先代旧事本紀』は物部氏の所伝を中心として述作せられたともいってよく、この引用箇所もまさしくそれである。ここでは、11月の下の卯の日の前日・寅の日に執り行われる鎮魂祭の起源について、神武天皇の即位元年・辛酉の年のその祭日に、物部氏の遠祖宇摩志麻治命が先考(亡くなった父)の饒速日尊によって天上から伝えられた天璽瑞宝十種(十種神宝)をもって行われたことに始まると説いたものだとしている。こうした干支年月日の算定は神武天皇の御代に行われてはおらず、おそらくは「神祇令」の祭日の規定などによって計算したもので、これを神武天皇の御代に始まるとするのも、前述の理由と同じであろう。

　この鎮魂祭に関して、『延喜式』巻二「四時祭下」には以下のような規定がある。

　　鎮魂祭　　(中宮は此に准ぜよ。但し更に衣服を給はざれ。)
　　神八座　　(神魂、高御魂、生魂、足魂、魂留魂、大宮女、御膳魂、辞代主。)

　従来考えられてきたように(鈴木重胤『延喜式祝詞講義』一之巻・十二之巻、鈴鹿連胤『神社覈録』上編など参照)、物部氏伝来の鎮魂の呪器たる「天璽瑞宝十種」を神格化したのが、これらの鎮魂八神のうちの神産日・高御産日・玉積産日・生産日・足産日神であったと思われる。少なくとも生産日・足産日・玉積産日の三神が、『先代旧事本紀』における生玉・足玉・死反玉・道反玉の神格化であることが容易に察せられる。ここで「道反玉」の「道」は「黄泉道」の意味で、「記紀」ともに伊邪那岐命(伊弉諾尊)によって黄泉比良坂を

塞ぐために置かれた大岩（道反大神・道返大神）のそれと同義であろう。

　そうすると、八神のうちの産霊の五神は、天皇のいわゆる天皇霊（天皇魂）をはじめ、中宮・東宮たちの霊が離遊したものを招き寄せ、身体に安鎮し奉る鎮魂祭で祭られた神々であったと考えられる。一方、そのほかの三神、つまり大宮売・御食津・事代主神が、物部氏の鎮魂の法から出現せられたと思われる産霊の五神とともに奉斎せられて、八柱の鎮魂の祭神となった経過については必ずしも明らかではない。しかし、あえてそこに推測を加えるならば、次のようにも考えられる。御食津神は、先の『延喜式』の規定に「御膳魂」ともあることから、いわゆる食物魂として、産霊神の一つに数えることも可能であると思われる。そして、鎮魂祭の日には、大膳職の膳部をして「食を給ひ、即ち饌を給ひて酒を行へ」（『延喜式』巻三十一「宮内省」）とあり、このことは、『貞観儀式』巻五や『江家次第』巻十にも同様のことが載せられている。そしてさらに、神今食の解斎や春日・大原野・園韓神・平野などの祭りにもこのことが見られる。単なる直会としての記述に過ぎないのかもしれないが、そのように特記されている点を重視すると、鎮魂祭では食物魂（御膳魂）によるたまふり、いわば魂の活気づけが最も重要な行事だったからとすることも可能である。直会には、もともとこうした意味があったのでないかとも考えられている。

産霊の五神と他の三神

　この御食津神は、『延喜式』（巻九「神名上」、巻三十二「大膳職上」）にあるように、宮内省大膳職にも祭られていた。

　平安時代中期に記された年中行事の書である『本朝月令』6月「朔日、内膳司供忌火御飯事」条には、景行天皇の御代に「上総国の安房大神を、御食都神と、坐せ奉りて、……（但し、安房大神を御食神とすと云ふは、今、大膳職に祭る神なり」とある。これは、「高橋氏文」からの引用である。「高橋氏文」は、宮内省内膳司に仕えた高橋氏が安曇氏と争った際に、高橋氏に伝わる伝承を朝廷に奏上したものと考えられている（延暦8年／789）。

　一方、『古語拾遺』には、「天富命、更に沃き壌を求ぎて、阿波の斎部を分ち、東の土に率往きて、麻・穀を播殖う。好き麻生ふる所なり。故、総国と謂ふ。穀の木生ふる所なり。故、結城郡と謂ふ。（古語に、麻を総と謂ふ。今上総・下総の二国と為す、是なり。）阿波の忌部の居る所、便ち安房郡と

名づく。（今の安房国、是なり。）天富命、即ち其地に太玉命の社を立つ。今安房社と謂ふ。故、其の神戸に斎部氏有り」とある。冒頭の天富命とは斎部氏の祖である太玉命の孫にあたる。先の「高橋氏文」の逸文と比べると、同じ安房大神・安房社（千葉県館山市大神宮鎮座の旧官幣大社・安房神社）に関して、高橋氏と斎部氏とで異なる縁起を伝えていたことが分かる。これは、神饌や供御など膳の調進という大膳職の職掌に関して、高橋氏と安曇氏と同じように、高橋・斎部両氏の間に争いが行われた可能性も指摘されよう。

　そうであるならば、はたして大膳職に坐す御食津神社（御膳神八座）は、高橋氏か斎部氏のどちらがもともとお祭りしていた神であったのかという疑問も出てくる。「記紀」のどこにも安房国と斎部氏との関係を語ったところはない。しかし、高橋氏については『日本書紀』景行天皇53年条に、祖先にあたる膳臣と上総国にかかわる記述がある。また、『古事記』同天皇条にはそれに類するような記載もある。そうすると、御食津神即ち安房大神は元来高橋氏がお祭りしていた神だったのが、後に、斎部氏が自己の祖神・太玉命を祭る社であると主張するようになったものではないかとも思われる。同じく大膳職に坐す御食津神社についても、斎部氏の祭る神であったと主張されるに至ったとも推測できよう。そして、それは同じく大膳職造酒司に坐す大宮売神社四座の神主が斎部氏であったところから類推するに、多少の成功を見たものと思われる。

　以上はあくまでも試論だが、いずれにしても、『日本三代実録』貞観元年（859）正月の条に、「神産日神・高御産日神・玉積産日神・生産日神・足産日神、並従一位」とあって、産霊の五神には神階の奉授があったが、他の三神になかったのは、両者がそれぞれに系統を異にするために差が生まれたものとも考えられる。

鎮魂の神

　大宮売神は、『古語拾遺』天石窟戸開きの条に、「大宮売神をして御前に侍はしむ。（是、太玉命の久志備に生みませる神なり。今の世に内侍の善言・美詞をもて、君と臣との間を和げて、宸襟を悦懌びしむる如し。）」とあるように、斎部氏の祖神・太玉命の御子神で、同氏がお祭りしていた鎮魂の神だったと思われる。

　また、『延喜式』巻八「祝詞」に所収の「大殿祭」は斎部氏所掌の祝詞であるが、そこには、「詞別きて白さく、大宮売命と御名を申す事は、皇御孫命の

同じ殿のうちに塞りまして、参入り罷出る人の選び知らし、神等のいすろこひ荒びますを、言直し和し（古語にやはしといふ。）まして、皇御孫命の朝の御饌・夕べの御饌に供へまつる比礼懸くる伴緒、襁懸くる伴緒を、手の躓ひ・足の躓ひ（古語にまがひとといふ）、なさしめずして、……」（「いすろこひ」の意味は不明）とある。

　天石窟戸開きの神事は、鎮魂祭の本縁を語るものであり、この神事に「御前」の事を取り持たれた大宮売神が、鎮魂の神であることは疑う余地もない。

　また、事代主神については、すでに引用した『日本書紀』一書の記事の中で、父神の大物主神とともに、天孫降臨の際における「是時帰順之首渠者（是の時に帰順ふ首渠）」であった。この天孫降臨の神話は、天照大神の天石窟戸開きの神事や、大嘗・新嘗の祭儀などと同一の意義を有し、天皇霊の鎮魂とその復活とを物語ったといって過言ではない。そのことは、大嘗祭の悠紀・主基両神殿に八神殿が建てられることや、大嘗・新嘗祭の前日に鎮魂祭が執り行われることが参考になろう。したがって、事代主神は父神の大物主神とともに天皇霊の鎮魂とその復活とに預かる神と考えられる。言い換えれば、生玉・足玉・死反玉・道反玉などの産霊神と同様の神徳を有する神でもあったと思われる。

　天璽瑞宝十種のうちの蛇比礼・蜂比礼なども『古事記』によれば、大穴牟遅神（大物主神）が、根之堅洲国、いわば冥府の大神・須佐之男命の女の須世理毘売命から授けられたものである。その点からもまた、鎮魂・復活の呪具としての性格も指摘できよう。

　『令義解』巻三「職員令」の「別記云」には、「御巫五人、倭国巫二口・左京生嶋一口・右京座摩一口・御門一口、……」とあるが、この「倭国巫二口」は八神の奉斎に預かる御巫（大御巫）に該当すると思われる。また、「皇孫命の近き守神」として「葛木の鴨の神奈備にます事代主命」（『延喜式』巻八所収「出雲国造神賀詞」）、「大和国葛上郡鴨都波八重事代主命神社　二座（並名神大。月次・相嘗・新嘗）」（『延喜式』巻九「神名上」）に奉仕する巫女が、神祇官の八神殿にも出仕を命じられたので、これを平安京ではとくに「倭国巫」と呼んだと考えられる。もちろんそれは、この神社の巫女だけに限られないであろう。いずれにしても、こうした巫女によって、事代主神を祭神と仰ぐ出雲系の鎮魂の法が宮中に入れられたことは想像に難くない。

　このように、八神殿のいわゆる鎮魂八神は、物部氏系・斎部氏系（あるいは

高橋氏系）・出雲系などの諸神を祭ったもので、その鎮魂の法も系統を異にするさまざまなものが総合されているとも考えられ、そのほか猿女氏や阿曇氏の鎮魂の法があったことも指摘される。

沿革

　ともあれ、『先代旧事本紀』に記された鎮魂祭の起源を語る神話の成立年代から考えても、宮中に八神が奉斎されたのは、やはり大化の改新の前代に遡ると推定できる。もちろん『先代旧事本紀』は、平安朝時代の作であるが、その拠った原資料には古いものがある。ある人物について、その後裔である氏族と結びつけて説明した、いわゆる祖記・祖註に見える姓は、「記紀」などと同様に、すべて天武天皇の「八色の姓（やくさのかばね）」制定以前の古姓に従っている（「神武本紀」でいえば、大神君・大伴連・大倭連など）。これは、『先代旧事本紀』が拠った原資料の記された時代が、この八色の姓制定以前のいつかであることを語るものにほかならない。そしてそれは、あくまで年代の下限を示すものであり、その原資料の成立はさらに遡る可能性も指摘されよう。

　とはいえ、これらの八神が初めから一度に奉斎せられたものではない。阿曇氏の鎮魂の法である呪文のような歌詞の曲「阿知女作法（あじめのさほう）」が、はるか後代に取り入れられたらしく思われるところからもそう想像される（折口信夫『日本芸能史ノート』参照）。津田左右吉の言葉を借りれば、「御巫祭神の八座はあまりに種々の神であって其の間に統一が無い」（「古語拾遺の研究」『日本古典の研究』下巻）というのも、あらゆる鎮魂の法が時を異にして重層的に取り入れられたためだと考えられる。

　こうして大化の新政に際し、神祇を所管する官衙が設けられるに及んで、宮中に八神殿が建てられたと思われる。これに関する資料は一切ないが、卜部兼文が「大化五年、勧=請当官=勿論也」といい、同兼敦が「孝徳聖主始置=百官祭祀之始=、鎮座之起、濫觴明鏡」としているところからも推測ができよう。

　八神殿の名の初見は、鎌倉時代後期の歴史書『百錬抄』巻六に、「大治二年二月十四日、園韓神社、神祇官以下八神殿、幷内外院門垣……等焼亡」（大治2年は1127年）とあるもののようだが、もちろん、こうした呼称はこれ以前から存在していたものと思われる（『日本三代実録』貞観2年8月27日甲辰の条に、「神祇官西院斎部神殿」の語が見られるが、これは祝部殿・祝殿・刀禰（とね）

殿などとも呼ばれ、御巫等の宿所にあてられた別個の建物である）。

　戦国時代となってからは、神祇官が荒廃し八神殿も退転のやむなきに至り、これを神祇伯白川家に移し、その宅後の叢祠に鎮め奉り、明治維新に及んだ。一方、神祇大副吉田家でもその神霊を吉田社内に奉還していたが、天正18年（1590）3月12日には新たに神祇官八神殿を神楽岡の同社の斎場所内に再興することを上申した（吉田家寛文9年注進）。江戸時代後期の歴史書『続史愚抄』によると、同年4月にこれを奉遷せられ、大副三位兼見が奉仕したと見えている。即ち、吉田社の八神殿で、慶長14年（1609）9月16日の伊勢一社奉幣使発遣にあたっては、神祇官代にあてられた。吉田社の八神殿が「神祇官代」として用いられた初例である（壬生孝亮著『孝亮宿禰日記』）。

　こうして、白川・吉田の両家、また有栖川宮家などにおいても八神の祭祀が継承されたが、明治2年（1869）、東京奠都とともに、神祇官の再興が図られ、まずは八神の鎮祭を執り行うこととなり、両家および有栖川宮家などより八神の霊代を奉遷し、中央に八神、東座に天神地祇、西座に歴代皇霊が奉斎された。そして明治4年、神祇官が神祇省に改められる際に、皇霊のみは賢所に奉遷された。翌5年にはさらに改組して教部省となり、八神および天神地祇をも宮中に奉遷し、賢所の側に合祀して神殿と改称された。これが現在の宮中三殿のうちの神殿である。

存在の意義

　八神殿は皇天二祖の神籬磐境の神勅に基づいて建てられた神殿であった。したがって、その祭神八神は、神勅に「為吾孫奉斎矣」とあるように、もっぱら天皇のために奉斎するものである。『延喜式』巻八の「祈年祭」祝詞にも「大御巫の辞竟へまつる、皇神等の前に白さく、神魂・高御魂・生魂・足魂・玉留魂・大宮乃売・大御膳都神・辞代主と、御名は白して、辞竟へまつらば、皇御孫命の御世を、手長の御世と、堅磐に常磐に斎ひまつり、茂し御世に幸はへまつるが故に……」とある。

　このように八神は、天皇をはじめ中宮・東宮、ないしは院の鎮魂のために霊能を発揮される神々である。宣長のいうように「かの八神は、皇孫命の大御身の守護のためにして」であり、『伯家部類』にいうように「朝廷守護之神」である。しかし、一般国民も、天皇・中宮・東宮の守護を祈願し、ひいては自ら

の守り神としてこれを崇敬することができるのはもちろんで、伊勢神道の『神皇系図』をはじめ、諸書にそうした神験・霊能を説き明かしたものが少なくない。ここでは、あまり知られていない吉田兼倶自筆本の『八神啓白文』(吉田文庫旧蔵)と、斎藤彦麿自筆本『神祇官八座神祭祀略式』(國學院大學図書館所蔵、黒川家文庫旧蔵)に所収の魂緒結略式を抄出する。

　　八神啓白
　神皇産霊神（産日・名帳分）、掌二威神勢力一　　賜故、能成二就怨敵摧破一。
　高皇産霊神（御産日・名帳分）、掌二高官高位一　　賜故、能成二就名利増長一。
　玉積産日神、掌二貴重尊敬一　　賜故、能成二就衆人帰伏一。
　生産日神、掌二産生延命一　　賜故、能成二就万病悉除一。
　足産日神、掌二財宝満足一　　賜故、能成二就福徳智恵一。
　大宮売神、掌二君臣和合一　　賜故、成就（成就）男女愛敬一。
　御食津神、掌二五穀豊稔一　　賜故、能成二就万民快楽一。
　事代主神、掌二治世安楽一　　賜故、能成二就天下泰平一。

　　魂緒結略式
家内に大病ありて、生死覚束なき時に、この術行ふべし。……
かしこき事ながら、八座の大神のつかさどり給ふは、
○高皇産霊神は、諸々の神々・人々・禽獣・虫魚・草木・砂石に到るまで、形象（カタチ）ある物を作り出したまへる御神なり。
○神皇産霊神は、諸の形象ある物に、程々に随ひて魂魄（タマシヒ）を授けいれ給へる御神なり。
○魂留産霊神は、其魂を身に留めて離遊なさしめ給はぬ御神なり。
○生産霊神　○足産霊神二神は、其魂を活用なさしめ給へる御神なり。
○大宮女神は、身体ありて、魂魄備りたる上にて、住べき家を授け給ふ御神なり。
○大御食津神は、住べき所に住む上にて、食物を与へ給ふ御神なり。
○八重事代主神は、前後より来る所の怨敵を防ぎ守り給ふ御神なり。

【参照事項】　さいじょう　とくさのみずだから　きゅうちゅうさいし　なおらい　だいじょうさい　にいなめさい（以下『宗教編』）　はっけしんとう　よしだかねとも　じんぎかん　たいきょうせんぷ　だいきょういん　きょうぶしょう　けいてん　こじき　にほんしょき　こごしゅうい　せんだいくじほんぎ　えんぎしき　かみ　むすび　みたまのふゆ　れいこんかん　ひもろぎでん

⑦ しゃかくせいど　社格制度

　神社の等級制度。主として神徳の発揚と神社の由緒によって定められた。明治以前と以後で趣を異にする。

「弘仁神名式」までの歴史

　一般に社格の萌芽として、『日本書紀』崇神天皇7年条や垂仁天皇27年条に見える天社・国社のことが挙げられる。これは、天社・国社とその神地・神戸を定めて、国の平安を祈ったことに関連する。天社は天神、国社は地祇を祀る社だが、「記紀」の記述などから具体的には大神神社、墨坂神社、大坂神社、出雲大神宮、磯宮（伊勢大神宮）、石上神宮などと思われる。これらは、後の官社にあたるものだが、このころにはまだそういう名称や制度は現れていない。

　大化の改新のころには、すでに少なくとも天神地祇に対する臨時奉幣について、ある程度の慣例が存在したことや、即位大嘗について大奉幣が行われたことなどが推察される。また、改新後まもなく伊勢神宮、鹿島神宮などについて、いわゆる「八神郡」が定められたと思われる。

　律令制の時代に入ると、これらの神社制度に関しての整備がなされていく。その嚆矢ともいわれる『近江令』や、それに続く「飛鳥浄御原令」には、「神祇令」があったと思われるが、散逸し規定内容は分かっていない。

　しかし、『日本書紀』の記述から推測して、水旱（洪水や干ばつ）・豊穣についての臨時奉幣、祈雨神祭・大嘗祭・祈年祭・広瀬竜田祭・臨時諸国大祓・中央臨時大祓・大嘗祭（毎年のもの、後の新嘗祭）・相嘗祭などが行われていたことがあったことが窺える。したがって、それらに際して奉幣を受けたり、それに関する祭祀を行った神社が存在したことはいうまでもない。また、天社・地社について、神税・神戸のことや、修理のことが見え、山城の賀茂祭のことも記載されている。これらの神社は官社というべき性質のものであったであろう。

　大宝元年（701）に『大宝令』が成立した。散逸したとはいえ、『令集解』などから、その中に「神祇令」が存在したことは明らかであり、同令には祈年祭（2月）、大忌・風神祭（各4・7月）、月次祭（6・12月）、神嘗祭（9月）、相嘗祭（11月）、大嘗（新嘗）祭（同）などが明定されていた。

その「供神調度、及礼儀、斎日」などについては、「別式」に譲られていて明記されていないが、その祈年、月次の祭には、「百官が神祇官に集まり、中臣が祝詞を宣り、忌部が幣帛を班つ」とあるから、その班幣の対象たる神社、即ち官社の定が存在したことはいうまでもない。また、「天皇即位せば、惣て天神地祇を祭れ」、とあるから、官社への臨時奉幣があったことも明らかである。祭祀自体についても大祀、中祀、小祀の区別を立て、祭祀に供する幣帛・神饌を神祇伯が監督すべきことを定めている。臨時祭にあたって諸社に奉幣するときは、常祀より取り扱いが重くなり、二季の大祓のほか臨時諸国大祓のことも規定されている。さらに、神戸を有する神社についても、その調庸・田租の使途・管理のことが定められており、制度としての確立が指摘できよう。

　『続日本紀』大宝２年（702）７月癸酉条には、祈雨の験があることから山背国の火雷神（後の式内社）が「大幣・月次の幣の例」に加えられている。この大幣は祈年の幣帛のこととされ、官社列格の初見に位置づけられる。この後、列官社記事は累見する。慶雲３年（706）２月庚子条には、甲斐・信濃・越中・但馬・土佐各国の一九社を祈年の幣帛の例に加え、次いで天平９年（737）８月甲寅条に、詔して、諸国の、能く風雨を起こし、国家のために験有る神で未だ幣帛に預らないものは、悉く供幣の例に入れしめ、宝亀３年（772）８月甲寅条には、伊勢の荒御玉命、伊佐奈伎命・伊佐奈弥命の社を官社に入れた、とある。これらによって、①諸神社で国家のために霊験あるものを官社の班に加え、これを神祇官の帳に登載し、②最小限、祈年祭の幣帛を供進した、ということが分かる。

　また『古語拾遺』には、天平年中に至って、神帳（いわゆる神名帳）が成ったとあることは、先の天平９年における大量の列官社の記事とも符合し、後の「弘仁神名式」の根幹は、このとき、すでにできていたものと指摘される。

『延喜式』における社格制度

　行政全般についての式（施行法）を最初に集成したものが「弘仁式」四十巻で、その中には、「神名式」（巻七～十）があり、次いで集成された『貞観式』二十巻中においては、巻三～五が「神名式」であった。それらには、逐次増加した官社が追載されていったのだが、その最後の集大成が『延喜式』五十巻中の「神名」（巻九・十）で、とくに「神名帳」と呼ばれた。この「神名帳」は、神祇官帳・官帳（官社簿）にほかならない。

さて、『延喜式』のうち、社格制度に関する条項によって要領を記していく。まず天下の諸社のうち、官社（神祇官社）は三一三二座（二八六一所）である。座とは幣帛を奉る対象の単位（対象たる神は一柱であることもあり、二柱以上のこともある）、所は社のことである。一所で数座分の幣帛を受けるものもあるため、座数よりも少ない。ちなみに、一所で最も多い座数を受けた例は十座。官社三一三二座には、すべて祈年祭に幣帛を班つ。

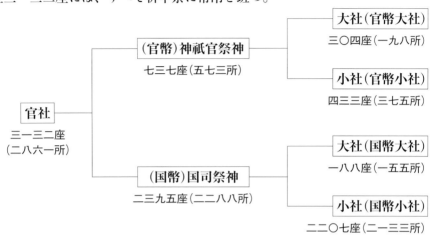

官社には神祇官幣帛を奉り、国幣の社には国司が代わって幣帛を班つ（ともに正税を用いる）。大・小社の別は、班幣にあたり大社には幣帛を案上に置き、小社には幣帛を案下に置くことだった。官幣の大社は、祈年のほか、月次・新嘗の祭に、また、その中の七一座は相嘗祭にも預かった。ちなみに奈良時代には、官社には、すべて官幣を班つこととなっていたが、僻遠の地には実施に困難があったため、延暦17年（798）、国幣をこれに代えることとなった（『類聚国史』）。

五畿内では、大社・小社ともに官幣を奉り、官幣小社八八座には、祈年の幣帛に鍬・靫（矢を入れて背負う道具）またはそのいずれか一つを加えて奉った。

東海道以下諸道には、官幣大社三九座があったが官幣小社はなく、西海道にはまったく官幣の社がなかった。また、官幣大社と国幣大社には名神祭に預かる神社が合わせて三〇六座（二二四所）あった。名神とは名社の霊神で、臨時祭である名神祭を行って、祈請・奉賽のあるときに幣帛を奉られたものである。名神は、「明神」（国史）とも記されるが、その数が第三「臨時祭」名神祭の条には、二八五座（二〇三所）を挙げ、上記「神名」に見える名神数より少ない。

これは名神に列せらるごとに、「神名」とともに「臨時祭」名神祭の条へも追記すべきところを、ある時期以後、記載に漏れたことによると思われる。

なお、「四時祭」に「前」というものが見える。官幣の大社のうちに一〇六座、官幣の小社のうちに五八座、合わせて一六四座。これは、主神に対し相殿にいます神のこととされている。

これら『延喜式』に記載された官社は延喜式内社（式内社・式社とも）と呼ばれた。これに対して、祈請・奉幣・寄進・授位などによって六国史に見えながら、式に記載されていない社を「国史見在社」（国史現在社、国史所載社とも）と呼ぶ。その数およそ四〇〇所。さらに『延喜式』撰上以後、大原野神社、吉田神社など官社に列せられたところが数社あるが、「神名帳」へ追記されていない。

一宮、総社、二十二社について

『延喜式』成立以前の「神名帳」の中に、すでにその一国での地位が認められていたものも存在したとも思われるが、国司の巡拝（神拝）や、その奉幣にあたって自然にその順位が整備されるようになった。式内社などといった基準に即しつつ、その国の「一宮」「二宮」などの称が生じ、一種の社格のようになった。ちなみに『神道集』では、上野国において一宮から九宮までを掲げており、これが最も多く見られる例である。一宮の古い例としては、鳥取県の倭文神社（元国幣小社）にある康和5年（1103）在銘経筒に「山陰道伯耆国河村東郷御座一宮大明神」とあり、『今昔物語』には周防国の「一宮玉祖大明神」との記載がある。

「総社」は「惣社」「奏社」などとも書く。その性格から、これも一種の社格の称のようになった。総社の古い例としては、『白山之記』（長寛元年／1163）に、府南の総社に、一宮白山、二宮管生石部神社等八社を合祀したと見え、また、静岡県旧榛原郡相良町の般若寺の「大般若経」第二百六巻の奥書に、「久安二年（1146）願主惣社宮司散位村主資能」とある。

「二十二社」も一種の社格のようになった。また、「国内神名帳社」ともいうべき神社がある。「国内神名帳」とは、国司が崇敬し祭祀する官社その他の神社を録上したもので、平安末期以降に作成され、上野国ほか10数か国の「国内神名帳」とされるものが伝存している。それに所載される神社が、「国内（神名）帳社」で、一種の社格ある神社といってよいだろう。

平安中期以降、律令体制は急速に衰退し、『延喜式』の制による社格とそれにともなう神社の祭祀ないし処遇についてもしだいにその実が失われていく。一宮・総社・二十二社といった名称やその取り扱いなどについても、時とともに各地域における諸般の事情のためさまざまな変遷を経て、明治維新を迎えた。

明治以降の社格制度

　明治元年（1868）、新政府が成立すると、その年に、まず「養老令」に則って神祇官が再興され、神社に関する社格・祭祀などの整備が始められた。同4年5月14日に至って、神社はすべて「国家の宗祀」たることを宣言し、神宮以下神官の世襲を廃し改めて精選補任する方針を定め、同時に、神宮・官国幣社以下神社の神官の職制が定められた。以後、時代により修正などが加えられるが、これが終戦時までの社格制度などの基本となった。

　官社については、官幣大社が賀茂別雷神社以下二九社、官幣中社は梅宮神社以下六社であり、当初、官幣小社は置かれなかった（明治5年、札幌神社が列格したのが最初）。これら官幣社三五社は神祇官が直祭することとされた。また国幣社については、当初、国幣大社は設置されず（大正4年／1915、気多神社が列格したのが最初）、国幣中社は敢国（あえくに）神社以下四五社、国幣小社は砥鹿（とが）神社以下一七社で、これら国幣社六二社は地方官が祭ることが定められた。そして、これらの官幣社・国幣社九七社の管轄は、神祇官が行った。別格官幣社については、明治5年4月、湊川神社が初めて列格したが、その取り扱いは官幣小社に準じた。官幣社の祈年祭・新嘗祭・例祭、国幣社の祈年祭・新嘗祭には皇室から、国幣社の例祭には国庫から、それぞれ一定の神饌幣帛料が支出された。

　この後、社格が昇格するもの、また、新たに官社に列格するもの、官社として創立された神社などもあって官社の数はしだいに増加した。明治30年ころには、取り扱い例規として「官国幣社昇格内規」が定められた。その基準は、主として祭神の事歴と神社の由緒であった。なお、「中社」は、『延喜式』の制には見えず、新たに定められた社格であった。

　これら官社に対して諸社についても、制度的な整備が行われた。俗に「民社」といわれたもので、①府藩県崇敬の社として府社・藩社（明治4年7月廃藩置県、よって県社とする）・県社があり、②郷邑産土神として郷社を制した。諸社はすべて地方官がこれを管轄した。郷社の下に村社があり、村社にも列せら

れないものを雑社・小社などと呼んだが、後には無格社と呼ばれるようになった。諸社についても、明治30年ころに「官国幣社昇格内規」と同じく「府県郷村社昇格内規」が制せられ、昇格・列格などの運営が行われた。祈年祭・新嘗祭・例祭にあたっては、府県社には府県費や北海道地方費から、郷村社には市町村費から、それぞれ一定の神饌幣帛料が供進された。

次に、海外に領土が広がるにともなって、官国幣社が相次いで創建された。その最初は台湾における台湾神社（のち神宮。明治33年／1900、鎮座）である。そのほか県社以下の民社も多く創建された。

昭和14年（1939）、明治以来各地に設けられていた招魂社をすべて護国神社と改め、崇敬が府県範囲単位のものを指定護国神社（府県社相当）、その他を指定外護国神社（村社相当）とする整備が行われた。指定護国神社は府県に一つを原則としたが、実際には設置されなかったところや、その広さに応じて北海道は三社、岐阜・兵庫・島根・広島の各県は二社置かれた。

昭和20年、終戦を迎えて、12月15日にいわゆる「神道指令」が発せられた結果、同21年2月2日に神社の国家管理が廃止され、社格も廃止された（勅令第七十一号）。現在、宗教法人たる神社約九万のうち、その大部分は包括宗教法人神社本庁に所属している。神社本庁では、旧官国幣社を中心に約三五〇社を別表神社としているが、歴史的な社格とはまったく趣を異にしている。

なお、終戦時における官国幣社・府県社以下の神社の数は次のようであった。

　国内　・官国幣社　　計一九八
　　　　官幣大社　五八　　官幣中社　二二　　官幣小社　五
　　　　別格官幣社　二七
　　　　国幣大社　　六　　国幣中社　四五　　国幣小社　三九
　　　・府県社以下神社　　計約一一万
　　　　府県社　　約一一〇〇　　郷社　約三六〇〇
　　　　村　社　約四五〇〇〇　　無格社　約六〇〇〇〇
　海外（朝鮮・台湾・樺太・関東州）
　　　・官国幣社　　計一八
　　　　官幣大社　六　　官幣中社　一　　国幣小社　一一

【参照事項】じんじゃ　かんべ　じんじゃさいしき　だいじょうさい　にいなめさい　としごいのまつり　つきなみさい　きゅうちゅうのねんちゅう（じゅう）ぎょうじ（以下『宗教編』）じんじゃしんとう　じんぎかん　こごしゅうい　りつりょうきゃくしき　えんぎしき　みそぎはらえ

⑧ かんべ　神戸

　神戸とは神社にあてられた封戸のこと。「神宮封戸」「神封」ともいう。封戸の制度は「賦役令」封戸条に「凡そ封戸には皆課戸を以て充てよ、調庸は全く給へ、其の田租は二分として、一分は官に入れよ、一分は主に給へ」とあるように、封主（皇室や貴族）などに課役を負担する課戸の百姓をあて、その百姓が差し出した調と庸とは全額をその封主に給付し、租は半額だけを給付するというものであった。神戸は神社にあてられた封戸であるから、その戸の百姓が差し出した租調庸は封主である神社に収納される。「神祇令」神戸条も「凡そ神戸の調庸及び田租は並に神宮を造り及び神に供ずる調度に充てよ」としている。

大化の改新と「崇神天皇紀」「垂仁天皇紀」

　封戸に関しては『日本書紀』大化2年（646）正月の改新の詔に「昔在の天皇等の立てたまひし所の子代の民、処々の屯倉及び別に臣連伴造国造村の首の有てる部曲の民、処々の田荘を罷めよ、仍りて食封を大夫以上に賜ふこと各差あり」（昔の天皇たちが立てられた子代の民・各地の屯倉と臣・連・伴造・国造・村の首長たちが支配する部民・豪族の経営する各所の土地を廃止する。そして、給与される食封を大夫より以上にそれぞれに応じて賜る）とあるのが初見である。つまり、制度としての食封（封戸）は大化の改新のときに立てられたものである。

　だが、『日本書紀』崇神天皇7年11月の条には「天社、国社及び神地、神戸を定む」とあり、さらに、垂仁天皇27年8月の条に「更に神地、神戸を定めて」とある。しかし、『日本書紀』は、文章の潤色として上代になかった大化以後の事物、制度などを、しばしば注記なく用いるため、「崇神天皇紀」や「垂仁天皇紀」の神戸に関しても、大化以後の意味そのままに解すべきではないとも考えられる。また、平安末期の撰である『大神宮諸雑事記』巻一では、伊勢大神宮の伊勢国の六所の神戸および大和、伊賀、志摩、尾張、三河、遠江の六国のいわゆる諸国神戸について、垂仁天皇25年に「天照皇大神の大和国宇陀郡に天降りました時、国造が宇陀の神戸を」云々と、その起源を説明している。ここにおいても垂仁天皇の御代から神戸というものがあったことになるが、こ

れは、それらの神戸の起源伝説であり、文字通りに解釈すべきものではない。

神戸の田租は神社に入らず？

　「職員令」神祇官条の神祇伯の職掌の中に「神戸の名籍を掌る」とある。これは、諸社の神戸は神祇官で監督されていたことを示している。しかし、神戸以外に、封戸を一括して管轄するというような官庁はなかった。これによっても神戸と一般の封戸に違う性格があったことが指摘される。

　先に記した「神祇令」神戸条から、神戸が封戸である以上は、その調庸および田租が神社の所用に供せられるのは当然と考えられるが、その規定には続けて「其の税は一に義倉に准ぜよ、皆国司検校して所司に申送せよ」とある。この「税」とは、『令義解』に「経貯を税と曰ふ也」とあるように、田租（稲）を貯蔵したものを意味し、とくに神戸の租を貯蔵したものを神税という。『延喜式』巻三「臨時祭」にも「凡そ神戸の調庸は祭料幷に神の社を造り神の調度を造るに充てよ、但し田租は貯へて神税と為せ」とある。つまり、神税は国司が検分して所司に送る。所司というのは神祇官で、田租は京都に送って神祇官に貯蔵するのが原則なのである。

　普通の封戸では田租はその半分が封主の手に入るが、神戸の田租は神社に入らず、京都へ行ってしまう。したがって、その用途も神社の思うがままにはならず、神祇官で差配することとなる。『延喜式』巻二「四時祭下」に「右、相嘗祭に預る社は前の如し、十一月上の卯の日に祭れ、其の須ひむ所の雑物は預め官に申して請受け祝等に付けて班ち奉れ、酒料稲は神税及び正税を用ひよ」とあり、相嘗祭に預かる七一社のうち、その酒料稲に神戸以外からの正税を用いるものはわずかに一〇社、その他はすべて神祇官から神税が班ちあてられるのである。

東大寺の寺封は5000戸、神戸は全国合わせても6000戸弱

　平安時代に書かれた法制書で『新抄格勅符』の第十巻の抄本には、大同元年（806）の牒（公文書の一つ）を引いて、神寺諸家の封戸の数を示している。この大同元年の牒の性質は明らかではないが、そこには神封部として当時の諸社の神戸の数を挙げて、「合四千八百七十六戸」とある。この記事には脱漏もあり意味不明瞭なところも多いが、記事内容を整理し推測で計算すると6000

戸ほどになる。

　しかし、同じ牒によれば東大寺の寺封は5000戸、山階寺は1200戸、飛鳥寺は1800戸、大安寺は1500戸もあった。また、皇親や官人の俸禄を定めた「禄令(ろくりょう)」によれば、太政大臣の職封(しきふ)は3000戸、左右大臣も2000戸もあった。また、この牒によれば、神戸がただの1戸という神社は三〇社あり、2戸というのは三六社に上る。

　さらに、『延喜式』巻二十二「民部省上」や『続日本紀』養老7年（723）の格によれば、いずれの神戸でも、1戸から差し出す租稲はわずかに40束、この稲を搗けば（脱穀すれば）、当時の小さい枡にしても2斛(さか)（200升）、しかも、この稲はすべて京都へ持って行かれてしまう。調は正丁(せいてい)（21歳以上60歳以下の健康な男子）一人で絹または絁(あしぎぬ)ならば8尺5寸、1戸でも1匹(びき)（1疋・2反）に満たない。布ならば2丈6尺、1戸でもわずかに2端(たん)（反）あまりに過ぎない。庸も正丁一人で布2丈6尺、これも1戸で2端あまり、調庸合わせて布4〜5端である。神戸1戸という神社では、1年間にこれだけの収入で何ができるだろうか。確かに神社によっては、神戸がその経済に寄与する神社もあったであろうが、多くはあまり期待できなかったと思われる。ひるがえって皇室や貴族の封戸には1戸や2戸といった零細なものはない。そういった点からも神戸は、普通の封戸という考え方では完全に説明できない。

律令における「神戸」と『出雲国風土記』の「神戸」

　『続日本紀』延暦元年（782）5月の条に、陸奥国が、鹿島の神に祈祷して凶賊を討ち払った。鹿嶋神の霊験は偽りではない。望むらくは位封を授けられますよう、と言上したところ、「勅して勲五等、封二戸を授け奉る」とある。この封2戸はいうまでもなく神戸である。『常陸国風土記』によれば、鹿島神宮にはすでに「神戸六十五烟(むそじあまりいつつ)」があった。経済的にあまり意味を持たない封戸2戸が、蝦夷討伐の報賽として寄せられている。他の封戸が寄せられた神社についても、同様に何らかの報賽の意味を持って寄せられたものと理解される。また、神祇への位階も、位階本来の意味ではなく、最初は位田（位階に応じて支給された田）を寄せられる意味であったのを、後には、ただ位記（位階を授ける旨を記した文書）だけの内容となった。1戸や2戸しかない神戸もそうで、神戸本来の経済的な意味というものをあまり重視しなくなってしまったのであろう。

『出雲国風土記』によると、天平5年（733）のころに出雲一国で神戸が「七」あったという。内訳は意宇郡にあるもの「三」、秋鹿郡にあるもの「一」、楯縫郡にあるもの「一」、出雲郡にあるもの「一」、神門郡にあるもの「一」である。その意宇郡にある「三」というのは「出雲神戸」「賀茂神戸」「忌部神戸」の「三」であって、出雲神戸というのは意宇郡の郡家の南西2里20歩にあって、熊野坐神社と出雲郡の杵築大社（出雲大社）の二所の大神に依せ奉ったものという。賀茂神戸は郡家の東南34里にあり、大倭の葛城の賀茂社の神戸である。忌部神戸というのは郡家の正西21里260歩にある。この忌部神戸はいずれの神社にも隷属せず、出雲国造が朝廷に神寿詞を奏するために参向するときに斎戒する所であるという。『出雲国風土記』に「国造、神吉詞望ひに、朝廷に参向ふ時、御沐の忌の里なり、故れ忌部と云ふ、即ち川の辺に湯出づ、出湯の在る所海陸を兼ぬ、仍りて男も女も老いたるも少きも、或は道路に駱驛り、或は海中を洲に沿ひて、日々に集りて市を成し、繽紛ひて燕楽す、一たび濯げば、形容端正しく、再び浴すれば則ち万の病悉く除かる、古より今に至り、験を得ずといふこと無し、故れ俗人、神の湯と曰ふなり」とあって、忌部という神戸の名の語源説明であるが、どこの神社に由来するなどの説明がなされていない。

　先の神戸が七や三、あるいは一とするのは、神戸の郷や里が三とか一ということである。しかし、神戸が封戸ならば、封何戸という表現はあっても、封戸の里とか郷という表現は見当たらない。先に挙げた大臣クラスの封3000戸や2000戸などのおびただしい戸数には、里も郷も含まれていたと思われるが、「封何々の郷を給はる」といった記事は一例も見あたらない。つまり、封戸にはその百姓の住む「土地」というものを重視していない。それとは逆に『出雲国風土記』に見える神戸は何戸ということを問題としないで、すべて「土地」で規制している。土地といっても、神戸の郷といえば郷戸50戸の百姓がいたことは当然考えられるが、忌部神戸では「川辺の出湯」とか「海中の洲」とかを述べていて、そこに住む者および戸数のことに触れていない。

　また、『出雲国風土記』によれば杵築大社の神戸として、意宇郡の出雲神戸、秋鹿郡の神戸里、楯縫郡の神戸里および出雲郡の神戸郷があげられている。戸数にすれば少なく見積もっても100余戸にはなるはずであるが、先の大同元年の牒によると「杵築神六十一戸、出雲、天平神護元年充て奉る」とある。これでは戸数も少なく、しかも、その少ない神戸が天平神護元年にあて奉ったと

いうのだから、天平5年にできたはずの『出雲国風土記』のときには神戸がなかったことになる。いわゆる律令による「神戸」と、「風土記」にいう「神戸」とは違うものなのであろうか。

「神戸」と「社領」「神領」

　平安中期に作られた辞書である『和妙類聚抄』20巻本の「郡郷部」を見ると、諸国に「神戸」という地名が非常に多く、全国で54か所もある。この「郡郷部」は、やや信憑性に欠けるとの指摘もあるが、それでも神戸という地名の存在は疑いない。現に三重県津市や兵庫県に神戸（かんべ、こうべ）という地名が残っている。これらの神戸には、どこかの神社との関係も指摘がされており、「土地による神戸」というものも『出雲国風土記』だけの特例ともいえない。

　『続日本紀』延暦8年（789）12月、皇太后・高野新笠の崩御によって、諸国をして所部の百姓を率いて挙哀させたという記事の中に、「但し神郷は此の限に在らず」とあり、「神郷」の存在が示されている。神戸を神封というように、この神郷というのは神戸の郷の意であろう。

　また『類聚三代格』にある寛平5年（893）12月29日の太政官符では「神封郷を分ちて神宮寺に寄することを停止せしむべき事」と、「神封郷」というものがあったことを明らかにしている。この官符によれば越前国足羽郡野田郷を気比大神宮の封郷とし、そこから出る田租および調庸を封物として神宮に収納し、神宮などに配分したようである。これでは、「神封」とはいうものの、まったく「神領」であって、「封戸」というものとは性質が違うものであることが分かる。

　また『類聚符宣抄』にある寛仁2年（1018）11月25日の太政官符には「山城国愛宕郡捌箇郷を賀茂上下大神宮に寄せ奉るべき事」とあって、御祖社には蓼倉、栗野、上栗田、出雲の4郷を、別雷社には賀茂、小野、錦部、大野の4郷を寄せ奉るというのである。しかし、これら8郷のうちには神寺の所領、斎王の月料（神供）、氷室、傜丁・陵戸等の田、左近衛府の馬場、修理職の瓦屋、延暦寺領八瀬・横尾両村の田畠などを含み、また、「久しく仏地と作り、何ぞ神戸と為さん哉」とある。これらの所領が入り組んだ状態であって、仏地となっているから、神戸とはいえないというのである。このように神戸は、封戸とは別の姿の「社領」としての神戸があったのである。

　神戸という言葉は「神の戸」ということであるから、本義は封戸であったこ

とはいうまでもない。しかし、神戸にせよ社領にせよ、その土地に住む百姓は、田租や調庸を封主もしくは領主である神社に納める形となる。神戸が封戸であっても社領であっても、結局は似たような形であり、そこから、封戸なる神戸という単語が社領にまで転移したのではなかろうか。そう考えることによって『出雲国風土記』にいう神戸や、地名としての神戸、神封の郷などということも理解できるように思われる。

　いずれにせよ「社領」や「神領」という神社に属する土地があったのはおそらく古くからのことで、大化の改新以前にも遡りうるであろう。「崇神天皇紀」や「垂仁天皇紀」の神地、神戸というものは、そういう意味の神戸であったと思われる。

【参照事項】しんでん
(以下「『宗教編』」) にほんしょき　ふどき　りつりょうきゃくしき　えんぎしき

⑨ まつり　祭り（祭祀）

　「まつり」の語源は、人が神の威に従い奉仕・服従する「まつらふ」という言葉にあると解釈されている。さらに、「まつ（待つ）」、「まつりごと（政、奉仕事）」などが、「まつり」と同じ意味合いを持つ言葉として指摘されている。

　江戸時代中期の国学者・谷川士清（たにかわことすが）は国語辞典『倭訓栞（わくんのしおり）』を編纂したが、その中にも「まつり」と「まつ」は同根の言葉であることが示されている。神を含めた他界の存在が人々の招きや願いによってこの下界に至り、その神を一定の場に迎えて歓待し、祝福を期待するのが「まつ」であり「まつり」であったと思われる。

　本居宣長は、政（まつりごと）は奉仕事（まつりごと）で、臣が天下に奉仕することで、祭りも神に奉仕する「まつろい」であるから、その意味は共通していると説いた。また、折口信夫は、『日本書紀』に「遣」・「命」の訓を「またす」とあることから、自ら為す・行うものを「まつり」、人をして為す・行わせるものを「またす」であるとして、その関連を指摘している。

　そういう意味において、「まつり」で最も重要なことは、「まつられる」神と「まつる」者との魂の一致である。「まつる者」の心が神の御心（みこころ）と一致し、神慮（しんりょ）に適う生活や行為が営まれてはじめて、神の納受と祝福、神命神慮への期待

が可能となろう。「正直の頭に神宿る」とされたことや、明浄正直や祓が重視されたことも、そういう観点からと理解される。さらに重要なことは、それが祭儀・祭典だけではなく、日常の生活でもなされなければならないことである。

国家と「まつり」、神社と「まつり」

　日本は、皇祖・天照大御神から御孫・瓊瓊杵尊が八咫鏡を授けられて以来、天皇が万世一系の皇統を継ぎ、三種の神器を皇位のしるしとし、皇祖をはじめ天神地祇、歴代皇霊の祭祀を行い、広く天下の大小神社に幣を奉って天下の安寧を祈らしめたという伝統の上に立っている。この精神は『日本書紀』をはじめとする国史、順徳天皇による『禁秘御抄』などからも窺われる。『大宝令』や『延喜式』などの法令にも神祇の祭式はくわしく定められ、武家政権になっても『貞永式目』に明らかなように、敬神の姿勢は公のものとして継承された。

　明治維新以後、皇室、神宮、神社の祭祀の法令や制度の整備が行われてきた。しかし、終戦を迎え未曾有の混乱の中、GHQが発した「神道指令」により、いわゆる「国家神道」の廃止が命じられ、皇室祭祀は皇室の内廷（内部）の祭祀（皇室の私的行事）として執り行われ、神社祭祀は国家の管理を離れた宗教法人（私法人）たる各神社が自立して（私的に）行われることになった。

　神社はもともと神をまつるために設けられたものである。その起源はそれぞれに異なっていても、神の宮居として神霊を鎮め坐せ奉り、神霊をいわいまつり（斎い祭り）いつきまつる（斎き祭る）のである。また、神社の神職はまつりを行う人であり、日々の業務はまつりそのものである。同時に神社のまつりは、祭りによって神慮をいただく氏子崇敬者の奉仕の精神と生活があってはじめて意義をもつ行為である。「神社のまつり」は、長い伝統の中で社会化された神事・行事として、郷土・地域の生活に結びつき、神と人との交わりを深める役割を歴史的に果たしてきた。

　戦前の神社は一般には法令の定めに従って祭祀を行っていたが、現在の神社はそれぞれの歴史と崇敬者などの要請に応じて祭祀を行っており、その内容は、特殊神事を除いて、一般的な祭式や行事作法に則って祭儀を執行している。

「まつり」の分類

　「まつり」を執行する上での精神性を分類すると、おおむね次のようになる。

①祈願（願望の成就を求める心）、②報賽（神の恵みに感謝しお礼する心）、③頌讚（神の恵みや偉大さを称える心）、④献進（誠意を物に托して表そうとする心）、⑤受命（神の御心を伺おうとする心）、⑥鎮霊（神の御心の荒びや悲しみを慰めようとする心）、⑦報告（出来事を神に申し上げて知っていただこうとする心）、⑧斎戒（心身を清めて、まごころをもって神に仕えようとする心）。

こうした精神性を総合したものが祭儀だが、具体的には上記のいくつかに重点が置かれることがある。例えば、祈年祭は五穀豊穣などの祈願が主目的になり、新嘗祭は報賽、慰霊祭は鎮霊が主目的となる。

祭りの性格という観点から考えると、神社本庁の旧庁規には、祭神由緒の祭り、神宮崇敬の祭り、公共福祉の祭り、氏子安寧の祭り、祖霊安鎮の祭り、季節順度の祭り、殖産興業の祭り、教化宣布の祭り、清祓の祭り、その他の祭りという分類が掲げられている。また、同じく奏上する祝詞の内容などから、例祭、春祭り、秋祭り、神幸祭、鎮座祭、遷座祭、合祀祭、分祠祭、元旦祭、神宮祭、祝日祭、慰霊安鎮祭などに分類することもできる。

祭式上の分類としては、大祭式、中祭式、小祭式、諸式がある。また、神職が神社の祭祀に付属して行うか、あるいは、神社の祭祀とは別に行うものとして、地鎮祭、上棟祭、進水式、神前結婚式、神葬祭などがあり、もともと祭祀の制度的担保をともなうものではないが、故実に則した祭式によって執行され、これら祭儀の準則を諸祭式といっている。

民俗学では祭りの分類として、さまざまな分け方があり、例えば、①家の祭り、②村落内小集団の祭り、③村落の祭り、④郡郷の祭り、⑤講社教団の祭り、⑥商業団の祭り、⑦流行神の祭り、などがある。これらの分け方は、祭祀集団や神饌など祭りのどこを主な分析の角度にするかによって大きく変わってくる。

【参照事項】　さいじょう　しんでん　さいじつ　かみだな　じんじゃさいしき　かんなめさい　としごいのまつり　つきなみさい　せんぐう　とくしゅしんじ　なつまつり

⑩　さいじょう　祭場　斎場

祭場もしくは斎場とは、神を祭るための特定の場所、もしくは、常時・臨時に設けられた神聖な施設の総称である。

この項では、上記のような広義における祭場・斎場の説明を行うが、従来は

以下の限定した二つの意味で用いられていた。一つは、天皇即位に際して斎行される大嘗祭に際し、悠紀国・主基国から奉納された稲や、諸国から集まった貢納物を納入する場所を指した。これを斎場といい在京斎場・京斎場・斎場院ともいった。この斎場も、悠紀国・主基国同様に卜定により選定され臨時に設けられたもので、集められた貢納物が大嘗宮に送られると撤された。もう一つは、京都の吉田神社内の太元宮を中心とした建築物を意味した。もとは吉田家の邸内にあったものを文明16年（1484）に兼倶が現在の地に再興した。斎場所と通称するが、「日本最上神祇斎場所」の略称である。天正18年（1590）に神祇官で祀られていた八神殿を吉田兼見が太元宮に奉斎して、慶長14年（1609）には神祇官代にあてられ明治維新に至った。

神話と祭祀遺跡にみる斎場の初源的形態

　前述した広義の祭場・斎場については、『古事記』の「天の石屋戸」の段に、その初源的形態の記述がある。そこには「天の香具山の真賢木を根から掘り出して、上枝に八尺の勾玉を五百個つないだ珠を取り付け」、「下枝に白和幣、青和幣を取り付け」、「天児屋命に祝詞を申し上げさせ」といったくだりがあり、祭器具や神籬的な設備、祝詞、舞踊的所作を描き、献饌や礼拝の記述はないものの、後の祭典の先駆的な場面が描写されている。祭場は単に祭事のための神聖な場所のことを指すにとどまらない。祭事が営まれるための諸設備や祭事の全過程を含めて考えていくことが重要である。

　歴史的に斎場の諸形態を考える上で、考古学における祭祀遺跡の分類についても触れておきたい。神道考古学の提唱者・大場磐雄は、多くの考古遺跡の研究調査に基づいて祭祀遺跡の分類・整理を行っている。

　広義（場所：ある特定の場所で神を祭ったと推定される遺跡）
　狭義（時代：古墳時代を中心に祭祀を行ったと推定される遺跡）
　　A　遺跡を主とするもの（祭祀の対象の明らかなもの）
　　　1．自然物を対象とする遺跡　山嶽、巌石、樹木、湖沼池泉、海洋島嶼など
　　　2．古社の境内および関係地　3．墳墓　4．住居址
　　B　遺物を主とするもの（祭祀の対象の不明なもの）
　　　1．祭祀遺物の単独出土地

2．子持勾玉発見地　＊大型勾玉の表面に小さな突起物があるもの
　　3．土馬発見地　＊土製の馬形
　C　遺物の発見されないもの
　この概念整理は当時の研究調査に基づいたもので、現在の研究を正確に反映したものではないが、祭祀遺跡について鳥瞰するには適切なものといえよう。

磐境、神南備・御室・御諸、神社、宮

　上記の祭祀遺跡の分類・整理は、考古学上の調査研究に基づくものだが、『古事記』・『日本書紀』における斎場への理解を促進し、相互に補完するものである。例えば『日本書紀』の「天孫降臨」の段の一書、いわゆる「神籬磐境の神勅」で出てくる「磐境」、また、『万葉集』に見える「磐群（いわむら）」も祭場であり、その磐群の磐座（いわくら）に神が降臨したであろうことが指摘される。このような聖なる岩をともなう祭場の多くは、山を聖地と仰ぐ信仰と深く関わっている。高天原の天香具山と地上の香具山は、天界と地上の関係を示すものである。天界の天香具山では、常に皇孫のために斎（いわ）いを行い、神籬を持たせて地上でも聖地を選んで斎わしめられた。地上の聖地が香具山であった。

　舒明天皇の「国見（くにみ）」の歌をはじめとした香具山は、天皇が国見という形で天孫降臨を現実に繰り返されることであり、その印象を歌にしたものであるとの指摘がある。国見とは、高所に登り遠くを望んで国霊（くにたま）を与祝（よしゅく）して豊かさを願うことであるが、このように神の命を受けた神の御子が神として来臨する形は、民間の諸祭事に至るまで繰り返し伝承されている。

　天孫降臨の高千穂伝説のように、山の頂上は神の天界からの足がかりと考えられ、さらに、神の常在という観念を導き出した。三輪山に代表される神南備・御室（みもろ）・御諸の山であるが、それは神体山ではあるが決して山そのものが神ではない。神が来臨される山であり、そうした山に岩、樹木などの依代があって、祭りの際には何らかの施設が整えられたと考えられる。神楽歌には「榊葉（さかきば）に木綿（ゆう）とり垂（し）でて誰（た）が代にか神の御諸を斎（いわ）ひそめけん」とあり、榊に紙垂がつけられた神籬形式のものを御諸といったことが窺われるが、ここでは社殿形式の祭祀は想定されない。

　神社とは神の社（やしろ）であり、神を拝む場所であり、祭りを行う場所である。「やしろ」の「や」は屋、「しろ」は代・料の意で、屋のある神聖な地域を示す語

であるから、必ずしも家屋神殿を意味しない。また「しろ」を城の意と考えても、戦略目的の城とは異なり、柵とか石垣といった施設で、一定の地域を区画した場所を意味することから、やはり神祭りを行うための神聖な場所を示すものと考えられる。「社」という漢字も中国では土地の守護神とか部族の祖先神を意味し、同時にその祭りをいい、その神を祀る祭祀集団のことを指している。日本の「やしろ」と類似した観念を持っていたことが指摘されよう。

なお、「みや」という語も祭場に関係してくるが、「みや」は古くから貴人の住む家屋と考えられていた。『古事記』にも須佐之男命の「須賀の宮」や、「国譲り」の段に「宮柱太しり」といった用例が出てくる。これは貴人の生活に人が仕える形と、祭祀の礼とが類似したことによる。その根底には神社建築物に神霊が常在するという観念の発達によって、神霊がいますがごとくに仕え祭るという信仰心があったからである。

木と神域

それでは、祭りにおける臨時の施設が常設化していく過程を、とくに「木を立てる」という観点から見ていく。日本の祭りにおいて、多く見出されるのが木を立てることだ。柳田國男は「生の木」を、そのまま神の天降りたもうところとしたのが、その先行形態であろうと述べている。前述した『古事記』の「天石屋戸」の段に出てくる「天香具山の五百津の真賢木を根こじにこじ」たものであり、それと同様の形は今日の祭祀習俗の中に多く伝承されている。

「柱」も「生の木」同様に、文献に古くより多く現れている。『古事記』によれば、伊邪那岐命と伊邪那美命がおのごろ島で「天御柱を見立て、八尋殿を見立て」とあるように、一本の柱をもって八尋殿に見立てている。生の木に手を加えて柱として立てることは、すでに社殿建築への萌芽が認められるが、『日本書紀』推古天皇28年（620）条で、群臣が檜隈の山陵の外塚上に柱を立てたとき、大柱直が立てた柱が飛び抜けて高かったので「大柱」の姓を賜ったと述べているのも、建築物としての「柱」の印象が強く出ている。

一方、柱を天界と地界とを結ぶ神の交通路とする観念も認められる。『日本書紀』の日神生誕の際の「天柱を以て天上に挙ぐ」との記述や、『延喜式』巻八所載の「龍田風神祭」の祝詞に見える天御柱命・国御柱命という神名がそれである。また、大柱直が立てた柱のように、何本も立てられた柱の中か

らその一本が選ばれ、あるいは、１本の柱を八尋殿と見立てるように、１本の柱を重視していることは注目すべきだろう。長野県の諏訪大社で行われる「御柱祭」では各社の四方に山から曳いてきた柱が立てられ、諸説はあるが、その四方に立てられた柱の中でも「一の柱」がとくに重視されている。さらには、１本とか２本とかの数の問題ではなく、特定の生の木を見立てておいて祭日に曳行し、聖なる柱として立てるという御柱の祭儀には、我々が古くから持っている複合的観念が潜んでいる。それは神域や神の依代を示す行為であり、その聖なる木こそが社殿建築の用材になるといった観念であろう。

　一方、柱とは趣が異なるように見えるかもしれないが、祭りにあたって祭場の一定区画を示す「柴挿し行事」が行われるところがある。これも神の依代であり、祭礼そのものの呼称ともなっていて全国で広く見出される。特定の祭り日に神域を示す柴を刺すことは、村、神社、頭屋、各家というように分化していったが、もとは共同で行ったものであろう。節分や正月の刺し物や飾り物、あるいは５月の節句には蓬や菖蒲を屋根や軒先に刺したりしたが、これら一連の民間行事も同観念に基づく習俗であった。

幟、山車、お旅所

　このように生の聖木は柱へと移行し、さらに社殿を成立させ、一方では柴挿しのように聖域を区切るものに発展する。またその一方で、生の木を依代とする観念は幟の上に生の枝を結びつけて高く標示する形式を整え、山車や神輿へと展開していく。

　日本の祭りの要素の一つとして幟は広く普及している。その竿の先端に木の枝や花などが結びつけられているのを見れば、それが神降臨の標示であったことが理解できよう。立てる場所が境内だけでなく、氏子の居住地域である村境であることも多い。現在では依代の標示というより装飾に近くなっているが、なお聖域を区画し、重大な祭りが行われていることを示している。

　悪疫が流行したり火災が隣村であったりすると、すぐに村境に張りめぐらす辻注連・道注連の類も、悪疫災難を退散させる目的のもとに祭場標示の形式をとったものであるといわれている。また、ご祭神のご事跡に関係する場所に立てることもある。房州（千葉県）の白間津に鎮座する日枝神社の４年に一度の例大祭では、その昔、ご祭神が上陸されたという海岸の道の両側に大幟を立て、

数百人の若者が綱で曳いてお旅所の祭場まで数町を行くという。土地の神ではなく、他所から入って来られた漂着神の性格を伝えていて、なおかつ、幟が移動することは、そこに神の依代としての観念が伝えられていることを示していよう。これらのことは京都の「祇園祭」の山鉾（やまほこ）などとも繋がるものである。
　「祇園祭」の山鉾は根本になるのが柱で、山形（屋形）の上に高い柱（鉾）を立て、その先端に「だし」を置く。このだしには杉の葉・笹・榊などの依代形式のものから、提灯・人形・鉾などをベースにさまざまに装飾をこらしたものへと歴史的に発展していった。たとえば、「尾張津島天王祭」における車楽船（だんじりぶね）、「博多祇園山笠」の飾り山、埼玉県・「秩父夜祭」の屋台の三間舞台などがそうで、そこに芸能の要素が備わっていったのである。
　このように神域を区画し、神の依代となし、祭りの場であることを標示する樹や柱は多様な変化をたどっている。しかし、形態だけの変化を追うのではなく、変化の要因としての祭祀者の神観念や祖先観、他界観といった思想を抜きにしてはならない。社殿形式の常設の祭場を成立せしめた後も、祭りにおいては社殿以前の神降臨の形が並行して行われていることは、現在の祭りに多く見出すことができる。
　先の房州・日枝神社の4年に一度の夏祭りでは、ご祭神が上陸されたと伝えられる地に柱をまず立てる。上陸されたということは、その土地が神意に適ったからであるが、この考え方は、祭場やお旅所がどこに定められているかといったことに関わっていよう。同じく房州・玉前神社（たまさき）の例祭にも同様の姿が見出せる。ご祭神は玉依姫命だが、玉前神社から1.5キロほど南の九十九里浜の南端・釣ヶ崎には、ご神体漂流地であるという伝承がある。例祭の3日前には関連神社の神輿2基を玉前神社ご本殿に迎えて特殊神事を行い、例祭当日はご祭神の神輿を奉じて九十九里浜の渚を疾走して釣ヶ崎の斎場に臨む。すると近郷の諸社12基が迎え、お旅所の祭りが行われるというものである。神の巡幸とお旅所の特質を伝えた祭りというべきだが、このようなお祭りは沿海村や川寄りの村にはとくに多い。
　御船（みふね）による神幸も同じ系統であろう。12年に一度行われる茨城県・鹿島神宮の「御船祭」や、和歌山県・熊野速玉大社の例大祭にともなう「御船祭」などがそうである。このように祭場は、神事全体の進行過程との対応によってその意味を見出すことが大切である。

勧請

　日本には、本来その地域で祀られている氏神（地域の神）と、他所から新しく勧請した神とがある。氏神を各戸の神棚へ奉斎し、また、地域の内外の大小さまざまな神社の神札を家庭の神棚に奉斎することもある。いずれも勧請だが、奉斎すればそこは小さな常設の祭場になる。

　勧請という形式がいつ始まったかは不明であるが、おそらく日本人の開拓の歴史とともに始まり、神が祭りに際して来臨するという信仰を経由しつつ、社殿に神が常在するという信仰に振り替わって後のことであろう。神常在（神が社殿に常在する）の信仰は、いずれかから神が来臨するという信仰の延長であるから、それが社殿に固定化することは、神社に奉仕し祈願をかける者の側からすれば勧請に違いない。祭りで神を招き奉ることと、他地域から神を勧請することは、同じ信仰に根ざしたものであり、明確には区分することは難しい。

　神が旅をしてきて、しかるべき場所に祀られたいという神意を示されることがある。それに対して、神の祭場をなんらかの事情によってほかへ遷さなければならなくなったとき、もとの祭場へ還りたいというお告げがあったという話は多い。とくに明治の神社整理に際しては多かったといわれている。しかし、田の神や山の神などのように、屋外での祭りが屋内に移ってしまったり、ほかの場所に移動すると、もとの祭場の一定区画の土地、あるいは樹木が残されて神聖視され、やがてそれを侵せば祟るという信仰に変わり、はては忌み地、忌み木としてさまざまな伝説や解説を生むことも見受けられる。祭場の移動にともなう事がらは、多くの資料にあたって考えなければならない問題であるが、神聖なるものに対して、何が忌まれ何が穢れとされるかという点について、日本人の信仰心が最もよく把握できるテーマとなろう。

【参照事項】　じんじゃ　まつり　しんでん　さいじつ　ひもろぎ　いわさか　かんなび　しんたいざん　しんぼく　しんのみはしら　しんよ・みこし　かみだな　たま　しめなわ　だいじょうさい　なつまつり　じんこうさい　（以下『宗教編』）よしだかねとも

⑪ しんでん　神田

　神田とは、「ジンデン・カンダ」（神田）、「サイデン・イツキダ」（斎田）、「ミトシロ」（御戸代・御刀代・神戸田地）、「ミソノ」（御園）、「ミタ」（御田）など、

時代や地域によってその名称を異にしているが、主として神社の祭祀にあてる神聖な田んぼのことをいう。神饌田、御供田ということもあるが、その収益によって神社の修造や神祇官人および神職の俸禄にあてる大規模な田地もあった。規模の大小にかかわらず、古来、不輸祖田とされ売買を禁じられてきた。戦後の農地解放によって、神社の大小を問わず、神田の消滅は著しかったが、現在でも特定の神社や信仰の篤い村に神田の残っている例は多い。

　神田の研究は神社における「御田植神事」や「田遊び」など芸能面からの成果を挙げることはできるが、神田そのものに関する研究は民間における田の神信仰の研究とあいまって民俗学の分野で進められてきた。また、戦後に目ざましい進歩をとげた中世史学研究の幅広い成果の中には、神田の研究を進める上で多くの示唆的問題が含まれている。神田についての考察は、日本の宗教、風土や民間の行事が農耕を背景にして構成されているために、神社信仰を考える場合にも欠かすことができない。

神田祭儀の源流

　『日本書紀』には高天原における田地の名称を多く掲げているが、そこにはおおよそ2種が存在する。

　一つは天照大神所有の田で良田に属するものである。『日本書紀』巻一の「素戔嗚尊の神荒」の段の本文に「天照大神、天狭田・長田をもって御田としたまう」とあり、第二の一書には「天垣田」、第三の一書には「天安田」「天平田」「天邑并田」ともある。また、同巻一第五段の第十一の一書では、保食神の遺体から出た穀物の種子を播き育てるにあたって、天熊人を天邑君（耕作者の長）に任命して耕作させた記事の中に、「すなわちその稲種をもって、初めて天狭田および長田に殖う。その秋の垂穂、八握に莫莫然いて、はなはだ快し」とも表現されている。「狭」も「長」も田んぼの形状から出た名称であり、古代における田地の一般的なあり方を示したものと推測されるが、天邑并田のように広大な面積を有していたと思われる田地もあった。

　もう一つは素戔嗚尊の所有になる不良田がある。前出の「天垣田」以下に続く部分に「天樴田」「天川依田」「天口鋭田」とあり、「これ皆、磽地なり。雨れば流れぬ。旱れば焦けぬ」という不安定な田であったことが分かる。

　以上のような田んぼを「天御領田」と称しているが、神田といえるかどう

かは不明である。

　神田の語の初見は『日本書紀』崇神天皇7年に「天社・国社、および神地・神戸を定む」とあるのに続き、仲哀天皇9年に神功皇后が肥前国の松浦県の玉嶋里の小河の側に進まれたとき、神祇を祭って征西しようとされ「ここに神田を定めて佃る」とある条となる。神田を「ミトシロ」と訓むことについては、『日本書紀』持統天皇4年（690）に幣を畿内の天神地祇に班ち神戸田地を増やしたこと、『延喜式』巻八「祝詞」の「御刀代」の用語があり、『続日本後紀』の承和15年（848）2月辛亥の記事には諸社に「御戸代田」をあてたことが見えている。

　江戸時代の谷川士清の『倭訓栞』には、上記などの例のほかにも『皇大神宮儀式帳』にある「御田代御田」の用例を指摘した上で、「一説に、刀は戸の義、神戸也、百姓の戸をいふ、代は田也、続日本後紀に御戸代田一町なども見えたり」としている。これについて本居宣長は、「御年代」と解し、年は稲のことだから神の御稲を作る田の意とし、鈴木重胤は「御刀」は「御処」で、神社に封田を定められることの意味としている。しかし、神田そのものを指す語は中世末以降、急に少なくなり神領と称せられていく。

　古代から神田の性格を最もよく伝えているのは、大嘗祭における悠紀田と主基田の存在であろう。『日本書紀』巻二の「火火出見尊の出生」の段の第三の一書に「神吾田鹿葦津姫、卜定田をもって、号けて狭名田という。その田の稲をもって、天甜酒を醸みて嘗す。また、渟浪田の稲を用て、飯に為きて嘗す」とあるように、いわゆる「斎庭之穂」をもって神を祭ることを示したものである。毎年の新嘗祭もこの祭儀の趣旨をよく伝えるものだが、とくに卜定した清浄な田の稲をもって神饌とすることは、久しく日本の宗教を特徴づけてきた重要な点である。ここにいう狭名田は天狭田・長田とは別のものであろうが、特定の田を卜定して神饌用の稲を耕作するところに神田の源流を見ることができる。

大嘗祭と村々の祭り

　本来、神田は神祭りに必要な稲を耕作するという純粋な宗教的意義をもつものであった。神田を不輸祖田としたのも、単に神社に対する国家の経済的保護という理由によるものではなかった。しかし、この本義は荘園の成立により崩

れていく。ここに神田の本来的意義を研究するにあたっては、有名な大社の神田を対象とするよりは、日本人の生産生活の場で維持されてきた神田に目を向ける必要が生じてくる。神田の本義を比較的純粋な形で伝えてきたと思えるからであり、国民多数の積極的な宗教生活を見ることができるからである。

　大嘗祭に際して、9月下旬になると悠紀、主基の2国へ抜穂使（ぬきほのつかい）が遣わされ、稲は京へ運ばれる。それと国ごとから集められた抜穂とは11月の中の卯の日に大嘗宮へと運ばれた。そして、米を搗（つ）き火を燧（き）り御饌米（みにえまい）を炊いて御膳（おもの）を料理し、天皇自ら悠紀の御膳を勧められ、次いで夜半過ぎて主基の御膳を勧められるが、それが終わった同じ日に宮中の豊楽院（ぶらくいん）で大嘗宮の祭儀と同じことが天皇にも執り行われる。この大嘗祭が行われる年に新嘗祭はなく、しかも大嘗祭と新嘗祭の区別は古くから明確ではなかった。また、新嘗祭ではとくに神祇官の祀る三〇四座に奉幣があったが、同時に全国の村々でも新嘗の祭りが行われたことは、『万葉集』の東歌や『常陸国風土記』の逸文を引くまでもなく有名な事実である。

　本来は村々の新嘗祭も国と同日であり、祭りも個々の家ではなく集団で行われた。しかし、祭りの日と収穫期のズレが出てくる。実際、秋祭りにおいて氏神の大祭と農耕儀礼としての収穫祭の二つが別々になっている例は多い。新嘗祭ばかりでなく、春の祈年祭でも同じことがいえる。明治6年に太陽暦を採用した際、11月の中の卯の日が23日にあたっていたので、以来、11月23日を新嘗祭としたように、日本では暦の変遷によって祭日は大きく変動した。しかし、農耕儀礼を背景とした村々の祭儀が全国類似のものとなっていることは、根本においてその信仰を一つにしていたからであるといえよう。

苗代の農耕儀礼

　収穫された稲で神を祭ることに神田の基本的条件を定めるなら、神田にはいくつも種類がある。神社に属する田、同一村落内でも氏神の田から集落神の田、同族神の田、特定集団の祀る神の田、個人の家の神の田にいたるまで、その範囲の広さや重複は甚だしい。もとからこのように複雑なものではなかったと思われるが、その相互の関連を知ることは必要である。

　神田が神祭りに不可欠のものであるなら、それにともなう農耕儀礼も神田を中心に展開されなければならないが、現実には違いがある。

例えば田の神信仰に関してである。現在、一番広く見られる田の神信仰は、春に山や天から里へ降りてきて田を守り、秋には再び帰っていく伝承であるが、春秋の両季に田の神が家と田とを行き来するという伝承も同じくらいに広い分布を持つ。この春秋の両季に極めて印象的な祭礼を営むところもあるが、その多くは個人の家の祭りとなっており、ほとんど神田耕作とは関係が見られない。

　しかし、種浸（たねつ）けや田打ちなどの苗代ごしらえに入るに先だって、七日正月、小正月を中心にして田植え正月とか田打ち正月と呼ばれる予祝行事が行われる地域がある。東日本では実際に田植え姿をして雪の上に松の枝などを植え、西日本では家の主人が鍬を持ちだして田を打ったり牛を曳きだして田鋤きの所作を演じる事例があり、そのときの田は、苗代田をあてるのが一般的である。また、苗代ごしらえができると中央に斎串を立てたり、苗代の水口に盛り土をして壇を築き、季節の草木を刺してから籾を播いた。播き終わると神酒と焼米を供える。このように苗代に関する儀礼は多く見られた。

　その際の苗代田は家の近くの一番の良田を選び、毎年替えるようなことはなく親田（おやだ）と呼んで大切にし、分家が本家の苗代の苗をもらって植えることもあり、苗代を共同にする例は多い。柳田國男は九州や新潟県で種籾のことを「スジ」と呼ぶ例を挙げ、この「スジ」とは「家の筋」というときの筋と同じであり、家の姓を苗字というのは同じ苗を作る者、すなわち本家・分家の系譜関係を指していると説いている。また、日本人の姓に「松田」や「桜田」のように樹木の名と田とを合わせる例が多いのは、自家の田んぼの周辺に植えた田の神の依代としての樹木と関係があるという。苗代田は家督の中心であり、個々の家の神田であったといえよう。

田植えの農耕儀礼

　田植えの時期になると、最初の田植えを「サオリ」とか「サンバイオロシ」などと呼んで、その場所で祭りが行われる。今では特定の田をあてることはないが、昔は田の一隅に祭壇を作り、苗3束を中心に松や栗の枝を立てて供物をし田の神を祭った。苗代田の水口を祭場にするところもあったが、中国地方の田植え唄では「三隅の窪」と歌っているから、三角形の田んぼの隅を用いていたと思われる。祭壇は棚を設けるのが一般的だったが、『日本書紀』の「狭名田」も神祭りの棚を設けた神田を意味しているのだと思われる。また、九州では棚

のことを「サナ」と呼んでいた。

　田植えは共同労働が必要だったが、中国地方には「大田植え」「花田植え」と称して、古風な田植え形式を残していた。その田植え唄や伝承から考えると、田植えは一日で終えるものであり、同時にハレの祭儀であったことが分かる。平安時代末の歴史書『栄華物語』十八に記された京都の田植え風景は治安３年（1023）のものだが、この詳細な記述を読むと、10世紀も前の田植祭と最近までのものとが同じであることを知ることができる。田植えは農耕行事の中で最も晴れがましく、豊穣を神に祈らずにはいられない祭りであったが、同時に集団の力を必要としたために、個々の家の行事とならずに伝えられてきたと思われている。特定神社の御田植祭と民間のそれとが似ているのもそのためだろう。

収穫の農耕儀礼

　稲作にともなう祭りの場所は、水口祭や田植祭などに見られるように、特定の田んぼをあてるのが古い形だった。現在でも田んぼの中やその周辺に盛り上がった草地があり、祠を設けたり塚が築かれたまま残されているのを見かけることがあるが、これが田の神の祭場であって神田でもあった。

　しかし、前述の春秋の田の神の祭りのように、祭場に屋内をあてることが多くなったのは、生産技術や労働組織の変遷にも要因はあるものの、祝宴と祭場とを兼ねられる家屋構造の変化を考慮に入れなければならない。

　春に田へ出ていった神が秋に帰り、翌春まで家の中に滞在するという信仰の背後には、神棚を常設した家屋構造を必要とするだろうし、山へ帰る田の神を送るにも、その祭りを屋内で行うには田の神の依代と考えられている稲を持ち帰らなければならない。そこに祭祀形態の大きな変化が生じてくる。

　刈り取った稲を干してすぐに脱穀調整する方法は新しく、以前は、穂のついたままの稲を積み重ねて野天に置き、必要量だけを屋内に運んで脱穀した。脱穀後の藁の保存方法にその名残を伝えていて、円錐形の形をした「ニホ」と呼ばれるものが一番広く分布している。「ニホ」を築く場所は田の神の祭場で草地が多く稲場とも呼ばれていた。「ニホ」の語源は新嘗の「ニヒ」、神饌を指していう「ニエ」と関係があるといわれているが、「ニホ」の頂上の飾りは供物を載せる器の名である「スボ」などの言葉で呼ばれている。刈り取った稲はこのようにして積まれ、11月の収穫祭、すなわち新嘗祭の対象となる。

播種後や田植え後の物忌と同じく、刈り上げ後にも長い物忌の期間があった。このことは旧暦10月の神無月の伝承に見出すことができる。10月は日本中の神々が出雲へ集まっていくから神祭りのない月だという説は、11月の収穫祭を控えて1か月におよぶ物忌をすることを背景に中世以降に流布した伝承である。しかし、田の神祭だけは10月にも行われているばかりか、田の神だけは出雲へ行かないで留守番をしているのだという信仰が全国に広まっている。
　これらのことから、秋の稲作儀礼は穂掛けに始まって刈り上げを終え、1か月の厳しい物忌の生活を経て収穫祭を迎えていたことが分かってくる。そこで初めて新穀を調理して神に供え、人々も共食する新嘗の祭りが行われた。
　柳田國男は稲穂積みの「ニホ」は、「ニフ」という「産」を意味する語と同じであり、さらに、沖縄諸島においては稲穂積みのことを「シラ」と呼び、それは、子供を産む産屋をも意味しているとし、そこで営む祭りには人の命の根、つまり、最も尊い穀物の霊の誕生を斎う趣旨があること、また、「刈り穂の庵」の仮屋を建てて奉仕する場所であったという説を提唱している。

正月と収穫祭

　収穫を終えれば春を迎える支度にとりかかるが、収穫祭は一年の終わりであり同時に始まりでもあって、収穫感謝と来る年の豊作を祈願する祭りだった。一年を指す「トシ（歳）」の語が稲を意味したこともこれによって了解される。しかし、実際には3〜4か月の冬籠りの期間があって、田仕事にかかるまでの間に暦による正月が設定されていたために、収穫祭と一年の終わりと始まりが合致しなくなって、収穫祭の儀礼は正月に行われるようになったところが多い。正月に祀られる歳神が田の神と同一であり、祭祀の対象が籾俵となっているのもそのためである。
　脱穀法が容易になり乾燥法が工夫されてくると、「ニホ」の形式による稲の祭りは屋外から屋内へと移り、祭り方も変わってしまった。とくに暦の変遷による正月の設定と田の神祭りが家ごとに行われるようになったことは、稲作儀礼や田の神信仰を複雑なものとした。しかし、収穫祭の中心となる重要な信仰だけは伝えられてきた。稲の霊に対する日本人の信仰がまだ各地に共通して残っていて、正月の歳神の御神体となる種籾俵や宮座の行事の中心となる神田の種俵が極めて神聖視されている。神祭りのために特定の田んぼを選定して稲を作

ること自体が日本の文化を特徴づける宗教儀礼であり、それが一面では神祭りの根本義であったといえよう。神田の理解には少なくともこれまで記してきたような日本人の稲に対する信仰と、その祭儀の変遷を把握しておく必要がある。

神田選定の変遷

　田の神祭りに関しては、その祭りを行う田んぼの選定にも変遷が見られる。日本各地の神田を比較してみるとその変わり方がはっきりしてくる。

　まず、苗代田を神の田とすることだが、先述したように苗代に播種したときの祭りの方式が田植祭と類似すること、とくに水口に季節の樹木の枝を挿すことの意味を考えなくてはならない。それは、柳田國男の「苗忌竹の話」「田の神の祭り方」「田社考大要」などの論説に詳しいが、次の一文に十分表現されている。

　　以前の親田は山の斜面に接し、又は田の畔に豊かな空間をもって居た故に、そこに自然の生木の一つを指定し、（中略）新たに又一つの方式が設け出されたことは、是も神木と柳の小枝や玉串などの関係と、対照して考へることが出来るのである。（「田の神の祭り方」）

　すなわち、親田、苗代田は現在見るような形ではなく、自然の湧き水や流水を利用した山の斜面に接していたのが、しだいに低地に降りてくるにつれて、山に接していたときの祭りの方式が樹木の枝に代用されるに至ったのだろう。田の神去来の信仰の背景もこのあたりから今一度考え直す必要があると思われるが、柳田は神の田の原初的形態を次のように指摘している。

　　私一箇の想像としては、是は本来は谷あひの一ばん上の田が高低線のちがひで、自然に上細りの形になる、それをいふのではないかと思ふ。（同上）

　そして、その例証として、先の「三隅の窪」の唄や、歌謡に山田を詠じたものが多いこと、三角田を忌む習俗、用水を引く最初の田で農行事をすること、最初の山間の田の辺りに山の神を祀ることなどを挙げている。

神田での耕作と聖地信仰

　神の田は普通の田とは違う方法で耕作が行われるという印象だけは各地に伝えられている。その形状は三角形に限らなかった。明治初期に飛騨地方一円のことを記した『斐太後風土記』に、「車田」とあり、それは、車のように畔を

作り、車のように田植えをしていく田のことであった。苗一把(いちわ)を田の中央に置き、それを中心に円形に植えていくことは佐渡島の車田と同じで、高知県幡多(はた)郡で「丸田」と呼ぶのも同様であった。このような田はいずれも神祭りの田であり、普通の田と区別しようとしたにすぎない。車田、輪田、月の輪、回田、廻り田など地名に残る田んぼの名称も、もとはこのような形式によったものだろう。

　岡山県の各地で「月の輪」と呼ばれた田は、女の耕作を禁じ、牛を入れず、厩肥や下肥は用いなかった。ある地域では、購入した金肥を用い、牛の尾に受け物を付けて田に糞を落とさぬ工夫をしていたという。これは普通の神田耕作と同じで耕作に清浄を尊ぶ点が共通している。

　一方、同県真庭市（美作国大庭郡）の式内八社の神田では極めて厳格な儀礼を保っていた。それは以下のようであった。祝部は神田の側に設けられた神座と呼ばれる小屋に一家で移り住み、その一隅には床のようなものを設けて「神所」とか「神立場」と称して拝む。祭りは2月と11月の2回、15日から17日までの3日間にわたるもので、この間は村の周囲の4か所に注連縄を張って通行を止めた。神座では家人を外に出して、神主と祝部の2人だけが荒薦(あらごも)の俵の上に坐って斎戒し、16日の朝、両人は神座の裏の局所と呼ぶ場所に行って掃除し、茅を刈って局と呼ぶ座を作り、別に条竹の棚を作って竹の葉を編んだものを載せる。これは神服（神様の御衣）といって、古くは斎女という存在が織ったものであり、布の形に編むとも伝えている。17日夜は、神主と祝部は口を閉じて言葉を発さず、神供の飯を炊いて丑の刻に先の棚に捧げ、局神に茅の座を供えるという。神田は籤によって選ばれた神人(じにん)が耕作し、この田から収穫された米は、仏教行事に用いることを禁じ、8月卯の日の祭りの終わらないうちに家族に重病人や死者のあったときはただちに神座を空け渡したという（三浦秀宥著「月の輪伝承の系列」、『岡山民俗』第十一号所収）。

　宮座の存在した地域では、一般に座の構成員による神田の耕作が行われていた。これも岡山県の例になるが、ある地域では特定の神田を耕作するものだけが頭屋の株を持っていた。これは、頭屋が神田を耕作管理する義務があるというのではなく、神田を持つことが頭屋になる必須条件だった。この場合、多くは神田の売買によって頭屋としての祭祀権も移動するのであるが、中には土地だけ譲り渡しても頭屋の株だけは持っているという例もあり、ある特定の神田

の宗教的社会的地位がいかに重かったかが分かる。

　一方、普通に「座田」とか「講田」と呼ばれた神饌田は、座の構成員の個々の家の田をあてるのではなく、共有の田地を持ち回りで耕作することが多かった。ある地域で「３年作れば主人が死ぬ」と伝えていたのは、こういった神田が私有化すべきものではないことを物語っており、このような性格はまた、この田を作れば家が富むといった伝承にも形を変えている。

　そして、岡山県でいえば「月の輪」の中の、ある田を農事始めの対象とし苗代祭も行ったのであるが、ここで収穫された種を種籾として次の頭屋へ渡す儀礼も行われていた。また、このような神の田には他と区別するために樹木を植え、円形の盛り土をして草場にする例や小祠を設けることも多く、10月の刈り上げ祭では藁の苞に赤飯を入れて供えることも広く行われていた。これがもとの田の神祭りの祭場であったことはいうまでもない。

　少し前まで、その田を使ったり所有すると不幸があるというヤマイダ（病田）、ブクタ（服田）、ケチダなどの忌まれる田や荒れ地、畑が存在していた。このような地はもとは神の田として神聖視されていたところで、普通の田とは異なる作り方をされた祭り田であったが、その由来が忘れられ、俗信が付与されていった。聖地信仰には神聖視されるものと忌まれるものとがあり、いずれも根本において同一であることは、同じ形式の土地に対して一方では聖地として神を祀り、他方では忌地として荒らしておく上記の例を見れば分かる。

　また、座の崩壊とともに神田の意義を失い忌田として伝承される例も少なくなかった。特定の田を祭り田とする信仰の衰退は、すでに耕作を忌む土地となっている。聖地信仰の自然な道ではあるが、月の輪田に関しても同じことがいえる。月の輪を耕作するものは病気になったり、家が絶えたりなどの種々の不幸が続くと伝えられ荒地のままにしておく例も多かったが、寺の土地にして小作にするとか安く売買されることもあった。日本には実に多くの同種の伝承を持つ土地があり、聖地信仰研究の重要な一部をなしている。

神田の経営と管理

　戦後の農地解放以前の神田の多くは小作に任せていることが多かったため、戦後に個人所有に帰したところも少なくなかった。土地によっては適切な方策を講じて、依然として神田耕作を続けているところもあるが、その数はわずか

であろう。長崎県対馬の豆酘にある多久頭魂神社や、鹿児島県種子島の宝満神社の神田のように赤米という一定の品種を耕作してきた事例もあるが、これらは稀有の例に属する。戦後の神田の変遷は想像以上のものがあった。開発が進み広い低地に水田が拓けてくると同時に、頭屋の居住の形態や村落組織に変化が起き、氏神をめぐる村落生活の祭祀圏に変動を生じた。

戦後の神田耕作管理について、昭和26年（1951）当時の島根県の旧隠地郡五箇所村（隠岐郡隠岐の島町）の協議事項に次のようなものがあった。

　一、神さんの御供田つくりに関する件。
　　1　神田は西川と那久路ばしのところの二箇所にあり。
　　2　西川には二クボあり、上のクボは男の手で田仕事から田植に草とり、稲かりから稲こぎまで一切やること、但し女の人でも年よりの方はよろしい。
　　　こやしも入れないことなり。
　　3　あとの一クボは男女共作でよろしい（こやしも入れてよし）。
　　4　那久路ばしのところには一クボあり、これは男女共作なり、こやしを入れてよろしい。
　　5　御供田に餅米だけつくりこと（田の面積は全部で一斗まき位　こやしはダンゴイを出す）
　　6　たねもみは宿から来る。
　　7　こやしは当人から出すこと。
　　8　田は当人で共作のこと。

そして10月15日の秋祭りには、「稲の穂が一膳そうこと（神田のを供へる）」と規定しており、その他の収益は当屋祭の祝宴に用いるが、とくに当屋送りの中心となる神田の種籾については次のように規定している。

　　　三月十五日客祭りの新宿当送り準備のこと
　　1　大黒さんの籾俵の中へ餅のたねもみを一升入れること。
　　2　籾俵の二俵ある内で一俵の方へは餅白米一升入れること。
　　3　籾俵は新しく二俵こしらうこと。右の外にはスクモを入れること。

　　　　　　　　　　　　　　　　　　　　　　　　　　　　（以下略）

このように定められており、女を入れず肥料を用いないのはほかの地方と同じである。日本の民間信仰では農耕と女性とは密接な関係を持つのだが、とくに神社の神田耕作に女性を遠ざける風習はいつごろから始まったのか分からな

い。また、この隠岐の例では代々同じ品種の籾を頭屋渡しに用いていたことも注目に値する。

　神田の管理は神職、氏子総代、頭屋、鍵取（かぎとり）（神社の鍵を預かり祭りを司る家筋）、庄屋、旧家といった人々によって神社とともに行われていたが、若者組（村落別に組織された成年男子の年齢集団）が管理していたところもある。これらは村の社会組織の変遷と深く関係して、村落の発展段階に応じて新しく設けられた神田も少なくない。神田がどのような人々によって耕作されていたかによって、その村の性格を把握する目安ともなる。

【参照事項】
かんべ　さいじょう　さいじつ　かみだな　じんじゃさいしき　しんせん　みき　はつほ
だいじょうさい　にいなめさい　としごいのまつり　とくしゅしんじ　なつまつり

⑫ かみのつかい　神の使者（つかわしめ）

　古い時代からの信仰の一種。特殊な動物に対する恐怖心もしくは神秘観から、その動物と特定の神（神社）との深い関係を信じたことによって生じた習俗である。ある動物を神祇の使者として特別視する風習は、日本にあっては著しく、これを「神のつかわしめ」あるいは単に「使わしめ」（神使）と称し、単に「神の使い」「神の使者」「神の使女（つかわしめ）」などといったり表記する場合もある。

神霊への信仰からトーテミズムまで

　特定の動物が神意を伝えるといった話は、『古事記』『日本書紀』の中にも見られ、「景行天皇紀」では大蛇が「荒神（あらぶるかみ）の使」とされ、「皇極天皇紀」では「伊勢大神の使」である猿の叫び声で事の吉凶を判断したという記事がある。

　江戸時代前期から中期の神道家・真野時綱（まのときつな）の『古今神学類編』「神使者」の項の中には、以下のようなくだりがある。

　　鳥獣虫魚ノ飛潜走蠢（しゅん）スル物、惣テ是（すべてこれ）神霊ヲ懐ク故ニ（いだくゆえに）事ニ触レテ神ト称スル事アリ。（中略）其中ニモ神ノ使者ト称スル類ハ、独リ神森、神山、神池ニ生トシ生ルガ故ニ、御鎮座以来ノ由緒ニヨリテ霊異（そなわ）リ、事ニ触レテ験（しるし）シアリ。

　このように、本来この習俗は神霊への信仰に基調がある。そして、神社縁起

などによって祭神となんらかの縁をもつ特別の存在となっていった。

　谷川士清の『倭訓栞』では、「八幡の鳩ははたとはとと音通じ、春日の鹿は鹿島よりかせぎにのりて来たまひし歌あり。稲荷狐は御饌津神を三狐ノ神と記せしにより、熊野の烏は神武天皇八咫烏の導を得たまひ、熱田、気比の鷺は仲哀天皇白鳥を愛したまふ事、倶に紀に見えたり。松尾の亀は亀尾山の号に本づき、日吉の猿は月行事の社猿田彦大神なるに起れる成べし」などと、その見解の当否はともかく諸般の事項を挙げている。

　また、この信仰が、生産の保護を願う心に基づくこともある。江戸時代後期の国学者・斎藤彦麿の『傍廂』には、江戸の佃島の住吉神社における信仰を語り、祈祷の後、神前に供えた２尾の鯉を海に放って、白魚の漁を海神に願い「是は住吉の神よりわだつみの神へのはゆま（駅）使にて、白魚奉らせ給へといひやるなりといひ伝へたり」と述べ、諸社の神使のことを挙げて、「其の頃、下総国舟橋太神の使なる鹿を処の者が打殺して喰つた祟りに生命を失ひ、家は焼けた」と述べている。一方、時代は下るが中山太郎の『日本民俗学辞典』では「カミノツカハシメ」（神の使令）の項に、蟹について「豊前宇佐郡津房村地方では、蟹は文神の家来で、文神はそれに乗つてゐるから、蟹を食べると学問が上達する」と書き、鯰について「肥後阿蘇地方では、阿蘇神の使令は鯰であるとのことで、阿蘇人は鯰を食べない」と記している。このように、ある特定の社会集団と特定の動物・植物・鉱物などとの間の儀礼的・神秘的な関係を指すトーテミズムの信仰とも関連し、食物禁忌の習俗とも関係を有している。

　「神の使者」に対する信仰の諸側面を挙げてきたが、狐や蛇など神のごとくに信仰されているものもある。その神秘性が強いものは、眷属（眷属神）の信仰ともつながる。眷属とは、もともと仏教用語で、仏に対する菩薩などを指し、薬師如来における十二神将や不動明王の八大童子なども含む。一方で、「親眷愛属」の略語として、一族や従者・郎党など「身内」の者を指した。それが、神の使者にも適用されたと思われる。

　『大言海』には、「つかはしめ」の項の中で、「神仏ノ使役スルト云モノ」との解説が載っている。そして、『綜合民俗学語彙』には「神の使者」に関する項目がなく、「眷属」のところで、宮崎県下の「狐の異名」として、稲荷眷族ということに過ぎないと、一言してあるだけだが、埼玉県の三峯神社などにおける御眷族（狼－大口真神）は有名である。東京堂の『民俗学辞典』にも、神

の使者の解説はなく、ただ「眷属神」の項で、「大きな神格の一族門党と考えられてゐる神々」としている。

以上、いくつかの文献をもとに解説してきたが、「神の使者」を指す語はさまざまで、伯家神道の森昌胤（江戸時代後期）は、『神学入式』で、神の使令（つかわしめ）などということは奉仕者についていうべきことと、述べている。しかし、『古事類苑』神祇部や、林羅山の『本朝神社考』巻二、井沢蟠竜の『近世俗説弁』、平田篤胤の『玉だすき』、荻生徂徠の『南留別志（なるべし）』、そのほか多くの歴史書や『平家物語』などでも「神の使者」は扱われている。それらの研究は今後の課題である。

【参照事項】
じんじゃ
（以下『宗教編』）はっけしんとう　ひらたあつたね

⑬ さいじつ　祭日

祭りが行われる日のことをいう。祭日については、まず、日本人の農事の展開と暦に対する考え方、また、神観や世界観の中で捉えていくべきである。

日本に初めて暦法が移入されたのは欽明天皇14年（553）といわれているが、その暦に古来の祭りの日を当てはめて固定するには、多くの不都合があったと思える。『延喜式』巻一「四時祭」にはその間の事情を伝えている箇所がある。

凡（およそ）祈年祭は二月四日、大忌（おおいみ）・風神（かぜのかみ）の祭は並四月・七月の四日、月次（みな）祭は六月・十二月の十一日、神嘗祭は九月十一日。其の子・午・卯・酉等の日の祭は、各本條（おのおのほんじょう）に載せたり。自余（じよ）の祭の日を定めざるものは、臨時に日を択（えら）びて祭れ。

このように記して、たとえば、春日神四座（かすがのかみ）の祭は春は2月・冬は11月の上申日（かみのさるのひ）、大原野神（おおはらののかみ）四座の祭は春は2月の上卯（かみのう）・冬は11月の中子日（なかのねのひ）として、神祇官から使者の到来を待って初めて祭るように規定している。これらの諸祭儀は決して一日だけのものではなかったであろうから、ここに定められた祭日は使者参向の日を規定したのであろう。申や子などとあるのは、古来の祭日になるべく一致させようとしたものと思われる。

日本の祭りは701年の『大宝令』以来、春は2月、夏は4月、秋は7月、冬は11月に多く行われてきた。これを基盤にして年に一度の例祭、月毎の月次祭、

日毎の日拝が定まっており、臨時の祭りが卜定された。文献に見える祭日が春夏秋冬の季節に配されていることは、とりもなおさず日本的自然や風土を背景にした季節感の周期性が固定していることを示すものである。春夏秋冬の四時祭には主要な神の祭日を示し、その祭日の規定は、とくに春と冬が多く、春と冬の祭りが重視されていたことが分かる。

干支および古代天皇

　干支によって日を表現する紀日法については、中国では殷代（紀元前17〜11世紀）に旬日（10日）ごとに次の10日間の吉凶を卜して先帝などの祭りを行ったというが、それが日本でどのように受容され、展開したのかは諸説がある。

　干支は木の幹と枝との略字で、すなわち、木の兄・木の弟であり、子（鼠）以下十二支獣にあてたのは「十三経」という経文によるという。十二支獣の配し方については、その動物観によったものではなく、単なる日の表示だったものと思われる。しかし、中世以降の福神信仰の発展などにともなって、神の使者や吉兆などの特定観念が固定化したのであろう。干支のことは十分に研究されているとはいえないが、暦の上でその吉凶を知るのに便利であったことが、その普及に大きく関与したと考えられる。

　「倭人は正月と四季を知らず、春耕と秋収を記して年紀を記す」という『魏志』倭人伝の記事が当時の日本社会の事実であったとしても、すでに農耕社会を形成していた日本において、日や一年の概念は存在したはずであり、ましてや農耕にともなう神観念が成立し儀式が行われておれば、世界観を形成する重要な要素となっていたはずである。

　折口信夫は古代の天皇の主要な役割として、天体の運行を知り農事の吉凶その他を卜知するヒジリ（日知り）の機能を指摘し、それが統治力の根元であったと説いている。そして、日置部、日祀部という部民は宮廷の暦を諸国に伝えた人たちであり、この仕事が後には神社に伝えられて伊勢暦や三島暦などとなり、一方では春を告げて廻る「事触れ」、あるいは「節季候」（門付の芸人）や、文を結びつけた梅の小枝を手に持って正月初めに売り歩いた「懸想文売り」などを発生させたとしている。

一日、一月、一年、ハレとケ

　次に「祭日」を考える上で、一日がどのような観念で捉えられていたかが重要となろう。

　一日という時間の単位は、一月、一年へと発展するだけではなく、人間の成長の単位であり、さらに死後における世界の単位でもあって、その顕・幽の営みの接点に祭日が設定される。いわば世界観の象徴的表現が祭日における儀礼であり、それが体系化されたものが祭りであるといえよう。

　一日の生活はそれを繰り返すことによって一月となり、その中に、「晴」と「褻」の折り目、すなわち祭日と日常の労働日が配される。そして、一月は一年へ延長されて同じく晴と褻とが配される。一年は人の一生の区切りであり、ここにも人生上の晴と褻の区別があり人生儀礼（通過儀礼）となる。死をもって終わる人生は死後においても年忌祭として三十三年なり五十年までの区切りがあり、以後は神＝祖先神として子孫の祭りを受ける。祭りとはこのような世界観の上に成り立ち、神人相会してその一体感が実感されるところに、晴の日としての祭日の意義が認められるのである。

　そこで、一日はいったいどのように意識されていたのかという問題が出てくる。柳田國男は古く一日と一日の区別は夕日のくだち（降ち、傾くこと、くたちとも）に置いていたと説く。現代でも昨晩をユウベ、地方によっては一昨晩をキノウノバン、キノウノヨンベなどというのがその証拠であり、村落に限らず神社の祭りや年中行事に夜の祭り、儀礼が多いのは、一日の始まる夕方から神祭りに入るからである。古風な神祭りは宵宮祭や夜祭と称し、満月の明かりのもと14日夜から15日にかけて祭日が設定されているという。祭りが行われる期間は氏子が物音を立てぬように謹慎しているのも、一種の物忌と解されているが、神の来臨と深く関わる状態を示している。

　祭りが終わると神は帰還するが、それを告げるのが鶏鳴であった。「常世の長鳴鳥」の神話から、各地の神社のご祭神に関わる伝説の類に至るまで、鶏が神の活躍に終わりを告げる役割を果たしていたことが示されている。古く鶏鳴を「アカトキ」と訓ませているが、夜が終わり薄明に移行することを意味した言葉だったのであろう。折口信夫は夜は竹の節と同じく、節と節の間のうつろな中に籠っている状態が「ヨ」であり、それから出た形が「ヒル」（昼）であるから、夜と昼との関係は中にいるのと出たのとの違いであると説いている。

月

　月は盈虚(満ち欠け)によってその周期性を示す。古代人は太陽より月を基準に生活した。それは太陽の運行を基準にした暦になっても、朔日(月立ち)、望月(満月)、晦(月ごもり)の観念に継承され今に至っている。朔日と望月の中間の7日・8日、望月と晦との中間の22日・23日に祭日が多いのもそのためであり、望月から望月までを区切りとし、上弦・下弦と対応して呼ぶのも正朔(正は年の始め、朔は月の始め。よって元日)を重んずる暦法の影響によるのかもしれないが、月に対する感覚の古代的要素を見てとることができる。

　しかし、一月の始まりを望の日(15日)にするか、朔日(1日)にするかは意見の分かれるところである。折口信夫は「ツイタチ」を高級巫女の月経の見え初め、「ツゴモリ」はそのために斎室に籠ることと説いた。さらに、満月や二十三夜の行事と女性の参与、女性の生理を月が処理する観念などを挙げ、月の祭りが魂迎え(精霊迎え)であることを説き、さらにはそのことに関連し豊かな稔りを祈る斎種の神事についても言及している。また、民俗学者の大藤時彦は、月の28日の行事はツイタチに対する忌みに入ることだろうと述べ、「ツゴモリ」の物忌説を提起している。

　月に対して太陽の運行を基準にした暦日が太陽暦である。柳田國男は伝説上の湖山長者や朝日長者が田植えを完了させるために日を招いて日没を遅らせた罰として没落した話とか、日暮し塚や日招き壇の伝説の分析から、太陽を祭った祭場説を提起し、その祭祀者が早乙女となる女性であり、長者は太陽に仕える宗教者の代表であったろうと説いている(「日を招く話」『妹の力』)。

　また、折口信夫は昼に神を祭るようになったのは田植えから出たものであるとし、昼に出現する田の神にヒルマ(食事)をあげることになったと説き、古くはヒルは朝日の昇るころであったという。民俗学上の資料から太陽信仰を説くのは困難であるが、農耕、とくに稲作・田植えと関係する点で両氏の説が一致する。

祖先信仰と神道的世界観

　暦日観に関しては年中行事の資料も検討しなければならない問題だが、暦や暦日観の変化によって神社の祭日も非常に大きな変遷を経てきた。太陰暦から太陰太陽暦、さらに西洋暦の影響などを経て、明治5年(1872)12月3日を

6年1月1日として太陽暦の施行に至ったことは、当時の国民に大きな混乱を与えた。また、長年にわたって培ってきた生活感覚である暦は、農業を中心とする生産暦であった。祭りは生産の区切りに応じて配分されていたが、戦後、国民生活の周期の大きな変化は、神社の祭日の維持に大きな影響を与えている。

柳田國男は『祭日考』の中で、過去の祭日研究の文献資料を4通りに分けて分析し、祭日の変化段階は次の5つに尽きることを指摘している。

　　甲　2月11日または4月11日を祭りの日としている神社。
　　乙　2月11日または4月11日の祭日の他に、さらに1つもしくは2つの祭りをくわえているもの。
　　丙　両度の祭日のうち、一つは2、4月または11月であって、他の一方の祭日が別の月になっているもの。
　　丁　春秋両度とも、または、年に一度、2、4、11月でない月にのみ祭りをしているもの、新暦後の祭日は大部分が皆これである。
　　戊　夏祭り、ただしなかには夏の節を過ぎているものもあるが、とにかく神を迎える日が夏の初めより後に来るもの。

もちろん、歴史的には甲が古く、氏神の祭日の典型だったが、これに新しい祭日が次第に追加されたと柳田は見ている。その変化の要因は、氏人の祭りに、信仰的内面と社会的外面からの影響があり、とくに氏神合同の影響が強いとしている。一方、臨時祭の四時祭への追加固定化と、民間の節句の加入固定化、さらに祇園・石清水・北野の三社の比較的新しい祭りの流行がその要因となっていることを指摘している。

柳田國男の祭日研究は、氏神信仰の古今の変遷を祭日という側面から解明しようとしている。寛平7年（895）の太政官符の氏神祭が毎年2月と11月であり、その祭りは氏人の先祖祭であったことに発して、『延喜式』の京畿内外の諸大社の例祭も同様であることから、そこに民間の氏神の祭日との一致を見出した。そして、日本人の祖先信仰の体系を位置づけつつ、神道的世界観を詳細明晰に描き出したのである。その実証の基盤には春秋両季の水田稲作農耕の始めと終わりにおける田の神祭と、他界を山に想定する民俗上の諸儀礼、神社の存在形態に関わる特徴といった諸要素が機能的関連性を持ちつつ展開している。

春秋両季の祭りの意義

　一年12の月を4等分した春夏秋冬は、日本語では秋が飽食(あきぐい)の祭り、冬は御魂(みたま)の増殖祭り、春ははれの祭りの意義を有し、夏はなづき(脳の呼称)に関係があるのではないかと折口信夫は指摘する。

　秋は稲の収穫を神に捧げて十分に召し上がっていただき、自分たちも共食するという収穫祭りである。『延喜式』では、9月の神嘗祭をはじめ、11月卯日には、山城・大和・河内・摂津・紀伊各国の七一座の特定社の神に新穀を奉る相嘗祭があり、中寅日に鎮魂祭、次いで中卯日に神祇官斎院で新嘗祭がある。

　そして、12月には鎮魂祭に関連した「御魂(みたま)を斎戸(いわいど)に鎮(しず)むる祭」があるのだから、新嘗祭は秋祭りにあたり、鎮魂祭は冬祭りの要素を持つ上に、この両祭が寅卯と日を重ねて行われていることから、秋祭りと冬祭りは連続した相関する祭りであった。諸国から奉った新穀を「日の御子」が聞し召されることは、食物に籠る霊威を宿されることであり、鎮魂祭もまた老衰した霊魂を新しい霊魂と切り替えて、神の威力を増強する呪術に基づくもので、いずれも鎮魂(たまふり)の古義を示す。この鎮魂儀礼は宮廷では杵突き鳴らす神態(ひわざ)とともに、神祇伯の結んだ玉の緒は12月に斎戸に鎮め1年間奉安するという。

　折口信夫に師事した国文学者・民俗学者の西角井正慶(にしつのいまさよし)は、この折口説を継ぎ『祭祀概論』で次のように展開している。斎戸の御儀は聖体の安泰を守護するところの御魂を斎い鎮める形であり、御寿の象徴でもあった。この鎮魂観の古義は、御魂の鎮斎所で、必要であればいつでも御魂を分割し、触れ奉ったもので、この呪術が「御魂の殖ゆ」なのである。その身に新しい御魂の来触を期するためには、ある期間、物に忌み籠って、下界との交渉を絶ち、機が熟すればそれをはらいのけて、新しく出現することになる。ふゆ(冬)は、「みたまのふゆ祭り」という神事の古義を踏まえた言葉であって、その忌み籠る場所は、神事の由来となる岩屋戸であり、真床襲衾(まどこおふすま)であって、喪は一種の祭具ともいえる。このように、物に忌み籠る形をとって、機が熟すと喪をはらいのけて新しい完全な姿として出現するのをはれといった。はる(春)は木の芽が張るといった自然現象による語義を考え、「冬ごもり春」とかかるのだから、冬の間、枝に籠っていた芽が張って来る意と見るのが常識であったが、折口はこの枕詞も春祭りの前提としての「冬籠り」と解いている。

　この説の秋・冬・春の祭りを一連の儀礼として地位づけるところに基づく鎮

魂儀礼は、天孫降臨の伝承ともいえ、初春の神事はその繰り返しということになる。初春に神の御子が天降り、神授の言葉を発することによって新しい年が始まるとするものである。祭りによって季節が改まるとした古代日本人の思想の基礎を理解することが、祭りと季節との関係を把握する鍵となってくる。

【参照事項】まつり　しんでん　かみのつかい　じんじゃさいしき　だいじょうさい　かんなめさい　にいなめさい　としごいのまつり　つきなみさい　とくしゅしんじ　なつまつり（以下『宗教編』）えんぎしき　みたまのふゆ

⑭　きがん　祈願

　祈願とは、神々への祈りを通して現世における安心、加護、幸福などを願うこと。類似の語に「祈り」「祷り」「祈祷」「祈請」「請罪」などがある。古代においては、「のむ」「こひのむ」「ほぐ」「ねぐ」などの言葉が使われた。

　世界のあらゆる宗教において、祈りは最も重要な宗教的行為といわれる。宗教学上、祈りの目的は大きく二つに分けられよう。一つは人格的実在（神、ゴッド、アッラーなど）に対して、加護、恩寵、救いなどを求める祈りで、もう一つは絶対者との自己同一を目的とする瞑想的な祈りとに分類される。

　神道に関する「祈り」の初見は、『古事記』『日本書紀』『古語拾遺』の「天岩戸」の段に見られる。この段では、共通して天児屋命や太玉命が榊を立て、八咫鏡や青和幣・白和幣をかけて神籬となし祈祷をした様子が窺われる。この箇所は「祈り」の初見であると同時に、「祭り」の初見ともいわれる。

　ここでは、その神道の祈りについて、三つの視点から用例を見ていく。一つは「祈願的なもの」で、二つめは「神意をうかがうための祈り」、そして三つめは「神道思想史に現れた祈り」である。

一　祈願的な祈り

　ここで対象とするのは、「祈」「祷」などの語によって、神に冥助や加護を祈る例である。「記紀」には、該当する例が想像以上に少ないが、まず「祈雨」の例を取り上げる。

　『日本書紀』皇極天皇元年の条に旱魃に際しての記事がある。6月に日照りが続き、7月に群臣が相談をして、村々の祝部の教えに従い、牛馬を殺して

諸社の神、あるいは河伯に祈ったが、効きめがなかった。蘇我大臣が仏教儀礼による祈雨の施行を奏上し、仏像に読経させたところ、わずかに雨が降った。しかし、満足すべき効果があがらなかったので、8月に天皇みずから祈雨の儀式を執り行った。

> 天皇、南淵の河上に幸して、跪きて四方を拝む。天を仰ぎて祈ひたまふ。即ち雷なりて大雨ふる。逐に雨ふること五日。溥く天下を潤す。(中略) 是に天下の百姓、倶に称万歳びて曰さく「至徳ましますす天皇なり」とまうす。

これは、天皇みずから祈願することによって、神の冥助を得た例といえよう。

しかし、雨乞いの祈りをしても、十分成果を得なかった例もある。「天武天皇紀」には、天武天皇5年の条に「是の夏大旱す、使を四方に遣して、幣帛を捧げて、諸の神祇に祈らしむ。亦諸の僧尼を請せて三宝に祈らしむ。然れども雨ふらず」とあり、神や仏に祈願しても効験がなかったことを記している。

平安中期に『延喜式』が制定されるころには、祈雨のために幣帛を捧げる神社が定まったが、たとえ文献に見られなくも、これらの記述から日照りが続けば、村々の氏神に雨乞の祈りをしたことが理解されよう。

第2に、「病気いやし」の祈りが「天武天皇紀」朱鳥元年（686）の条に見られる。

> 天皇の体不予したまふが為に、神祇に祈る。辛巳に、秦忌寸石勝を遣して、幣を土左大神に奉る。(中略) 親王より以下、諸臣に逮るまでに、悉に川原寺に集ひて天皇の病の為に誓ひ願ふと云云。

神々に対する病気平癒の祈願は、中世・近世においても盛んに行われ、病気いやしのための百日詣、千日詣なども知られている。

第3に「祈り」の文字はないが、神を敬い祭って子供の誕生を願う例が、「継体天皇紀」元年（507）の条に見られる。

> 大伴大連奏請して曰さく「(中略) 手白香皇女を立てて、納して皇后とし、神祇伯等を遣はして、神祇を敬祭きて、天皇の息を求して、允に民の望に答へむ」とまうす。天皇曰はく、「可」とのたまふ。

神に出生や安産を祈願することも、現在に至るまで盛んに行われている。

近世国学の大成者・本居宣長は、両親が吉野の水分神社に祈願して生まれ、宣長自身、自分を「神の申し子」と意識していたことは有名な話である。

『万葉集』などに見る祈願的な祈り

　神への祈願は、『万葉集』の歌の中にも散見される。その代表的な用例をいくつか引用してみよう。まずは、「旅の無事」を神に祈願するものである。
　　天地(あめつち)の神を祈りて　さつ矢貫(ぬ)き筑紫の島をさして行く　われは
（巻二十・四三七五番）

　この歌は、天地の神に旅の無事を祈って矢を靫(ゆき)にさして筑紫の島に行く、と解釈できる。
　　天地の神も助けよ　くさまくら旅ゆく君が家に至るまで
（巻四・五四九番）

　この歌には、「祈り」の言葉が見られない。送別の宴席での歌ということで、厳密には祈願の例証とはならないかもしれないが、天地の神が旅行く者の安全を加護するという信頼があり、旅の安全を祈る歌の例と見ていいだろう。
　次に、「恋人が会いに来ること」を神に祈る用例が挙げられる。
　　夜並べて君を来ませと　ちやはぶる神の社を　祈(の)まぬひはなし
（巻十一・二六六〇番）

　幾晩も続けて君が来てくれるようにと、神の社を祈らない日はありません、という女性の立場から歌ったものである。逆に男性側からの祈願の歌もある。
　　我妹子(わぎもこ)にまたも会はむと　ちはやぶる神の社を祈まぬ日はなし
（巻十一・二六六二番）

　ここでの社がどのような神社を指すかは明らかでないが、毎日の祈願という点から、近くの氏神様と思われる。『万葉集』の時代に神社へ個人的な祈願をしていたことが分かる。次の歌は、天地の神に対する祈願の歌である。
　　天地の神を祈りて　わが恋ふる君い必ず　逢はざらめやも
（巻十三・三二八七番）

　これは、天地の神に祈れば、私が恋しく思っている君と必ずお会いできるでしょう、という意味である。
　以上、『日本書紀』『万葉集』における祈願の例を見たが、ほかにもさまざまな祈願の例が指摘される。
　その最も代表的なものが、五穀の豊穣の祈りである。周知のように、8世紀初頭に制定された「神祇令」には祈年祭について次のように規定されている。
　　祈年祭(としごいのまつり)［謂ふ、祈(い)は猶(なお)禱の如し、歳災(としのわざわいおこ)作らず、時令(じれい)を順度(じゅんど)ならしむ

と欲して、即ち神祇官に於て祭る。故に祈年と曰ふ〕。

　祈年祭は、2月の祭りとして『延喜式』にも見られ、民間において行われている春祭が、それにあたる。また、天候の不順や災害の多い年には、臨時に豊穣の祈願が行われていたことが『続日本後紀』仁明天皇の条にも見られ、神宮をはじめ神々に五穀の豊作を祈願したことが明らかである。その意味では8世紀以前から、さらにいうならば、稲作が日本において始まって以来、豊作の祈りは存在していたことが推測される。

　さらに、「宣命」の中にも「祈願」の用例が見られる。『続日本紀』の天平神護元年8月（765）の称徳天皇の詔である。

　内容を要約すると、藤原仲麻呂（恵美押勝）の乱の後、和気王（わけおう）は反朝廷の行動を起こし、そのことが和気王の祖父・舎人親王や父・御原王（みはらのおおきみ）の御霊（みたま）への祈願文によって露顕した。その文によると孝謙天皇や道鏡を殺害したいと祈っている。そのため法により罰せられるべきと命じた、というものであった。

　この詔の中に「己（おの）が先霊（おやのみたま）に祈り願へる書（ふみ）」とあり、和気王が祖父や父の霊魂に祈願したとされている。これは、死後の霊魂がそのような働きを持つという信仰が、このころに存在したことを示唆している。

　このほか、古代、中世、近世から現代にかけて見られる神々への祈願としては、戦勝、国家安穏、学芸上達、富貴顕達、健康長寿、家内安全などである。現代においては、そのほか各種試験の合格祈願、交通安全祈願などが各神社で盛んに行われている。

二　神意をうかがう祈り

　次は、「神意をうかがう」意味で使われている「祈り」の例を取り上げよう。たとえば『日本書紀』に見られる「祈り」の文字を抽出してみると、「祈」に「うけひ」の訓を施している例が少なくない。

　「神武天皇即位前紀」には、兄磯城（えしき）軍のいる磐余邑（いわれのむら）をなかなか突破できない神武天皇が祈（うけひ）をする場面がある。

　　是夜（こよい）、自ら祈（うけ）ひて寝（みね）ませり。夢に天神（あまつかみ）有して訓（おし）へまつりて曰はく、「天香山（あまのかぐやま）の社の中の土を取りて、（中略）天平瓮（あまのひらか）八十枚を造り、并（あわ）せて厳瓮（いつへ）を造りて、天神地祇（あまつやしろくにつやしろ）を敬（ゐや）ひ祭れ。（中略）赤厳呪詛（まじつのかしり）をせよ。如此（かくのごとく）せば、虜（あた）自（おの）づからに平（む）き伏（したが）ひなむ」とのたまふ。（中略）天皇、祇（つつし）みて夢の訓（おしへ）を

承りたまひて、依りて将に行ひたまはむとす。

　天皇が神意をうかがう祈（うけひ）をすると、その晩、夢の中に天神が現れ、天神地祇を祭れば敵を打ち破ることができる、と訓えられたというものである。これは、天皇みずから難局打開のために、神に祈ったとも解釈される。しかし、神意をうかがおうとし、その結果、夢の中に天神が現れ教えを授けたという「うけひ」的な内容の祈りとも解釈されよう。

　次に「崇神天皇紀」7年の条には、神意をうかがうことを主たる目的として神に祈る記事が載せられている。

　皇祖が日本を統治する皇位を樹立し、皇孫が継承し良く治まってきたが、自分の御世になって、災害が頻発している。これは善き政治が行われず、神が罰を与えているためであろうかと、崇神天皇は思われ、卜占をして神の教えに従い祭祀をしたが、効果がなかった。そこで、天皇はみずから斎戒沐浴して宮殿の中を清め、祈りを捧げることにした。

　　天皇、乃ち沐浴斎戒して、殿の内を潔浄りて、祈みて曰さく。「朕、神を礼ふこと尚未だ尽くならずや。何ぞ享けたまはぬことの甚しき。冀はくは亦夢の裏に教へて、神恩を畢したまへ」とまうす。是の夜の夢に、一の貴人有り。殿戸に対ひ立ちて、自ら大物主神と称りて曰はく、「天皇、復な愁へましそ。国の治らざるは、是吾が意ぞ。若し吾が児大田田根子を以て、吾を令祭りたまはば、立に平ぎなむ。

　夢の中で教えを垂れてほしい、と天皇が祈ると、その夜、天皇の夢に大物主神が現れ、「私の子・大田田根子を以て私を祀れば、世の中は平穏になるであろう」と教えたのである。

　もう少しウケヒ的要素の強い例を挙げると、「景行天皇紀」12年の条に次のような箇所がある。

　　天皇祈ひて曰はく、「朕、土蜘蛛を滅すこと得むとならば、将に茲の石を蹶えむに柏の葉の如くして挙れ」とのたまふ。因りて蹶みたまふ。則ち柏の如くして大虚に上りぬ。故、其の石を号けて、踏石と曰ふ。是の時に、祷りまつる神は、志我神・直入物部神・直入中臣神、三の神ます。

　景行天皇は賊を討とうとして、柏峡の大野に宿営した。その野に長さ2メートル、広さ1メートル、厚さ50センチほどの石があった。天皇は賊の「土蜘蛛」を滅ぼすことができるならば、この石を蹶ると柏の葉のように舞いあが

83

れと祈（うけひ）して、その石を蹴った。すると、石は柏の葉のように大空にあがった。このときに祈った神が、志我神、直入物部神、直入中臣神の三柱であったという。

ここでは、石があがるかあがらないかによって、神意をうかがう祈りの様子が具体的になっている。いわゆる「うけひ」の形がよく出ているといえよう。

注意すべきことは、「うけひ」をする際に、対象となる神が「イノル」神となっている点である。その意味では、「うけひ」も「祈り」も同義語として捉えられ、あるいは、祈りに神意をうかがう意があると理解すべきであろう。少なくとも『日本書紀』の編纂時代には、そう考えられていたことが分かる。

「うけひ」と「請罪」

次に「祈」の文字はないが、神意をうかがう例と解釈される箇所が「崇神天皇紀」に見られる。

崇神天皇５年に病気が流行し、翌６年には百姓が離散、あるいは国法に背くものも現れた。その勢いは、天皇の徳をもってしても治め難かった。そこで天皇は朝夕神を畏れて、神々に祈った。以前から天皇の宮殿に天照大神と大国魂神の二柱の神を祀っていたが、天皇はこのような事件を通して神の勢を畏み、二柱の神と同殿共床することに不安をおぼえ、天照大神を豊鍬入姫に託して倭の笠縫村に神籬を立てて祭ったというものである。

> 六年に、百姓流離へぬ。或いは背叛くもの有り。其の勢、徳を以て治めむこと難し。是を以て、晨に興き夕までに惕りて、神祇に請罪る。是より先に、天照大神・倭大国魂、二の神を、天皇の大殿の内に並祭る。然して其の神の勢を畏り、共に住みたまふに安からず。

周知のように、この記事は、神武天皇以来の同殿共床のあり方を崇神天皇の御代に改めた由縁を述べている。「請⼆罪神祇⼀（神祇に請罪る）」の意味は、社会的に重要な問題の解決の指針を神々に祈ったことと捉えられる。

神意をうかがう祈りの例は、『日本書紀』の中にほかにも見られる。「神功皇后摂政前紀」に「鈎を投げて祈して曰はく」とある例や、「天武天皇紀」元年の条の「天皇祈ひて曰はく、『天神地祇、朕を扶けたまはば、雷なり雨ふること息めむ』とのたまふ」などとある例がそれである。

また、「祈」の文字は使われていないが、同じく神功皇后の条に皇后が神主

となって、「請まうして曰さく、『先の日に天皇に教へたまひしは誰の神ぞ、願はくは、其の名をば知らむと』とまうす」と神名を問う祈りの例もある。

時代がやや下るが、『延喜式』巻八「祝詞」の「竜田風神祭」に見られる「宇気比賜支（うけひたまし）」も祈りの用例と捉えられる。

(前略) 皇御孫の命の詔りたまはく「神等をば天つ社・国つ社と忘るる事なく、遣つる事なく、称辞竟へまつると思ほし行はすを、誰の神ぞ、天の下の公民の作り作る物を、成したまはず傷へる神等は、わが御心ぞと悟しまつれ」と宇気比たましき。

ここをもちて、皇御孫の命の大御夢に悟しまつらく、「天の下の公民の作り作る物を、悪しき風荒き水に相はせつつ、成したまはず傷へるは、我が御名は天の御柱の命・国の御柱の命」と、御名は悟しまつりて、(後略)

天皇は天神地祇を残らず祀っているはずなのに、いかなる神の仕業によってか五穀が稔らない。そこで天皇がいずれの神の御意かを「うけひ」をした。夢の中に神が現れて、天の御柱命、国の御柱命の御意によると教えた。これも、うけひ＝祈りとほぼ同一の用例と見られる。

以上、「祈り」の語が神意をうかがう意味に使われた用例を見てきたが、古代以降、中世、近世においても、このような「神意をうかがう祈り」が行われてきたと思われる。しかし、現代では、神職の中には個人的にあるかもしれないが、一般にはまれな現象になっているといえよう。

三　神道思想史に現れた祈り

次に神道思想上、「祈り」がどのように捉えられているかについて、少し触れてみたい。

神道家による神道思想の形成は、いわゆる「神道五部書」が作成された鎌倉時代の伊勢神道に始まる。そして、その「神道五部書」には伊勢神道思想の基本的な考えが織り込まれている。そのうち『造伊勢二所太神宮宝基本記』『倭姫命世記』『伊勢二所皇太神御鎮座伝記』の三書において、「祈祷」の用例が見られる。前後の文脈に若干の相違はあるが、『御鎮座伝記』の文章を引用しよう。

人は乃ち天下の神物なり。心神を傷ましむるなかれ。神は垂るに祈祷を以て先とし、冥（神の働き）は加ふるに正直を以て本となす。その本の心に任せよ。皆、大道を得しめよ。

この大意は、人間は、神性を有する存在である。人間の中核となる精神を傷つけてはならない。神の垂れる恵みを戴くためには祈祷を先となし、神のご加護を得るには、正直の実践が根本である。人間は、神より与えられた神性のまにまに生きることを基本とせよ、ということである。
　これは天照大神および止由気大神の託宣を、倭姫命が神宮の神主などに聞かせたものとして、「神道五部書」における神道的生き方の内実と捉えられている。神道の中では、必ずしも神への祈りを強調した思想が見られないことを思い合わせると、これはやはり伊勢神道思想の特色といえよう。なお、中世伊勢神道思想の大成者・松村（度会<small>わたらい</small>）家行も、主著『類聚神祇本源』神道玄義篇の中で、この箇所を神道の内実の一部に入れている。
　伊勢神道の中興の祖といわれ、近世初期に活躍した出口（度会）延佳も、祈りの重要性を強調している。『陽復記』の中で、「祈りて其のしるしあるもあり、又何のしるしなきもあるはいかに」という問いに、こう答えている。

　　神の祈をうけたまふと、請けたまはざるは、其の人の誠と誠ならざるとにある事なり。誠に神に祈るに其のしるしなきとおもふとも、身にかへりて自らの誠いまだいたらざるとおもふべし。ゆめ〳〵神を怨む事なかれ。是れ神道也。

　延佳の回答は、引用以降も続くが、文意を要約すると、神が祈る人の願いを聞き入れるかどうかは、祈る人の態度が誠の道にかなっているかどうかに関わっている。武王という古代の聖人でさえも、病気のときには周公旦が代わって祈りを献げているではないか。まして誠の道の実践が容易でない一般の人々は、古歌にあるような、誠の道を実践しているから、神に祈らなくとも神は守ってくれると思ってはならない。祈れば、なおいっそう神のご加護があるという意味なのだから、と延佳は祈りの重要性を強調している。
　延佳とほぼ同時代に活躍し、伊勢神道や吉田神道などの影響を受けながら、垂加神道を提唱したのが山崎闇斎である。闇斎も、神への祈りを自らの生き方の重要な指標としていた。『垂加社語』の冒頭に「神垂以┬祈禱┬為┬先冥加以┬正直┬為┬本。此神託出┬鎮座伝記宝基本記倭姫世記┬。嘉自賛神垂祈禱冥加正直我願守┬之終┬身勿┬忒<small>たがふ</small>（我れ願わくば之を守り、身を終わるまでたがうことなからん）」とある。闇斎の霊社号・垂加を「神垂冥加」から採用したことは言うまでもなく、闇斎がこの言葉をいかに重要視していたかが理解されよう。

以上、三つの観点から「祈り」について見てきた。現在においては、「祈願的な祈り」が神道の主流となっている。しかし、かつては「神意をうかがう祈り」が、「祈願的な祈り」と同様に広く行われていたことに気づかされる。どの祈りの重要性を考えるべきか、「神意をうかがう」神道的祈りは現代において不要なのか、これらは神道の信仰を考える上で一つの課題となるところであろう。また、冒頭に述べた宗教学上の祈りの分類と比較すると、神道には冥想的な祈りは、あまり類例がないように思われる。

　最後に、「祈り」と「祭り」との相違について触れておきたい。そのためには、もう少し祈りの用例を広く検討し、祭りの用例も具体的に考えなければならないが、祈りは突発的な事件への対処法として行われるのに対して、祭りはより制度的な意識を帯びた神への祈りということが確認されよう。

【参照事項】
まつり　せんみょう　としごいのまつり　（以下『宗教編』）わたらいのぶよし
じゅきょうとしんとう　こじき　にほんしょき　しんとうごぶしょ　いせしんこう　みたまのふゆ

⑮ さんけい　参詣

　神社や寺院に詣でて神や仏を拝むこと。

　文献上は、10世紀から11世紀末ころから参詣という語がしばしば現れ、『源氏物語』『枕草子』『更級日記』や貴族の日記などにも、近隣の社寺や遠隔地の社寺への参詣が描かれている。古代のような交通が不便な時代には、遠隔地への参詣は宗教者や経済的に余裕のあった貴族に限られていたが、それも、遙拝や代参が主流であったと思われる。しかし、しだいに直接参詣する方法に変わっていく。参詣者の意識が、より神仏の霊験を得ることに変化したという面もあったと思われるが、例えば、大須本『熊野縁起』を見てみると、遙拝よりも直接参詣するほうが、御利益のあることを説いていたことが窺われ、実際は祀職者や僧侶などの教化の結果であったことも指摘される。つまり、社寺側に参詣者を呼ぶ必要が生じて、参詣という行事が盛んになったと推測される。

中世から近世まで。熊野三山と神宮

　古代末から中世にわたって神社の中で最も参詣の多かった熊野三山や伊勢神

宮などの例を通して考えていく。熊野は元来あまり社格も高くなく、有力氏族や国家の援助が少なかった神社であった。そのため参詣者の支援を必要とし、比較的早い時代から、御師や先達の活躍、また信仰の普及を図る神社縁起などの作成などが見られた。そして、そのような活動が功を奏し、平安末には院の熊野詣が盛んとなり、それをまねる貴族が続出した。

　神宮は古代以来、「私幣禁断」の規定のため、原則として、一般の参詣者は拒否してきた。しかし、古代末から中世にかけて、古代国家制度の弱体化・武家勢力の勃興などによって経済的基盤が弱くなり、東国の豪族領主層を中心に土地寄進の勧説を行い、寄進地系御厨(みくりや)を獲得するなどの信仰者吸引の活動がなされたことが指摘される。

　伊勢信仰の普及を見る上で、御祭神が皇祖神および国主の神であるということは、神宮信仰育成の原動力となったことはいうまでもない。しかし実際は、それは人々の抽象的概念に留まり、必ずしも強い信仰を生みだす母体とはならなかったように思われる。人々が強力な信仰を持つためには、個人的願望を達成させる可能性の有無強弱にその成否の多くが関わると考えられる。源頼朝は平家討伐のとき、神宮に祈願し、その加護によってそれが成就したという信仰に基づいて熱心な崇教者になったといわれる。また、鎌倉中期の蒙古襲来の際に、貴族・武家が神宮に対して熱烈な祈祷を献げ、その結果、神風が吹き荒れ、異国の侵入を防いだと信じられた。そのような信仰によって神宮への崇拝が、一般に盛んになったと推察されるのである。

　そういった状況の下、伊勢信仰は徐々に全国的に強固なものとなっていくが、参宮の盛行と表現できるまでには至っていない。まだ参詣の旅には障害が多く、相当な困難をともなうものであった。旅の障害は、近世初頭の織豊時代を迎え、徐々にではあるが克服されていく。日本各地での戦乱は終結し治世の安定、貨幣や為替の流通による経済の安定により、参宮は民間に拡大していく。その結果、天正13年（1586）8月3日のルイス・フロイスによる「同所に行かざる者は人間の数に加へられぬと思っているやうである」（『イエズス会日本年報』）といったイエズス会総長宛ての報告がなされるほどの盛行を見せた。このころ、全国的な参詣があったという証拠は乏しいため、この報告が歴史的事実として承認できるかどうかは疑問であるが、少なくとも畿内では、このような風潮が確立していた規模と考えられる。

文字通り全国各地からの参宮が盛んになったのは、近世中期・元禄年間といえよう。その要因としては、第1に500人前後の御師の活躍、第2に、講や頼母子講などによって農村における共同体的な支援制度の確立、第3に、旅そのものが至難の業でなくなったことなどが挙げられる。ことに商人や中小農民にとって旅や参詣が一種の遊楽に変わった点が重要であろう。

　江戸時代の中・末期に参詣者がとくに多かった神社・寺院およびその年間平均参詣者数を掲げると、神宮（4万～50万人）、善光寺（20万人）、高野山・本願寺・金毘羅宮（10数万人）、出羽三山（1万7千人）、成田山（1万5千人）、四国遍路（5万人）、秩父巡礼（5万人）、秩父三峰（1万人前後）、富士山（8千人）、立山（6千人）を数える（新城常三著『社寺参詣の社会経済史的研究』参照）。

【参照事項】
じゅんれい
（以下『宗教編』）いせしんこう　くまのしんこう

⑯ じゅんれい　巡礼

　巡礼とは、聖地や霊場をめぐって参詣し、信仰を深め、神や仏の霊験を求める行事。世界の諸宗教に見られる現象であり、ユダヤ教のエルサレムへの聖都詣で、キリスト教のローマやエルサレムへの巡礼、ヒンドゥー教におけるガンジス川流域の諸寺院巡礼、イスラム教のメッカ巡礼などが、よく知られている。

　わが国における巡礼の始まりは、仏教寺院に対するものであった。入唐した僧侶が、中国五台山などの聖地巡礼の風習をもたらし、畿内の諸大寺をめぐったことに始まるといわれる。文献上の巡礼の最古の例は、平安中期の南都七大寺（東大寺、大安寺、西大寺、興福寺、元興寺、薬師寺、法隆寺）めぐりであろう。神社めぐりも、このころ始まったと推測される。たとえば、応徳年間（平安末期）藤原明衡（あきひら）によって作成された『新猿楽記（さるごうき）』の中に、いわゆる千社詣百社参の風習を推測させる文章がある。しかし、このころ、特定の神社を千社・百社とかに制度化していたとは考え難く、神社巡礼の例は、その後、鎌倉・室町を通じて文献上にほとんど現れていない。

巡礼の歴史的展開

　平安時代に成立し、中世、近世を通して最も有名な巡礼は、三十三か所観音霊場めぐりであろう。第一札所は、熊野の青岸渡寺であり、京都の清水寺、近江の石山寺、大和の長谷寺などを巡拝し、最後は美濃の谷汲山華厳寺に至るものである。第一の礼所が熊野であることは注目される。平安時代の中末期にかけて、院や貴族の間に熊野詣が大流行したことや、天台宗三井寺の僧侶たちが熊野参詣を奨励したことなどと無関係ではないと思われる。

　社寺巡礼の発生は畿内であったが、関東地方でも早くから盛んであった。鎌倉中期には、坂東三十三か所霊場めぐりが成立したと考えられている。下野国足利の鑁阿寺には、暦応2年（1339）の巡礼札が現存し、坂東三十三か所巡礼という文字が入っている。同じく関東で、中世末に成立し近世に盛んとなった巡礼として、秩父霊場の巡礼がある。西国霊場や坂東霊場が、天台・真言宗寺院と関係が深かったのに対し、秩父の場合は曹洞宗の寺が中心であった。また、地方霊場の一つといっていいはずの秩父に関東以外の巡礼者が見られた理由として、西国霊場三十三か所に坂東霊場三十三か所、それらに秩父霊場三十四か所を加えた百か所霊場の巡礼として、関係寺院の僧侶たちが教化・喧伝した結果と思われる。

　古代末期に発生し、中世、近世を通じて盛んになり、現代においても多くの巡礼者を集めているのが四国遍路であろう。もともと四国出身の弘法大師空海ゆかりの霊場をめぐるもので、平安の末、『今昔物語』の中に四国巡礼のことが描写されている。初めは真言宗の僧侶によって巡礼が行われていたが、大師信仰が超宗派的に広まるにつれて、他宗派の僧侶たちの巡礼も始まり、八十八か所霊場が確立し、室町中期になると庶民の巡礼者も現れている。

　古代、中世の巡礼が肉体的、精神的に困難を極めたことは想像に難くない。その意味でも巡礼は、宗教的情熱に動かされた人たちによるもので、信仰的行事という性格が主体となったことはいうまでもない。しかし、その一方で太平の世になる近世以降は、交通路の整備や経済的な安定を背景に、巡礼のあり方にもレクリエーション的性格が加味され、行事的に変容も見られる。江戸時代の中ごろには庶民の巡礼者も激増し、西国霊場の巡礼者数は年間4万から5万人にのぼったといわれる。近世に発達した巡礼の一類型として、西国霊場や坂東霊場を模倣した近隣の地方寺院を巡礼する風習が生まれた。西国三十三か所

観音霊場の地方版といわれるものが、全国で70数か所も跡づけられる。また、各宗派の寺院もそれぞれ霊場めぐりを工夫し、真宗二十霊場めぐりといったものが生まれた。

　近世においては神社への巡拝も、いくつかの事例が見られる。平安末期に存在が推測される千社参や百社参の姿が、文献にも現れてくる。その好例に「千社札（せんじゃふだ）」の流行がある。姓名や住所などを書いた紙片を社殿などに貼布して巡拝するものである。江戸時代に多数の参詣を集めた神社に、今なおその痕跡を見ることができ、現在でも、その行いを見ることができる。また、百社参は、何かしらの祈願のため百社を参詣するもので、金毘羅百社参、妙見宮（みょうけんぐう）百社参、聖天宮（しょうてんぐう）百社参などが知られている。江戸中期に成立した神社巡礼に、式内社めぐりの風習もある。また、伊勢参宮も、神宮への道すがら神社仏寺を巡拝したことは周知の事実であり、これもある種の巡礼ということができる。

【参照事項】
さんけい　（以下『宗教編』）いせしんこう　くまのしんこう

⑰ きゅうちゅうさいし　宮中祭祀

　天皇陛下が行われる宮中三殿や山陵などでの祭祀のことで、その歴史は古く、朝廷祭祀とも重複する部分が多い。
　宮中祭祀には明治維新後を一つの契機として、次の3点のような大きな変革があった。
・奉斎の御祭神が賢所ばかりでなく、皇霊、天神地祇となったこと。
・元始祭、祈年祭、春秋二季の皇霊祭と神殿祭、神嘗祭賢所の儀などが創定されたこと。
・従前は宮中・府中を併せて朝廷であったのが、宮中と府中が分かれ、祭祀の面でも宮中と府中の所管が分けられたこと。
　また、人事の面でも大きな変動が見られた。たとえば、大臣・大納言級の上卿（しょうけい）、参議・大弁級の奉仕がなくなり、掌典の職掌が置かれた。明治41年（1908）公布の「皇室祭祀令」制定時の上奏文に、「故ニ維新ノ後、損益スル所必シモ古制ニ沿ラス、爰（ここ）ニ酌衷ヲ加ヘ、以テ本令ヲ制定ス」とある。
　令の制定以後、規定に則して宮中祭祀は行われてきたが、終戦により、「皇

室祭祀令」は廃された。しかし、その後も皇室の行事として前例に従い行われ、昭和30年（1955）12月23日、昭和天皇への伺定（うかがいさだめ）によって、「皇室祭祀令」に準拠し祭祀の大要が確認された。

　宮中祭祀の根本精神は、皇祖皇宗・天地神明を崇奉し、万民と共に国の弥栄（いやさか）を祈請するところにあり、「皇室祭祀令」の以下の文章が示す通りである。

　恭（つつしみ）テ按スルニ神ヲ敬スルハ祖ヲ尊フ所以、歴聖相承ケテ以テ皇統ヲ万ニ垂レ治教ヲ億兆ニ敷ク報本反始ノ儀ヲ昭（あきらか）ニスルヨリ先キナルハナシ、蓋シ神人源ヲ一ニシテ上下祖ヲ同クス、上其ノ孝敬ヲ尽シテ以テ下ヲ維繁スルハ即チ宝祚ヲ無疆ニ享ケ国体ノ尊厳ヲ固クスルノ道ナレハナリ

宮中三殿と神嘉殿、山陵の概略

　宮中祭祀が行われる祭殿・祭所が宮中三殿と神嘉殿、山陵（御陵）（みささぎ）（ごりょう）・御墓である。宮中三殿は賢所と皇霊殿、神殿から成るが、賢所は皇祖・天照大御神を奉斎する御殿で、皇祖の神勅を奉じ、神鏡を皇祖と仰いで祭祀が行われる。京都にあった時代は紫宸殿の東南にあったが、明治2年（1869）の東京奠都後は、東京宮城内（きゅうじょう）・山里というところの内庭に鎮座された。明治4年、神祇省内に鎮座していた八神殿の祭神である中央・八神、東座・天神地祇、西座・歴代皇霊のうち、歴代皇霊の一座を賢所同殿に遷座した。翌5年4月には、八神、天神地祇の二座も賢所域内の神宮御拝所に遷座したので、これより皇霊、八神、天神地祇ともに賢所同域に奉ることとなった。同年11月、八神、天神地祇を合わせて神殿と称することとなり、以後、八神殿の名称は使われなくなった。なお、明治10年には、歴代皇霊のほか歴代の皇后、皇妃、皇親も併せ祭ることとなって今日に至っている。

　日付は前後するが明治6年5月、賢所・皇霊・神殿は、皇居の火災により、赤坂仮御所に遷座した。そして10数年を経て、いわゆる明治宮殿が落成し、明治22年1月9日、吹上御苑内の宮殿より西南の地に三殿が奉斎された。天皇・皇后が新宮殿に移られるのに先立ち、遷座されたのである。神嘉殿は三殿の西に隣接し、三殿と同時に新しく建てられ、その地は今も変わらない。

　また、現在では、天皇、皇后、皇太后、太皇太后を葬る所を陵といい、皇族方を葬る所を墓（ぼ）と称する（「皇室典範」第27条）。『大宝令』諸陵司には陵霊祭祀の規定があり、守護の万全も図られたが、中世に皇室・朝廷が式微し、その

他の事情で陵墓は荒廃した。幕末になって大規模な調査、修築が行われ、維新後に山陵祭祀が興隆した。

「皇室祭祀令」と祭典の制度、喪と斎戒

　「皇室祭祀令」は3章26か条から成る。第1章を総則とし、第2章は大祭、第3章は小祭を規定し、別に附式を設けて次第を載せていた。そして、昭和22年（1947）5月2日、日本国憲法の制定にともない、「皇室祭祀令」のみならず「皇室令」のすべてが廃止となる。しかし、翌3日、宮内府長官官房文書課長名による依命通牒（官庁の命令によってその補助機関が発する通達）により、新たな規定がないものは従前の例に準じて行うことになった。

　以下、「皇室祭祀令」の注意すべき項目について見ていく。まず、宮中祭祀は第2条で大祭と小祭に大別されている。『延喜式』巻一「四時祭上」の大祀、中祀、小祀の分類に倣ったものだが、大祀の践祚大嘗祭は「登極令」で規定し、中祀、小祀を大祭、小祭としたものである。大祭は第8条で「大祭ニハ天皇、皇族及官僚ヲ率ヰテ親ラ祭典ヲ行フ」とあり、小祭は第20条に「小祭ニハ天皇親ラ拝礼シ掌典長祭典ヲ行フ」とされている。附式を見ると、大祭では天皇が御告文を奏されるが、小祭では御拝礼のみ、また、大祭には宝剣神璽を奉ぜられるが、小祭では御剣である。この御剣は神器ではない。また、大祭では天皇・皇后の出御、皇太子・皇太子妃のお出まし、皇族の参列があるが、小祭では天皇出御、皇太子だけのお出ましとなっている。ただし、小祭でも先帝以前3代の例祭と歴代天皇の式年祭では大祭と同じお出ましである。

　なお、第4条に「天皇喪ニ在ル間ハ祭祀ニ御神楽及東游ヲ行ハス」とあり、第5条に「喪ニ在ル者ハ祭祀ニ奉仕シ又ハ参列スルコトヲ得ス、但シ特ニ除服セラレタルトキハ此ノ限ニ在ラス」とある。天皇の喪のことは明治42年に制定された「皇室服喪令」に、等親それぞれの期間の規定がある。喪中には、祭祀は掌典長によって行われる。掌典長は公喪（天皇をはじめ皇族の喪、大喪・宮中喪）を受けないこととなっている（「皇室服喪令」第15条）。したがって祭祀がないのではなく出御がないだけである。ただし、御神楽および東游がないのはそれ自体に神賑的意味をもつためであろう。また、除服のことは古く「奪情従公（じゅうく）」（喪があけてなくとも公務に従うこと）といい、「大宝儀制令」以来の制度である。

斎戒については第6条に「祭祀ニ奉仕スル者ハ、大祭ニハ其ノ当日及前二日、小祭ニハ其ノ当日斎戒スヘシ」とある。これも「大宝神祇令」の「三日斎(ものいみ)するを中祀と為よ。一日斎するを小祀と為よ」に倣ったものであり、古来、宮中では前者を二夜三日の神事(潔斎のこと)、後者を一夜神事と称し、当日だけの斎戒であっても前晩から入った。ただ、本令には斎戒についての具体的な条項はない。古来の方法に従うことが了解事項だったのであろう。

祭式の構成

　附式を見ると、①大祭では天皇出御に次いで皇后の出御があり、次に皇太子、皇太子妃のお出ましがある。共に内陣の座につかれて、天皇御拝礼、御告文、「御鈴」の儀があり、次いで皇后以下それぞれの拝礼がある。このとき、親王以下の皇族男子は天皇に供奉し、親王妃以下は皇后に供奉し、皇太子妃の拝礼に次いで拝礼される。

　小祭式では、祭儀によって皇族を率いられる場合とそうでない場合とがある。一般の小祭では、②天皇出御、御拝礼、御鈴が終わって皇族拝礼、天皇入御(御退出)。次に皇太子参進、拝礼が終わって御退下である。しかし、皇霊殿の例祭、式年祭では、③天皇出御、御拝礼が終わって入御、次に、皇后同上、次に皇太子参進、拝礼、退下、次に、皇太子妃同上ということになっていて、天皇、皇后、皇太子、皇太子妃が別々に行動される。この場合、皇族は直接の供奉ではなく庭上の幄舎に参列し、皇太子妃退下に次いで御殿の木階下から拝礼する。

　また、小祭の中の賢所御神楽の儀では、④大祭式同様、天皇以下、ともに内陣に着かれ、それぞれ御拝礼の後、供奉の皇族拝礼、御神楽が終わって入御される。小祭とはいえ大祭式に準じてある。本儀は、由緒ある伝統の祭祀であるが、古来、斎戒は小祀の一夜神事であったことなどを勘案しての立制であるように思われる。以上のように大祭、小祭を通じて、その次第は大方4通りに分けられるが、⑤神嘉殿で行われる新嘗祭のような特殊な大祭の次第もある。

　ただし、現行は、大祭小祭とも大方は③の小祭の皇霊殿例祭、式年祭の式次第によって行われている。さらに、参列の皇族、諸員の著床前に献饌し、掌典長の祝詞奏上が終わって、内陣御座などの鋪設が終了後、参列者の著床が始まり、次いで陛下の御出御という次第になっている。これは、御殿が狭いことと祭祀制定前の慣例に鑑み、また、著床時間が長くにわたることを考慮してのこ

ヒと思われるが、本令制定当時、御裁可のもとに慣行されている。

祭式の特色

特色の一つは「御殿ヲ装飾ス」の一項が式次第の冒頭に規定されていることである。それは、祭典は晴の日であり神威の輝きを仰ぐ日であるためである。

二つ目は「改服」の項である。これは、大小祭とも「次ニ天皇ニ御服（御束帯黄櫨染御袍）ヲ供ス（侍従奉仕）」「次ニ天皇ニ御手水ヲ供ス（同上）」「次ニ天皇ニ御笏ヲ供ス（同上）」というように克明に定められている。皇后の御服は「御五衣、御小袿、御長袴」、皇太子は「儀服（束帯黄丹袍）」、皇太子妃は「儀服（五衣小袿長袴）」としてある。新嘗祭では天皇は御祭服、皇太子は斎服で、その御服を構成する品々まで載っている。祭典にあたっての着替えがいかに重要な一条件であるかを示すものであろう。

三つ目は「献供」である。附式に「次ニ神饌幣物（色目時ニ臨ミテ之ヲ定ム）ヲ供ス、此ノ間神楽歌ヲ奏ス」とある。祭祀を行うものが、その至誠を最初に開陳・披歴する表れが神饌であり、幣物である。『延喜式』巻一・二の「四時祭」、巻八の「祝詞」を見ても、神饌幣物を供することを常則としている。

その神饌には、(1) 葉盤神饌、(2) 折敷高坏神饌、(3) 折櫃神饌、(4) 大高盛神饌、(5) 薄折敷神饌などがある。(1) は新嘗祭に供される古代神饌であり、主として槲（柏）葉細工の筥に盛られる。(2)(3)(4) は平安朝以来の神饌またはその系統で、大小祭に献ぜられ、すべてそのまま召し上がることができる、いわゆる調理神饌が盛られる。(5) は日供神饌で、これも一部を除けば調理神饌である。丸物三方神饌（三方に載せられた生物の神饌）は「祭祀令」外の句祭などでは供されるが、明治以降のことである。

幣物はミテグラで、布帛類が中心なので幣帛と書くのが一般だが、金幣、幣馬ということもあるので、本令では幣物とされている。幣物の布帛には①綿系統、②綾系統、③帛（羽二重）系統、④絹系統（平絹、生絹《せいけん、すずし》、絁など）、⑤布（主として麻）系統、⑥原料品すなわち綿（絹綿）や生糸、木綿（楮皮・こうぞの皮）、麻苧（大麻）、真苧などを挙げることができる。古来、皇室関連のものを扱った内蔵寮（うちのくらのつかさ）から奉られる場合の多くは①②③であり、神祇官からの幣は④⑤⑥であった。

神宮の内宮へは、内蔵寮（皇室）から錦綾と神祇官からの品、外宮へは帛系

統と神祇官からの品が併せ奉られていた。現行も大方、古例によっているが内宮、外宮の別は廃された。諸社への幣帛は④⑤⑥で錦綾は奉られていない。山陵へは古の「荷前の幣」に準じ帛系統を、三殿には祖神の意味が重視され、山陵に倣って帛を主体としている。三殿、山陵とも原料品は一切奉られていない。

　そして、四つ目の特色が祝詞である。祝詞は大小祭とも掌典長の所役であるが、大祭には天皇の御告文があり、御祈請なり御礼を直接申し上げられるので、掌典長の祝詞にはこの部分を避けたものを奏上する。

　五つ目は出御である。先導は天皇をはじめ、すべて掌典長が行う。天皇、皇太子には御裾（裾取り）の侍従がつき、御剣奉持の侍従、さらに侍従一人が後ろに供奉する。皇后、皇太子妃には御裾捧持の女官がつく。お召し代えの綾綺殿から三殿に進まれる順序は、賢所、皇霊殿、神殿で、各殿背後の階から東簀子を経て、正面から内陣の御座に着かれて拝礼される。

　六つ目は御告文だが、これは明治６年（1873）１月３日の元始祭から、この文字を用いオツゲブミと訓みならわされている。文体は祝詞と同じだが、お名前は奏されない。ただし、新嘗祭では奏上される。ちなみに、皇族方の成年式、結婚式での奏上の祝詞を告文というが、この場合はすべてお名前がある。

　七つ目が御拝礼である。天皇御拝礼の場合は、掌典長の進め奉る御玉串（枝榊に紅白の絹をかけ手元が奉書で巻かれたもの）を、両手で執られて起拝２度、次に座せられて深揖、次に起拝２度である。古来の神拝作法とされる両段再拝である。皇太子も同様だが、皇后、皇太子妃は座拝である。御玉串は拝礼後、掌典長がいただき、内々陣（御簾内）の内掌典に渡し、内掌典はこれを神床前の「御玉串建」に立て奉るのである。

　八つ目が御鈴である。御拝礼の後、天皇の場合は、内掌典により御鈴が奉仕される。約10分間であるが、この間、天皇は御座に平伏のまま拝聴されるという。内侍所御鈴のことは、古く『江家次第』にも『徒然草』にも見えている。西行法師の『山家集』には「おもふことみあれのしめにひくすゞのかなはずばよもならじとぞ思ふ」とあって、鈴の音を神の納受の声と受け取っていることがよく分かる。

　なお、祭典は、陛下の出御御拝礼の後、皇后、皇太子、皇太子妃の拝礼が行われ、続いて皇族以下諸員の拝礼があって順次退下した後、楽師の神楽歌唱和のうちに撤供、閉扉して終了となる。

奉幣の制度と臨時諸祭典

　奉幣に関する条文は「皇室祭祀令」をはじめ、その他の「皇室令」に逐一掲げられ、皇室祭祀の重要な制度となっている。これは、神宮、神社、山陵・御墓への奉幣と大きく三つに分けることができる。

　神宮へは、恒例として祈年・神嘗・新嘗の三祭に奉幣される。なお、月次祭にも奉幣があるが勅使の参向はなく、大宮司に付して幣が奉奠される。この他、御大礼の期日御治定（ごじじょう）のとき、大嘗祭当日、立太子礼、天皇成年式、御婚儀、成約（御婚約）奉告に奉幣されることが「登極令」「立儲令（りっちょ）」「皇室親族令」などに規定されている。

　神社に対しては、官国幣社の祈年・新嘗両祭、並びに、官幣社例祭に皇室からの奉幣がある。延喜の制が明治維新に再興され、神祇官廃止後も皇室の所管として続けられていたが、終戦後は、いわゆる神道指令により停止となった。しかし、とくに皇室と歴史的に関係が深い一六社には、その例祭に奉幣される。また、この勅祭社の遷宮、祭神増祀・合祀の際にも勅使が参向し奉幣が行われる。

　山陵においては恒例として、今は畝傍山東北陵（うねびやまのうしとらのみささぎ）（神武天皇）と武蔵野陵（昭和天皇）の例祭に勅使参向による奉幣がある。また、近陵・遠陵の式年祭で同様の儀がある。この場合の近陵とは先帝4代のうち、前記の武蔵野陵を除いた孝明・明治・大正天皇の3代の山陵を指す。毎年、掌典が祭典を奉仕するが、式年には勅使が参向する。遠陵とは畝傍山東北陵を除いた綏靖（すいぜい）天皇より仁孝（にんこう）天皇に至る山陵で、式年には奉幣の儀が行われる。また、先后、今は香淳皇后であるが、式年の際には奉幣がある。ちなみに、式年は崩御より満3年、5年、10年、20年、30年、40年、50年、100年、以後、毎100年にあたる年を指す。畝傍山東北・武蔵野陵の式年には天皇行幸の上、御親祭の規定である。

　なお、山陵・御墓の決定に際しては、その奉告のための奉幣があり、山陵（修理）起工・竣工の場合には同様の儀が行われるが、起工の場合は幣物の奉奠はないので、正しくは奉告というべきであろう。皇室祭祀は宮中のみでなく、山陵はもちろん、神宮・神社に対しても行われ、とくに神宮とは不離一体の関係のもとに祭祀されていることが窺える。

　また、臨時に行われる祭典は非常に多い。規定のあるものとしては、皇室国家の大事奉告、神宮式年遷宮、三殿奉遷、霊代奉遷、式年祭（以上「皇室祭祀令」）、御婚儀、着帯奉告、誕生命名奉告、初御参拝、内親王・女王帰嫁奉告（「皇

室親族令」)、成年式(「皇室成年式令」)、立太子式(「立儲令」)、陵墓決定、山陵修補起工竣工奉告(「皇室陵墓令」)である。とりわけ「皇室祭祀令」第19条に「皇室又ハ国家ノ大事ヲ神宮賢所皇霊殿神殿神武天皇山陵先帝山陵ニ親告スルトキ」とあるのは、最も重大な臨時祭だろう。

【参照事項】はっしんでん　さいかい　じんじゃさいしき　かしわで　なおらい
へいはく　たまぐし　しんせん　のりと　しょうぞく　だいじょうさい　かんなめさい
にいなめさい　としごいのまつり　つきなみさい　ちょくさい　せんぐう
(以下『宗教編』) さんりょう　だいきょういん　みたまのふゆ

⑱ さんしゅのしんき　三種の神器

　『日本書紀』に皇位のしるしとして「天照大神、乃ち天津彦彦火瓊瓊杵尊に、八坂瓊の曲玉及び八咫鏡、草薙剣、三種の宝物を賜ふ」とある三種の宝物のこと。天岩戸の前に捧げられた八坂瓊曲玉、八咫鏡ならびに素戔嗚尊が出雲の八岐大蛇から得て、天照大神に奉った天叢雲剣である。皇祖神は皇孫の降臨に際し、とくに神器を授けて皇位の御しるしとされた。天皇践祚とともに、歴代、伝承することを古今不易の大法とする。古来、神器を尊崇して神璽・天璽と呼ぶ。『令義解』は「璽とは信也、猶神明の徴信と云ふがごとし」と註している。

議会での答弁

　日本国憲法制定にあたり、天皇の地位をめぐって論争が重ねられたとき、神器を公的財産とすべきか、皇室の私的財産と見なすべきかが帝国議会において問題となった。憲法担当の金森徳次郎国務大臣は、貴族院で佐々木惣一議員の質疑に答えて、三種の神器の意義については、明治憲法の下での理解と変わらないことを明らかにした。その内容を昭和21年(1946)9月25日の貴族院帝国憲法改正特別委員会議事速記録はこう記している。

　　三種ノ神器其ノモノハ、皇室典範ガ把握スル面バカリデハナイノデアリマシテ、モウ少シ別ノ精神的ナ意味ヲ含ンデ居ル訳ダト思フ訳デアリマス。(中略)伝統的ナ此ノ三種神器ヲ取囲ンデ居ル所ノ諸種ノ謂ハバ雰囲気ト云フモノヲ念頭ニ置イテ考ヘテ見マスト、是ハ矢張リ皇室ノ特ニ精神的ニ重ンゼラル、モノデアリマシテ、寧ロ国ノ方ニ移ス範囲ニ入レナイ方ガ適

当デハナイカ、

　この理解は、昭和35年10月22日付、池田勇人内閣総理大臣より清瀬一郎衆議院議長宛て「衆議院議員浜地文平君提出伊勢の神宮に奉祀されている御鏡の取扱いに関する質問に対する答弁書」にも記されている。神宮に奉祀の神鏡は皇祖が皇孫に授けられた八咫鏡であって、天皇が神宮に奉祀せしめられたのであり、この関係は歴代を経て現代に及ぶ。さればそうした起源や沿革に徴して、一宗教法人たる神宮がその御本質を無視して、自由に処置するがごときことのできない特殊な御存在である、と答弁した内容である。

中国の九鼎（きゅうてい）、藤氏の朱器台盤（しゅきだいばん）

　古代中国においては、王権の象徴である伝国の璽として金属祭具の九鼎（きゅうてい）があった。これは、夏王朝のときに鋳造した鼎（かなえ）であり、周の滅亡に際して泗水に没し、秦の始皇帝は新たに国璽を作り、漢の高祖は白蛇を斬った剣を伝国の宝とした。以来、その剣璽は魏晋から趙宋に及んだが、ともに人工のものである。これに対して、三種の神器は「天造自然」のものであるとする理解が、鎌倉時代後期の東福寺の学僧・虎関師錬（こかんしれん）の著書である日本初の仏教通史『元亨釈書（げんこうしゃくしょ）』に見える。

　また、この九鼎が神人の共同飲食がなされる宗廟の祭器であるとしても、もとは鍋釜に相当する器物で日用的性格を有するといえる。この点は、藤原氏の氏の長者が伝承した朱塗りの什器・朱器台盤（しゅきだいばん）についても同様のことがいえ、山崎闇斎の門人・谷秦山（じんざん）は『保建大記打聞（ほうけんだいきうちぎき）』で「朱器台盤ハ饌具ト見エタリ」と書いている。

　一方、三種の神器のうち神鏡は、皇祖の神霊が宿るものとして温明殿（うんめいでん）に奉祀され、剣は神霊招祷の聖具である。また、瓊玉のタマは霊魂を表す言葉と通じている。つまり、三種の神器は、神霊そのもの、あるいはその象徴と解すべきものである。また、古代に物部氏が伝えたといわれる十種瑞宝（とぐさのみずたから）が、生玉（いくたま）・死反玉（まかるがえしのたま）・蛇比礼（おろちのひれ）といった呪術的な聖具を含むのに対し、三種神宝にはそうした非理性的なものは入っていない。ここから、神器ならびに神器が象徴する皇位の性格が、上代びとの間にあっては極めて理性的に把握されていたことが分かる。

玉が先か、鏡剣が先か

　玉・鏡・剣の三種の神器を挙げる場合、「記紀」がいずれも「玉」を先に掲げ、『日本書紀』にあっては「玉及鏡」と、「及」の字をはさんで記載している。このことは、宣長が『古事記伝』巻十五でいうように、深く考慮すべき問題を示唆している。宣長の見解は、崇神天皇の御代に鏡剣を他所に斎き祭りましてより、ただ玉のみが皇祖の授け賜えるままの物であるために、このときから「常に玉を第一に申しならひたる其次第のまゝに」記すようになった、というものである。

　また、宣長は「玉は本は軽きが故なり」とも解している。というのも、『日本書記』の「継体天皇紀」には「大伴金村大連、乃ち跪きて天子の鏡剣の璽符を上りて再拝みたてまつる」とあり、「神祇令」には「凡そ践祚の日に、中臣は天神之寿詞を奏せ。忌部は神璽之鏡剣を上れ」と見え、『令義解』は、とくに註して「此に即ち鏡剣を以て璽と称す」としている。さらに「大殿祭」祝詞には「天つ璽の剣鏡を捧げ持ち賜て、言寿き宣りたまひしく」と、皇位の御しるしとしての瓊玉については、とくに記載がない。『古語拾遺』においては、「即ち八咫鏡及草薙剣の二種の神宝を以て、皇孫に授け賜ひて、永に天璽（所謂神璽の剣・鏡是なり）と為たまふ」と言い切った後に、とくに注意を促して「矛玉は自に従ふ」としている。こういったところからの「玉は本は軽き」という宣長の見解なのである。

　ただし、「鎮魂祭」は『令義解』がその意義を説いているように、「離遊の運魂を招き身体の中府に鎮める」祭儀である。『延喜式』によると、このとき神魂・高御魂・生魂など八座の神霊が祭られることになるが、ここでのムスビの神について、これを「魂」神と表記することは、タマとは即ち人の活力のもとをなす機能を有するもの、という前提となる。『古語拾遺』は、この鎮魂の儀は天鈿女命の遺跡なりとし、天岩戸の神話が鎮魂祭の儀礼を反映していることは通説である。そして、玉が魂にほかならないとするならば、神宝としての瓊玉は、皇祖神の霊魂を象徴するものであり、皇祖神が「吾を視るがごとく」とされた宝鏡と、その精神的構造には等しいものがあるといっていい。

　以上のように、皇祖神の霊魂を直截に表象するものは瓊玉で、それは天皇と常に一体不二で、離れて存在することはあり得ない。天皇が夜の御殿にいても冠を放つことはなかったと『禁秘抄』に見えているのも、瓊玉を通して皇祖神

に相対しているという敬意をおろそかにしなかったという事実を語るものである。だからこそ、三種の神宝を列挙するときの先に挙げた「記紀」の書き方だった。そして、皇位の御しるしとして神宝を連挙するときには、自明のこととして瓊玉を特記せず、剣と鏡との二種のみが挙げられたのである。

　それならば、本来、二種の神宝であったのが、なぜ、三種と言挙げされるようになったのか。それは、三という数が、五や七という数値とともに、大陸諸民族の間で聖数とされたため、鏡および剣に瓊玉を加えて、三種の神宝というようになったのだと思われる。

「三種の神器」観の展開と深化

　『日本書紀』によれば、仲哀天皇が熊襲を討って筑紫に行幸されたとき、伊覩の県主が穴門の引嶋に迎えたという。県主はこのとき五百枝の賢木を船の舳艫に立て、上枝には八尺瓊を、中枝には白銅鏡を、下枝には十握剣を掛けて装飾し、天皇に向かって、この八尺瓊の勾れるが如く曲妙に御世を治すべく、白銅鏡の如く分明に山川海原を看行せ、十握剣を提げて天下を平けたまえ、と奏したという。ここにおいて、上代にあっては、玉と鏡剣の三種の器は、「曲妙・分明・平天下」という徳を象徴するものだったことが分かる。

　こうした理解は世の進展とともに掘り下げられ、『旧事本紀玄義』で慈遍は、神璽は百王の心とするところであり、帝徳に従って応現無窮なりと把握し、『神皇正統記』に至っては、鏡は一物をたくわえない正直の本源、玉は柔和善順を徳とする慈悲の本源、剣は剛利決断の智恵の本源、こうして、三徳を併せ承けなくては天下の治平は難しく、「鏡は明をかたちとせり。心性あきらかなれば慈悲決断は其の中にあり」として、鏡を玉や剣に優先させて理解し、三種の神器に高い文化価値を見出した。そして、「君も臣も神明の光胤をうけ、あるひはまさしく勅をうけし神達の苗裔なり。たれかこれをあふぎ奉らざるべき」として、そこに国民倫理の基盤を見たのであった。

　近世に入ると、山鹿素行は『中朝事実』で神器にとくに一章を立て、玉は温仁の徳、鏡は致格の知、剣は決断の勇にそれぞれ配して、これらの三徳はその象るところ、すべて天神の至誠にほかならない。そして、悠遠の昔にあっては未だ三徳の名がなかったために、この三徳の義を霊器の上にそれぞれ象徴させたと、見るのであった。さらに、『日本書紀』の記述から、常に「玉及鏡剣」

とある事実に着目するとき、天下治平の要諦は御統(ミスマル)の玉の象徴するところにあり、これが天子の任であり、だからこそ玉を神宝の第一に位置づけるのだと解釈した。

そして、垂加翁正伝である『三種奥秘伝』において玉木正英は、この天子を守護するのが宝剣の徳であり、つまり、臣下の任、臣としては君の御心がどうあろうとも守護の道は欠かすべからず、とした。同じく、垂加門流につらなる竹内式部はその著書『奉公心得書』の中で、「君を怨み奉る心の起らば天照大神の御名を唱ふべし」という楠木正成の言葉を引き、本心の誠を尽くして天命を待つところに臣子の分があるとしている。

そして「神器と正統と善く見ざれは二本になるなり」という視点から、神器があるところは必ず正統で、正統のところに必ず神器あり、神器と正統とを別々に見ては神器の本義を見誤るとして、「神器は正統の天子の禅受する所なれば、君臣上下死を以て固守すべきこと、其義昭々なり(すみずみまで明らかである)」と、吉田松陰は『講孟劄記(こうもうさっき)』にて論じている。

【参照事項】
はっしんでん　じんぽう　きゅうちゅうさいし　とくさのみずだから　たま　だいじょうさい
(以下『宗教編』)　しんとう　じゅきょうとしんとう　こじき　にほんしょき
こごしゅうい　せんだいくじほんぎ　じんのうしょうとうき　むすび　かみよ　みたまのふゆ

⑲ ひもろぎ　神籬

神霊が憑依する信仰的施設のこと。「神籬」の語義や形態については古くから諸説があるが、十分な検証がなされているとは言い難い。

神籬の訓

「神籬」は「ヒモロギ」と訓むのが普通とされてきた。「神籬」の語の初出は『日本書紀』天孫降臨の段の第二の一書、「高皇産霊尊(たかみむすひのみこと)、因りて勅(よ)して曰(のたま)はく、吾(われ)は則ち天津神籬及び天津磐境を起し樹(た)てて、まさに吾孫(すめみま)の為に斎(いわ)ひ奉らむ。汝(いまし)、天児屋命(あまのこやね)・太玉命(ふとたま)は、宜しく天津神籬を持ちて、葦原中国に降りて、亦吾孫の為に斎ひ奉れ」である。ここには「神籬」の訓は記されてはいないが、同じく、崇神天皇紀6年条には「是(これ)より先に、天照大神・倭大国魂、二(ふたはしら)の

神を天皇の大殿の内に並祭る。然して其の神の勢を畏りて、共に住みたまふに安からず。故、天照大神を以ては、豊鍬入姫命に託けまつりて、倭の笠縫邑に祭る。仍りて磯堅城の神籬を立つ（神籬、此云‐比莾呂岐‐）」とあり、ここで初めて「比莾呂岐」という訓法（本註）が付されている（傍波線・編集部）。また、『万葉集』には「神名火に紐呂寸立てて忌へども人の心は守りあへぬもの」（巻十一・二六五七番）があり、「紐呂寸」と訓んでいる。

　『日本書紀』の「比莾呂岐」については、国文学者の中村啓信が、『日本書紀』現存本文中の該当訓を検出している（「『神籬』について」『神道宗教』18号）。

　　　ヒモロキ　鴨脚本、卜部兼雄書写弘安本転写本、乾元本（これには、右下に比毛呂支とあり、左側にヒモロルの訓がある）、北野本など
　　　ヒホロキ　丹鶴本

　また、『万葉集』本文の訓としては、「ヒモロキ」（寛永板本）、「ひほろき」（嘉暦伝承本）を挙げ、後の諸種の註釈書の中でも、この２種の訓を付しているところから、単に表記上、濁音を示さなかっただけで、ヒモロキのほうは実際には「ギ」と濁音で発音されていたと考えられるとしている。

　また、『古語拾遺』の「天祖の神勅」の箇所には「吾則起‐樹天津神籬‐、（神籬者古語比茂呂伎）」とある（傍波線・編集部）。この箇所は、前出の『日本書紀』「天孫降臨」第二の一書がその出典と考えてさしつかえないことから、その基となる「比茂呂岐」の「岐」の部分の発音として提示される「伎」は『日本書紀』では濁音表記であり、『古語拾遺』が成立した平安初期には「ヒモロギ」との濁音であった可能性について指摘している。

　しかし、中村は先に挙げた『日本書紀』の註である「比茂呂岐」の「岐」は、上代特殊仮名遣いの甲類の字音仮名であり、清音を表す文字であったことが「記紀」における「岐」の用例からも明瞭であり、『万葉集』における「紐呂寸」の「寸」の用例からも、そのほとんどが清音キを表示しており、「比茂呂岐」や「紐呂寸」はヒモロキと訓むのが正しいとしている。

　「神籬」の訓法については、従来、十分な検討がなされていなかっただけに、これからも批判や研究が加えられなければならない。先に見たように、『日本書紀』編纂の時代でさえ「崇神天皇紀」にあるように「神籬」という字に対して、註をもって訓法を示さなければならなかった。また、後世、多くの学者や註釈書によって「神籬」に対し種々の説が加えられてきたという事実は、「神籬」

の本質が古くから不明になっていたことを示していよう。

諸説1　古社説

　それでは「神籬」の本質についての諸説を細かく分けて紹介する。その第1は「古社説」とでもいうべきものである。これには、「神祠」とするもの、「杜（森）」とするもの、「栄樹（さかき）」とするものの3種がある。

　「神祠」についての古い例としては、『釈日本紀』（巻八）に「私記曰。問。何者哉。○答謂㆓今神祠㆒歟○又問此謂㆓比母呂支㆒。其義如何○答未㆐詳。」とある。また、一条兼良は『日本書紀纂疏』の中で「神籬謂㆓叢祠㆒」として、神籬を神祠としている。幕末・明治期の国学者・敷田年治（つかさだる）は『官故（かんこ）』の中で「神代紀に、天児屋命　主㆓神事之宗源㆒者也。故俾㆘以㆓太古之卜事㆒而奉㆑仕㆖焉。（中略）神籬は即ち神祠にて、後に是を神祇官といへり」と述べている（ここでの神祇官については後述）。次に谷川士清の『倭訓栞』を見てみると「神代紀に神籬をよめり、倭名抄にひほろぎと見ゆ。叢祠をいふといへり。是神社の濫觴なるべし」とある。橘千蔭は『万葉集略解』（巻十一・下）で「ひもろぎは（中略）檜の葉もて仮神室の籬を作をいへり。是は常有社の外に更に其神を崇祭る時に為る事にて、何の社にもあれど、神なびを挙たるは、殊に畏み崇むゆゑなるべし」といっており、ここにいう仮屋もまた神祠の一種である。

　次に「杜（森）」についてであるが、神籬を杜や森のような一定のこんもりとした自然の木立ちとする解釈がある。橘守部は『鐘迺響（かねのひびき）』（巻一）において、「此語の本義は生諸樹（オヒモロギ）の於（オ）の省かりたるにて、もとは神霊の憑鎮（よ）りませる森の樹立を指して申侍りき。其は上代は出雲、伊勢などを除いては、をさをさ宮殿はなくして、三輪山などの如く、生茂れる樹ぞ即神の御柱なりつればなり」と明確に述べている。これは、神籬を栄樹とする説とともに、神社の原初的形態を示す説とされてきた。

　「栄樹」とする例としては、先に挙げた『釈日本紀』の「私記」に続いて、卜部兼方（かねかた）は、私記の先師（卜部兼文）の説として「先師説云謂㆓之比母呂支㆒者、蓋賢木之号歟」と述べている。これは神籬を樹木と見たもので、ほかにも卜部兼永が『日本書紀抄』で「比母呂岐トハ坂木也」としたのや、本居宣長が『古事記伝』（巻十五）で「比母呂岐と云物は、栄樹をたてて、其を神の御室として祭るよりして云名にて、柴室木（フシムロギ）の意なるを、布志を切（ツヅメ）て比と云なり」とす

るのが代表的である。昭和になって神道学者の小野祖教も『神社神道概論』で、「神社の最初は建物ではなく神籬磐境の形式に於てするものが多かつたやうである。神籬は樹木をもつて神霊憑依の客体とするもので一本の木をもつてするものもあり、多数の樹木をもつてするものもあつたやうである」としている。

　以上の3種を包含した考え方が、明治以降の学者によって提唱されている。大正、昭和期の神道学者・河野省三は「近世神社研究史」（『神道講座1・神社篇』）で次のように述べている。

　　古典的に神籬と書いてヒモロギとよませ、神祭の古い一形式であるが、神社の原始的名称であるだけに、其の形式と語義については諸説がある。（中略）蓋し神殿の無建築時代に用ゐられた古名が、社殿の出来た後までも神社の意味に於て使用されたのであらう。而してヒモロギ本来の形式を以て神霊のこもります森林若しくはその宿ります樹木と解するのはそのギを以て木の意と考へるもので、神霊の坐します神聖な境域と解するものは多くそのギを柵の意に考へてゐる。尚ほ今日でもヒモロギを以て一定の社殿的設備と解したり、或は榊を以て装うた心御柱のやうな一種の建築様式を考へる学者もある。私は本来は神霊の帰ります樹木若しくは森林（山）に対する名称であるが、古文献に用ゐられた神籬には何等かの人為的、建築的設備が附随しゐたものかと思ふ。

　この解説の中の、神籬を神霊の依ります樹木もしくは森林（山）についての名称とし、なんらかの人為的設備が付随していたという2点は、神社成立の基礎となった神祠、杜（森）、栄樹と深く関連している。そして、その過程ではいずれも神籬と呼んでいて、やがてヤシロ（社）とかミヤ（宮）の神社建築へと発達していったという（河野省三著『神道の研究』参照）。

諸説2　聖地説

　上記のように、神籬を神社成立の基礎と考えるのに対して、一定の聖域、霊域とする説もあった。これを「聖地説」として一括するなら、そこには「垣（籬）」とするもの、「城砦」とするものの2種がある。

　「垣」説は、江戸時代後期の有職家・田沼善一の『筆の御霊』で示されている。神籬は日漏垣でまばらな垣のこととし、明治になってからは、民俗学者・山中笑の、神籬は鳥居の起源で、元来、古墳の周囲に立てられた垣根だという説が

ある（『共古随筆』）。

　城砦説は、大正・昭和の民俗学者である中山太郎の論文「天守閣に就いての思索」（『国学院雑誌』21巻4号）に見える。それによると、神籬磐境は平時には神を祭り、非常時には城砦になるものであった。昭和の神道学者・安津素彦の『神道と祭祀』に見える「アヤシキ城の意味であつたものが、ヒモの語に神聖のアヤシの意味が薄らいでいつしか忘れられていつたかして」という説もこれに含めることができるだろう。

　河野省三は、磐境や崇神天皇紀に見える笠縫邑の磯城神籬（一名、磯堅城神籬）には、神籬を包囲する一種の城（柵）としての木造もしくは石造的設備があったと推測される、ともいっている。ここには、神籬が境域をも示すとの考えが強く出ており、先の古社説とも関係が深いところである。

諸説3　祭祀説

　第3の説は「祭祀説」と名づけるべきものである。これには、「神饌」、「神座」とするもののほかに、先の「神祇官」説も含まれる。

　まずは「神饌」説だが、これは久しく学者の注意を惹かなかった説である。鎌倉時代初期に『万葉集』研究で大きな業績を残した天台宗の学問僧・仙覚が『仙覚抄』において、ヒモロキは古くは「胙」と書いたものであり、神籬の字は当て字にすぎないとしたことに始まる。谷川士清は『日本書紀通証』において「熊神籬」は「謂神供也」と述べ、中国・三国時代の魏の学者である王粛の『論語』の註を挙げ、熊の炙肉としている。ただし、士清は『倭訓栞』においては、神籬を「是神社の濫觴なるべし」と見ており、熊神籬と神籬を同じに解釈しているのではない。ちなみに、「熊神籬」とは、『日本書紀』垂仁天皇紀3年条や88年条に出てくるもので、3年条の本文を挙げれば「新羅の王の子天日槍来帰り。将て来る物は、羽太玉一箇・足高玉一箇・鵜鹿鹿赤石玉一箇・出石小刀一口・出石桙一枝・日鏡一面・熊神籬一具、幷せて七物あり」とあるもので、その「一書」には「幷せて八物あり」とあり、いわゆる「八種神宝」を語っているところである。

　神籬の原義を胙肉とする考えは、中国の『史記』にも見え、日本でも仙覚や士清のほかに注目した学者があった。例えば、新井白石は『東雅』（巻四神祇）で、このことに触れている。これらは、先の中村啓信が指摘するように、

平安時代後期に成立した漢字辞書『類聚名義抄』の完本である観智院本に、「籬」を、神(籬)──・「ヒホロー」と訓み、他の『類聚名義抄』に「胙」を「ヒホロー」としていることによったと思われる。

しかし、神籬を「胙肉」とする考えに批判がなかったわけではない。契沖の『万葉代匠記』には「仙覚抄に胙と同じ物と思ひて釈せられたるは極めて誤なり彼は廟などに祭る肉なり此国にては惣て神に奉る食物の類を云と見えたり同じ名に異る物あること和漢例多し」といっている。ちなみに、上記文中の「廟」は「びょう」や「みたまや」などと訓み祖霊を祀る「廟」を指す。

次は「神座」説である。これは、近年になって唱えられたものだが、その源流は従来の神籬を論ずる者すべてに認められていたところである。したがって、明治の国学者で歌人でもあった井上通泰の『万葉集新考』の「仮初の神の神座(みちゃす)」や、大正から昭和の国文学者・鴻巣盛広の『万葉集全訳』における「常磐木を立てて神座とした」という説、同じく同時代の国文学者・武田祐吉が『万葉集全訳』で述べた「常緑樹を主体とする神座」の解釈などは、日本の神祇史上に「ヒモロギ」として伝承されてきたところの神籬の実際面を基とした説で、現実の神籬に近い解釈である。その背後には従来の「栄樹」説が存在したことは否めない。

最後に「神祇官」説であるが、前出の通り敷田年治の指摘によるものである。先の『官故』の引用には続きがあり、「神籬即ち神祠にて、後に是を神祇官と云へり。其は古語拾遺に爰(ココ)ニ仰(イデ)従ヒ二皇天二祖之詔一、建二樹神籬一。所謂高皇産霊、神皇産霊、魂留産霊云云と、斎院に祭れる八柱大神を並べ記せるにて、神籬は神祇官の古名なる事を知るべし」とある。一見して理解に苦しむのは、神籬は神祠であり、上代の神事には潔所に栄樹を立て廻らし、その内に神霊をお招きしたために、神籬という字を当てたという説をとりながら、それを神祇官とも解説しているからである。これは、『日本書紀』の高皇産霊尊の勅にあるように、天津神籬を奉持して降り、それを奉斎するところ、つまり、八神殿を主体とする後の神祇官がそれにあたるという意味であろう。これは、河野省三が指摘しているように、日本古来の祭祀形式の中には、神と神を祭る者とが混同されている例が多いということを知れば理解できるであろう。

神籬の形態

　神籬に関して、これほど多くの説があるにもかかわらず、多くは相互に批判がされてこなかった。先にも記したように、神籬は訓法が明白でなく、その原義も明らかではなかった。その点を追究することなく、伝統的に言い慣わされてきた「ヒモロギ（神籬）」だけを捉えて、その語義から原義・本質を説こうとしたのは、神籬が祭祀の最も主要な部分であることが、一般的な常識として存在していたからであろう。だからこそ、従前の説を否定して、新しく説を立てることが難しかったのだと思われる。

　とはいえ、神籬研究の積極的な意見が全くなかったわけではない。先に、神籬は祭りに用いられる獣の肉、即ち、胙であったという仙覚の説や、熊神籬が祭りの炙肉であったという谷川士清の意見を紹介したが、江戸時代後期の国学者・小山田与清は『神祇称号考』巻二十「神籬　胙」の中で、広く「ヒモロギ」の出典を見渡して、「ヒモロギ」の原義は中国の「胙」にあるとした。この流れを汲むものとして折口信夫の説があり、「即位御前記」（『折口信夫全集』20巻）では次のように述べている。

　　熊神籬が訣（わか）らない。宣長は熊に借字で「隈」の意であるとし陰があつて霊の宿る所だから、厨子（ずし）の如きものであらうと言つてゐる。此合理式な考へは巧だが、語の組織からは信頼出来ない。恐らく此伝へ其ものにも、内容が知られてゐた様子は見えない。恐らく、神籬と等しい用途があつたから、ひもろぎの名が伝つたに過ぎず、而もひもろぎに「神籬」と宛てる習慣どほり記したので、事実は、神籬がひもろぎの性質を掩（おお）ふやうになる前の古い意義を持つてゐたのであらう。其には仄かながら「胙」の字が註釈になると思ふ。

　この折口の説は「熊神籬」について述べられたもので、神籬については別に「神をたてまつる場」という解釈をしているが、前提には、谷川士清と同様に「ヒモロギ」は日本固有の言葉ではなかったとの考えがあったものと思われる。

　このような諸説の存在に対し、新井白石は『東雅』巻四「神祇」において、「但し我思ふ所は、ヒモロギと聞えしもの其制二つありぬべし、天児屋天太玉二神、高木の神の詔をうけられしとみえしものは、天より持来られし所也、天日槍の齋来れる所は、韓地にして神を祭れるものとみえぬれば」と述べ、すでに当時、2種の「ヒモロギ」の解釈が行われていたことを知ることができる。

しかし、白石がいうように、日本で昔から言い伝えられた「ヒモロギ」と、大陸から借用し漢字で神籬と表現されたものは、別ものではなかった。

『日本書紀』に「比莽呂岐」といい、『万葉集』に「紐呂寸」というのは、漢字にすればいずれも「神籬」であった。たとえ「ヒモロギ」が外来語であったとしても、神祇祭祀の儀礼そのものが言葉とともに入ってきたものではない。すでに、『日本書紀』が編まれた当時において、訓みの分註を付しているように、日本の神祇祭祀の実態と大陸の「ヒモロギ」とは別のものであったが、両者が何らかの共通性を包含していたために、「ヒモロギ」の言葉を借用し、日本の神祇祭祀の本質に近いものを表現する「神籬」という字を用いたものと考えられる。したがって、神籬の訓から、その語義を考えていくならば、中国で胙を意味する祭肉に到達するのである。

こうして、日本の神籬研究において、いわゆる「ヒモロギ（神籬）」の本質に相当するものは何かということが問われてくるが、それにはこれまで述べてきた諸説の検討とともに、「榊」や「注連」、「祭壇」などの民間習俗にも注目しなくてはならない。そして、「ヒモロギ」をめぐる「磯城（磯堅城）」、「磐境」、「神奈備」などとの関連が問題となってくる。「ヒモロギ」が現在の神祭に見られる「榊」を中心とした神霊の憑依する施設として成立したのはいつごろか、祭祀全体にわたる大きな問題である。しかし、新井白石が『東雅』でいうように、研究上の困難が予想される。つまり、「神籬」と「磐境」のことは、天児屋命に伝えられ、卜部家が秘伝としてきたものというのである。それはともかく、古典が伝える天孫降臨の際の詔勅と朝廷祭祀とに基づいて形成された近世の神道における「神籬伝」については、重要な研究課題である。

【参照事項】　じんじゃ　まつり　さいじょう　はっしんでん　いわさか　かんなび　しんたいざん　しんぼく　しんのみはしら　しんたい　かみだな　とくさのみずだから　しめなわ　しんせん　とおかみえみため　あまつのりとのふとのりと　うらない（以下『宗教編』）じんぎかん　ひもろぎでん

⑳ いわさか　磐境

「ひもろぎ」の項に記したように、『日本書紀』の「天孫降臨」段の第二の一書に「高皇産霊尊因勅日　吾則起樹天津神籬及天津磐境」とあり、これとほとんど同じ文章が『古語拾遺』にもある。しかし、「神籬」の用例はほかにも見

られるが、「磐境」は非常に少なく、『日本書紀』の「崇神天皇紀」に「磯堅城神籬」を倭笠縫邑に立てたことが記載されており、この「磯堅城」が磐境と同じ内容をもつと見られている。

磐境の訓と諸説

　磐境は「イハサカ」と訓み、「磐坂」「岩坂」「石坂」などの文字があてられることもある。宣長は『古事記伝』（巻十五）で、「磐境」は『日本書紀』「崇神天皇紀」の「磯堅城」と同じものとして、「伊波紀」と訓むべきであるとした。それに対し、幕末・明治期の国学者・飯田武郷（たけさと）は『日本書紀通釈』で、鎌倉時代に成立したといわれる『大三輪神三社鎮坐次第』の記述を引きながら、「磐坐」「磐境」ともに「イハクラ」と訓むべきとした。

　しかし、「磐坂市辺押羽皇子（いわさかのいちのへのおしはのみこ）」（『日本書紀』）、「磐坂日子命（いわさかのひこのみこと）」（『出雲国風土記』）などの名や、鎌倉時代の勅撰和歌集である『続古今和歌集』に見える「石坂山」、鎌倉時代後期に編まれた『夫木和歌抄（ふぼく）』の「岩坂山」などの訓に「イハサカ」が見られることから考えれば、「イハサカ」という言葉が日本には存在しており、「磐境」の訓も、早くより一般的に称された「イハサカ」が妥当といえよう。

　さて、「磐境」については、「神籬」と合わせて江戸期より諸説がある。新井白石は『東雅』で、一条兼良著『日本書紀纂疏』の「磐境兆域説」、吉田兼倶の子・清原宣賢（きよはらのぶかた）の「磐境は天香山の磐をひきかきたる也」などの説を挙げているが、自らの明確な意見は言っていない。ちなみに「兆域」とは、墓の領域を意味する。宣長は『古事記伝』（巻十五）で「神を祭る場を石を築（ツキメグ）周らして構（カマ）へたるなり」といい、「磐境」の「磐」は、現実に石を使用し人工的なものとしているが、少々説明不足である。これに対し、「磐」は実際の石ではないとする説として、江戸時代中期の幕臣で有職故実家・伊勢貞丈（さだたけ）の『安斎随筆』がある。「磐境トハ磐ハ訓ヲ借リテ用フル也。実ハ祝境ト云フ事也。イハサカヒヲ略シテイハサカト云フ也。神ヲ祝ヒ祭ル境ト云フ事也」としているが、祭場の境界をどのように示すかまでは言及していない。

　同じように「磐」は借字とし、石としての実態はないとするのは江戸時代後期の国学者・橘守部で、『鐘酒響』では一条兼良の磐境兆域説、さらに『古事記伝』の説を引き、「上代に磐境といひしものに（磐境と書たるは只借字にて）

神の御魂を斎祭る時、栄樹に鏡を懸ていつく事の侍りつるが（中略）其鏡を懸て斎祭る時の樹の称名にて、名義は斎栄樹と云言の省りたるに侍り」としている。つまり、磐境は栄樹に鏡を掛けて斎い祭るときの名称であり、「磐」は石ではないとしている。飯田武郷の『日本書紀通釈』では、「神籬及磐境とはあれど二物にはあらず、磐境即神籬にして、神籬に磐境を構ふる神木なり」と、「神籬」と「磐境」は分けられないとしている。

出石誠彦と大場磐雄の説

　出石誠彦は大正・昭和時代前期の東洋史学者だが、「神籬磐境の研究」（『東洋学研究』一、昭和18年刊）で、「磐境」の諸説を挙げて整理し、さらに中国古代の「社」と磐境の形状が類似することを指摘した。その内容は、19世紀末から20世紀初頭のフランスの歴史学者・エドゥアール・シャヴァンヌの『泰山誌』の付篇「上代支那に於ける神々」を挙げながら、「制度化された社及び社稷は神聖なる壇とその限界とを有したものと考へられ（中略）即ち神聖を表示する限域の中に、田地の神の表示なる独立樹ある形式を取つてゐるのであつて、余が既に考究した磐境神籬と符節を合する如くである」という。つまり「我国の上古に、神聖なる地域限界の斎垣、磐境の中に、神霊の籠ります真賢木神籬が立てられて、祭祀の対象とせられたものと、漢土の（中略）社の形態とは全く一致するやうに見える」としている。しかし、その精神的なものに立ち入って考えると、本質は全く相違していると結んでいる。

　一方、同じく昭和18年に刊行された大場磐雄の『神道考古学論攷』所収の「磐座・磐境の考古学的研究」では、明治末年から大正3・4年にかけて学会を賑わせた「神籠石」が朝鮮式山城か磐境なのかどうかや、昭和に入って各地で発見報告された「磐境」などを挙げながら、古代の石信仰を「石神」「磐座」「磐境」に分けて考え、「磐境」の「磐」も現実に石を使用した人工の祭祀設備と見ている。この神籠石とは九州から瀬戸内地方で見られる石垣で区画した列石遺跡のことである。大場は石信仰について、いくつかの研究を公にしているが、とくに磐境については、「磐境の信仰と遺蹟」（『史跡と美術』23号、昭和28年9月刊）で、さらに整理して述べている。長くなるが引用する。

　　まず古典にいう磐境・磯堅城の内容を再検討するに、神代紀の語意は天津神籬と共に起樹てるべきものとして、天上より持ち斎く程度のものと解せ

られ、崇神紀の磯堅城にしても天照大神の霊を取り託けて奉戴遷祀せられたものであるから、大規模な設備とは考えられない。ゆえに神籬と同様臨時に設けた神霊奉斎の一様式であったとすべきである。これにまた民俗学の教示する点とも一致して、わが国古代の神霊奉斎形式に、後世のごとく一定不変の社殿等に鎮まりましたのではなく、祈る人々の招きに応じて臨時に天上または山上等から招代に憑依せられ来て、祭を享け給うたのであった。そして祭りが終ればそのまま天空に神さり給うを習わしとした。（中略）ゆえに一本の樹や一塊の石をこれにあてることができ、祭祀終了後は撤去する臨時の施設で十分であった。古典にいう磐境もおそらくはかくのごとき小規模な臨時的設備であったと考えられる。したがって後世まで残存する可能性に乏しいため、遺蹟上に明示することができ難いのではあるまいか。

高天原における神霊奉斎の様式

さらに大場の説を引用する。

> 磐境は今全くその姿を見ることはできないであろうか。（中略）今も神宮宮域内に見る石積神祠が、私はわずかに残されたその後身ではあるまいかと考えている。すなわち内宮宮域における滝祭神・興玉神（おきたまのかみ）・宮比神（みやびのかみ）・屋乃波比伎神（やのはひきの）・四至神（みやめぐりの）や、五十鈴川畔に存する御贄調舎の石畳、また内宮末社加努弥神社（かぬみ）や、外宮宮域内の四至神も同一形式である。それは規模に若干の相違はあるが、方一間から二間ぐらい、高さ一尺から二尺ぐらいに石積を作り上面に玉石を敷き、中央に一個ないし三個の小形自然石を置き、更に榊を配したものもある。（中略）『皇大神宮儀式帳』には御贄調舎の石畳につき記載があって、もと五十鈴川中の中島に三節祭のみぎり臨時に設けられたもので「此止由気大神乃入坐御座也」と説いている。今も皇大神宮外院石階下にそのまま存在する。ゆえに最初は祭時のみに設けられたものが、いつしかそのまま残存したもので、他の類似施設もまた同様なものと推察される。これが古儀を尊びかつ地上の高天原と称せられる神宮内に遺存する点はすこぶる興味深い。

> なおこれに関して付記したい一、二の民俗資料がある。（中略）大和地方の民間祭祀で設ける当屋の御仮屋である。所により多少の相違を見るが、

いずれも臨時の小屋で内部に玉砂利を敷き、中央に清浄な小石をおきまた栗枝を立てる。これが一か年の神座で、ある地方では「神籬立て」または「磐境」と呼ぶという。詳細は辻本氏の『和州祭記』を参照されたい。私はこの設備が往古の磐境の片鱗を伝えるものと信ずる。

この引用文中の辻本好孝の『和州祭礼記』に見える宮座の仮宮とは、奈良県磯城郡(しきとうぐん)多武峯村大字倉橋(現・桜井市)の祭り講の御仮宮などといえるが、これは同書に写真・イラスト入りで紹介されている。

また、「石神」「磐座」との差を述べた上で、「これらはわが古代において普遍的に行われた信仰形式であったが後者は一部の神祭型式でいわゆる高天原式とも称すべきものであった」とし、磐境が古典でも限定されて表れることを指摘して、「天津磐境にもと高天原における神霊奉斎の様式であって、天孫降臨後は大和国家の統一と共に広く流布したかも知れないが、必ずしもすべての原始祭祀に用いられた方法ではなかったと解すべきではあるまいか」と、この祭祀方法の特殊性も強調している。

この磐境祭祀ともいうべき祭りの方法が特殊であったとする考えは、出石誠彦の著書(前出)と「古典に現われた神籬磐境と榊壇」(『日本精神』昭和18年刊に収録)にも見られる。

磐境と思われる考古資料

一方、大場が「残存する可能性に乏しいため、遺跡上に明示することができ難い」とした考古資料としての類似遺構であるが、大場以降、一定の調査が進んでいる。

昭和41年(1966)には、長野市駒沢新町の湧水地点に平面長矩形に盛られた礫(れき)(小石)積みが発見された。長辺1メートル、短辺80センチ、厚さ40センチほどで、ほとんどが小礫(しょうれき)で作られたものであった。この付近には5世紀初頭ころの祭祀遺構が群在しており、その中でも、この礫積みが重要な位置を占めていたと思われる。

古代祭祀遺跡としては宗像大社沖津宮の沖ノ島が著名であるが、昭和33年来、数次にわたって調査が行われている。このうち、とくに第21号遺構は巨岩の上の平坦面にあって、2.8×2.5メートルの長方形に大小の岩石片をめぐらし、その中央に1メートルあまりの整形されていない石が置かれていた。遺

物はこの中央の大きな石を中心に鉄製品、玉類などが数多く折り重なって発見されている。この21号遺跡の年代は、沖ノ島祭祀遺跡群中でも古式なもので5世紀のものと見られている。沖ノ島では、このほか岩陰の祭祀遺跡などでも巨岩側を欠く「コ」の字形の石列による祭壇が作られていたことが指摘されており、中心的な大形石の存在は明瞭ではないが、方形の祭壇はかなり永続的に設けられていたようである。

　これらの祭祀遺跡とは性格が異なるが、中世の修験関係の遺跡にも「石積神祠」に類似する構造のものが見られる。昭和41年に横浜市富岡町で調査された塚で、高さ約3メートル、一辺約11メートルの方形の基壇の上に盛り土されていた。基壇自体は高さ約50センチほどで、南側中央部にのぼり坂が設けられている。この基壇の上面各所に焚火の跡があり、中央部に拳大あるいは、それより大きめの円礫などが不整円形に集められていた。この径1メートルほどの礫の付近には5枚の「カワラケ」と銅銭数枚などが発見された。この壇上で修法が行われ、その後、塚が築かれたのであろうが、礫群はその際、舗設の中心的存在となっていたと見られる。

　さらに、弥生時代終末期から古墳時代にかけての方墳にも数例見られる。福井県鯖江市・王山古墳群のうち、昭和40年に調査した3号墳は、一辺8メートルの方形墳だが、中央主体部の北西、外周の溝との中間に径約90センチの礫群が検出された。また、この礫群の上に盛り土がされていたことから、墳丘の完成時にはすでに埋められていたようである。

　このように考古学上の遺構にも「まつり」に関係する礫群が指摘されており、弥生時代終末期より古墳時代を通じて一種の祭場舗設として使用されていたと考えられる。

磐境と石神、磐座、そして、神籬

　以上見てきたように、古代に「イハサカ」（磐境）と呼ばれたものは、一つの祭場舗設を通して行われた「まつり」の方法であり、比較的小規模に人工的に設けられたものである。それは、多数の小石を盛るもので、群としての石が必須条件となっていた。ここにおいて、「イシガミ」（石神）、「イハクラ」（磐座）など単独の石を対象としたものとの区別がある。一方で、磐境には樹木が使われていることもあり、「ヒモロギ」（神籬）と組み合わされた形をとる例もある

ようである。しかし、単位要素として「ヒモロギ」は、樹枝などで囲み、一つの空間を作ることを必須条件としているから、それは、やはり分けて考えることが可能であろう。

『日本書紀』において天津神籬と天津磐境は、高皇産霊尊の手元で合わせまつられていながら、天児屋命と太玉命に持たせたのは「天津神籬」だけであった。磐境は地上で設けて合わせまつったものなのか、神籬だけでよしとしたのかは明らかでないが、いずれにしても磐境は持ち運び困難と見られていたといえよう。こうしてみると「イハサカ」の「サカ」は、一定の地域を区切るというより、一定の地区を占める意味は持つが、それよりは数多い石という意味合い、つまり石の栄え＝さざれ石の巌となる意が強いのではなかろうか。

また、大場磐雄、出石誠彦両氏がいう「高天原式祭祀」も、特殊祭祀とするより、現今の資料では少ないながらも、永い時期に、しかも、かなり一般的に行われた一つの「まつり」の方法と思われる。東南アジアを含む広範囲に同様のまつり方があるようで、日本だけでなく、その基本的な形は広くアジアに存在しているのかもしれない。

ただ、磐境と見られる民俗例、考古資料例を見ると、それは土に食い込むように設けられ、あるいは水源のように地の底から湧き出す所などに存在している。その在り様は、天空をかける、あるいは高いところから招き斎る神の座というより、土地に密着するところから生じて来る神々の依代のように思われる。

【参照事項】
じんじゃ　はっしんでん　しんでん　ひもろぎ　かんなび　しんたいざん　しんぼく

21 かんなび 神奈備（神名火、甘南備）

「神奈備山」あるいは「神名備の森」などといい、古典には、「神名火山」「神辺山」などの文字をあてる。古代日本における神を祭る場所、神霊が鎮まる地域を指す。大方は、丘陵をなしている森林、あるいは、その清流に臨む所の地形のようで、神社施設発達史上の古い形式として、「ミモロ」（三諸・御室）との関連も指摘される。少なくともその名称は出雲系の神々の信仰に淵源するものかと思われる。

古典での用例

まずは『万葉集』から、その用例を見てみよう。

清き瀬に千鳥妻呼び山の際に霞立つらむ甘南備の里　（巻七・一一二五番）
（大意／今ごろ、清い瀬では千鳥が妻を呼び立て、山の際には霞が立っているだろう甘南備の里は）

神奈備の伊波瀬の社の呼子鳥いたくな鳴きそわが恋まさる

(巻八・一四一九番)

（大意／神なびの伊波瀬の森の呼子鳥よ。激しく鳴かないでおくれ。恋心が一層つのるから）

神名火の磐瀬の社の霍公鳥毛無の岳に何時か来鳴かむ（巻八・一四六六番）
（大意／神名火の磐瀬の社のホトトギスは、毛無の丘にいつ来て鳴くのだろうか）

河津鳴く甘南備河に陰みえて今か咲くらむ山吹の花　（巻八・一四三五番）
（大意／かじかの鳴く神名火川に影をうつして今ごろは山吹の花が咲いているだろうか）

神名火に紐呂寸立てて忌へども人の心は守り敢へぬもの

(巻十一・二六五七番)

（大意／神域に神籬を立ててまもっているように、どんな潔斎をしても人の心は守りおおせるものではないなあ）

神代より　言ひ続ぎ来る　甘嘗備の　三諸の山は……

（巻十三・三二二七番、長歌の一部）

（大意／神代から言い継いできた神名火の三諸の山は……）

……甘嘗備の　三諸の神の　帯にせる　明日香の河の……

（三二二七番、同上）

（大意／神名火の三諸の山の神が帯としている明日香川の…）

神奈備の三諸の山に隠蔵杉思ひ過ぎめや蘿生すまでに

(巻十三・三二二八番)

（大意／神奈備の三諸の山に拝し鎮護している杉のように、あなたへの思いは消え去ることはないでしょう。苔が生える時までも）

これらの歌から、神奈備が神を祭る場所・神霊が鎮まる地域を称し、その場所が、丘陵をなす森林やその清流に臨む所だということが読み取れる。また、

後の3首は、「神奈備」「甘嘗備」の語が「三諸山」や「三諸神」にかかっている。

『出雲国風土記』では「神名樋山」「神名火山」と書かれ、秋鹿郡、楯縫郡、出雲郡に見られる。とくに秋鹿郡の「神名火山」の麓には佐太神社が鎮座することが記されている。

「延喜式神名帳」(『延喜式』巻九・十)には、山城国綴喜郡に甘南備神社、丹波国何鹿郡に㰏牟奈備神社、備後国葦田郡に賀武奈備神社が記載されている。また、『延喜式』巻八「祝詞」の「出雲国造神賀詞」には、大穴持命の和魂を大御和の神奈備に、阿遅須伎高孫根命の御魂を葛木の鴨の神奈備に、賀夜奈流美命の御魂を飛鳥の神奈備に鎮め祭ったとある。

乃ち大穴持命の申し給はく、「皇御孫命の静まりまさむ大倭国」と申して、己命の和魂を八咫鏡に取り託けて、倭の大物主櫛𤭖玉命と名を称へて、大御和の神奈備に坐せ、己命の御子・阿遅須伎高孫根命の御魂を、葛木の鴨の神奈備に坐せ、事代主命の御魂を宇奈堤に坐せ、賀夜奈流美命の御魂を飛鳥の神奈備に坐せて、皇孫命の近き守神と貢り置きて、八百丹杵築宮に静まり坐しき。

つまり、大穴持命の和魂を大物主櫛𤭖玉命と称えて大御和(大神神社)に鎮め、さらに、高鴨神社、飛鳥神社などを天孫の守神とし、大穴持命ご自身は出雲大社(杵築宮)に鎮座されたというものである。

また、『日本書紀』巻一の最後の一書には「三諸山」の話が出てくる。大己貴神が「国作り」を一人で完成させたと宣言したとき、海から「神しき光」が現れ、自分がいたから国作りができたのであり、自分はお前の幸魂奇魂であると言った。そこで、大己貴神はその幸魂奇魂の希望通りに三諸山に宮を建てたという「大三輪の神」の話である。『古事記』では、話に違いはあるが、この神を「御諸山の上に坐す神」と表現されている。さらに『日本書紀』の雄略天皇7年条には、天皇が「三諸岳の神」の形を見たいと詔したので、臣下が岳に登り大蛇を捉えて示したとあり、割註には、この山の神を大物主神とも兎田の墨坂神ともいうと伝えている。ちなみに、この兎田(宇陀)の墨坂神については「記紀」の崇神天皇条にも出ている。このように、神奈備や三諸に関して、出雲系の神々が多く出てくることには注意が必要である。

117

意義の諸説

　以上の典拠資料によっても推測されるように、「カムナビ」は、やがて「神社（または御室）」となったと考えられるが、「カムナビ」の言葉の意義については諸説がある。

　賀茂真淵は『祝詞考』（巻下）で、「神奈備」は「神の毛理」であるといっている。この「毛理」が縮まったものが「美」である。だから、「神」が基であり、「美」と「備」は意味において通じているという。また、『万葉集』に「毛理」を「神社」とも書くので、「大三輪の神社」ということになる。さらに、歌に「神なびのもり」と訓んでいる人がいるが、これは言葉が重なっていて「古へ万葉に、神なび山の歌、二十首余りあれど、神なびのもりとよめるは、すべてなし」と注意をしている。同頭書には、以前は「神奈備の神の戸にて、上つ代よりは其神社に寄られし、神戸田の地に、即その神室もある故に」神奈備というのかと考えたが、「神戸は専ら、その民の戸」をいうので、それは違うとしている。

　一方、本居宣長は『出雲国造神賀詞後釈』で「神なびのもりといふこと」について、「万葉のころすら、既に神なび山、とて、地名のごとくなりしをや」として、「神なび」は、すでに地名になっているのだから間違いではないと述べている。

　谷川士清は『倭訓栞』で、もとは「神甞の義にて、神を祭りし所をいふ成べし」として、真淵のように「み」と「び」が通じることを述べ、「神なびの御室は大和、神なびの森は摂津、神なび山は丹波、又、山城の山崎にも神なびの森あり。されど神なびのもりとつづけたるは、後世の事也」としている。

　鈴木重胤は『延喜式祝詞講義』（巻十五）の中で「神奈備」は「神並」（神並び）であり、『日本書紀』神代巻に「八十万神を領ひて、永に皇孫の為に護り奉れ」とあるように「山にも在れ、杜にもあれ、神の鎮坐す所には、其支神も共に侍坐」していて、「所以に万葉に神名備之三諸之山とも、三諸之神名備山」とあることを指摘する。さらに『出雲国風土記』の「神名樋山」の地名を説明する箇所に「石神有り。高さ一丈、周り一丈許あり。側に小き石神、百余許有り」とあるのを引用し、「此にて神並の義を知るに足れりと云べし」としている。そして同じく「大原郡」に「城名樋山、所造天下大神大穴持命、八十神を伐たむとして城造りましき。故れ城名樋山と云ふ」とあるのは、「城を並べたるに依て、城名備山と云には非ず、柵を並べて城を造給へる故に」い

う、としている。また、「出雲郡」の「神奈火山」に「曽支能夜社に坐す伎比佐加美高日子命社、即ち此の山の嶺に在り。故れ神名火山と云ふ」とあるのも、神が鎮座する山に曽伎能夜神が来て「並坐」しているゆえ「神奈火山」と呼んだといい「今京になりての地名に神並森と云るも有り」としている。

　敷田年治は『祝詞便蒙』（巻四）で、「神奈備は神之辺にて、辺を備と云は、川辺を万葉二十に河波備とよみ、海辺を同十四に宇奈比とよみ、又畝傍を神武紀に宇弥麋の訓注を添へたれば、辺も傍もビとよむぞ（中略）山城国綴喜郡に甘南備神社、大和国高市郡、平群郡に神奈備山、河内国石川郡に甘南備村、摂津国嶋上郡に神南備森、神南備村あり。惣べて神の坐所を神奈備と云へれば、右に引たる地名は、必神地より起りたるにて、猶諸国なるも此例なるべし。中臣宮処氏本系帳には、神地に迦美那毘の仮名を加へ書けり」としている。

　橘守部は『万葉集檜嬬手』（巻五）で「出雲国造神賀詞に云るやうに、古くは何れの社をも謂ひしなれど、後には称号となりきと見えて、大和都にして神南備と申すは、三輪と竜田と此飛鳥の神岳のみなり。此神岳は事代主神の宮処にして、三輪と同じく、天皇の御守護神にましませば也」としている（『鐘廼響』巻一も参照）。

近現代における説の発展

　気吹屋門下で熱田神宮宮司であった角田忠行は『全国神職会々報』121号において、「ナバリ」（隠）を縮めて「ナビ」といい「神隠ますの義」としている。近代日本の先駆者的な歴史学者・久米邦武は『東亜の光』3巻6号で、石で囲んで、その中に神殿を建てたもので、「磐境」も「磯城」も「神籠石」も同じものだろうという意見を発表した。また、戦前の歴史学者で考古学や民俗学にも造詣が深かった喜田貞吉は同じく『東亜の光』5巻3号（論文「考古学と古代史」）で「神霊の鎮座す山のことなるべし」と述べている。

　一方、言語学者で国語学者だった金沢庄三郎は『史学雑誌』に「神奈備考」（『国語の研究』所収）を発表し、「カミナビのナビは韓語ナム Namu と同じく木の意で、カミナビは即ち神木の義であらう」と説いている。国文学者で歌人だった高崎正秀も『國學院雑誌』昭和33年10・11月号に「神奈備山考」を発表し、折口信夫の『万葉集辞典』に「神を祀つた丘陵、又は端山を多く言うてゐる。出雲系統の神を祀つた処であるらしい。神並、かんなべなどと称して、随分、分布

の広い、神社を祀つた土地である」という説から、前述した金沢庄三郎の韓国語との比較に基づく「かみなびは即ち神木の義」という説などを引用して論を展開した。そこでは、カムナビと関係の深い神座を意味する三諸(御室)を神籬(ひもろぎ)の一種と見、古い時代のひもろぎは垣、籬の一種で、磐境風のものに属し、今風の神籬ではないと説いた後、「古代にあつては、山は同時に山の神であつた」という考えから、神奈備に鎮座された神霊の性格、甘南備の山や森に関係ある神々の信仰などから考察して、出雲系に著しい竜蛇信仰との関連を見出した。そしてさらに、蛇、長虫についての各地方の呼称とその変化などを推究し、この「カムナビ」のナビは、本来、長虫(蛇)の意であったろうと結論している。

このように「カムナビ」は、その語の古意・本義はともあれ、すでに奈良時代には重要な神霊鎮祭の場所、もしくは神聖地域の義を有するものとして考えられ、神籬や磐境、岩坐などとともに、神地の施設的発達の形式として位置づけられる。そして、そこに「ヒモロギ」を樹てて斎う例からも、いわゆる神籬磐境の斎場を出現する前提でもあり、磐境に該当する神霊祭祀の聖域(神境)を意味するものであろう。

【参照事項】　じんじゃ　かんべ　しんでん　ひもろぎ　いわさか　しんたいざん　ちのわ　かんなめさい　(以下『宗教編』)　にぎみたま、あらみたま　さきみたま、くしみたま

22　しんたいざん　神体山

日本固有の原始信仰の中に、特定の山に神霊の存在を認め、これを崇め祭り、そこから発生した神社が多く認められる。世界に共通する山岳信仰の一事象だろうが、そういう神霊の籠る山々が神体山と呼ばれる。

現在でも、山そのものを本殿としている大神神社や金鑽神社(埼玉県御室ヶ嶽)などもあるが、中には中・近世にかけて山は神社から離れ、今は社の背景として存在する程度のものもある。しかし、それらの神社の歴史や由緒を探究すると、太古においては神体山であったことが明らかになるものも少なくない。

起源と特質

わが国における山への信仰は、おそらく考古学上の縄文文化時代にまで遡ることができると思われるが、その適確な資料を挙げることは難しい。縄文時代

に続く弥生文化時代は農耕社会であり、当時、行われた祭儀の内容も後の大和時代との継続性が指摘される点からも、山に対する信仰観念も充分に育っていたと考えられる。このころの祭祀に関係があるといわれている銅剣、銅鉾や銅鐸などの発見地に、ある特定の山を背景としている例もあることから、大和時代に記録されている神体山のいくつかは、この時代にまで遡ることができよう。

　大和時代に入ると、「記紀」をはじめ古典に見える山の信仰は定着して、考古学上からもこれを立証することができる。また、この信仰を簡単に示すものとして、『延喜式』巻九・十「神名」に記載されている神社のうち、山から発生したと推測される神社が挙げられる。地方における特定の山の名を冠した船山神社（大和）や莫越山（なこしやま）神社（安房）といった例が最も多く、次いで、嶺・峯を附した金峯神社（大和）や子檀嶺（こまゆみのみね）神社（信濃）、鎮座地や神名を加えた夜支村坐山（やきむらにますやま）神社（但馬）や巨勢山坐石椋孫（こせのやまにますいわくらひこ）神社（大和）などがある。また、山の字は見ないが、神奈備神社や浅間神社、赤城神社、葛木二上（ふたかみ）神社、御上（みかみ）神社（三上山・近江）、霧島神社、枚聞（ひらきき）神社（開聞岳・薩摩）などがそれである。そのすべてが同一の信仰から起こったとはいえないが、古代の信仰の中に山岳を対象としたものが多いことは明らかである。

　山への崇拝は日本に限らず世界的なものであるが、その性質は国々に応じて異なる。日本には火山が多く、また、風雨・雷・雲霧などの気象現象や、河川・池沼・巨石・樹林などの自然景観、および、そこから生ずる農耕などの社会生活への影響があった。これらの諸要素が山岳信仰の発生の基となっている。その信仰を決定づけたのは日本固有の「神霊観」である。「神社」成立以前の神霊は、地上に固定した鎮座地をもたれず、あるいは天空（高天原）に、または、山頂に坐し、人々は随時、その霊を地上に招ぎ降して祭儀を行い、その恩頼（みたまのふゆ）をいただいた。「六月晦大祓」の祝詞の中に「天つ神は天の磐門（いわと）を押し披きて、天の八重雲をいづの千別（ちわ）きに千別きて聞（きこ）しめさむ。国つ神は高山（たかやま）の末・短山（ひきやま）の末に上（のぼ）りまして、高山のいぼり・短山のいぼりを撥（か）き別けて聞しめさむ」とある。古代人は神霊が「うしはく」（一定の地域に鎮まる・占める）山を見出し、神の籠る聖地として崇み祭ったのである。

浅間型と神奈備型

　戦前に内務省神社局考証課に籍を置き、戦後は國學院大學で教鞭をふるった

考古民俗学、神道考古学の草分け的存在である大場磐雄は、日本の山信仰の対象とされた神体山を大きく二つの型に分けている。
　その一つは、富士山を代表とした高山大岳で、雲表にそびえ、雨風を起こし、または、河川の源となり、温泉を湧出するなど各種の信仰要素が認められるもので、富士山の古名をとり「浅間型」と呼ぶ。二荒山(下野・日光)、赤城山(上野)、筑波山、弥彦山(越後)、蓼科山(信濃)、白山、安達太良山、鳥海山、岩木山などの高山をはじめ、三河の猿投山や本宮山、相模の大山などもここに数えられる。この範疇には山頂が円錐形に尖ったコニーデ型に属するものが多いが、度重なる噴火のために、山頂が数峯に分かれた赤城山や阿蘇山のような山もある。
　次に、平野の集落に接して存する小山や独立丘などを一括して「神奈備型」と呼ぶ。神奈備は古典に「賀茂那備」「神南備」とも書かれるが、その語義は「神隠」の意ともされ、神の籠る所をいい、一般に「神山」と称しており、その代表ともいうべきものが大和の三輪山である。古典では「神名備山」とも「御諸山」とも呼ばれている。各地には同名の山が10数か所あるが、山城や出雲・肥前・伊予・美濃の同名山は、形状がいずれも三輪山に似て、頂上円錐形または笠形を呈している。なお、「かんなび」の項でも説明したように、「三諸山」も神奈備山と同様、神山の意である。また、「神南備」あるいは「御諸」の称はなくても、各地の古社の神体山と考えられる小山には、三輪山に似た円錐形・笠状を呈するものが多い。春日神社(春日大社)の御蓋山、日吉神社(日吉大社)の八王子山(日枝山)、上賀茂神社の神山、大名持神社の妹山(大和・吉野)、式内社・竹麻神社(八幡宮)の三倉山(伊豆)、山梨岡神社の三室山(甲斐)、都々古別神社の建鉾山(陸奥・白河)等々、多くの事例を挙げることができる。このうち、三倉山の「三倉」の語義も御座・御壇で、神の座す山の意であり、三室山の称も前述の通り神の籠る山の意である。
　この二つの型には、山頂が尖る単峯が最も多いという共通性がある。双峯または連峯の場合もあるが、いずれにしても一峯に一座の神霊があてられている。富士山は大きいが浅間神社一座で三輪山の大神神社も同様、双峯の筑波山と葛城二上山はいずれも『延喜式』に二座とあり、三峯を有する山城・稲荷神社(伏見稲荷大社)は三座、また、連峯式の赤城山は古く三所明神と称せられた。この観念は古代人の神霊観を示すもので、高天原に在す天津神は天空にそびえる山の峯に天降りされ、高山・短山をうしはく国津神は、同じく一峯ごとに一座

を占めると考えられた。ここにも日本固有の信仰の特質が示されていよう。

神社の発生と信仰の変遷

　山を信仰の対象として拝し、祭りを行った古の祭祀は、どんな方式で行われたであろうか。これは祭祀遺跡、つまり考古学からの知見が必要となる。詳細は省くが、遙拝所として山麓または遠方で祭ったと指摘されよう。

　浅間型の場合には、その遙拝所が遺跡として発見されている。二荒山や筑波山の周辺、また、三輪山麓の各所にも同様の遺跡がある。古代人は神聖な山の神霊を畏れ拝して、決してその中に踏み入るようなことはしなかった。そして、時代が下り、各地の神祭りの場に社殿が設けられるようになると、その祭祀跡に神社が建てられるようになった。奈良の春日神社（春日大社）が創建される少し前に書かれた「東大寺山堺四至図」（天平勝宝8年／756、正倉院蔵）を見ると、神体山である御蓋山の麓の一角に「神地」とある。その場所で御蓋山の神霊を祭っていたのであり、後に春日神社となったところである。

　ところが、仏教が渡来し、さらに大陸の道教が加味された修験道の発達につれ、山岳崇拝に著しい変化が現れた。それは役小角を開祖とする山林抖擻（修行）の者たちにより、従来の名山大岳が行場とされ、深山によじ登り、山霊と交会して身心を練行しようとしたため、大和の金峯・葛城をはじめ、富士・箱根・大山や、赤城・筑波はもちろん、出羽三山や越の白山・立山、九州の英彦山などが、改めて霊場として開拓された。そして、その山頂に修法の祠が設けられ、これが奥宮となり、今までの山麓の社は里宮となった。これは、日本の山岳信仰においての一大変革であるとともに、神体山についての観念にも大きい影響をもたらした。

【参照事項】
やまみや・さとみや　さいじょう　かんなび
(以下『宗教編』) しゅげんどう　さんがくしんこう　うしはく　みたまのふゆ

㉓ しんぼく　神木

　「霊木」とも「神依木」「勧請木」ともいう。必ずしも神社の境内にあるとは限らないが、注連縄を張るなど、神聖視される。古くから木には神霊が憑依

すると考えられてきた。神木には神社の祭神に由緒あるもの、御神体とするものなどがあり、必ずしも一木に限るものではない。

意義

　真野時綱は『古今神学類編』（巻二十八、祭物）で「神木」について取り上げている。その内容を一部、要約すると次のようなものである。神木というものは中国にもあり、柏・栗など、その土地に適したものを社標とすることなどが『論語』にも書かれている。日本では、その由緒はさまざまで、「櫟社」など樹木の名前を社の名称にしているところもある。本殿・拝殿内とその外に植える木には違いがある。外には左に橘、右に桜、内には左に榊、右に竹を植えるという故実があるが、それは神木ではない。その内容からは、神木とは榊だけでなく、その種類や植え方、植える動機なども異なっていたことなどが窺える。

　また、「神木」には、一見してそれと分かるような特殊な形をしたものは多い。その形状によっては、笠松、鳥居木、窓木などと呼ばれ、幹が二つに分かれ、上方で再び一つに合わさったものや、枝が三方に分かれた三本木などの老木・巨木も見られる。

　しかしながら、日本の伝統的な神祇の奉斎方式としては、「神籬」がある。この神籬は、『日本書紀』の高皇産霊尊の神勅を文献上の初見とし、樹木を中心とする神座を簡略化した形だと考えられてきた。

　また、『万葉集』巻四には次のような歌がある。「神樹爾毛手者触云乎打細丹人妻跡云者不触物可聞」（触れることさえ罪とされた神木にさえ手を触れるというのに、人妻というと決して手も触れないものであろうか）。この歌の冒頭の「神樹」を「カミキ」と訓むべきだとする説（本居宣長）もあるが、いずれにせよ、歌の内容からは神木に対する信仰的観念や形式などに変化があったことが分かる。中世においては、興福寺の衆徒が京都に入洛し朝廷へ強訴するときに、神木動座と称して、春日大社の神木に鏡を懸けた「春日大明神御正体」を奉持したことが、多くの記録に見えている。

神木の種類

　神社の境内にある神木の場合、神木が先にあったのか、それとも、後のことなのかを決定することは難しい。むしろ、古代において杜、社と書いてモリと訓

ませたり、こんもりとした神域の樹林全体を指して神木としたことから発展し、後に特定の樹木に限るようになったのだと考えられる。さらには、その枝を折って移動できる形式から、削った棒のようなものにまで及んだものと思われる。
　しかしながら、稲荷社の験の杉、香椎宮の綾杉、伊豆山神社の梛、天満宮の梅、熊野社の竹柏といったように、神木として特定の樹種をあてる神社は多い。神宮の杉も神木として有名である。先の『古今神学類編』は、その点にも触れて、「二所宗廟ニモ五百枝杉、千枝椙ハ、外宮ノ御神木也」ともあるから、「五百枝ノ杉」に神霊が降臨するものと考えられた時期があったのであろう。
　松も神木として古くから信仰されてきた。枝ぶりが人の目を引き樹齢が長いこともあるが、荒地や岩石の間にも生い茂るため、種々の伝説を生んだ。谷川士清の『倭訓栞』（前編十四）にも「高砂」の記事が見えていて、高砂の松は慶祥のものとして早くから知られていたことが分かる。これは神木としてというより、日本人の松に対する信仰が、やがて観賞用としての樹木に変わったことも示している。
　楠を神木の対象とした所も多い。江戸時代中期の国学者・天野信景の『熱田神社問答雑録』には熱田社の楠のことが記され、「俗ニ子安ノ神ト云フ」と書かれているが、社伝に基づく由緒を示しておらず、民間でそのように信仰されてきたことが指摘されよう。
　そのほか、橿（樫）、槻（ケヤキ）、槐、櫟、榎、椋、公孫木（銀杏）、柏、椎、桜、椿、桂、藤など数えあげればきりがないが、類別し、伝承を比較することで、日本人の神祇信仰における神木の意味を明らかにすることができよう。

神木を中心とした祭り

　日本では記念植樹が盛んに行われているが、その樹が生長するにつれ、あるいは最初の意味が忘れられてしまうと、そこに祠を設けて神霊を奉斎する習俗を見ることができる。植樹が新しい時代的な意味を持って行われるとしても、そこには神霊の憑依する神木に対する伝統的な観念が内在していると考えることができる。そこから、木に関する伝説が日本の各地に多く分布し、その内容が不思議と一致しているのもうなずける。例えば、一夜にして生長した松であるとか、子供の夜泣きに霊験のある松といったものは、神木としての意味が忘れられて後に伝説化したものであろう。

また、神木と「柱」については、非常に密接な関係があると思われる。神を一柱や二柱と数えるのは、神木をもって神の位置を決めるためであり、心御柱との関係も指摘される。

　有名な長野の諏訪大社の御柱祭と同様の行事は、ほかの神社でも見られ、民間の行事の中にもこれに類したものは多い。盆や正月の柱松（はしらまつ）と称する火祭りは広く分布しているが、この木を山から伐って来るときには種々の作法を伝えている。東京都の八丈島や青ヶ島では、巫女や神主によって唱え詞がなされ、その祭文も詳しく伝えられている。また、各家の持ち山に一本の「木玉（きだま）」と呼ぶ神木があり、その木の祭りでも同じ祭文が唱えられ、家を建てるときや船造りに際して木を伐るときにも唱えられている。なお、地方によっては、正月の門松の準備のために山から木を伐ってくる「門松迎え」にも、さまざまな唱え詞を伝えており、この行事が実際の「正月神（歳徳神）迎え」であるとされる。また、神社や宮座などでの祭りに際し、山から迎えた木を中心に「オハケ」や「ツカ」と呼ぶ祭壇を設けることがあるが、これも簡略化された神木であり、神が降臨する標（しるし）としての意味を持つものであって、この点は祭りの鉾や山車、幡などと同じ性格を有していると思われる。

【参照事項】
さいじょう　ひもろぎ　いわさか　しんのみはしら　しんよ・みこし

㉔ しんのみはしら　心御柱

　神宮の内宮および外宮の御正殿において、御神体（ごしんたい）（御霊代（みたましろ））が鎮座する御床下中央に奉建される神聖な柱。「忌柱（いみばしら）」とも「天ノ御柱（あめのみはしら）」「天ノ御量の柱（あめのみはかりのはしら）」とも称し、御遷宮のたびに新たに奉建される神秘的な伝承を有する建築物である。

　幕末の国学者である鈴木重胤が『延喜式祝詞講義』十三の「遷奉大神宮祝詞（おおかみのみやをうつしまつるのりと）」で「神宮にて心御柱は御正躰と共に同等しく斎祀（いわいまつ）り奉る事にて、此上無き神物也」と述べている通り、心御柱の御用材を伐り出す際の木本祭（このもとのまつり）と、その奉建の儀は、遷宮諸祭の中でも重儀に属する。このことは、『延暦儀式帳』や『延喜式』巻四「伊勢大神宮」、度会行忠の『心御柱記』および荒木田経雅の『大神宮儀式解（げ）』巻八などによって知ることができ、先の『延喜式祝詞講義』にも、それらを引用して詳述している。

心御柱は御正殿の真下に奉建する柱であるから、御正殿の基本とも中心ともなっている。神聖な建物にともなう伝統的なその由緒から、『延喜式祝詞講義』に「正殿と同等しく」と記されているように、自ずからその神聖さが形成されている。『造伊勢二所大神宮宝基本紀』には、中世初期からの哲学的で宗教的な思想に修飾されて、「心御柱、一名忌柱、一名天御柱、一名天御量柱、是則一気之起、天地之形、陰陽之源、万物之体也、故、皇帝之命、国家之固、富ノ物代(モノシロ)、千秋万歳無レ動キ、下都磐根大宮柱広敷立(シタツイハネ　ヒロシキタテ)、称辞定奉ル焉(タタヘゴト)」と説いている。この意義については、江戸時代に垂加神道の影響を受け橘家神道を大成した玉木正英の『玉籤集(ぎょくせん)』巻六の「心御柱之伝」を見ると、その信仰の伝統について参考となるところがある。

> 心御柱は、天ノ柱国ノ柱之表也。天柱は天御中主尊之本源、国柱は国常立尊之道也。心柱の鎮の祭の様、心御柱記に見ゆ。口伝曰、上古は心柱になる材を取て、大宮司と長官をして、大概に木を切て箱に納メ、都へ上る。天子執柄御神事坐して、件の木を取出し、当今の御長(オンタケ)にくらべて印を付ヶて、伊勢へ帰さる。又大宮司、長官、請取奉り、其しるしより目切て心御柱とする也。両宮御神体の真下に立ツるは天子御体を戴き奉り結ぶ表示也。秘説也。今は此事絶ユたりとぞ。

　なお、先述した『心御柱記』には、心御柱の寸法や形、五色の紙と八枚の榊葉による荘厳法(しょうごん)、奉建の要領から古い柱をどうするかなどについても書かれており、神宮禰宜だった度会行忠が、神宮神官のために記したものだと思われている。

柱の思想

　家屋建築において柱が重要視されることはいうまでもない。建築物が高く大きくなればなるほど、また、それが信仰心理をともなうものであれば、なおさら重視されるのは古今東西において、普遍的なことともいえよう。日本においては、神代の初めに、諾冉二尊が御柱巡りをした語り事が存在している。木造建築が発達した国であるため、その信仰性さえ種々に持ち合わせてきた。

　この傾向は、神霊の高樹降下やたつまき（竜巻）の現象に対する信仰などとも相まって、はしら（柱）に対する習俗を形成したと思われる。『古事記伝』巻四や、鈴木重胤の『日本書紀伝』巻十三などにも柱に関して詳述してあるが、

前者の所見は資するところが多い。

　神宮の心御柱は、そうした柱の信仰が最大に顕れたものであり、「神聖」「中心」「根本」「強固」「不動」「伝統」といった多様な心理的対象となっている。その概念は国家の不動の基礎として、修養的には厳正な精神の確立の信念を表現するもののようにたとえられ、そこに一種の教訓や秘伝を考える風も生じた。

【参照事項】
ひもろぎ　しんぼく　しんたい　せんぐう（以下『宗教編』）きっけしんとう　しんとうでんじゅ

㉕ しんたい　神体

　祭祀にあたって礼拝の対象として、神霊の宿るもののこと。「御霊代(みたましろ)」とも呼ぶ。鏡、剣、玉などが多いとされ、御幣や神像のみならず、石や山、滝など自然物を神体とする場合もある。

　「神体」という用語は、『以呂波字類抄(いろはじるいしょう)』や『釈日本紀』などに見られ、平安時代中期ごろから用いられたとされている。中世には「正体(しょうたい)」「御体(ぎょたい)」とも称され、『百練抄』などに、その用例が見られる。明治政府により編纂が始められた一種の百科事典である『古事類苑』には、その全容が簡便に列挙されている。

　　神体ハ正体又ハ御形トモ、霊体トモ云フ、神体ニハ鏡ヲ以テスルアリ、玉ヲ以テスルアリ、石ヲ以テスルアリ、兵器ヲ以テスルアリ、影像ヲ以テスルアリ、兵器ニハ弓アリ、矢アリ、剣アリ、矛アリ、影像ニハ木像アリ、画像アリ、仏説ノ之ニ混ジテヨリ以後ハ、仏菩薩、沙門ノ像ヲ以テ神体トスルアリ、此外ニ鈴ヲ以テスルアリ、笏ヲ以テスルアリ、釜ヲ以テスルアリ、或ハ神名ヲ記シ、神体トスルガ如キハ、影像ニ近キモノナリ、而シテ幣帛ヲ以テ神体トスルハ特ニ後世ノ事タリ

神体のおこり

　神道と神社の歴史については、「自然神道期」と「社殿神道期」といった大きなカテゴリーに分けることができる。

　ここでいう「自然神道期」とは、いわゆる原始祭祀の時期を指し、古墳祭祀または原始的な農耕儀礼が、次第に形を整え、祭祀の形態が現れ始めてきた時期である。弥生文化の中ごろから古墳文化の時期にかけての祭祀形態を指すも

のといえよう。古典で「ヒモロギ」「イハサカ」「イハクラ」などと呼ばれる自然的なものを、祭祀の場、または祭祀の対象、礼拝の対象として、原始的な宗教儀礼をとり行ってきた時期である。

「社殿神道期」というのは、祭祀に用いる建築物が現れ、住宅や宮殿建築、仏教伽藍などの影響を受けた設備が整い、祭祀の形にも儀礼的な要素が整い始めた時期を指す。概ね8世紀ごろから始まり9世紀ごろに成立に至ったと思われる。神体も、こうした祭祀形態のあり方と密接な関連を有している。

縄文時代における土偶や土版などは、その時期における宗教的遺物とされているが、それが後の神道的なものへ発達したかどうかは、直接の関連性は考えられていない。弥生時代における銅鐸も、当時の原始農耕集落における一種の宗教的遺物と考えられている。その用途についても、これを打ちならして神々を祭祀の場へと迎えようとしたのか、祭祀の壇に置いて祭祀の対象としたのかなど判然とはしていないが、そうした考え方に誤りがないとすれば、銅鐸のあたりからいわゆる神体なるものの濫觴が考えられる。また、弥生時代の遺跡からは、木製の「人形(ひとがた)」なども発見されている。こうしたものと平城宮址などから発見される人形へのつながりが考えられるとすれば、祭祀的な神体（後の神像）の濫觴を、この時代にまで遡って考えることができる。

6世紀ごろの古墳群に取り囲まれた三輪山のような神体山信仰においては、山が磐境(いわさか)（斎境）であり、その中心に磐座(いわくら)（斎座）があった。山は禁足地であり、山麓には山頂を遙拝する祭祀場（拝所）があった。こうした祭祀形態は、沖ノ島など、「いつき島」信仰に見られている。いずれにしても「自然神道期」の形態であって、巨大な磐石や樹木、滝や泉などが祭祀の対象となり、これらも一種の神体、「御正体(みしょうたい)」である。こういう「自然神道期」の場所を神道考古学では祭祀遺跡と呼び、そこから発見される出土品を「祭祀遺物」と呼んでいるが、後の神像につながる土製の人形や後世の神宝につながりうる遺品などが発見されている。

神体・御正体

「社殿神道期」以後は、神体も神道美術的な傾向を見せ始めてくる。いわゆる神像彫刻や神像画、あるいは「御正体」と呼ばれる鏡などがそれである。祭祀の場としての神殿建築が出来、祭祀の儀礼に宮廷的な風俗礼式が深く入りこ

んできたころである。

　とくに注目すべきは鏡であろう。鏡面に神道的な図像を毛彫したり、仏教的な図像を毛彫したものを社殿に祀るなど、後世の懸仏(かけぼとけ)形式へと発達を遂げていく。原始的な祭祀の時期に位置づけられる古墳祭祀においても鏡は、剣や玉とともに極めて深い宗教的な意味をもって扱われていた。「八咫鏡」に代表されるように、古代祭祀の御霊代としての鏡の意義は極めて大きい。『倭姫命世記』には「天照皇大神一座、(中略)御霊御形八咫鏡坐、豊受大神一座、御霊御形真経津鏡坐、円鏡也、神代三面内也」と見え、「御霊(みたまの)御形(みかた)」としている。

　鎌倉時代に成立した『春日権現験記』を見ると、正安(しょうあん)3年（1301）の秋、盗賊が春日社へ乱入し、四所の社殿から2面ずつと、若宮から6面の神鏡が盗まれた次第が述べられている。実際に春日大社には、本宮と若宮の古神宝として国宝に指定された藤原時代（寛平6年／894の遣唐使廃止以後の3世紀）の鏡が伝存している。

　現存する鏡・「御正体」(鏡像(きょうぞう))は、主に中世のものであるが、地方の民衆的な信仰対象の神社にも数多く残されている。岐阜県郡上市の那比新宮(なびしんぐう)神社には、二百数十面の懸仏群（重要文化財）が伝存し、中世の神仏習合時代の面影を伝えている。

　このような神鏡や「御正体」を榊にかけた、いわゆる「ヒモロギ」の形は春日信仰では「神鹿(しんろく)御正体」と呼び、これを絵に描いて奉拝したのが、いわゆる「鹿曼荼羅(しかまんだら)」である。こうした「ヒモロギ」の形式は、古式の神体形式を伝えているものと見ることができよう。

【参照事項】　やまみや・さとみや　さいじょう　さんしゅのしんき
ひもろぎ　いわさか　かんなび　しんたいざん　しんぼく　しんぞう　へいはく

㉖　しんぞう　神像

　崇敬の対象である神々の像を彫刻・絵画・鋳金(ちゅうきん)・線刻(せんこく)などによって表現したもの。神社の神体は、おおむね玉・鏡・剣や御幣などであるが、仏教の伝来後、仏像が盛んに作られる時代になると、その影響を受けて神像を刻み神体や宝物として奉安することが見られた。

　創始期は奈良時代ころと思われるが、平安時代に入って神像制作は隆盛した。

『皇大神宮儀式帳』には、別宮・月読宮について、御形は馬に乗る男形で、紫の御衣を着て、金作りの大刀を帯び佩きたまう、と記してある。

宮廷的な文化が表れた神像

　奈良時代後期からは、仏教がさまざまな方面において日本文化に影響を与えた。また、平安時代になると、宮廷的な文化の影響があらゆる方面に現れ始め、神社においても殿内の調度や司祭者の服装など、宮廷的な形式を整えるようになった。神像を造像しようとしたとき、その姿形を当時の宮廷の貴人の風俗に求めたのも、その表れである。

　神像造立に関する最古の文献は『多度神宮寺伽藍縁起幷資財帳』で、天平宝字7年（763）、神託により、満願禅師が御体（神像）を奉斎したと記されている。しかし、遺例としては、奈良・薬師寺の鎮守八幡宮に伝わる平安時代初期の八幡三神座像を最古のものとしている。八幡大神を僧形像、左右の神功皇后と仲津姫の姿を、当時の唐服を着用した貴婦人の姿で表したもので、あまり大きなものではないが、これを八幡三神の礼拝像（神体）として祀ったのであろう。一木造の彩色像で、肉身には丹朱のかかった明るい肌色を塗り、眉目や唇を描いて、長く垂れる頭髪は黒く彩色し、衣服は緑青地に朱彩を加えている。衣文のこなし方にも森厳味があり、いわゆる貞観彫刻の反映が深く見られる。

　同じ八幡神の古い彫刻神像としては、東寺に伝わる三神座像が有名で、これは、ほぼ等身の堂々たる彫像である。僧形八幡神座像と女神座像2体で、八幡主神を法体とすることは、言うまでもなく神仏習合思想によるもので、本地垂迹説が成立すると、八幡大菩薩の本地は阿弥陀如来（または釈迦如来）とされた。なお、この八幡三神像には若い貴公子像が1体付属している。冠をいただき、笏を構える裸形の神像だが、これは奉納された衣装を着装させるもので、そのために極めて瘠見に造られているのである。鶴岡八幡宮や江ノ島の弁財天女像、聖徳太子像などにも、こうした裸形像を見るのは、やはり着衣を奉納して祀ったもので、神体に対するこうした信仰があったことが分かる。

神像に異変が起きたとき

　平安時代初期の神像彫像として、このほかに有名なのが松尾大社のもので、老荘2体の男神像と女神像1体があり、いずれも一木彫りで等身坐像である。

彩色は剥落しているが、顔や肉身の部分には丹朱が塗られていたとされる。『本朝世紀』の天慶元年（938）9月の条には、当時、京の町の辻々には、丹朱を塗った男女の神像を祭り、これを「御霊」や「岐神（ふなどのかみ）」と呼んで疫病を除き、町内に悪霊が侵入することのないよう群参して拝礼したことが記録されている。神像に丹朱の彩色があるのは、当時の信仰習俗の表れであろう。

　日本には古くから、祭祀的な土器や器物、上古の甲冑や武具などに、丹朱を塗る習わしがあった。日本の各地に「丹生（にう）」の地名が極めて広く分布しているのも、古代社会における「丹朱」の需要を満たす水銀鉱、丹朱製作所などの存在を物語っている。丹朱は一種の「避邪」として、呪術的な意味合いを持っていたようである。巫女をかたどる女性埴輪に、丹朱で身体を彩ったものがあるのも、古代の習俗を伝えていよう。神道彫像には、こうした伝統も表れている。

　また、藤原時代ころには、この松尾大社の男神の把持する笏が脱落するたびに、社頭に勅使を立てて神意をうかがったことが『中右記』などにある。これは、当時の談山神社で、山が揺れ、その神体たる鎌足公の像に亀裂が生じるたびに、これを「御破裂」と称して朝廷へ報じ、奉幣や神事を盛大に執り行って、「御平癒」を祈ったことと同じである。中世という時代においては、神像に接する気持ちというものに、私たちの想像を超える深い信仰心があったものと考えられる。神像を神殿の奥深くに秘めて、仏寺のように拝礼させなかったことにも関連がある事実といえよう。

信仰現象と「神体美術」の実相

　神像彫刻を美術史的に見ると、平安初期から後期への変遷において、幽闇の思想から華麗、典雅な様式へと次第に移っていく。この傾向は、日本芸術全般のもので、いわゆる「和様」の形成であり、神道美術の世界においては、さらに「宮廷風」な色彩が濃厚化してくる。その最も代表的なものが吉野水分神社の玉依姫座像である。これは鎌倉時代初期の銘がある神像であるが、寄木造で極彩色、左右に流れる美しい衣文、そして、能面を見るような静かな容貌は神秘な美しさをも秘めている。像高83センチは日本女性の座高の平均だという。

　神仏習合の思想は奈良時代に始まり、やがて、本地垂迹説の盛行につれて諸神の本地仏を配するようになると、神体として社殿の中にも本地仏を祀るようになってくる。祭神と本地仏の配当は時代によって一定せず、しばしば異説異

論も多いが、神影像と本地仏像とを併せ描く、いわゆる垂迹曼荼羅の盛行が見られるようになる。

　しかし、本地仏像だからといって、とくに一般の仏像と異なるところは見られない。神仏分離以後は近くの寺院に引きとられて、仏教的な礼拝を受けているものも多い。一例を挙げると、醍醐寺鎮守清瀧権現の本地・如意輪観音坐像がある。清瀧権現が醍醐山頂に影向し、後に、社殿を営んで山上と山下の鎮守神祠となったのだが、こうした伝承の背後には、醍醐山頂の磐座に古くから鎮座した日本固有の神とまず習合し、その本地仏として、この極めて密教的な如意輪観音が取り入れられたことがある。清瀧権現はインド神話に登場する八大龍王に関連する善女龍王とされる。そこにあるのは、醍醐山が持つ神秘的な原始信仰と大陸的な清瀧権現信仰、そして密教的な如意輪信仰である。この三つの姿の関連には、日本における信仰現象と「神体美術」の実相を見ることができるだろう。

絵画として表された神像と神牌

　先にも少し触れたが、上記のような傾向と並行して、仏教的な礼拝画（いわゆる仏画）に対し神道的な画像が生まれてくる。これを「神像画」あるいは「神影像」などと呼ぶ。また、こうした神道的な影像に仏教的な色彩を加味して構成された曼荼羅風の作品も、同じく礼拝の対象として大きく浮かび上がってくる。

　これは、当該神社と関係の深い寺院における護法神、地主神のための法楽や、法儀執行の際に、道場に掲げて礼拝の対象とされる場合も多い。こうした神像画や神道曼荼羅から帰結される神道的な図像学（イコノグラフィ）から、ここでも前述したような神体のあり方が浮かび上がってくる。

　一例は、高野山の鎮守たる丹生明神像の画像である（金剛峯寺所蔵）。丹生明神は、水銀鉱の採掘と生産に携わる、いわゆる丹生氏の崇敬する氏族神として起こったともいわれる。空海の高野山の開山にともなって、その地主神、鎮守神として発達を遂げ、神影画も貴族的な美女の形像として描かれるようになった。同じようなことは、薬師寺板絵神影像に描かれる竜田明神と大神明神の神影にも見ることができる。衣冠束帯を身につけ、黄金装の太刀を横たえ、把笏するこの神影像も、宮廷的な一貴神の影像となんら変わるところがない。

　ほかにも、「八幡曼荼羅図」と呼ばれる八幡信仰の諸神群像がある。例えば

来迎寺所蔵のものは、中央に僧形で手に錫杖(しゃくじょう)を携えて坐すのが八幡大神（いわゆる僧形八幡神）で、その後ろ左右の二女神が神功皇后と仲津姫命の神影像。その前、向かって左の女神は若宮、右の童子形は若宮八幡（いわゆる童子八幡神像）、下左右の二男神は武内宿禰と随神と思われる。上方には本地仏の梵字を並列させて礼拝画としての宗教的雰囲気をかもし、宗教的な重みが増されている。こうした構成を「八幡諸神曼荼羅」と呼び、この類の絵画的神体には「山王曼荼羅」「熊野曼荼羅」「春日曼荼羅」などがあり、さまざまに発展を遂げてきた。

　神影像や本地仏にとらわれず、一社の景観的な構成に重きを置き、風景画的な要素の多い画面で構成された曼荼羅もある。例えば、奈良国立博物館所蔵の山王曼荼羅は、一社の成立と深い関係を持つ神体山を巨大に描き、その景観的な宗教性を礼拝の対象としようとしたものである。このような構成を持つものを「宮曼荼羅」という。

　上記のような礼拝画のほかに、礼拝用の神号などがある。中でも中世以後は「春日、伊勢、八幡」の三社託宣の神号はとくに盛んになり、絵画よりも広く行われるようになっていった。三社託宣は主に軸などに書かれたが、「牌」に書かれたものもある。例えば、東京都日野市の金剛寺（高幡不動尊）が所有している木製の「五部権現神儀」と呼ばれるものは、五つの牌に清瀧、稲荷、八幡、高野、丹生の神号が彫りつけられている。もとは同寺鎮守の御神体で、上方に、それぞれの本地仏梵字、下方には、それぞれを象徴する「三昧耶形(さんまやぎょう)」が線刻で描かれている。こういったものは、礼拝用として社殿内や神宮寺に祀られ、重要な神体とされたものである。

その他の特徴

　以上、主に神道美術という観点から述べてきたが、その他の特徴と、世によく知られている神像を列挙する。
・平安・鎌倉期のものに優れたものが多い。
・木彫が最も多く、金属像・塑像・画像などがある。
・男神像・女神像に大別されるが、男神像には、童形像・老翁像・随身像などが含まれる。多くは坐像だが、中には立像や、舞い姿のもの、椅坐・騎馬・騎牛像などがある。

- 神像の大きさは、数センチから等身大以上におよぶものもあるが、70センチから1メートル前後のものが最も多い。
- 多数の神像を有するところとして愛媛・大山祇(おおやまづみ)神社、奈良・多(おお)神社、大阪・泉穴師(いずみあなし)神社などがある。
- 宮曼荼羅には伊勢曼荼羅・富士曼荼羅などもある。
- 図像としては、三十番神絵像もある。三十番神は、天台宗で起こった法華経（如法経）守護三十番神というもので、伊勢・八幡・賀茂・松尾・春日・住吉・稲荷・祇園・熱田などの神祇三十所が、日々、交替して法華経の守護にあたるというもの。平安時代からその思想が見られ、後世、法華宗（日蓮宗）でとくに奉ぜられた。その三十所を図示したものが三十番神絵像で、衣冠像・法体像・唐装像で描かれている。伝存するものでは、個人所有を除いては、奈良・談山神社のものが最も古く、鎌倉末期のものである。
- 唐装老翁形の住吉明神像などもあり、唐装を着け、美髯を垂らし、手に梅花一枝を持った渡唐天神像は五山禅林の間で崇敬されたものである。
- 特殊なものとして滋賀県・園城寺（三井寺）境内の新羅善神堂に祀られる新羅明神坐像や、京都・広隆寺の蔵王権現像などがあるが、純神像とは言い難い。
- 平安時代の神像でよく知られているもの。
和歌山県・熊野速玉大社の男神・女神坐像7体。滋賀県・小津神社の宇迦之御魂命(うかのみたまのみこと)坐像1体、岡山県・高野神社の随身立像2体一対。
- 鎌倉時代の神像でよく知られているもの。
奈良・東大寺の僧形八幡神坐像1体。静岡県熱海市・般若院の伊豆山権現立像1体。福岡・八幡古表(こひょう)神社の女神騎牛像1体。京都・宝積(ほうしゃく)寺の板絵神像4面。奈良・薬師寺の板絵着色神像6面。

【参照事項】
いわさか　しんたい　（以下『宗教編』）じんじゃえんぎ　いせしんこう
はちまんしんこう　くまのしんこう　ごりょうしんこう　てんじんしんこう

㉗ しんよ・みこし　神輿

「御輿」とも書き、神霊が社殿などを出て渡御する際に一時的に鎮まる輿のこと。神輿の起源は不明だが、奈良時代の大仏建立にあたって、八幡大神が宇佐

から京に向かい渡御したときに紫色の輦輿(れんよ)が用いられたと伝えられている。平安時代以降、神輿が神の乗り物として全国的に用いられるようになったという。

神輿の起こり

「神輿」の文献での初見は『本朝世紀』の天慶8年（946）7月の条の「摂津国言上解文(げぶみ)」にある。

  摂津国司申┐請官裁┌事
   言上　神輿三前指┐東方┌荷送状
  右得┐管豊島郡今月廿六日解状┌称、号┐志多良神輿┌三前（中略）尋┐其案内┌、一輿者以┐檜皮┌葺造┐鳥居┌（中略）今二輿者以┐檜葉┌葺

これによって、すでに10世紀の半ばころに、志多良(しだら)（八幡神）の神輿3基が屋根を檜皮(ひわだ)と檜葉で葺いた2形式のものとして完成し、輿には鳥居を造りつけてあった点など、後世の神輿形式が、ある程度できあがっていたらしいことが推定できる。『日本紀略』の巻九には、「為┐疫神┌修┐御霊会┌、木工寮修理職、造┐神輿二基┌、安┐置北野船岡上┌」とあり、正暦5年（994）、京都郊外での疫神祭（御霊会）のために神輿を造立したことが記されていて、長保3年（1001）にも同様な記事が出てくる。

また、神社縁起の『日吉社神道秘密記』によると、歴史上に有名な日吉山王七社の神輿が、桓武天皇の延暦10年（791）から造進され始めたと伝えている。そして、12、13世紀ころになると、いわゆる叡山僧兵らの「神輿振り」、「神輿動座」、「神輿強訴」として、有名な史実となって現れる。『百練抄』の治承元年（1177）4月や承久元年（1219）4月、『三長記』の元久元年（1204）4月の記事などがそれである。こうして、平安時代の初めころから鎌倉時代にかけて、神輿の造立・使用のことが文献の上で確認できる。

奈良時代から平安時代にかけて、神社で社殿施設が整備されるようになってくると、神輿もまた、神道祭祀の中に取り入れられたと思われる。それまでは、神（祭神）の影向や移動は、すべて「よりしろ」である「ひもろぎ」によって、視覚的に認識されるのが常だった。平安時代以後は、神道祭祀に宮廷儀礼的な要素が加わってくる。例えば、宮廷における貴人の座として高御座(たかみくら)が用いられると、社殿における祭神の座にもそれが用いられ始め、貴人の座に床座が用いられると、それも祭神の座に取り入れられるようになってくる。祭神の所用品

として社殿に納められる、いわゆる「神宝」は、そのまま宮廷における貴紳、貴女の用いる日常の用具と同じであった。宮廷貴人の移動には馬または輿車が用いられた。そうして祭神の移動に「神馬」または「神輿」を用いるようになってきた。

中世初期における神輿の形式

　それでは、上記のころの神輿の形式はどのようなものであったか。その確かな文献上の所見は、『年中行事絵巻』の中に見えている。この絵巻の原本は平安時代末に作られたもので、後白河法皇の命を受けた藤原光能らの筆による大和絵の画巻で、宮廷の儀式を中心に当時の神事や民間風俗が描かれ、藤原時代の文物を探る好史料となっている。神輿の図はその第十巻、「城南」神祭と呼ばれている神輿図である。

　そこには鳳凰を屋根に据えた六角円堂式の神輿（鳳輦）と切妻造の屋根の神輿とが描かれていて、白丁を着て鳥兜を被った神人に担がれている。屋根の軒端には仏教的な「幡」がかけられ、胴には「帳」をまいて「神鏡」をかけ、高欄や瑞垣をもめぐらせ、小さな鳥居を立てるなど、後世の神輿形式の源流は、すでにここに見られる。しかし、いかにも軽やかなもので宮廷的な鳳輦を思わせ、神の「御幸」にはふさわしいが、近世以降のような頑丈で重厚な金銅装神輿の面影はまだここには見られない。

　事典的な体裁をとった江戸時代中期の『神道名目類聚抄』にも、同じような六角型鳳輦の図があり、その「名所」を詳しく示している。そこには屋蓋の頂上に鳳凰の代わりとして「葱花」または「宝珠」形を置いたものを「葱花輦」と呼び形式上の区別を立てているが、「鳳輦」「葱花輦」も、本来は中国から来た貴人の乗輿であり、日本ではともに天子の乗輿として早くから用いられた。

　神道美術品ともいえる現存する最も古い神輿は、大阪府羽曳野市の誉田八幡宮にある源頼朝の寄進と伝える金銅装神輿（国宝）で、四方を透彫りの金装でおおい、多くの金銅製垂飾品が美しく輝いている。次いで古いのが、和歌山県紀の川市の鞆淵八幡神社のもの（国宝）である。これは兵庫県洲本市の鳥飼八幡神社にある神輿一基（重文）とともに、もとは石清水八幡宮の三座の神輿として造られたもので、石清水の別宮にあたるこの両八幡宮へ撤下されたものである。鞆淵八幡神社の神輿には安貞2年（1228）の古文書が付属しており、

石清水から撤下された年時を明らかにすることができる。以下のように、その文書には、付属品などの一切にわたる目録と、その形式などが極めて詳細に記されている。

　　石清水八幡宮
　　　　奉送御輿葱花一基　　目録事
　　　　蓋　在金物黄地錦、大床子一脚在金物、柱四本蒔絵
　　　　緋綱四筋在鈴子二口、障子三枚唐絵、帳四枚表地錦、在緒角総、帽額四枚金銅、花鬘十二枚金銅、幡四流金銅玉　大床子一脚　御枕一枚　半帖一枚御茵二枚内一錦一竜鬢、雨皮二帖内一絹、一紙、御引綱四筋在鈴七、駕輿丁装束四具一具別狩袴赤烏帽子
　　　　安貞二年八月十八日
　　　　神宝所　行事法橋上人位琳厳

　この神輿は鎌倉時代初期の制作であると思われ、華麗な神輿で「沃懸地螺鈿金銅装神輿」と呼ばれている。漆塗りの部分や鈿装の部分には傷みが見られるが、金装の部分はほとんど原形を留めている。屋上の鳳凰は葱花であったものを改装したらしいが、ほかはほとんど変わっていない。四方の軒端にかかる金銅装の幡、胴の四方には帳をめぐらせた上に円形の美しい透彫り花鬘が垂れており、緋色の四方綱はとくに豊かである。幡、花鬘、四方の帽額、屋上にも銀鍍を施した花形や円形の鏡板が光り、轅に打った透彫り金具の団花文も華麗である。

　近世神輿の代表としては山王七社の神輿が挙げられる。現存する七社の神輿は、信長による叡山焼き討ち（元亀兵乱／1571）で焼けた後の造立である。日吉社の神輿神事は叡山荒法師の伝統を受けての荒祭りが多いので、神輿の構造も荒々しい扱いに耐えるように頑丈である。谷間に落としたくらいでは、さほどの損傷を受けないといわれているが、永年にわたっての損傷と補修材も多い。屋根には各社それぞれの神紋を散じ軒端には花鬘が揺れており、立派な神輿額をともない重要文化財の指定を受けている。

民俗的な神輿神事

　柳田國男の『分類祭祀習俗語彙』には、民俗的な神輿神事の例として「ミコシ」、「タルミコシ」、「サカキミコシ」、「テンタロ」の４目を掲げているので、

ここに引用する。

「ミコシ」 兵庫県飾磨郡糸引村（現・姫路市）で、旧9月11日の頭屋祭に、御旅所より青年女子が新しいハンボウに白蒸しを盛り、幣を立てて頭上に頂き、本社に持ち帰る。これをミコシという。

「タルミコシ」（樽神輿） 和歌山県東牟婁郡太地町で祭礼の行列に若者がかつぐ酒樽のこと。頭衆の家では甘酒を大小2樽つくり、これをシンシコというが、小さいのは5升ぐらいという。20歳以上と以下の2組の青年が、この大小の樽をかついで行列に加わり、ちょうど神輿のようだという。

「サカキミコシ」（榊神輿） 石川県珠洲郡（現・珠洲市）飯田町で、白木づくりの台神輿に神籬を置いたものをいう。

「テンタロ」 新潟県西頸城郡糸魚川町（現・糸魚川市）で、天王さんの神輿の四隅に青い稲苗を下げ、その苗をテンタロという。

【参照事項】
さいじょう　ひもろぎ　しんたい　しんぞう　しんぼう　しんぼく　じんぽう

㉘ かみだな　神棚

　屋内の一定の場所で神祇を奉斎する棚のこと。家庭祭祀の中心として、古くから日本人の信仰生活の対象となってきた。

　「神棚」を中心とする家庭祭祀には二つの側面がある。一つは大神宮棚と呼ばれる、いわゆる「神棚」で、各地の神社の神符を安置する「棚」、もう一つが恵比須・大黒・荒神・歳徳神・先祖などを斎く「棚」である。一の「神棚」が、主に「表の間」や「床の間」など接客用の間に設けられているのに対して、二の「棚」は台所や居間といった家人の起居する間に設けられるのが普通だった。

　特徴として一は、神符の奉安所としての性格が強く、特定の祭日を持たず、信仰生活の象徴として、あるいは遙拝所として意識されていた。二は家族の安全や生産守護ための奉斎場所としての性格を持ち、一定の祭日が設けられ、伝統的に細かい信仰内容を伝えている。文献的史料が少ないため、神棚の研究はあまり展開されてこなかった。

　ここでは、大神宮棚とその他の神棚とを、成立契機を異にする「2系統の神棚」として捉え、その沿革や性格を分析する。

上代における神棚

　考古学の成果が示すところでは、古代住居趾から神棚の存在を確認することはできず、爐や竈などに神霊を奉斎したかどうかも不明である。

　上代において、棚を設けて神祇を奉斎した最初の例は、『古事記』上巻に見える「御倉板挙之神」の条である。この「御倉板挙之神」は伊邪那岐命が天照大御神に、高天原を知ろしめせと任命されたときに与えられた「御頸珠」のことをいう。

> 伊邪那岐命、大く歓喜びて詔りたまひしく、「吾は子生み生みて、生みの終に三はしらの貴き子を得つ。」とのりたまひて、既ち御頸珠の玉の緒母由良邇に（分註略）取り由良迦志て、天照大御神に賜ひて詔りたまひしく、「汝命は、高天原を知らせ。」と事依さして賜ひき。故、其の御頸珠の名を、御倉板挙之神（板挙を訓みてタナと云ふ。）と訓ふ。

つまり、分註に「板挙を訓みてタナと云ふ。」とあるように、御頸珠を神と崇めて板を挙げ、その上に奉斎したのである。本居宣長は、御倉板挙之神は「御祖ノ神ノ賜ヒし重き御寳として、天照大御神の、御倉に蔵め、その棚の上に安置奉て、崇祭たまひし御名なるべし」（『古事記伝』巻七）といい、板挙は「板を高く架挙て物置く所に構る故に、如此書るならむ。」と説いている。

　ここで注意すべきは、御頸珠を御倉に奉安したということである。御祖神から賜わった御宝を安置するには、御蔵の中に棚を設けねばならぬほど、聖なる物の安置場所が一定していなかったことと、神棚の最初の形式は神聖なものをほかと区別して置く点にあった、ということが分かる。御倉は古代の家屋形式としては別棟の清浄な場所の一つであった。そこを奉斎の場とし、また、神名ともしたことは、このような奉斎形式が一般化していなかったためであろう。

　一方、『古事記』応神天皇条にある「秋山之下火壮夫と春山之霞壮夫」の話も「神棚」に対する示唆に富んでいる。この兄弟が伊豆志袁登売を得ようと賭けをして争い、ついに弟が、その乙女を得たにもかかわらず、兄が賭けの約束を果たさなかったため、弟は母と相談して兄を呪詛した、というものである。

> 其の兄の子を恨みて、乃ち其の伊豆志河の河島の一節竹を取りて、八目の荒籠を作り、其の河の石を取り、塩に合へて其の竹の葉に裏みて、詛はしめて言ひけらく、「此の竹の葉の青むが如く、此の竹の葉の萎ゆるが如く、青み萎えよ。又此の塩の盈ち乾るが如く、盈ち乾よ。又此の石の沈むが如

く、沈み臥せ。」といひき。如此詛はしめて、竈の上に置かしめき。是を以ちて其の兄、八年の間、干萎え病み枯れぬ。故、其の兄患ひ泣きて、その御祖に請へば、即ち其の詛戸を返さしめき。是に其の身本の如く安らかに平ぎき。

「如此詛はしめて、竈の上に置かしめき。」とあるように、この呪詛は竈の上で効力を発したようである。日本では、火そのものへの信仰は稀薄だが、竈に対して霊力を認め神聖視した例は多い。平安時代の公家・平信範の日記『兵範記』には、嘉応2年（1170）5月、尼上が死んで入棺した際「竈神一社取別棄置山路了」とあり、そこに「中右（記）例云、竈神両者中、以₌左方₋為₌女房₋」とある。ここでの竈神が、後世に神棚成立の要因の一つとして重要であった陰陽道の影響によるものかどうかは分からないが、少なくとも当時の貴族社会にあっては、家族の男が死ねば男神を棄却し、女が死ねば女神のほうを棄却して竈の神を新たにした風があったことが分かる。

大神宮棚の成立と沿革

『令義解』巻二「神祇令」の「月次祭」には「神祇官に於て祭る。祈年祭と同じ。即ち庶人の宅神祭の如し。」と記されている。この「庶人の宅神祭」が、家宅を守る屋敷神のような神か、屋内に斎き祀っている神の祭りを指すのか不明だが、このころには庶民の間でも個々の家の守護神を持っていて、月次祭を営んだことが分かる。

朝廷に仕えた当時の公家たちの日記などを編纂し、鎌倉時代後期に成立したと見られる歴史書『百練抄』四巻の後一條天皇の長元4年（1031）の条には、斎宮頭・藤原相通の妻が宅内に大神宮の宝殿を作り、神威を欺き農民を惑わしたということで、この夫妻が伊豆と隠岐へそれぞれ配流されたことが見えている。これは、神棚でなく宝殿と称する祠のようなものであったらしいが、平安時代のこの時期でも、大神宮を勧請して奉斎することは配流の罪になるほどの不敬な行為とされたようである。

一般に、伊勢大神宮の大麻が民間へ配布されたのは中世の末からとされている。最初は僧家で大般若経の一部、仁王経百巻・心経千巻などを読誦した「巻数」を檀那に贈ったのを、神宮・神社などでも、これに倣った御祈祷の「巻数」と称して頒布した。それを清浄な棚などに安置して保存したのが始まりという。

民間で「御祓様」といったものがそれにあたる。御祓とは祓詞を奏することであり、大麻はその御祓に用いる具であったのが、後に一切の罪穢を除去する力を有するものと考えられ、神符の一種として取り扱われるようになった。今日の大麻（神宮大麻・神社大麻）もここに起源がある。

この大麻の頒布活動に中心的役割を果たしたのが、伊勢の御師である。「オンシ」とも呼ばれているように御祷師の略であり、他人に代わって無事息災を祈る職掌であった。御職・詔刀師・祈師などとも称していたが、御師はもともと、仏家の間で用いられた名で、後にはもっぱら神職に慣用されるようになった。この語は『源氏物語』や『吾妻鏡』などにも見え、熊野をはじめとする諸社にも置かれていた。

御師は、祈祷依頼者を檀那と称し、常に師檀関係を結んでおり、後には、毎年一定の時期に大麻などを持って受け持ちの檀那を訪れた。また、檀那がその宮社に参詣する場合には、これを出迎え自家に宿泊させ、参詣祈禱その他の便宜を図り、それに対して檀那は初穂を奉る例となっていた。御師の活動および大麻に関しては、別個に扱う必要があるが、今日、民間で奉斎されている大神宮棚が一般化したのは、御師の活動による点が多い。また、講や、その他の信者が神宮や神社に参詣した際に受けてきた神符を安置する場所として、神棚の設置が行われることもあった。

時代は下って江戸時代には「お伊勢まいり」をはじめ社寺参詣が盛んに行われるようになる。江戸時代中期の僧侶で摂津国・生国魂神社の社僧も務めた聖応による『胡蝶菴随筆』には、「今時は百姓町人の家内に神棚を設て、大神宮を勧請し、朝夕に拝む事故、庸夫愚婦も神道と云事を知るなり、是に依て朝廷よりも強て咎め給はず……」と述べている。

以上のように、中世以降の御師の活躍は、上下貴賤を問わず、全国的な組織のもとに行われ、神宮や神社の奉賽に重要な足跡を残した。

民家における神棚

民家で奉斎されている、いわゆる「大神宮様」の神棚には、神宮のみでなく、各地の有名神社、あるいは郷土の氏神の神符もお祀りしている。この神棚の設置には、屋敷内でもとくに清浄な場所が選ばれ、常居（居間）や台所など家族が集まる間や、座敷や出居（客間）など接客用の間に設けたり、神床として

の床の間に台を置くものもあった。ここに松や榊の枝を立て、毎朝あるいは月の朔日・十五日・二十八日などに拝み、初物を供えるなどの作法を守っていた。家族の死に際しては、この神棚を白紙で覆うという習俗も広く行われており、近世の記録には数多く見出せる。その作法には一定のものはなかったらしいが、平田篤胤は『玉襷』で次のように述べている。

> 家の神棚は大御神の御霊代を始め奉り、八百万神等をいつき奉りたる神籬なれば、その神実の尊き事は申すも更なる事なれど、直にその本宮に参りて拝み奉るとはその趣異なり。然るに本より家内に斎奉りては、その身その家既にけがる時は、神棚にもけがれの及ばむこと、こは何とも止むべからざる事なり。然らば予が家にては、父母の喪なれば五十日・祖父母の喪には三十日の遠慮として暇の日数のみ神拝を止りて、忌明には身滌祓をなしてそれより拝礼する事なり。また若くはその身けがれたりとも、一族または家子等の中にて忌服なき者をえらび、別火潔斎を為さしめ、我に代りて怠らず神事を勤めしむるも然るべし。

また、家人の起居する家屋に神祇を奉斎することは畏れ多いと、屋外に別の棚を設けて奉斎する場合もあった。門神棚と呼ぶのがそれであり、宅神（屋敷神）の一つと思われるが、例えば、屋敷神が内と外とに２つ存在する場合は、前者を「タナカンジョ」（棚勧請）、後者を「ヂカンジョ」（地勧請）と呼び分けている例さえあった（宮本常一著『河内国滝畑左近熊太翁旧事談』）。

民間における神棚の諸相

日本の家々が、強固な同族結合や地縁的結合のもとにあった時代には、各々に本家中心の神祭や、氏神・鎮守などの神祭に参加することにより、信仰生活の中心的部分が維持されていたと見るのが一般的である。一方、同族結合の条件および契機が地縁的な血縁関係によるものとすれば、個々の家の祭祀が次第に同族や地域の神に統一されてきた、ということもできる。そういう意味において日本の家における祭祀は、同族や地域の祭祀と個々の家の祭祀という二重の性格を持っていた。そして、家の構成が夫婦単位の家族を中心にして生活が営まれるようになってくると、その信仰の度合いによって神棚の存否が左右されてくる。

歴史的に見て、純粋な意味の大神宮棚とは別に、主に屋内に奉斎されてきた

神棚には実に多くの種類があった。それらはすべて、人間の生産活動および家庭生活に直接的な連関を持つ神である。そして、農耕の段階や年中行事の面において、大神宮棚より重視されていたことを見逃すことはできない。それを大まかに分類すると次のようになる。
Ⅰ．恒常的神棚
　・恵比須棚　・大黒棚　・荒神棚　・オカマサマ　・田の神棚
　・先祖棚　・歳徳神　・その他
Ⅱ．定期的に設けられる神棚
　・歳神棚　・七夕棚　・盆棚　・神社祭祀における神棚　・その他
Ⅲ．臨時的神棚
Ⅳ．潜在的神棚
　・爐の神　・水の神　・倉の神　・天井の神　・厠の神　・その他

　上記の分類は絶対的なものではない。ある地域では潜在的でも、ほかの地域では定期的で恒常的な場合も見られる。互いに複雑な関係を持つが、全体的に見て次第に恒常的神棚へと統合されていく傾向が見られる。

　Ⅰの恒常的神棚とは、屋内の一定の場所に棚あるいは屋形の祠・箱などを設けて、不浄から遠ざける設備が常設的に存在する場合を指している。しかし、中国・九州地方などで、大神宮棚の神をタカガミ（高神・崇神）と呼び、ほかの屋内神と区別していたように、家族の生活に直接的に結びついた親しい神として意識されていることが多い。

　この分類の中の「恵比須」は現在でも各地に強固な信仰行事を形成している。「大黒」信仰も、ときには恵比須・大黒として商業・農業の神として多く祀られている。この信仰を持ち歩いた宗教者により、掛図・額や土の神像の類がもたらされ、それを安置する場所として神棚が設けられ恒常化した例が多く見られる。恵比須・大黒の信仰は在来の信仰を基礎に習合した例であり、中でも生産神との結びつきによって信仰が広がった例である。それは、荒神棚についても同様のことがいえる。荒神信仰にも種々の型があり、土公神（どくうしん、とも。陰陽道において土を司どる神とされる）・普賢（菩薩）・愛宕・秋葉の類とともに火伏の神として信仰されたり、田の神信仰に代わる神としても存在していた。

　一方、このような新しい神信仰を受け入れる際に、在来の神と一致しない場

合は、別々の神として祀られる例が多く見出せる。荒神と「オカマサマ」の例がそれである。荒神は屋内のみでなく屋外にも祀られ、この信仰の流布には山伏などの修験系の宗教者の活動に負うところが多い。そして、屋内に祀られる場合は竈や爐など火所の神として受容され、竈屋や台所に棚を設けて祀るのが一般で、暮れや正月に荒神祓・竈祓として、宗教者がめぐってきた際に祓を行っていた。しかし、荒神信仰を受容する前には「オカマサマ」と呼ぶ神が火所の主要な神とされたらしく、荒神と「オカマサマ」の併存や「オカマサマ」のみを祀る地域が見られる。荒神と「オカマサマ」の特徴的な相異は、荒神は火伏の神として、「オカマサマ」は竈の神のみでなく田の神の祭祀場所として意識されていたところにある。

田の神信仰から考える民間の神棚の成立

　それではここで、Ⅰの分類の中の「田の神棚」について考察していこう。日本民俗学の成果が示すところによれば、日本の農業村落において最も基本的であり普遍的な信仰は、田の神が春に山から降りてきて、秋には田の守護を終えて山の神になるという「去来」の信仰である。

　このことは、柳田國男によって基本的な解明がなされたが、この田の神は恵比須、地神（じがみ）、社日様（しゃにち）、亥の子神（いのこ）、歳徳神などとも呼ばれ地域的に一定しない。この呼称の差異は、田の神信仰がほかの信仰と習合したことを示しているが、田の神が家を媒介にして「去来」することも広く伝承されている。それを分類すると次の7種になる。

1. 田から家へ帰ってくる神　　2. 家から田へ出ていく神
3. 山から家へ降りて来る神　　4. 家から山へ帰るという神
5. 家と田を去来する神　　　　6. 以上の伝承を欠く神
7. 去来伝承を否定して留守神となる神

　例えば1型だと、亥の神は旧暦10月亥の子（亥の月上旬・最初の亥の日）に家へ帰ってくるといった伝承が見られる。また、出雲のある地域では、台所の納戸寄りの隅に戸棚があり、その中に夷・大黒・歳神が一緒に祀ってあり、10月の神在祭（かみありさい）の25日のカラサデ（神等去出）の夜に神が帰ってくるといって戸棚の戸を少し開けて待ったという。このように、秋の収穫が終わると田の神が家へ帰ってくるのだが、いつ田へ出て行くのかは伝えていない。そして、こ

の神を祭るための祭壇は、床の間に設けたり、臨時の神棚を設けたりした。

　2の例としては、隠岐のある地域では、田の神は「トシトクサン」（歳徳様）と呼ばれ、部屋の正面の米櫃の上に棚を吊って小宮を祭った。その「トシトクサン」が正月10日の鍬初めに家から出ていくが、秋に再び帰ってくるのは不明になっている。

　3の例は、春になると山から家へ降りて来て、そこで祭りを受けて、田へ出ていくというものが該当する。青森県のある地域では、農神様を9月と3月の16日に祭っている。

　4の家から山へ帰るという神は、能登の「アエノコト」の例が有名である。「アエノコト」では、家の座敷に臨時の祭場を設けて祭り、終わって山へ送っていくが、長野県のある地域では、10月十日夜に、案山子の神様（田の神）が山の神になられるとして、米または粟を搗き、晩になると土蔵の中の俵の上に載せたという。たんに十日夜、あるいは亥の子などに籾俵とか稲束を、庭、座敷、倉などに積んで田の神の依代とし、供物をする例は多かったが、長野県の例では祭りを受けた田の神が山へ帰らないで、そのまま家に留まる形態をとろうとしていて、神棚の成立に接近してくる。

　これまで挙げてきた田の神の去来の形式のうち、1の田から家へ帰るという形は、2の家から田へ出ていくという形と同様に、去来の一方の伝承を脱落しているものだった。さらに3・4の形は、山から家へ、家から山へというふうに、一度、屋内で祭りを受けてから去っていく形であって、田の神が屋内に祀られる中間形態として捉えることができる。

　そして、以上4つの形の神々が、屋内に棚や祠を設けて祀られ、「去来」の伝承をしだいに失っていくと、固定した神棚が成立してくるのである。いわば屋内に歓請された伊勢や出雲などの神に対して、この田の神は家の神として奉斎され、最も親しい神として信仰されていた。神無月に留守居を説いた神の多くは、田の神信仰を背景に持っていたのである。

田の神と神棚の諸相

　次に5の家と田を去来する神の例であるが、長崎県五島のある地域では、旧2月と11月の丑の日は「ウシノヒドン」（丑の日殿）といって、田の神の祭り日であった。この両日は、餅を搗いて田の神の祭場である納戸に供えたという。

2月には納戸から出て田へ行って稲作を護り、11月には納戸へ帰ってきたのである。また、愛媛県のある地域では、春の社日（産土を祭る日）には「オイベツサン」（お恵比須様）が家から田へ作り込みに出られるので、早期に赤飯を炊いて供え、秋の社日には作り終わって帰られるので、夜は供物をして祭ったという。そして、こうした神は、神棚か床の間において祭るのが一般だったというが、桝や箕や臼を依代に用いたところもあり、千歯の上に膳を置いて供物をあげたり、屋内に吊し棚を作って臨時に祭ったところもあったという。

　これらの神は、常設の神棚を持つものもあり、臨時の祭場の場合もあって一様ではないが、田の神の祭場を屋内に取り入れることに関しては、土地ごとに時間の差があったことも考えられる。そして、多くの地方では、恵比須や大黒、地神、亥の神、歳神などとの習合が見られていた。そうした外部の信仰の受容が、田の神を屋内で祭ることの契機になった土地があったのかもしれない。

　次に6の形は、ほかの地方で田の神が去来するという日に祭られながらも去来の伝承を脱落した神である。この形式の神は、すでに棚を設けられそこに常在することになっていた。岩手県のある地域では12月13日に「オカノカミ」を祭り、餅を搗いて「ケシネビツ」（米櫃）の上に供えたという。田の神の祭りに神棚が設けてない場合に米櫃を使う例は多かったが、佐渡の「ウケノカミ」のように、亥の子の日に俵形の餅や団子を作って倉や物置などに供えたというのも、もともと収穫した米俵を対象に祭っていたことの名残と思える。柳田國男の『歳時習俗語彙』によれば、この「オカノカミ」という語は、北は青森県から西は徳島県に至るまで、少しずつ名称を変えながら広く分布していたようで、これが古くは田の神の呼称ではなかったかとも思える。この「オカノカミ」が分布しなかった山形県や宮城・福島の一部にかけては、「オタナサマ」（お棚様）という神が祭られていた。これも明らかに田の神が屋内に入ってきたために成立した信仰だが、その名が示すように、素朴な棚に祀られたり、屋根裏から吊るされたりしていた。

　以上、田の神が家を中心に去来する伝承を1から6にわたり考察してきたが、日本の農村にあっては神を屋内に祀るということは、それほど早く一般化していなかったのではないかと思われる。祭りに際しては、祭屋を建てて行うのが古式であり、建築技術の進歩によって次第に祭場を屋内に移すようになり、やがては神の間、神の床としての一間を区画するようになったものと思える。田

の神祭りもまた、個々の家庭における屋内祭祀の形をとってきたために、家を中心に去来する形を生じ、やがて常設の神棚を設えるようになったのであろう。

神棚と仏壇の関係性

　それでは、先の分類に戻って、Ⅰの中の「先祖棚」について見ていこう。平田篤胤はその著『毎朝神拝詞記』に、神拝次第として諸国の神社の名を挙げたあと、家の神棚を拝む詞、屋船の神を拝む詞、御年の神等を拝む詞、竈の神等を拝む詞、水屋の神等を拝む詞、厠を守る神を拝む詞、先祖霊屋を拝む詞などを挙げている。

　最後の先祖霊を拝する際の詞として「遠都御祖ノ御霊。代々ノ祖等。親族ノ御霊。総テ此祭屋ニ鎮祭ル。御霊等ノ御前ヲ慎ミ敬ヒ。家ニモ柱事有セズ。夜ノ守日ノ守ニ。守幸ヘ宇豆那比給ヒ云々」と記していて、この先祖霊屋は屋内に設けられたものか、屋敷内の別の所に存在したのかは不明であるが、遠い御祖の御霊や親族の御霊まで併せ祀っていたことは確かである。しかし、幾代も前の先祖とまだ記憶にある亡き人の霊とを、同じ霊屋に祀ったかどうかは、文献史料が見当たらない限りは民俗資料を用いるしかない。

　民俗学の成果が示すところによれば、日本に広く分布している弔い上げの習俗には、死霊が年を経るにつれて次第にその穢を脱して昇華し、神霊へと移っていく過程の存在が指摘されている。葬送後一、三、七……と年忌を問い、その折々には板塔婆（追善供養のために墓の脇などに立てる木製の長い板）を立てるが、三十三年忌とか五十年忌をもって弔い上げとし、葉付き塔婆、祭終い塔婆などと称して、先に葉の付いた生木や股になった木を墓地に立て、これで仏の性を脱したとするのである。

　以後は、位牌は墓に捨てたり、寺へ納めたり、川へ流し、焼き捨てるなどしたが、弔い上げを終えた仏は神になるというところが多く、関東、中部の一部では地の神、岡山県などではミサキになると伝えていた。そこでは、方式や名称は異なっていても、死霊が仏教の管轄から離れて、その個性を失い神格への転化が信じられている。

　昭和後期の宗教民俗学者で僧でもあった竹田聴州は仏壇の成立を論じ、弔い上げに生木の塔婆を立てることについて、その木が神社の柴刺神事、宮座な

どのオハケ（御幣）、あるいは御幣や榊、天道花、門松などと同様に、神祭りの際の依坐(よりまし)の一種に根源するとした。そして、塔婆がインドの蘇塔婆(そとうば)（ストゥーパ・釈迦の遺骨や棺の灰塵を納めた墓）に起源を置くという通説は誤りで、その基盤は日本固有の信仰に根ざし、形式と名称に仏教的な表皮を被せたにすぎず、神性に近づいた祖霊の降臨を請い祭った習俗が塔婆に伝えられているとした。この説が、柳田國男の山上他界説を背景としたものであることはいうまでもない。

祭場の異動

　先の平田篤胤の『毎朝神拝詞記』では「水の神」「厠の神」などⅣの「潜在的神棚」の事例も少し出てきたが、最後に分類Ⅱの「定期的に設けられる神棚」以降を見ていこう。

　日本における神祭の特徴の一つは、祭りにあたって神の降臨を受け、終われば神は去りゆくという観念が支配的なことである。Ⅱに挙げた定期的に設けられる神棚というのは、この神祭祀の本来の形をよく伝えている。年毎に一定の祭日が来れば、屋内のどこかへ祭壇を設けて、終われば撤去されるものである。

　正月に家々に迎えて祭る歳神の祭場は、屋内に棚を設けて祭壇とするのが一般で、天井から棚を吊り下げたり、床の間を用いるなど、形式はさまざまで、正月が過ぎれば棚下しとして取り払うことが多かった。霜月の収穫祭が個人の家の行事となるにつれて、その収穫感謝や予祝的な部分は正月行事に延長され、しだいに臨時の神棚を取り払うことなく常設の傾向を見せていった。この傾向は、歳神と田の神との一致を説く地方にとくに顕著であったが、中国地方の一部では歳神を集落の神として祀ることもあり、歳神の性格に関しては未解決の点が多い。

　同様に、七夕行事として、水辺その他に棚を設置して祭りを営むことも各地で見られたが、精霊を迎えるための盆棚(ぼんだな)を設えることは現在でも行われている。仏壇をそのまま利用することもあるが、位牌を取り出して座敷や庭先で棚を組み、そこで祭りをする例を見ると、棚を特設する形式が本来のものであることが分かる。千葉県のある地域では、盆棚のことを「カンダナ」と呼ぶが、これも盆棚を神棚と呼んでいた名残と解される。また、盆棚とは別に無縁棚と称して、先祖以外の霊魂を祭る棚を付設するが、年忌上げの終わらぬ霊に対しても

別に棚を設ける。先にも記したが、このように盆棚を重複して設ける形式は、仏壇が単に死者の位牌を安置し供養するための棚であり、日本固有の神祭りの形式に仏教的色彩が付与されたものということが分かる。

今日の神社における神祭りでは、屋外に「オハケ」や棚を設けて祭りを行う御棚(みたな)神事などの例も見られるが、この形式は神社の無建築時代には一層一般的であったと思われる。神社の末社の中には、このようにして斎き祭った神霊を祠に奉斎した例もある。また、かつて頭屋・宮座の組織による神事の発達した地域においては、いったん屋外の特定場所に神の降臨を得た後に、頭元や座員の家へ迎えて祭りを営むことが少なくないが、その神霊を氏神の社に合祀した場合もある。このように定期的な神祭りの際の祭壇が永続的なものとなり、神棚としての成立を見るのと同時に、民家を建てる際の地鎮祭の神が、地神・荒神などと呼ばれて屋敷の一隅に祀られ、屋敷の守護神となることもある。

次にⅣの「潜在的神棚」とは、爐の神、竈の神、倉の神、屋根の神、厠の神などを指しているが、ここでは、いまだ神棚をともなわないものを対象とする。神棚をともなわないとはいえ、そこに神霊の存在を認めている証拠として、正月になると鏡餅や注連を張り、あるいは、日常の生活に禁忌がともなうことなどがある。しかし、これらの神信仰は地域や村落、家や個人によっても相異があったのが特徴で、そこに神棚を設けるか否かには統一性がない。それを細かく検討していけば、極めて多面性を持つ習俗であり信仰であることを指摘しておきたい。

以上、神霊の奉斎形式とその変遷との考察から、大神宮棚に代表される他地域の神を奉斎する系統の神棚と、各戸を中心に生業神・先祖神を祀る系統の神棚のあり方を見てきた。これを言い換えれば、国の神と家の神との関係になるが、近年では、長くこの両者の信仰を支えてきた基盤が変質してきている。

【参照事項】やしきがみ　まつり　さいじょう　さいじつ　ひもろぎ
しんぞう　へいはく　はつほ　かんなめさい　としごいのまつり　つきなみさい
(以下『宗教編』) ひらたあつたね　しゅげんどう　いせしんこう　かんならい　みそぎはらえ

㉙ じんぽう　神宝

神社に奉納された宝物の総称をいう場合もあるが、とくに祭神に由緒の深い

内陣の奉安物や、神殿の造替遷座の際に、祭神の御料として新調した調度品や装束類を指す。「かむだから」とも訓み、古典には「神物」「神財」とも書かれる。

古代氏族のたから

　神宝は『先代旧事本紀』によれば、饒速日命が高天原から降臨してきたときにもたらした「十種神宝」に始まるとされている。しかし、歴史的に考証すれば神宝は、古代社会における地域共同体の長たちすべてが持っていた「氏の宝」「氏の力の象徴者」といったものを指し、その氏族にとっては極めて呪術的で、強い宗教的な拘束力を持つ「氏族崇拝の対象物」であったと考えられる。

　弥生式文化の時代における銅鐸や銅剣、銅矛、銅戈なども、本来は中国の青銅器という母形から次第に変化を遂げてきた銅器であり、それらを模作して使用していた日本の古代社会においては、それぞれの同族的な地域社会における呪術的な礼拝の対象物として、また、呪術的な力を保有する「氏のたから」としての意義を持つものだったと解される。

　古墳時代に入ると、「鏡と剣と玉」の三つが、とくに氏族の力を象徴する「たからもの」として尊重され愛用されるようになってくる。一つの古墳から数代にわたって用いられ、ひどく摩耗した前漢鏡とともに、何十面というやや新しい漢鏡や倣製鏡を出土する例、あるいは、数十口の鉄刀子が副葬されている例、また、勾玉や管玉や丸玉などが単なる装身具としての用途以上に数多く、遺骸の下などに敷きつめたように散布して発見される例も多い。

　中でも鏡は最も呪術的な神秘力を秘めるものとして、刀は殺戮の力を通じて畏怖や魔滅のこころを秘めるものであったであろう。玉類は石器時代から愛用され、子持勾玉などのような神秘力を持つものも生まれ、玉依姫や玉依彦といった名が示すように、玉を「よりしろ」として神秘な力を発揮するシャーマン的な用途を思わせる例も古典には散見している。

古典に見える神宝

　「記紀」に見られるように「三種の神器」は、「八坂瓊曲玉」の神璽と、「草薙剣」の宝剣、「八咫鏡」の宝鏡だが、曲玉も刀剣も八咫鏡も、実用的な道具、また、宗教的な祭祀具として重要視されてきたものである。このように見てく

ると、「神宝」の信仰形態は、古代的な生活習俗の中から生まれてきた歴史の姿そのものであったことが分かる。ちなみに、『古語拾遺』では、八咫鏡と草薙剣を「二種神宝」としている。

『先代旧事本紀』に出てくる「瑞宝十種」は、瀛都鏡・辺都鏡・八握剣・生玉・死反玉・足玉・道反玉・蛇比礼・蜂比礼・品物比礼の10種で、これを分類すると、やはり鏡と剣と玉に「比礼」を加えた4種に大別することができる。「比礼」というのは幡の一種で「まじないもの」ともいわれ、『令集解』によると、神祇官が鎮魂の行事を行うときには、この「比礼」を振り動かすことが述べられており、一種の祭祀具であったと見られる。『先代旧事本紀』によると、死反玉は死者をも生き返らせる霊力を秘めた神宝とされていた。

『日本書紀』の「誓約」の段に見える「八坂瓊五百箇御統」では、身につけた連珠を乞い取りて、「天真名井」で濯いだと書かれている。鏡も「白銅鏡」の名で『万葉集』に多くの歌が詠まれている。鏡の名を祭神や社名としている神社も多いし、神体ともされている。古墳時代の氏族の長は、そうした霊鏡を数十面も所有し、それは、そのまま氏族の統率力に繋がるものだったと思われる。幾十面の鏡を抱いて地下に眠る「長の霊力」は、死後も古代世界に君臨しただろう。古墳からは同一の鋳型、または、原型から作られた同笵鏡が多く出土する。同笵鏡を持つ氏族相互の間には、血縁的で強い精神的な繋がりがあったとも考えられる。

剣や矛に関する古典の記事も多い。八握剣・九握剣・十握剣・蛇麁正・天羽々斬剣・布都御魂・天沼矛・天逆矛など枚挙に暇がない。霊力の説話で彩られ、「おそれ」の感情から崇敬の対象へと進んできたことを物語るものだろう。

神宝と調度

平安時代初期あたりから、神殿内に納められる神服をはじめ調度や什器類は、祭神日常のご使用に供するという意味から、すべて「神宝」と呼び、一般的な社宝の類とは根本的に宗教的意義を異にするものと解されるようになった。社殿は祭神常住の御殿と解されて、祭祀は祭神に仕える「如在の儀礼」といった形で執り行われるようになり、供饌に始まって、その衣料はもちろん日用の諸道具や調度品の数々が必要となっていったのである。そして、それらは宮廷に

おける儀礼や調度とその歩調を合わせ、有職故実は神社にも敷衍して考えられるようになっていった。そして、神宝の調進は社殿の造替や改修の際には必須の行事、習慣となって宗教的に儀式化されるようになってくる。主要な神社には、天皇が時折、神宝使を遣わして寄進されることを例としてきたのを見ても、その宗教的重要性が推し量られる。

　また、造営のたびごとに祭神の神威が更新し続けられるというところに、遷宮の大きな意義を見出すことができる。そこに、造営にともなって神宝類をすべて更新する重要性がある。天皇が即位に際して、神宮はじめ五畿七道の約五〇社に発遣するのを倣いとしていた「一代一度大神宝使」（大奉幣）も、神々の霊力を新たに動かし、一代の守護をいっそう力強いものにしようとしたものと考えられる。

　一般に神物（神の御使用品）として、本殿内または神宝殿などに奉安される神宝は、神服・幣・蓋・鏡・鈴・桶・鉾・剣・弓・箭・琴などで、祭神が男神か女神であるかによって、御神服をはじめ奉献される装飾や色目なども変わってくる。このような神宝調進に関する歴史的な基準とされるのが神宮の神宝調進に関する史実と伝統である。

神宝並びに装束の造営使

　『延喜式』巻四「伊勢大神宮」を見ると、神宮式年遷宮に際して調進される内宮の「二十一種神宝」と、内宮および別宮などの御装束の詳細が書かれている。神宮式年遷宮の諸建造物に関しては、「造宮使」が、そのつど任命され、すべてを推進した。同時に「神宝並に装束の営造使」も任命されていて、神宝調進の宗教的な重要さを推し量ることができる。その「使」には五位以上の「弁官」1人、これに書記官である「史」1人、事務官である「史生」2人、属官である「官掌」1人を配して構成したが、同時に神宝調進の工房を設けて主典（主任官）4名、史生（事務官）4名、女嬬（雑用をつとめる女子の従事者）21名、それに諸種の技術者が70名近く任命されている。

　神宝の制作の前には、必ず工匠の長が神宮に集まり、宮司や禰宜らが立ち会って、神財を拝見、描写し、その技法や伝統を頭におさめた後、制作にとりかかったと伝わっている。長暦2年（1038）からの15回にわたる式年遷宮史が要約的にまとめられた『遷宮例文』に、「宮司、禰宜、史生、道々細工等、先

例に任せ内院に参り、本様を写し奉るの後、本様注文を検し、加署し畢んぬ」と見えるのは、こうした史実を物語るものにほかならない。神宮の御装束神宝が平安時代の伝統をよく伝え、工芸美術的な伝統保持においても大きな貢献と意義をもたらし続けてきた由縁である。

この御装束神宝は時代によって大きく変遷が見られるが、現在は昭和4年（1929）の神宮式年遷宮に際して調進された数量や規模がその基準となり、平成25年（2013）の式年遷宮では、より古式に戻した形で執り行われた。

神宝の数々

一般の神社では手筥や神服、武器や武具の類に重点が置かれて神宝が調進されてきたが、今も春日大社や厳島神社、熊野速玉大社、鶴岡八幡宮などには古神宝が伝存して、工芸美術品としても国宝や重要文化財に指定されているものが多い。例えば、熱田神宮には「金銅鶴丸文散兵庫鎖太刀」（重文）というものが伝わっている。兵庫鎖とは、太刀を腰につけるための紐である帯取の金具に、特殊な技法による金銅製の鎖を使用しているもので、中古における儀礼の太刀に始まる。宮廷の用に供するため兵庫寮に属する工人たちによって編み始められたのでこの名がある。

厳島神社に伝来する数多くの神宝も工芸的に優れ、藤原時代の工芸美術の粋を示すものが多い。中に一群の男神御調度品が伝わっているが、「小形神宝調度類」（国宝）は小型の模型的なもので、安徳天皇の玩具だとも伝えられている。また、袍の下に着る袖なしの胴着である「半臂」や「小形檜扇」、「松喰鶴蒔絵小唐櫃」（いずれも国宝）などがある。一般に神供料として納められる調度品は、人が使用する衣装に較べると比較的大きく作られる場合が多いが、このような模型的な神宝は極めて珍しいものである。

女神の場合には化粧品を納めた蒔絵の手筥類に貴重なものが多く、藤原時代から中世にわたっての漆工芸の得難い資料でもある。熊野三山のものがとくに有名だが、三嶋大社の北条政子の寄進と伝える「梅蒔絵手箱」（国宝）や、熱田神宮の足利義政寄進という「菊蒔絵手箱」（重文）など数々の名品が伝わっている。

前田育徳会が所有する『神宮神宝図巻』や、京都の毘沙門堂が所有する『日吉大宮遷宮神宝等送文』などは、中世における神宝調進の実態を知る好資料で

ある。

【参照事項】
はっしんでん　さんしゅのしんき　しんたい　しんよ・みこし　とくさのみずだから　たま　せんぐう　きゅうていのねんちゅう（じゅう）ぎょうじ（以下『宗教編』）ごごしゅうい　せんだいくじほんぎ

㉚ とくさのみずだから　十種神宝（瑞宝）

　日本において古代から行われた精神安静、長寿延命の呪術的信仰を表象する神秘的宝物である。皇孫の降臨に際し、天神から饒速日命に授けられたもので、「ミタマフリ」（鎮魂）の祭儀に深い関係を有する。饒速日命は早くから大和方面で勢力を占めたと思われ、それが後裔といわれる物部氏に伝わったとされる。そして、同氏が奉斎する石上神宮（石上坐布留御魂神社）に伝来の、呪術的祭事である鎮魂の方術において信仰対象として崇められ、とくに「天璽瑞宝」と言い伝えられている。

古典に見える起源と内容

　『先代旧事本紀』（十巻本）には、巻三「天神本紀」の初めにおいて「天火明櫛玉饒速日尊の瑞穂国降臨」を伝えていて、「天神御祖詔て、天璽瑞宝十種を授けたまふ。謂はゆる瀛都鏡一つ、辺都鏡一つ、八握剣一つ、生玉一つ、死反玉一つ、足玉一つ、道返玉一つ、蛇比礼一つ、蜂比礼一つ、品物比礼一つ是なり。天神御祖教へ詔て曰はく、若し痛処有らば、茲十宝を令て、一二三四五六七八九十と謂ひて、布留部、由良由良止布留部。如此之を為ば、死人も反生きなむ。是れ即ち所謂布留言の本なり」と記している。

　巻五の「天孫本紀」では、その饒速日尊と後裔の系譜を語り、とくにその子・宇麻志麻治命（可美真手命）が神武天皇の大和平定に際し忠誠を尽くしたことが書かれている。そして、布都主神魂刀と天璽瑞宝十種を天孫（天皇）に奉り、天物部を率いての平定の功を奏したことが述べられた後、その神剣を殿内に奉斎り、天璽瑞宝をそこに蔵めたと記している。

　さらに、即位の礼に際して、11月庚寅の日、「初めて瑞宝を斎き、帝后の奉為に御魂を鎮祭り、寿祚を祈請ふ。其鎮魂之祭、比自して始まれり。宇麻志麻治命に詔して曰はく、汝の先考饒速日尊、天より受け来れる天璽瑞宝、

此を以て鎮と為し、年毎に仲冬中寅を例と為て、有司事を行ひ、永に鎮祭を為よ。所謂御鎮祭是なり。凡そ厥の鎮祭の日は、猨女君等其神楽を主り、其言を挙げて、大きに一二三四五六七八九十と謂ひて、神楽を歌い儛ふは、尤も瑞宝に縁るとは蓋し斯を謂ふか」と説いている。

　この石上神宮に由縁の深い記事は、同神宮が古来、刀剣神器を多く収蔵し、物部氏とも深い関係があったため、『先代旧事本紀』が詳しく伝えたと思われるが、『古事記』や『日本書紀』『古語拾遺』にもその所伝は見えない。したがって、十種瑞宝のことについて、これ以上に詳しい考察を加えることは難しい。しかし『日本書紀』に、神武天皇の大和平定に際して、早くから饒速日命に奉じてきた長髄彦が、饒速日命が天孫としての宝璽を持っているかどうかを神武天皇から尋問された記事がある。そのことによって、その一端を推測することもできよう。

　また、塙保己一の『群書類従』（神祇部）に所収され、北畠親房の『二十一社記』を増補した「二十二社本縁」には、先の『先代旧事本紀』の記事を略述し、十種瑞宝は「石上に安置す」と一言している。石上神宮の社記にも、これを宝剣類とともに伝えていることが記されている。また、はなはだ信じ難いものであるが、天長2年（825）に空海が図写したという「大日尊神中臣祓天津祝詞太祝詞聞文伝」という書の奥書に「天照大神十種神宝奉於伊勢宝殿写之耳」という記事もある。この書には、十種瑞宝それぞれの形状が図示されているが、あまりに異様であり、多く指摘されるように両部神道の方面から案出された真言密教系統のものと思われる（慈遍著『先代旧事本紀玄義』巻九参照）。

　この瑞宝が、かの八柱の神と関連して八神殿での鎮魂祭となり、一方、鎮魂の呪法ともいうべき神事が石上に遺存したことについては、種々の角度から考察する必要があるが、神宮に十種神宝があるという伝承まで存在するということは、鎮魂祭の究明のほかに、十種瑞宝の性質、一二三の数詞の唱え言、また、上代における延寿的呪法に関する宗教的習俗意味などの考察が必要となろう。

考察の歴史

　この瑞宝は、その種類から見れば鏡と剣、玉と比礼から構成されていて、比礼を除けば、三種の神器の内容に類している。三種の神器が、瑞宝の基本であるという見地から、近世初期の垂加神道家のうちには、瑞宝は三種の神器と同

じ性格のもので、ともに、聖寿万歳・宝祚無窮を幽護し祝福する神宝と解釈した。これは『先代旧事本紀玄義』（巻九）に詳しく見える説で、それを抜粋した山崎闇斎の「自従抄」に基づくものである。八神のうちのムスビの神々や鎮魂（みたまふり）の祭祀呪法などの性質からも、その信仰心理は十分に推測される。

　比礼については『古事記』などの古典にも見えている。大穴牟遅神が根の堅州国で須勢理毘売から得た蛇や呉公蜂の比礼、天之日矛招来の宝物である浪振比礼、風切比礼などで、そこから考えても、毒虫邪物を払い除ける呪力を有する一種の「マジモノ」（蠱物）であったと思われる。このことに関し『倭訓栞』では多くの例証を挙げ、『大言海』では服飾用の領巾と区別して、宗教的な用語として説いている。ただ、これらの瑞宝について一々その性質を究めたものは少ないが、鈴木重胤の『延喜式祝詞講義』（巻十二、鎮魂祭の条）の説は簡明で要を得たものに近い。

　　天神の饒速日命に瑞宝十種を授けて天降し給ひ、皇御孫命に令レ献給へる事は、先に彼ノ天津神籬天津磐境を起樹て事依し給へれども、其は主と大御身の御守のみならず、天津日嗣の御事にも、万事にも兼て事依し坐る所なるが、此十種の神宝は唯に大御身の御守にのみ事依し奉給へるなり。若有二痛処一者云々と仰せ給へるを以て見るべし。其瀛都鏡、辺都鏡は大御面を照し看行て御栄坐との表物、八握剣は凶邪を討平給はむ表物、生玉は生活く為、死反玉は死者をも蘇生む為、足玉は御形体の具足し給はむ為、道反玉は浮れ行く魂を反し留むる為、蛇比礼、蜂比礼は這虫飛虫を攘ひ、又其が害ひをも括す為、品物比礼は諸の悪鳥悪獣は更にも云はず、凡ての妖を攘ひ、邪を退けむが為にて、此十種の御守を得る時は、更に疫病無く寿命長遠かる可き筈也、（若て十種の神宝は彼斎戸の八神と神直日、大直日神の御霊形なる事云ふも更なるが、生玉は生魂神、足玉は足魂神、死反玉は玉留魂神の御と所思しきを、其他は何れを何れとも定難かり。尚後人能く考ふべき者なり）

瑞宝と数詞の意義

　なお、先に引用した『先代旧事本紀』の文中に見える鏡について、『令集解』「職員寮」では「古事記に曰はく」として、息津鏡、部津鏡と書かれている。

先に少し触れたことと重複するが、『古事記』応神天皇条には、以下のようにある。「天之日矛の持ち渡り来つる物とは、玉津宝と云ひて、珠二貫。又浪振る比礼、浪切る比礼、風振る比礼、風切る比礼。又奥津鏡、辺津鏡、拌せて八種なり（此は伊豆志の八前の大神なり）」とあり、『古事記伝』巻三十四では、フルは波や風を起こすこと、「キル」は大方、止める意と解している。また、『日本書紀』垂仁天皇３年３月条では、天日槍の招来したものの記事が見え、そこではそれらのものを「神物」と呼んでいて、同88年７月条では「神宝」と述べている。

　以上のことから考えて、瑞宝の「瑞」とは、麗しくめでたいという意味であろうが、同時に、瑞穂などと同じく若々しさの意味もあり、延寿を祝福することになると思われる。また、一二三……の数詞は、多くの学者が説くように、一種の調子をとるためであると同時に、十種神宝の名を唱える代わりに用いられたものだろう。それは鎮魂の呪法を有効ならしめる推進力でもあるから、一種の神秘感を支え、さらに深秘的な意義が付加されたのだろう。近世の学者の中には、これを『大祓詞』に見える「天津祝詞太詔詞」にあてる者もあった。この数詞は十種瑞宝と結びつき、八神殿の奉斎もしくは宮中の鎮魂祭儀とは別に、石上神宮に伝わる鎮魂の法として存したものと思われる。そして本来は、物部氏あるいは猿女氏において古くから行われた特殊の信仰で、朝廷の祭儀は大嘗祭の整備発達とともに派生し伝承したものと思われる。

【参照事項】
はっしんでん　さんしゅのしんき　ひもろぎ　いわさか　じんぽう　あまつのりとのふとのりと　だいじょうさい　（以下『宗教編』）じゅきょうとしんとう　せんだいくじほんぎ　むすび　にぎみたま、あらみたま　みたまのふゆ　れいこんかん

㉛ たま　玉

　「タマ」には、形而下の「タマ」（玉）と、形而上の「タマ」（霊・魂）の二つの側面があり、それが相互に複雑に関連している。形而上の「タマ」とは、古代における「霊魂」を意味し、形而下の「タマ」とは、主として装身具であり、神体・宝器・呪具・祭祀具・神宝などの性格を備えている。ここでは、形而下の「タマ」に主眼を置き、古典での用例と、考古学上の変遷について見ていく。

古典に見える玉の名称

　古典の中には「タマ」と訓む語は多く存在し、「玉」「珠」「瓊」「璁」「璵」あるいは「珞」「瓈」などが挙げられる。これらの文字は、本来の語義により区別されるべきものだが、混用されている場合も多い。一般には、玉、珠が多用されるが、『古事類苑』は以下のように区別している。

　　玉ヲ珠、玉、璞ニ分チ、海ヨリ得ルモノヲ珠ト云ヒ、陸ヨリ得ルモノヲ玉ト云ヒ、其未ダ磨カザルモノヲ璞ト云フ。或ハ自生ヲ珠ト云ヒ、磨ケルヲ玉ト云フト云フ説モアリ。

　「タマ」（以下、玉）の名称には一定の基準がなく、物質（材質）や形状、色彩、色調、文様など、または使途、さらには内在する形而上の意義によって呼称されている。

　形状による名称には、一般に、勾玉、管玉、棗玉、切子玉、山梔玉、算盤玉などがあって種類は多い。勾玉は曲玉とも記し、『古事記』が勾玉、『日本書紀』が曲玉を多用している。『古事記』の「天若日子」の段では、阿治志貴高日子根神の妹が歌った歌の中に「阿那陀麻」（穴玉）が見え、玉が孔を穿っているという点を直截に表現している。

　古典に見える赤玉、白玉、烏玉などは、色調による表現と考えられる。『日本書紀』武烈天皇即位前紀の歌垣の箇所で出てくる「婀波寐之羅陁魔」は鰒白珠で白、『古事記』の鵜葺草葺不合命の段で出てくる豊玉毘売命の歌の中の「阿加陀麻波、袁佐閇比迦礼杼、斯良多麻能」は赤玉・白玉であり、『釈日本紀』引用の「越後國風土記」逸文では「八坂丹は玉の名なり、玉の色青きを謂ふ。故、青八坂丹の玉と云ふ」と、その色彩を特記している。『延喜式』巻十五「内蔵寮」の諸国年料供進に出てくる「白玉一千丸、志摩国所 レ 進」や、巻二十三「民部下」の「志摩国白玉千顆」（顆は玉や果物など粒になったものを数える助数詞）などの白玉は真珠を指すと考えられ、真珠の白が強調されている例であろう。ちなみに、『万葉集』の巻十三・三二六三番歌に見られるように、真珠を「真玉」と称す場合は、玉の代表的なものとしての尊称と考えられ、色の表現ではない。一方、烏玉は『万葉集』に「烏玉」「黒玉」「夜干玉」「野干玉」とあり、夜、夕、黒の枕詞として使用されていることから、黒い玉の総称と考えられる。

　玉の使途、機能による名称も古典に見える。使途によるものには『古事記』における「御頸珠」の頸玉、『万葉集』の「足玉も手珠もゆらに織る旗を……」

（巻十・二〇六五番）の足玉・手玉などがある。頸玉は首飾りと考えられ、装身具の中では最も普遍的なものである。足玉は緒で連ねた玉を足首に飾ったものと考えられ、『日本書紀』仁徳天皇40年条にも「足玉手玉」の記事がある。手玉は緒で連ねた玉を手首に飾ったものと考えられる。考古学上の出土例としては、ほかに耳玉がある。これは小玉を連ねて耳に着装したもので、耳環（イヤリング）と併用されるものは、耳朶につけられた耳環の上部に二連で横に着装している場合が多い。その併用は女性に限られ、巫女が使用したと考えられている。

御神体、御神宝としての玉

　玉は、たんに装身具としてのみでなく、宝器的・呪的性格をも保有する。『古事記』でも、伊邪那岐命が天照大御神に賜った御頸珠を「御倉板挙之神」として、そこに神霊を認め神格化している。

　玉を御神体、御神宝としている例は少なくない。例えば、『日本書紀』の「誓約」の段、第二の一書によれば、天照大神が玉を嚙み、生れ出でたのが宗像の三女神であると記している。『宗像社記』引用の「西海道風土記」逸文には、「宗像の大神、天より降りまして、埼門山に居ましし時、青蕤の玉を以ちて奥津宮の表に置き、八尺瓊の紫玉も以ちて中津宮の表に置き、八咫の鏡を以ちて辺津宮の表に置き、此の三つの表を以ちて神のみ体の形と成して、三つの宮に納め置きたまひて、即て隠りましき」とあり、『釈日本紀』巻七にも「先師説きて云はく、胸肩の神躰、玉たるの由、風土記に見ゆ」としている。

　兵庫の出石神社は「延喜式神名帳」に「伊豆志坐神社　八座」とある神社で、『古事記』応神天皇条に「天之日矛の持ち渡り来し物は、玉津宝と云ひて、珠二貫。（中略）拜せて八種なり。（此は伊豆志の八前の大神なり）」とある。『日本書紀』の垂仁天皇条にも天日槍の記事が見え「羽太玉一箇、足高玉一箇、鵜鹿々赤石玉一箇」と記され、「常に神の物とす」と記している。なお、同「一に云はく」には「葉細珠、足高珠、鵜鹿々赤石珠」とある。

　これらの玉については、昭和の歴史学者で神話学者である三品彰英の魅力的な説がある。即ち、羽太玉（葉細珠）は、「ハフト」、「ハフツ」、「ハフル」として勢いよく振る玉で、魂の発動を意味するという。足高玉は「タリタカノタマ」で「タカ」は美称であるが、「タリ」は「タル」（足）で充実を意味し、

ミタマフリに重要な意味を持つ呪言としての「足玉」である。とくに、出誕・成人式における再誕儀礼の際の湯坐の儀礼に呪能を発揮するという。ちなみに「湯坐」とは、貴人の新生児に産湯を使わせた役目の女性のことで、『日本書紀』の「海幸山幸」の段の第四の一書に「彦火火出見尊、婦人を取りて乳母・湯母、及び飯嚼・湯坐としたまふ。(中略)此、世に乳母を取りて、児を養す縁なり」とある。鵜鹿々赤石玉の「鵜鹿々」は赤々と燃えるように輝く「赫」かもしれず、その赤石玉であるから、本来、霊威を表示する赤色の意であろうという(「神功皇后の系譜と伝承」、『日本書紀研究』所収)。

なお、奈良の大和神社(大和坐大国魂神社 三座)も『大倭神社注進状』によれば「以二八尺瓊一為二神体一奉斎」とあり、千葉の玉前神社も、『古今著聞集』十の「上総国一宮の託宣に依りて明珠を得る事」によれば「明珠一果ありけり。彼御正体にたがふ事なかりけり」と伝えている。山梨の玉諸神社は『社記』に「神体者水晶之玉石ナリ」とし、『甲斐國志』などに同意の記事がある。ほかに群馬の赤城神社の旧御霊代は勾玉であり、九州の宇佐神宮、高良大社、千栗八幡宮(肥前国一宮)等には、『日本書紀』海幸・山幸の段などで語られている潮満瓊、潮涸瓊が神代以来の御神宝として伝えられているという。その他、式内社として、静岡の八幡神社(青玉比賣命神社)、鮑玉白珠比咩命神社など「玉」に由縁のある神社がある。同様な例を各地に求めることができるだろう。

特殊神事における玉

玉を御神体あるいは御神宝とすることは、玉に神秘性を求め、そこに呪的威力を認識した結果にほかならない。玉に潜む呪性の顕示は、玉をめぐる特殊神事としても表れる。著名なのが長野県の玉依比賣命神社の児玉石神事であり、この神事については大場磐雄の研究がある(『神道考古学論攷』)。『大日本史』の「神祇志」編纂準備のために記された研究書である『神祇志料』に、「凡毎年正月七日、神宝二百余顆の曲玉を出して、年の吉凶を占ふ。之を玉占神事と云」とあり、昭和17年(1942)には子持勾玉9、勾玉481、管玉35、切子玉4、丸玉5、小玉3、算盤玉1、平玉1、硬玉製大珠3、石器時代玉類16、磨製石鏃1があったという。正月7日、神職は覆面して「玉讀」を奉仕し、氏子総代は傍にあって「玉改」を行う。必ず、増減があるのを古例とするが、増加する場合が多く、その年は豊年を祝うという。

似たような例が、静岡の二宮神社の神事にあった。御神宝の勾玉は古来「飛び神様」と称されていて、現在でも、20年ごとの遷宮では「勾玉禊の儀」がある。ほかに新潟の斐太神社に、かつて90余個の勾玉が御神体としてあったというが、今は失われている。以上の3社は、いずれも式内社だが、文献は江戸期を遡るものがなく、玉類が御神体、御神宝とされた時期は不明である。ただ、内容は異なるが、奈良の石上神宮の禁足地から出土した玉類が、上記の玉のあり方に一つの示唆を与えている。

　石上神宮では、明治初年（1868）、その禁足地から多数の玉類が発掘された。禁足地は聖域として区画され、神体同様にみなされていた。大場磐雄の『石上神宮宝物誌』によれば、出土玉類は勾玉11、管玉292、弦月形管玉1、菱形管玉1、棗玉9、計314で、勾玉はすべて良質の硬玉製で、他の玉類も優品であった。ちなみに、これらの玉類は古墳時代前期の遺物に関係が深い。

　『日本書紀』垂仁天皇39年10月条に「五十瓊敷命に命せて、石上神宮の神宝を主らしむ」とあり、「一云」には「楯部・倭文部・神弓削部・神矢作部・大穴磯部・泊橿部・玉作部・神刑部・日置部・大刀佩部、拝せて十箇の品部をもて、五十瓊敷命に賜ふ」とあって、玉類の生産に従事した玉作部との関係も記されている。また、同87年2月条に、丹波国の山の獣・牟士那の腹の中から出た八尺瓊勾玉が納められ、同88年7月条には天日槍将来の羽太玉をはじめとした神宝を「神府」（石上神宮）に蔵めるとある。石上神宮の「神宝」は武器類が主であるが、玉類は石上坐布留御魂神社の名のごとく、「タマフリ」すなわち鎮魂の呪具の一つとも考えられる。

幣帛、御料としての玉

　玉は幣帛（みてぐら）として、あるいは神の調度、神衣の料としても用いられている。

　『古語拾遺』神武天皇条には「天富命をして、諸の斎部を率て、天璽の鏡・剣を捧げ持ちて、正殿に安き奉り幷瓊玉を懸け、其の幣物を陳ねて殿祭の祝詞す」とあり、『延喜式』巻一「四時祭」の「園幷に韓神三座の祭」には「五色玉一百枚（中略）已上は神祭の料」、「平岡神四座の祭」の「散祭の料」には「五色玉二百丸（中略）、已上は神祇官の請ふ所」を挙げている。同じく「大殿祭」の条には「忌部、玉を取りて殿の四角に懸けよ。（中略）次に

湯殿に至りて玉を四角に懸けよ。次に厠殿の四角に懸けよ。次に御厨子所の四角に懸けよ。次に紫宸殿の四角に懸けよ」とあり、その玉の使途を見ることができる。

しかし、この本意は、『古事記』天孫降臨の段に「幷せて五伴緒を支ち加へて、天降したまひき。是に其の遠岐斯（分註略）八尺の勾瓊、鏡（中略）を副へ賜ひて、詔りたまひしく」とある「遠岐斯」であろう。これは「招きし」で本来は神の「招代」の具としての玉で、『古事記伝』巻十五にも「招禱これなり」としている。『古事記』天石屋戸の段に「天の香山の五百津真賢木を根許士爾許士て（分註略）、上枝に八尺の勾瓊の五百津の御須麻流の玉を取り著け、中枝に八尺鏡（分註略）を取り繋け、下枝に白丹寸手、青丹寸手を取り垂でて」（『日本書紀』、『古語拾遺』に同意の文あり）とあるのも同じ「招きし」のものであろう。

一方、『日本書紀』景行天皇12年9月条に、「周芳の神夏磯媛」が「則ち磯津山の賢木を抜りて、上枝には八握剣を掛け、中枝には八咫鏡を掛け、下枝には八尺瓊を掛け、亦素幡を船の舳に樹てて、参向て啓して曰さく」と、剣・鏡・玉を賢木にとりつけ、天皇の使者を奉迎したのは服属儀礼としての祭祀権の献上であろう。同仲哀天皇8年正月条の「岡懸主の祖・熊鰐」や、「筑前国風土記」逸文の「怡土の懸主等が祖・五十跡手」が、賢木に玉・鏡・剣を掛けたのも同様である。しかし、その行為にも神を招ぎ迎えることに通ずるところがある。

『万葉集』にも「……吾が屋戸に　御諸を立てて　枕辺に　斎戸を居ゑ　竹玉を　間無く貫き垂り……」（巻三・四二〇番）、「斎戸を　石ひ穿り居ゑ　竹珠を　間無く貫き垂れ　天地の　神祇をこそ吾が祈む……」（巻十三・三二八四番）などがあり、そこから、その奉斎の様を知ることができる。『新撰姓氏録』（右京神別）の「玉作連」の条でも「玉を造作りて神幣と為たまひき」とある。ちなみに『万葉集』などの古典にいう祭祀用の「竹玉」は、考古学的には、竹管を輪切りにしたような形をした平らな臼玉や管玉があたるとされている。

祭祀形態としての玉

『出雲国造神賀詞』を見ると、「白玉の大御白髪まし、赤玉の御赤らびまし、青玉の水の江の玉の行相に、明つ御神と大八島国知ろしめす、天皇命の手長

の大御世を……」とある。これについて明治から昭和の国学者・山田孝雄(よしお)は『出雲国造神賀詞義解』で、「白玉乃云々、赤玉乃云々と一々かぞへて言寿ぎ奉り、青玉乃は特別に行相爾と云ったものであろう。そうすると、これは白、赤、青の三色の御統(みすまる)の玉一連として進らせたのであろう」として、『延喜式』巻三「臨時祭」の「国造、神寿詞(かむよごと)を奏す」の条にある「玉六十八枚(ひら)、(赤水精(あかすいしょう)八枚、白水精(しろすい)十六枚、青石玉(あおいしだま)冊四枚)」の記載から「赤玉八枚が等距離に配置せられ、白玉十六枚がその八枚の赤玉から等距離に二枚づつ配置せられ、その赤玉と白玉との間二十四の位置に青玉四十四枚が二枚若くは三枚左右対称的に配置」されたと解した。ちなみに「御統」とは、『日本書紀』の「誓約」の段に「其の物根(ものざね)を原(たず)ぬれば、八坂瓊五百筒御統(やさかにのいおつみすまる)は、是(これあ)吾が物なり」とあり、天照大神が身に着け、ここから五柱の男神が現れている。「物根」とは物実のことで、物事の種になる「ものしろ」のことをいう。山田孝雄が述べている玉の構成が妥当であるか否かは別として、ここでは玉を「物実」として賀詞を奉るという祭祀形態に留意したい。

　玉は本来、服飾具の一つである。したがって、服飾具として神に捧げられたものが神宝となり、また、器物などに付帯して主体性を持つことなく存在するものもある。『延喜式』巻四「伊勢大神宮」の「神衣祭(かむみそのまつり)」には、御衣付属品に「頸玉・手玉・足玉の緒、袙襪(ふくろしとうず)の緒等(など)の絲(いとおのおの)各十六条」と記されている。

　一方、祭祀の玉の一つとしては『延喜式』巻三「臨時祭」に「富岐玉(ふきだま)」の条があり、「凡出雲国の進(たてまつ)る所の御富岐玉(みふきだま)六十連(つら)は、(三時(さんじ)の大殿祭の料に卅六連、臨時に廿四連。)毎年十月以前に意宇郡(おうのこおり)の神戸の玉作氏(たまつくりうじ)をして造り備へしめ、使を差(つかわ)して進上(たてまつ)らしめよ」とある。この御富岐玉は『古語拾遺』に「櫛明玉命(くしあかるたまのみこと)が孫は、御祈玉(みほきたま)(古語に、美保伎玉(みほぎ)といふ。言ふこころは祈祷(はぎ)なり。)を造る。其の裔(すえ)、今出雲国に在り。年毎に調物(みつきもの)と共に其の玉を貢進(たてまつ)る」とある御祈玉、美保伎玉である。この御祈玉について、かつて考古学的には「御吹玉」でガラス製の玉と解されたが、「古語に美保伎玉」「言ふこころは祈祷なり」とあることからも「御祷(みほぎ)」で、広義の祭祀用の玉と解するのが妥当である。したがって、特定の玉を指すものではなく、『出雲国造神賀詞』に「御祷の神宝(かむだから)献(たてまつ)らく、と奏(ま)す」とある白玉、赤玉、青玉に該当する。

玉の変遷　考古学的視点から 1

　若干の加工を加えた石や貝類に孔を穿ち、装飾の具としたものを玉と称するなら、それは縄文時代の開始期に出現が見られる。しかし、玉が美麗と稀少と耐久性にその要素を求めて定型化し、信仰的要素を加味してくるものとすれば、硬玉製大珠や勾玉といった出土品の存在から、確立は縄文時代中期に求めていいだろう。玉が形而上の意味をも有し、それが考古学上の現象として普遍的に把握されるのは弥生時代以降になろう。主体となるのは管玉、勾玉で、ガラス製小玉なども加わる。

　古墳時代の玉は、大きく3期に区分される。第1は弥生時代以来の伝統的な硬玉製勾玉を中心とし、第2は玉の種類・色彩の豊富化、第3は瑪瑙が多出し多彩化を失う時期である。これを古墳時代の区分でいえば、おおむね前・中・後期のそれぞれに比定される。

　第1期（前期）の玉の性格は、鏡、剣（刀）、玉のセットにより首長としての権威と呪性を顕示するものといわれ、4世紀を中心とする前期古墳にこれが認められる。しかし、鏡、剣、玉は必ずしもセットとしてのみは存在していない。玉の呪的性格は、むしろ副葬品としてのあり方に認められる。

　玉は装身具として遺骸に着装された状態で検出されることが多いが、これが生前からのものであるか、死後の装いとして着装されたものかは判然としない。しかし、玉が遺骸に添えられて別個の場所に意識的に配置されている場合は、死者に対する玉の呪性の存在を想定せざるをえない。しかも、多分に呪的性格を帯びた玉の主な生産は、第2期以降とは異なり特定の玉作工房において行われていたのである。

　祭祀遺跡は少なくとも5世紀前半頃に出現し、やがて爆発的に盛行していくが、その祭祀形態は前代とは明らかに異なるものだった。前期の祭祀が古墳に集約されていたのに対し、中期の祭祀は古墳祭祀とは分離したものになっている。このことは、古墳時代前期の被葬者すなわち首長が、祀祭者的性格も保有していたのに対し、中期に至って職掌の分化がなされ、祭祀司掌者が新たに出現、あるいは確立され、祭祀のある部分が分離されてきたことを示している。これを葬祭の分離として把握してもいいだろう。

　玉もまた、祭祀司掌者の神祭りとしての玉と、首長の従来の伝統を司る玉とに分離されている。そのため、第2期（中期）の玉は、材質・形状・色彩など

が多彩になってくるのである。そして、それを出土状態から観察すると、その種類に応じて、「古墳の副葬品」、「祭祀遺跡」、「単独出土」という特色がある。極言すれば、呪的・宝的性格を保有していた第1期の玉が、宝的性格において「古墳の副葬品」に、呪性から祭性への変移において「祭祀遺跡」に出現し、呪性の伝統的残存が「単独出土」へと分化したものと考えられるのである。

子持勾玉　考古学的視点から2

　ここで、玉の呪的性格に関連して、重要な存在として挙げられるのが子持勾玉である。子持勾玉は5世紀中葉頃から盛行し、各種の型式が出揃って、若干は古墳などから出土するが、大部分は単独出土と祭祀関係址出土である。子持勾玉がどのような契機で発生したかは、勾玉の信仰的意義と性格の追究において極めて重要である。従来、魚形説、蚕形説などが出され、その原始形態は動物形であるといわれていたが、大場磐雄は『武蔵伊興』で「勾玉に対する呪力を強化して同形の子を付着させたものがその発想であったとみたい」と説いている。これは玉の本性に迫る卓越した見解である。

　子持勾玉出現の必然性と契機とを見ると、第1期の玉が第2期に至りその本質性を分化させたとき、第1期に保有していた呪的本性は祭性と呪性に分化され、呪性の継承が子持勾玉に集約された。子持勾玉の出土が、それが単独であっても、ある特別な行為の址を思わせ、信仰的儀礼の考慮を必要とするかのような状態を示していることは、その呪性が現象面に表示された結果にほかならない。そして、呪的本性が集約強調される過程において、第1期の玉の中で最も呪性の強大なものとしての勾玉、さらには連ねて綴じられた玉、即ち八坂瓊之五百箇御統などに表示される玉々……の意識が、1個の勾玉に、多くの小勾玉を付着させ、子持勾玉として出現したと推察される。

　なぜ、連綴された玉でなく、1個の玉として呪力を強化集約させなければならなかったのか。それは玉の分化に際して、連綴された玉が従来の伝統から分離されることなく、司政者のもとに保持されなければならなかったからであると思われる。このことは「瓊」および瓊の付される「八坂」、「五百箇御統」という連綴の玉を表示すると思われる語が、子持勾玉の出現する5世紀以降、換言すれば「仁徳天皇紀」以降に記載をみず、そして、「瓊」が天皇および関係者の御名のみに使用されていることからも証明されよう。

以上のように、玉の呪性の主体が、第2期において首長の手から離れ、祭祀司掌者あるいは共同体のものとして転移したところに、子持勾玉の急激な出現と盛行の意義が存在するものと思われる。このことはまた、玉の分化において、祭祀遺跡における祭祀遺物としての玉が、政治と軍事の神祭りの祭性において強調されていることとも関係していよう。

　第3期（後期）になると、第2期的玉は急激に消滅の途をたどる。即ち、祭祀遺跡や子持勾玉の減少である。そして古墳副葬品としての玉も、各種材質の玉類が認められるものの多彩化を失ってくる。

　7世紀に入るころになると、飛鳥寺の塔心礎（塔の心柱の礎石）に埋納された玉類に見られるように、仏教的色彩が濃厚に認めらる。それが古墳出土品と同一のものであり、その埋納形態に類似性を認めたとしても、もはや本来の意味は失われてきていることを示していよう。

【参照事項】
さんしゅのしんき　かみだな　しんたい　じんぽう　とくさのみずだから　へいはく　じんじゃさいしき（以下『宗教編』）みとがく　ごごしゅうい　えんぎしき　かみ　むすび　にぎみたま、あらみたま　さきみたま、くしみたま　みたまのふゆ　れいこんかん　たかいかん

㉜　しめなわ　注連縄

　神前、あるいは神を勧請する神聖・清浄な場などを標示するために引き渡し、または引きめぐらす縄である。

起源と諸説

　室町時代末期の吉田兼右による『諸社根元記』中巻の「注連之事」には、「石窟ノ前ニ縄ヲ張テ日還入リ給ハヌヤウニスルナリ、今ノ注連是也、注連ハ藁ヲ以テ打ヌ左縄ニ糾フ物ナリ」とある。注連縄は、古来、左綯いに綯うものとされ、適宜の間隔で藁の端を垂らし（締め残し）、紙垂を付けるのが一般的な形式である。「しめ」の語は、『万葉集』では多く「標」と表記されるように、土地や物を占有し、そのことを社会的に承認させるために、木の枝をその土地に刺したり、あるいは何かを結いつけたりして印をつける意味である。したがって、注連縄は神の占有する場として、縄を張ってこれを標示し、立ち入りなど

を禁じたものといえよう。

　その表記について、真野時綱は『古今神学類編』（二十六　祭物）で、「印結」「標縄」「葦縄」「七五三」「一五三」「鎮」などを挙げている。その他にも「御清縄」「〆縄」「締縄」「示縄」「著見縄」「四手縄」などを挙げることができる。

　注連縄の起源としては、古来、「記紀」の「天岩屋戸」の段の「しりくめ縄」が挙げられる。『日本書紀』には「是に、中臣神・忌部神、則ち端出之縄（縄、亦云はく、左縄の端出すといふ。此をば斯梨倶梅儺波と云ふ）」とあり、『古事記』には「布刀玉命、尻久米（分註略）縄を其の御後方に控き度して白言ししく、此れより内にな還り入りそ」と記されている。

　宣長は、この解釈について、『古事記伝』巻八で以下のように述べている。

尻久米縄は、今いふ志米縄なり（約むればおのづから理久は略て、志米といはるゝなり。又思フに志米は標結などの標の意か。（中略）土佐日記に、こへのかどのしりくめなはとあり。尻は藁の本をいひ、久米は許米にて（中略）藁の尻を断去ずて、きながら許米置たる縄なり。（中略）書紀に端出之縄と作て、此ヲ云フニ斯梨倶梅儺波ー（此下に、亦云ニ左縄ーとある四字は、後ノ人の加へたるべし。）とあるにて知べし。端出とは、断ざる藁の尻の出たる由にて、即チ後世の志米縄の状なり。（中略）（和名抄に、顔氏家訓の注連ノ字を挙て、之利久倍奈波といへれど、よく當れりとも所思ず。）又師ノ説には、尻は後方の意、久米は限目にて、今天照大御神の御後方に、引わたしたる限リ目の縄なる意なりとあるも、さることなり。いづれならむ決めがたし。

　このように、尻は藁の本であり、これを断り捨てずにこめ置いたものとする自説に併せ、天照大御神の御後方に引き渡した界の縄とする師・賀茂真淵の説をも記し、いずれとも決めがたいとしている。

　宣長の解説の中にもあったように、平安時代中期の辞書『倭名類聚抄』では、中国・北斉の『顔氏家訓』での葬送儀礼を引きながら、「注連」を「シリクベナハ」と訓んでいるが、『大言海』は、それを受け、シリクメは「後方遮閉」の義としている。これは真淵の説に近い。

　飯田武郷は『日本書紀通釈』で、「さて田沼善一云。しりくめ縄と云ふ義は。明著く見え縄と云ふ言の約れるなり」との説も挙げている。

　また、『古語拾遺』の「天石窟」条には、「天児屋命・太玉命、日御綱（今、

斯利久迷縄といふ。是、日影の像なり。）を以て、其の殿に廻懸らし」とある。大正から昭和の民俗学者で島根県・佐多大社宮司を勤めた朝山晧は、『しりくめなは考』において、正月の輪じめが、末端近くの綯い目に挿し込んで丸く輪にするところから、シリクメは尻り組みであり尻込めであって、縄の末端を本端に込めたもの、組んだものであろうとし、日御綱は、輪注連だとするのが最も近い考え方ではあるまいかと述べている。

シメ縄とシリクメ縄

さて、『万葉集』（巻十・二三〇九番）には「祝部らが斎ふ社のもみぢ葉も標縄越えて散るといふものを」とあって、古くからシメ縄の語が使用されており、シメ縄とシリクメ縄の両語は並行して使用されていたようである。『万葉集』には、ほかに「縄」をシメと訓む例があり、「標結」「標結立」などの語が見られる。「結う」という語からは当然縄が連想されるが、「標指す」「標立つ」の表現もあり、標木、標柱などを指し立てたと思われる表現もある。

「シメ」は祭祀に用いられるものに限らず、広く日用語として占有などを表現するものとされていた。そして、その行為は、縄を張って標示・区界することが多く、縄の字にシメを訓ずることも行われていったのではないだろうか。祭祀用のシメ縄は、日用のものと区別するため、とくに左綯いとする習いもいつしか生じたものだろう。一方、シリクメ縄は、天岩屋戸神話を起源説話として、『土佐日記』にも見えるように、正月の用具も含めて祭祀用の語として使用されたものが、シメ縄が祭祀語として一般化したため、駆逐されたようである。

【参照事項】
ちのわ

㉝ ちのわ　茅の輪

チガヤを束ねて輪とした祓の具。6月晦の夕方に、神社の境内に竹を立て、高さ2メートルぐらいの茅の輪を吊り、参詣者がこれをくぐるのが、今日の一般的な形態である。

「六月祓」「なごし（夏越）の祓」「輪越しの神事」などと呼ばれ、左まわり右まわりと3回くぐるところが多く、和歌を唱える習わしも伝承されている。

この唱えごとの歌は、室町時代の一条兼良の『公事根源』に見える。

けふは家々に輪をこゆる事有、

　　みな月のなごしのはらへする人はちとせのいのちのぶといふなり

此歌をとなふるとぞ申つたへ侍る。然るに法性寺関白記には

　　思ふことみなつきねてあさの葉をきりにきりてもはらへつる哉

此うたを詠ずべしとみえたり。

『法性寺関白記』は、平安時代後期の藤原忠通の日記であるから、この唱え歌は12世紀から続いていたことが分かる。茅の輪行事は、中世以降、吉田神道、伯家神道それぞれで様式化した形跡があるが、とくにこの行事を広めたとは推定されない。この行事を行う神社は広く全国に分布するが、素戔嗚尊や牛頭天王など出雲系の神を祀る神社に多く、古い形が伝承されている。

茅の輪と暦法

『釈日本紀』所収の「備後国風土記」逸文「疫隅国社」の条には、次のような記事がある。

　　備後の国の風土記に曰はく。疫隅国社、昔、北の海に坐しし武塔神、南の海の神の女子をよばひに出でまししに、日暮れぬ。彼の所に将来二人ありき。兄の蘇民将来は甚く貧窮しく、弟の巨旦将来は富饒みて、屋倉一百ありき。爰に武塔神、宿処を借りたまふに、惜みて借さず、兄の蘇民将来、借し奉りき。即ち、粟柄を以ちて座と為し、粟飯等も以ちて饗へ奉りき。爰に畢へて出でませる後に、年を経て、八柱のみ子を率て還り来て詔りたまひしく、「我、将来に報答為む。汝が子孫其の家にありや」と問ひたまひき。蘇民将来、答へて申ししく、「己が女子と斯の婦と侍ふ」と申しき。即ち詔りたまひしく、「茅の輪を以ちて、腰の上に着けしめよ」とのりたまひき。詔の随に着けしむるに、即夜に蘇民の女子一人を置きて、皆悉にころしほろぼしてき。即ち、詔りたまひしく、「吾は速須佐能雄神なり。後の世に疫気あらば、汝、蘇民将来の子孫と云ひて、茅の輪を以ちて腰に着けたる人は免れなむ」と詔りたまひき。

この説話は、安倍晴明が編纂したと伝承される『簠簋内傳金烏玉兎集』、室町時代以前の成立とされる『祇園牛頭天王縁記』、安居院の『神道集』などに詳しく記されている。ここに見える「八柱のみ子」は、方位を司る暦の八将

神で、この説話はインド暦法、つまり宿曜の基幹をなす暦神神話である。明治の改暦に至るまでの日本の暦法の法理は、牛頭天王・蘇民将来の説話を離れては説明できない。そのインドの暦神が、「風土記」の昔において須佐之男命と習合しているのは、須佐之男命がもともと迎年にかかわる暦の神としての性格を持っていたからであると思われる。出雲の須佐神社が節分の日に茅の輪を頒け、京都の八坂神社の竍火が新年の火種として持ち帰られることなどは、その性格を示している。

茅の輪と注連縄

　蘇民将来は、むしろ「蘇民将来之子孫也」と記した八角錐の木製の呪具の名として知られている。これを正月に観音堂で頒け、あるいは奪いあう行事が各地にあり、伊勢のように、正月のしめ縄にこの文言を記した木札を付けるところがある。茅の輪はしめ縄の原型であり、須佐神社の節分の茅の輪を、人々は「年越のしめ」とも呼んでいる。名越の祓にくぐる茅の輪と迎年に張るしめ縄とは機能を同じくする。

　茅の輪はチガヤで作るから、その名がある。しめ縄は稲藁で作るが、須佐神社のものは藁で編んで、茅の輪ともしめ縄とも呼ばれている。古く、「スガヌキ」といわれたのはスゲで作ったからで、「菅抜」「清貫」などと記されている。材料の差は、季節や環境による違いであると思われる。

　「風土記」の逸文に見える茅の輪は、腰に着ける小形なものであった。身に着ければよかったらしく、首にかけもした。先の忠通の『法性寺関白御集』によると、6月にスガヌキを首にかけて、夕暮れに水辺で祓をしていたことが分かる。能の「水無月祓」では、賀茂に詣でたシテが手に小さな茅の輪をさげて登場するし、今でも、京都の御香宮神社では、受けて来た茅の輪を一日だけ鉢巻のように頭に巻く習慣がある。それらは、形の大小はあっても輪の形をしているが、解けば長い一本の縄の形になる。群馬県板倉町の雷電神社の茅の輪は、人々がくぐった後、解いて縄状とし利根川に流した。

　しめ縄が茅の輪であることは、その形態からも分かる。「輪飾り」と呼ばれ、藁の茎を長く垂れた形のものは、その輪の部分は左右の端を撓めて束ねた形になっている。「一文字」と呼ばれる横長のものは、その束ねを解いた形である。この2種類が「シメナワ」の原型であり、「牛蒡じめ」などさまざまな呼称で

呼ばれるものは変形にすぎない。

茅の輪と注連縄の歴史

　「風土記」逸文に見えるように、茅の輪を身に着けることは疫を避ける呪法である。神から授けられたという伝承は、この習俗が権威をもって伝えられてきたことを語っている。そして、年中行事として定期的に行われるようになり、一方で、村の入り口や、神社の社殿、鳥居にしめ縄が常時張られることになった。民家でも伊勢・志摩・安房のように、一年中張ってある地方もある。

　また、正月の神を迎えるために、しめ縄を張る習俗もこれによって説明できよう。平安時代の紀貫之の『土佐日記』元日の条には、「こへ（小家）のかどのしりくべなは」とあり、民間の習いであったことを示している。これは、安房で年棚に、厄神さまの座を設ける慣習があることとともに、迎年の行事が須佐能雄神の神話と密接に連なることを示しているといえるだろう。

　宮中や堂上公家には正月にしめ縄を張る習俗はなかった。緊急の場合に、内侍所にしめを引いた例は、後世のものながら、延宝8年（1680）8月、後水尾天皇が崩御されたときのことが、東園基量の『基量卿記』に記されている。これは、「記紀」『古語拾遺』の天岩屋戸の神話を解釈する手がかりとなるだろう。茅の輪行事も、もとは宮中や公卿にはなかったものと思われる。先の『法性寺関白御集』に、菅抜を首にかけるのが「世上」の「流例」であるといっているのは、民間の習俗が公家社会に流入したものであることを示している。藤原氏は、その流例を取り入れ、平安時代から茅の輪行事を行っていた。藤原氏嫡流の年中行事を記した『執政所鈔』には、「六月晦日の御禊身」で「八足供物　居茅輪、立小幣、供瓜、茄子、桃」と見えている。このとき、折敷に供物として、茅人形と解縄を供えることが並記されていることは注目に値する。

　鎌倉幕府には所見がない。室町幕府も古くは行わなかったようだが、応仁の乱後の文献に行事の記録が残っている。

竜蛇の形象

　出雲大社で茅の輪行事が行われていたことは延宝7年（1679）に幕府に答申した「年中行事書上げ」に見えているが、明治5年（1872）からの祭祀暦では省かれた。現在は、神楽殿で一般にも行われているが、これは、もともと

社家の行事だったものである。場所は国造家の一室で、祓を受ける人は、手に茅ガヤを1本ずつ握って室の中ほどに立ち、左右の肱を曲げて手を肩の前に位置する。そして、茅の輪を持った人が、祓いを受ける人の後ろに立ち、その頭越しに茅の輪を前に振り下ろし、祓いを受ける人は、背後から振り下ろされてくる茅の輪を飛び越える。これを3度繰り返すというもので、茅の輪と呼んではいるが、実際は長さ2メートルほどの太い綱である。

　鹿島神宮の大宮司の宅で行われる名越の茅の輪行事は、室町時代の「鹿島宮年中行事」に見えている。

　　先、現座ノ祓有リ。上ニ茅ヲ以、七尺竜虵ノ形ヲ作リ、同一尺二寸剣作リ、ソノ剣、大宮司所持シテ、東向立テ虵形ノ輪ヲ左ノ足ヨリ越始、三度越。
　　役人、虵形ノ躰、大宮司烏帽子ノ上ヨリ打越、云々

つまり、鹿島でも、大宮司の頭越しに、綱状の茅の輪が打ち越されるわけである。そして、その茅の輪がここでは「竜虵（蛇）ノ形」と意識されている。茅の輪は「蛇」の形象なのである。しかも、大宮司は1尺2寸の剣を持って茅の輪を3度越えるのである。出雲では、出雲国造が茅ガヤを持って立っていた。その茅ガヤは剣を意味するものではないかという憶測は当然のものだろう。

　大和の石上神宮と常陸の鹿島神宮は、素戔嗚尊が八岐大蛇を斬った十握剣を祀っている。この神剣が石上から鹿島に移ったともいわれ、一方では摸した副刀ともされるが、どちらも八岐大蛇を斬った剣を奉祀した。『古語拾遺』に、この「天 十握剣 (あめの とつかつるぎ)」に註して、「其の名は 天羽々斬 (あめの は は き り)といふ。今、石上神宮に在り、古語に、大蛇 (おろち)を羽々 (は は)と謂ふ。言ふこころは蛇を斬るなり」とある。

　石上神宮の六月晦の行事は、江戸時代中期に編纂された絵入りの百科事典『和漢三才図会』に「劔を鳥居の外に出だし奉る」とあり、大和名所記である『和州 旧跡幽考 (しゅうきゅうせきゆうこう)』に「袋にをさめて鳥居の外まで出し奉り」と記されている程度で、詳しいことは秘されてきた。実際に奉仕した人に聞くと、羽々斬の神剣を、抜き身のまま捧げて、布留の川辺に赴き、祓殿で茅の輪をくぐって本殿に還るのだという。このことから鑑みて、茅の輪が竜蛇の形象であるならば、その行事は、毎年、繰り返される蛇斬りの摸擬であるといえるだろう。

　姫路の廣峯神社も素戔嗚尊を祀り、しかも、暦学に貢献した吉備真備ゆかりの神社である。以前は、同社の茅の輪は拝殿の床の上に設置され、茅の輪の上には 人形 (ひとかた)が挿されていた。茅の輪の人形の例はほかにも見られるが、この場合

の人形は、撫で物、禊として流しやるもの、というよりも素戔嗚尊の頭髪に挿された櫛としての奇稲田姫を形象するもののようである。

　大神神社の茅の輪行事として、一般に「おんぱら祭」と呼ばれているものがある。これは、第一鳥居の近くにある摂社・綱越神社の例祭となっている。おんぱら祭という名称は、「お祓」の訛と思われるが、厳密にいえば、禊祓は祭りの一部というよりも、祭祀の前提あるいは準備というべきで、祓そのものが祭祀ではありえないはずである。したがって、おんぱら祭という名称は矛盾になってしまうが、庶人が祭りという言葉を広義に用いるようになったことからきたものであろう。その祓の行事を司るために、特立の神社が存在するというのもほかに例を見ないが、この行事が大神神社にとって重大な意味を持つことを語るものといえよう。そして、綱越神社という名が、綱状のものを越すことを意味していることは、大神神社の茅の輪くぐりの神事が、古くは、輪でなく、綱を越す形で行われていたことを推測させる。また、大神神社には、ご祭神が「ヨバイ」に通われたあとに糸の輪が3勾残っていたという、神婚説話と地名伝説とが結合した、いわゆる三輪型神話が存在する。この糸の勾が、スガヌキ・茅の輪と形を同じくし、さらに、この神の姿が蛇体であったことにも注目したい。

しめ切りの行事

　「シメナワ」が茅の輪であることは、しめを切ることが、茅の輪を斬ることと同じ意味を帯びていることを示す。しめ切りの行事は、三重県志摩郡安乗の八幡神社の正月行事「注連縄切り神事」が知られており、長い藁のしめを3段に切りはなつ。土地の人々は、このしめが蛇であるという観念を保っている。富士山の山開きにも、しめ切りが行われるし、鞍馬寺の「竹伐り会式」は6月の行事で、本堂に持ちこんだ4本の青竹の本末を伐って三つにする。それを竜ヶ嶽の峯に捨てるのを、蛇捨ての秘法といっている。同時に、廻廊の欄干に縛りつけてある細い4本の竹は、植えて育てる。切り捨てるのは雄蛇で、生かして植えるのは雌蛇であるという。これは、藤原氏の『執政所鈔』や一条兼良の『桃華蘂葉』などが、茅の輪・清貫と並べて「解き縄」の行事を記していることと対応するものと思われ、司水の神としての竜蛇の生殺を意識している。

　しめ切りの行事は京都の祇園祭にもある。祇園祭の山鉾巡行は、祓の行事で

あり神社は直接には関わらない。祇園祭の中心が、山鉾の風流にあるかのように考えるのは本来の意義を忘れたものである。しかも、この祓の行事の本質は、初めに行われるしめ切りにある。鉾の先頭が長刀鉾であり、さらにいくつかの鉾が練り歩くことも、しめ切りが山鉾巡行の中心であることを示しているもので、鉾は単なる飾りではない。

【参照事項】
さいじょう　かみだな　しめなわ　さいかい　とくしゅしんじ
(以下『宗教編』) はっけしんとう　みそぎはらえ

さいかい　斎戒

祭祀を行う前に、心身を清浄にするための心意的・行動的な慎みの状態のこと。「イミ」(忌)、「モノイミ」(物忌)、「イハヒ」「ユ」(斎)の古語がそれに当たり、民間で用いる「精進」や「籠り」の観念にも斎戒の要素が含まれる。祭祀を行うために、祭祀者が日常的な心意から脱し、日常的な行為を禁忌するため、ある特定の期間を特定の場所で慎むことが多い。そのような行為を潔斎と呼ぶ。

斎戒と古典

神を迎えるための祭前の慎み、清浄へと至る準備段階としての物忌は、古くから行われてきた。

　　誰そこの屋の戸押そぶる新嘗にわが背を遣りて斎ふこの戸を

　　(大意／家の戸を音をたてて押すのは誰でしょうか。新嘗の祭りで、夫を外に出して潔斎しているこの戸を)

『万葉集』(巻十四・三四六〇番)のこの歌には、霜月の新嘗の夜の女性の姿を彷彿とさせるものがある。

また、『常陸国風土記』の「筑波郡」の条には「新粟の新嘗して、家内諱忌せり、今日の間は、冀はくは許し堪へじ」とあり、新嘗の前夜に外来者を近づけず、家の中で物忌をしている姿が忍ばれる。このような習俗は、おそらく稲作農耕の開始とともにあったかと思われる。斎戒の原型を伝えるものであろう。

また、『日本書紀』には、神武天皇即位前紀の己未年条に「天皇、前年の秋

九月を以て、潜に天香山の埴土を取りて、八十の平瓮を造りて、躬自ら斎戒して、諸神を祭りたまふ」とあり、崇神天皇7年条の「天皇、乃ち沐浴斎戒して、殿の内を潔浄りて、祈みて曰さく」などが見えている。

斎戒の制

　斎戒についての制度は「大宝令」によって定められたのが初めである。「即位後の大嘗祭」の条に「散斎一月、致斎三日」とあり、同時に散斎を「荒忌」「大忌」といい、致斎を「真忌」「小忌」ともいった。そして、「大祀」の大嘗祭には散斎1か月に致斎3日、「中祀」は散斎3日に致斎1日、「小祀」には散斎はなく致斎1日と定めた。後には、散斎にあたるのを「外清浄」、致斎を「内清浄」ともしたが、この二つの斎戒の内容は異なっている。『唯一神道名法要集』によれば、「問ふ、散斎、致斎とは何ぞや。答ふ、散斎とは神事の当日を定め、件の前後の間、精進潔斎す、是を前後の散斎と云ふ。即ち外清浄の行儀是なり。致斎は神事正当の日、格式の文の如く六色の禁法を守り、一心不乱にして神事随ふ。是を致斎と云ふ。即ち内清浄の行儀是なり」とある。

　『大宝令』によると、散斎の期間中は「諸司事を理むること旧の如くせよ。喪を弔ひ、病を問ひ、宍を食ふことを得ざれ。亦刑殺を判らざれ、罪人を決罰せざれ。音楽を作さざれ、穢悪の事に預らざれ。致斎には、唯祭祀の事をのみ行なふことを得。自余は悉に断めよ」というように、「六色の禁」を挙げて説明している。大祀では、神祇官や神宮などの官吏も、11月の1か月間は散斎として六色の禁を守り慎みの生活を送りつつ執務に従うが、大嘗祭の当日と前2日の致斎は祭祀の奉仕だけを行った。

　田中初夫は『神道辞典』（昭和43年／1968）所収の「散斎」において、『礼記』に見える「内に致斎し、外に散斎す」や、同書「祭統篇」の「故に散斎七日を以て之を定め、致斎三日以て之を斎ふ。斎とは精明の至なり。然る後以て神明に交るべし」などを引用し、「神祇令」の制が中国の『礼記』に依拠していることを示した。そして、「斎戒を重んずる精神は我国も支那も同様であるが、祭祀の意義が『礼記』では父母祖先を祀るに重点が置かれているが、我国では天神地祇を祭る。祭祀の対象は異なるが、精明の徳を致すにあることは同じである」と指摘している。

　斎戒中の諸種の禁忌条項を別にして考えるならば、大祀は践祚大嘗祭のみに

限定され、中祀は『延喜式』巻一「四時祭」では祈年祭、月次祭、神嘗祭、新嘗祭と賀茂の五祭となっており、ほかはすべて小祀であるから、むしろ、大嘗祭を頂点とした皇室の御祭儀と賀茂県主家の祖先祭りとが重視されているという点では、祖先を祭るための斎戒という『礼記』の精神をそのまま受け容れているとみることもできる。

　散斎は致斎のための心身の慎みと清浄へ到達する準備期間であり、致斎は祭祀を完全な形で現出させるための、時間（祭日）と空間（祭場）、対象（祭神）と主体（祭祀者）の交流を可能にする絶対的な契機である。祭祀に日常的心意や行為が禁忌されるのは、祭祀が非日常的な世界だからである。

　だが、斎戒は非日常的な祭祀を実現する目的を持ちながら、同時に、日常へ復帰することを前提にして成り立つ。聖なる神と交流する条件に到達した人間は、日常へ復帰するための斎戒、つまり「解斎(げさい)」の過程をとる必要があった。「直会」もそれにあたる。荷田在満の『大嘗会儀式具釈(ぐしゃく)』によると、天皇は卯日祭の翌日の辰日に、御手水と御粥を召される。そして、『延喜式』巻七「践祚大嘗祭」によると、翌巳日には七種粥、翌午日には一種粥を召されて歌舞や飲食が行われている。

斎戒と禁忌

　斎戒の内容を理解するためには、禁忌を理解することが必要である。「神祇令」では「六色の禁」が挙げられていたが、これは唐の祠令における禁忌に「宍を食う」ことと、「穢悪之事に預らざれ」が加えられたものである。この「穢悪」に関し、『延喜式』巻三「臨時祭」では、出産、家畜の死、改葬、傷胎、失火、墓所に行く、法事、宮女の懐妊、月水などを挙げ、触穢も禁じている。つまり、肉食、音楽、失火を別にすれば、女性の月事、妊娠、出産といった血の穢れ、それに動物をも含めた死と関係することに限定されてくる。

　鎌倉時代初期の畿内二一社の禁忌集『諸社禁忌』（『群書類従』所載）を見ても、『延喜式』の規定と大きく変わるところがない。『皇大神宮儀式帳』などに見える「忌詞」についても、仏、経、塔、寺、僧・尼、斎の「内七言」は仏教に関わるもので、死、病、哭、血、打つ、宍、墓の「外七言」は死と傷胎に関わるものといってよい。斎戒中に定められた禁忌を破った場合には、「職制律(しきせいりつ)」の定めるところにより、大祀散斎の期には「笞(ち)五十」、「奏聞(そうもん)する者には 杖(じょう)

七十」、「致斎には各々二等を加ふ」ことになっていた。

　しかし、斎戒における最も積極的な方法は禊を行うことであった。伊弉諾尊の神話に示されるように、水によって穢悪をそぎとるのである。そこには、水に浴することによって、聖別された人間として転換、蘇生できるという信仰があった。例えば、「御禊（ごけい）」と呼ばれる儀式がそれである。大嘗祭に先立つ10月下旬になると、天皇は川に臨んで禊を行われた。伊勢の斎王は、群行の途次に6か所の川瀬での禊ぎを経て斎宮に入られたという。

水と火と

　西角井正慶は『祭祀概論』（昭和34年／1959）において、禊と祓について次のような見解を示している。

> 伊邪那岐命が筑紫の日向（ひむか）の橘の小戸の檍原（あわぎはら）に、禊祓し給うた時、祓へつまり身に着けられた御杖・御帯・御囊（みふくろ）・御衣・御褌（みはかま）・御手纏（みたまき）を、次々に投げ棄てられて成りました神々、中つ瀬に降り潜（かず）きて禊ぎ給うた時成りました神々とある如く、祓へと禊ぎとは別々な行為であって、禊ぎの方は、文字通り水を潜（くぐ）き濯（すす）いで、身を清めることであり、この神話に於いては、祓へによりまた禊ぎにより、清浄の極限に達し、これ以上の清まはりもない時に至つて、はじめて神聖な尊い神が出現されることになる。其は禊祓の信仰的伝承的な知識を基盤として、形成される思考であらう。ここにいふ伝承的な知識とは、潔斎が完全に行はれてこそ、神は祭りを享けられるもの、降臨されるといふ自信が得られるといふ意である。

祓は独立した神事であるが、禊は祭祀の条件・要素の一つである。斎戒の方法としての禊は水によって清浄化されるのに対して、祭祀的非日常世界から歴史的日常世界へ復帰するときには、火を共通にすることによって可能となる。斎戒にあたって死や出産を忌むのは、その穢れを火が媒介するという観念に基づいている。同じ火によって調理された食物を共食するということは、死や産の穢れを共通にしたことになる。水による清めは同火という日常性を非日常へと転換していくが、火は非日常を日常性へ転換する力を持っている。歌舞と共同の食事は、同火という日常への転換である。直会、解斎は俗なる日常性への復帰を意味し、火の共同・食物の共同が、結合の更新・強化としての機能を果たす。禊によって分化した反対観念の根元に立ち戻るからである。

なお、この解斎儀礼について岡田重精は『大嘗祭の研究』において、次のように述べている。

　祭りが神人の交流や融合の場であり、それによって集団も個人も、超越的な神のいわば根源的生命にあずかり、その神性にかかわる新たな生命力を得ることに本質的な意味を見いだすことが出来るであろう。そのために斎戒＝モノイミが日常性を否定した聖なる場と主体、いいかえれば神と次元を同じくする状態を現成する儀礼であり、そこにこもる主体の姿勢は極限すれば仮死の状態にたとえることができるとするならば、祭りを通して新たな生命力を獲得しその上で再び日常的世界に復帰する、そこに後斎、すなわち解斎の過程がみられる。この観点に立つならば、解斎儀礼にはいわば再生的儀礼としての積極的な意味合いがあるということができる。

「聖と俗」「非日常と日常」との分化定型化は、時間と空間、対象と主体との交流の融合状態に根元を置く。しかし、それを統合する原理を創り出すのは人間の側の条件である。したがって、中世以降に斎戒、禁忌にかかわるさまざまな観念が、主体（祭祀者・人間）の側によって定型化され、諸社の禁忌、服忌となって成立し、制度的には「祭祀令」、「祭式」として変遷したのである。

現在の規定

以下は、大正 3 年（1914）に内務省令によって定められた「官国幣社以下神社神職斎戒に関する件」を受け、昭和 23 年（1948）に、神社本庁で詳細に規定した「斎戒心得」である。

1　祭祀にあづかる者は斎戒を重んじなければならない。
2　凡そ浄明正直を旨とし、恭敬の誠を致すは、神明に仕へる者の常に守るべき道であって、祭祀を行ふに当っては特にその精神の徹底をはかり、禁忌を慎み、過失遺漏のないやうにしなければならない。
3　祭祀に奉仕する者は、大祭、中祭にはその当日及び前日、小祭にはその当日斎戒するものとする。祭祀に参向する者及び参列する者も亦これに準ずるものとする。
4　斎戒中にある者は沐浴して身体を潔め、衣服を改め、居室を別にし、飲食を慎み、思念、言語、動作を正しく、汚穢、不浄に触れてはならない。

5　忌中にある者は、祭祀に奉仕し、又は参向或は参列することを慎まなければならない。
　6　斎戒に関し一社伝来の慣例がある場合には、これに依ることが出来る。
　この心得6条は、昭和46年（1971）に、若干の文言の変更を加えて「斎戒に関する規程」と改められ、「神職服忌心得」も制定されて今日に及んでいる。
　潔斎のない斎戒はなく、斎戒のない祭祀はない。斎戒は神を祭り、神を認識する者の真の意味を問いかける神道的な象徴にほかならない。

精進

　「潔斎」に関連し、「精進」についても触れておく。精進は、本来は仏教用語で、ひたむきに努め励むこと、とくに仏道の修行に励むこと、およびその努め励む心のはたらきをいう。仏道の修行では身心の清浄を保つために、酒肉を断ち、五辛（にら・ねぎ・にんにく・らっきょう・はじかみ）など臭みのある食物を避け、沐浴して励んだ。
　一方、日本では祭祀者が祭祀を行う前に、身心を浄め、行動を慎む「斎戒」「潔斎」が行われていた。共通項をもつ「精進」と「潔斎」が、いつしか結びついて「精進潔斎」という表現が生まれ、仏道修行に励むという本来の意味は転じて、「精進」といえば酒肉を断ち行為を慎むという意味になり、さらに派生して香辛の野菜を避けた菜食の意味が加わるようになった。そうした料理を精進料理といい、忌中の「精進振る舞い」、忌明けに日常生活に戻るために生臭さを食するのを「精進落とし」と呼ぶようになった。また、行動を慎む、とくに女色を慎む意味にも用いられる。

【参照事項】　きゅうちゅうさいし　かみだな　じんじゃさいしき　なおらい　だいじょうさい　かんなめさい　にいなめさい　なつまつり（以下『宗教編』）みそぎはらえ　つみ・けがれ

35　ろっこんしょうじょうのはらえ
六根清浄祓

　神道の祓い清めの一様式で、「六根清浄大祓詞」とも「六根清浄」ともいう。中世の末・室町時代の半ばから、吉田家（卜部氏）の唯一神道にて中臣祓などとともに用いられた。人間生活の主要なはたらきである「六根」（眼耳鼻舌《口》心意）の清浄を保つことによって、精神活動を正しく明るく強く進めようとす

る趣旨の祓詞である。六根の語とその思想は、仏教や道教に基づいたものである。

近世の唯一神道などにおいては、「中臣祓」「三種大祓」とともに頻繁に用いられ、一般には、その精神的・思想的・修養的意義が重要視され、霊山登岳の際には「六根清浄」という句が高唱されてきた。

内容と由来

簡潔な祓詞ではあるが、諸本によって若干の違いがある。以下は吉田神道関係の刊本によった。

天照皇太神乃宣久（のたまわく）　人波則天下乃神物奈利（ひとはすなわちあめのしたのみたまものなり）　須掌静謐一心（すべからくつかさどりしずめしずまることをこころ）波則神明乃本主他利（はすなわちかみさまのもとのぬしたまいき）　莫令傷一心神（なかれせしむきずつくることしんしんを）　是故爾目爾諸乃不浄（このゆえにめにもろもろのふじょうを）乎見弖心爾諸乃不浄乎不見（をみてこころにもろもろのふじょうをみず）　耳爾諸乃不浄乎聞天心爾諸乃不浄乎（みみにもろもろのふじょうをききてこころにもろもろのふじょうを）不聞（ずきか）　鼻爾諸乃不浄乎嗅弖心爾諸乃不浄乎不嗅（はなにもろもろのふじょうをかぎてこころにもろもろのふじょうをず）　口爾諸乃不浄（くちにもろもろのふじょう）乎言天心爾諸乃不浄乎不言（をいてこころにもろもろのふじょうをふれてこころにもろもろのふじょうをずふれ）　身爾諸乃不浄乎触弖心爾諸乃不浄（みにもろもろのふじょうをふれてこころにもろもろのふじょう）乎不触（をずふれ）　意爾諸乃不浄乎思天心爾諸乃不浄乎不想（こころにもろもろのふじょうをおもいてこころにもろもろのふじょうをずおもわ）　白衆等（あきらけきひとたち）各念比給陪（おのおのおもいたまえ）　此時爾清久潔与幾偈阿利（このときにきよくいさぎよきことあり）　諸乃法波影止像乃如之（もろもろのりはかげとかたちのごとし）　清久浄礼波仮爾毛穢古止無之（きよくいさぎよけきはかりにもけがることなし）　説乎取波不可得（ことをとらばずべからえ）　皆花与里曽木実止者生留（みなはなよりぞこのみはなる）　我身波則六根清浄奈利（わがみはすなわちろっこんしょうじょうなり）　六根清浄奈留我故爾五臓乃神君安寧奈利（なるがゆえにごぞうのしんくんあんねいなり）　五臓乃神君安寧奈留我故爾天地乃神止同根奈利（てんちのかみとどうこんなり）　天地乃神止同根奈留我故爾万物乃霊止同躰奈利（まんぶつのれいとどうたい）　万物乃霊止同躰奈留我故爾為須所乃夏無願而不成就矣（なすところのせぜることなしねがいとしてじょうじゅ）

上記のように、心身諸機能を正し、神明の舎である心の静けさ、安らかさ、正しさを養えば、心（精神）は天地の神、万物の霊とも一体となり、念願も成就し、平和で幸福な生活が実現するという信仰を強調したものである。

吉田家では、天児屋命の後裔と称する遠祖・常磐大連（ときわのおおむらじ）が撰述し、仏教を信仰することを欽明天皇に止めてもらうよう奉ったもので、それが曽孫・藤原鎌足や中臣伊陽麻呂、卜部兼延（かねのぶ）などに伝わったものだとしている。しかし、その祓詞の最初に、『倭姫命世記』に見える天照大神の心神静謐を貴ぶ託宣の語を引いていることからも推察されるように、神道信仰の精神修養の面に重きを置いてきた中世後半期に、吉田兼倶などが作成し宣伝したものであろうと思われる。

兼倶の曽孫である兼右の『唯一神道諸大事』や神龍院梵舜の『宗源妙行』な

181

どには、唯一神道の種々の神道行事に際して、「中臣祓」と「三種大祓」に併せ、この祓詞が用いられている。また、『唯一神道諸大事』では、「六根清浄大祓」の後に「天清浄、地清浄、己身清浄、三業清浄」という呪文が見え、他の類似の神道行事本にも、この祓詞の前後に「天清浄、地清浄、内外清浄」などの呪語が出ている。

　なお、この祓詞に関する註釈書として、いずれも江戸時代のものではあるが、注目すべき主要なものを挙げておく。

榎並光成著『六根清浄大祓和註』　宮本春意著『六根清浄大祓浅説』写1巻
吉川惟足著『六根清浄太祓抄』写1巻　青木永弘著『六根祓松風鈔』1巻
三有軒川斎著『六根清浄大祓謹解』2巻　吉田定俊著『六根太祓俗解』3巻
浅利太堅著『六根清浄祓別勘』1巻　山田維則著『六根清浄解義』
匹田以正著『六根清浄大祓集説』2巻　蓬室有常著『六根清浄大祓図解』3巻
真野時綱著『六根清浄風葉鈔』2巻

【参照事項】
さいかい　とおかみえみため　（以下『宗教編』）しんとう　よしだかねとも　みそぎはらえ
しんとうさいきょじょう　しんとうしゅぎょう　じゅうはちしんとう　しんとうでんじゅ

㊱ じんじゃさいしき　神社祭式

　祭式とは祭祀の式次で、神を祭る祭り方の次第をいう。祭祀（まつり）とは、人が神に奉仕することである。神への奉仕とは、衣・食・住を神の御生活に移すことであり、住は社殿、衣は神宝・幣帛、食は神饌である。したがって、ご祭神によって、奉仕の仕方は異なり祭式も違ってくる。現在の祭祀は4種に大別される。①皇室祭祀、②神宮祭祀、③神社祭祀、④家庭祭祀である。ここでは、③の神社祭祀の祭式について、その沿革を記す。

令制と式制

　日本の祭祀は、皇室の祭祀に淵源し、国の歴史とともに推移してきた。儒教・仏教など大陸文化の影響を受けながらも、その精神は変わらず伝承されてきた。その祭祀が、国の「まつり」として本格的に制度化されたのは第42代文武天皇の「大宝令」においてである。次いで第52代嵯峨天皇の「弘仁式」、第56

代清和天皇の『貞観式』、第60代醍醐天皇の『延喜式』と整備が進んでいった。以下、『大宝令』の「神祇令」と『延喜式』の「神祇式」に即し、祭祀制度を概述する。

「神祇令」による祭式は、春・夏・秋・冬の4季に分類される。春季は祈年祭（としごいの）・鎮花祭（はなしずめの）の2祭、夏季は神衣祭（かんみその）・三枝祭（さいくさの）・大忌祭（おおいみの）・風神祭（かぜのかみの）・月次祭（つきなみの）・道饗祭（みちあえの）・鎮火祭（ひしずめの）の7祭、秋季は大忌祭・風神祭・神衣祭・神嘗祭（かむなめの）の4祭、冬季は相嘗祭（あいにえの）・鎮魂祭（たましずめの）・大嘗祭（おおにえの）（後の新嘗祭）・月次祭・道饗祭・鎮火祭の6祭で、合わせて19祭13種である。その祭式の大様は以下の通りである。

供神の調度、及び礼儀（祭式のこと）、斎日は皆別式に依れ。其の祈年・月次の祭は、百官神祇官に集れ。中臣祝詞を宣へ（のたま）。（註略）忌部幣帛（みてぐら）を班て（わか）。

以上、19の祭祀は神祇官の直轄であるが、類別すると、①皇室関係（鎮魂・大嘗）、②神宮関係（神衣・神嘗）、③農耕関係（祈年・大忌・風神・相嘗）、④疾疫予防関係（鎮花・三枝・道饗）、⑤防火関係（鎮火）、⑥一般祭祀関係（月次＝後の氏神祭、例祭にあたる）の6種になる。農耕関係の祭祀が重きを占めていて、この精神は、今なお神社祭祀の中核として生き続けている。

『大宝令』に次ぐ『弘仁式』は伝存せず、次の『貞観式』よりも、弘仁・貞観両式をまとめた『延喜式』が内容は詳細に富んでいる。全50巻のうちの最初の10巻が「神祇式」で、神祇制度を知るには欠くべからざるものである。「神祇式」によれば、神祇官から年4回、神祇に対して幣帛を奉り、これを「四度ノ幣」といった。①祈年祭、②月次祭、③相嘗祭、④新嘗祭である。

そして、①祈年祭の幣に預かる神は三一三二座（二八六一社）、②月次祭の幣に預かる神は、その三一三二座のうち三〇四座、③相嘗祭の幣に預かる神は、同じく三一三二座のうち七一座、④新嘗祭の幣に預かる神は、同じく三一三二座のうち三〇四座で、月次祭と同じである。祈年祭の幣に預かる三一三二座（二八六一社）が、巻九・十に列挙されている式内社で、そのうち神祇官所祭のものが官幣社で、国司所祭のものが国幣社である。

官幣社は五七三社ある。宮中、京中、畿内をはじめ東海、東山、北陸、山陰、山陽、南海の各道にわたる多くの神社を数え、交通の便もよくなかった当時に、神宮はもとより、このように多数の神社の祭祀を神祇官は所管していたのである。各国の国司が分担していた二三九五社という数も相当なものである。

祭祀の区別

　祭祀は『大宝令』『延喜式』ともに、大祀・中祀・小祀に分類される。『延喜式』によれば以下の通りである。
①大祀は大嘗祭。
②中祀は、祈年祭、月次祭、神嘗祭、新嘗祭、賀茂祭など。
③小祀は、大忌祭、風神祭、鎮花祭、三枝祭、相嘗祭、鎮魂祭、鎮火祭、道饗祭、園韓神祭、松尾祭、平野祭、春日祭、大原野祭など。
　この大・中・小の区別は、祭祀の性質や神社の由緒によるもので、今日の大祭・中祭・小祭の区別のように各神社共通の制ではない。
　ここで、「月次祭」のことについて触れておきたい。この祭祀が後のいわゆる「例祭」に該当し、それは『令義解』の「月次祭」の条に「宅神祭の如し」とあることからも知ることができる。「宅神祭」は、例えば、風神祭や鎮火祭などのような特定の意味を持った祭祀ではなく、一般の「氏神祭」に通じ、それが各社の例祭にあたるのである。
　『延喜式』巻五十「雑式(ぞう)」に「凡(およそ)御所及中宮・東宮には稽首せよ。余は皆跪拝せよ」と記されている「稽首跪拝(けいしゅきはい)」についても触れておきたい。
　「御所」とは天皇のことである。「誉(稽)首」とは、中国の礼法で、『周礼』の九拝(きゅうはい)(誉首、頓首、空首、振動《拍手のこと》、吉拝、凶拝、奇拝、褒拝、粛拝)のうちの最上の敬拝で、「拝して頭、地に至る」ことである。また、「跪拝」とは、「ひざまずいて、おがむ」ことで、これも中国の礼法である。『延喜式』は、醍醐天皇の延長5年(927)に撰上されたが、嵯峨天皇の弘仁9年(818)3月の詔に「朝会の例及び常に服する所の者、又卑なるもの貴に逢ひて跪く等、男女を論せず、改めて唐法によれ」(『日本紀略』)とあり、唐礼の方式を採用したことが窺われる。つまり、『延喜式』当時の礼法が中国式であったことが分かるのである。また、日本の上代の礼法は主として座礼であったが、後に大陸からの影響を受けて立礼化し、当時は、主として立礼によったものと推測できる。

各神社の祭式

　「神祇式」では、「事は儀式に見ゆ」との註記が散見される。しかし、『延喜儀式』が伝存していないので、その内容は分からない。おそらく各社の伝承に

よって祭式が行われたと推測されるが、「神祇式」の記載から総合して考えると、祭祀前に散斎、致斎の厳重な斎戒を行い、儀服に改服の上、祭祀に臨んでは、手水に始まり解除を行い、神宝を奉り、幣帛・神饌を供し、祝詞を奏上して皇室国家の安泰を祈り、巻八の「祝詞」にあるように、諸員一同「頸根築き抜いて」拝礼を行ったと考えられる。

今まで見てきたように、延喜の神祇制度は整備されたものであったが、延喜14年（914）に三善清行が醍醐天皇に提出した「意見封事十二箇条」によると綻びもあったようである。班幣のため各地方から上京参列した祝部は、神祇官庭で頒賜の幣絹をすぐに懐に仕舞いこみ、桙は柄を捨てて先だけを取り、清酒はその場で飲みつくし、幣馬は郁芳門外で市人に売り渡したとある。

神祇官の祭事は平安時代末期から、朝野の混乱とともに廃頽していく。応仁の乱後は神祇官の庁舎は再興されず、江戸時代には、主に吉田家が多くの神社を掌握して神職を私管し、明治維新に及んだ。

神社祭式の創定

明治維新は「神武創業之始ニ原づく」という理念のもと、神祇制度においてもおおむね以下の5項目の変革が行われた。

①神仏分離。②神祇官の再興。③社格の創定。④神官世襲の廃止。⑤官国幣社以下すべての祭祀が地方官の所祭に。

以上のような準備期間を経て、明治8年（1875）4月に「神社祭式」が創定された。宮内庁の記録によれば、この祭式の原案が上奏文とともに式部頭から太政官正院へ上申されたのは明治7年4月のことである。正院で5月に決裁の上、翌8年3月に上奏し明治天皇の御裁可を受けた後、4月に式部寮達により公布となった。その上表文からは当時の事情が伝わってくる。

　　　　上神社祭式表
臣等伏メ以ルニ中世以降祀典ノ修マラサルヤ久シ維新ノ始メ神祇ノ官ヲ置キ古典ノ頽廃スル者漸ク以テ振興シ全国ノ社格ヲ定ムルニ至ル夫レ幣ニ官国ノ別アリ社ニ府県郷村ノ等ヲ立ツ幣帛ノ奠筥豆ノ享一定ノ式無ル可ラス於是臣俊政等

聖諭ヲ奉シ古ヲ誓ヘ今ヲ酌ミ其虚飾ヲ去リ其誠信ニ基キ祭祀ノ恒式ヲ擬撰ス書成テ進呈恭ク

天裁ヲ仰ク臣俊政等屛営ノ至リニ堪ヘス謹テ以テ聞ス
　　　明治八年三月

式部頭従三位坊城俊政
式部助従四位五辻安仲
式部権助従三位橋本実梁

明治の神社祭式の特徴

　公布された神社祭式の対象を列挙すると、以下の７つになる。

　①官国幣社の祈年祭、新嘗祭。②官幣社の例祭。③国幣社の例祭。④官国幣社通式（元始祭、孝明天皇山陵遙拝、紀元節、神武天皇山陵遙拝、大祓、神嘗祭遙拝、仮殿遷座、本殿遷座）。以上の各祭儀の次第、祝詞・拝辞・祓詞、神饌台数品目などが示されている。⑤社頭の装飾図。⑥附図（装飾用具・祭典用具）。⑦附録（地方官員拝礼式＝元始祭当日神社参拝、紀元節祭並びに神武孝明天皇山陵祭遙拝）。

　とくに⑥の附図は著色されていて分かりやすく、今日においても準拠されている。

　なお、明治８年８月には、教部省達により、府県社以下神社に対しても上記の官国幣社祭式に準じ、祭典を執行すべき旨が達せられた。

　次に、この神社祭式の特徴を列挙しよう。

・祈年祭と新嘗祭は、それぞれ祭式を立て官国幣社に共通するものとした。
・例祭に関しては、官幣社は地方長官が参向して祝詞を奏上し、国幣社は地方次官が参向して玉串拝礼し、祝詞は神官が奏上することとしたが、この区別は後に廃され、一括りに官国幣社例祭となった。
・例祭を最も重視した。例祭の前書に「年中祭祀ノ中、大祭一度ヲ以テ例祭ト称ス其日地方官参向シテ祝詞ヲ奏ス」とあり、例祭の名称は、ここに初めて現れた。
・神饌は、調理神饌（熟饌）の古儀を採用せず、一律に丸物神饌（生饌）として、社格により区別を立てた。このことは、今日では調理神饌がほとんど忘れられ、神饌はすべて丸物神饌であるかのように思われるほどに浸透した。
・祭式は、参進、手水、修祓、開扉（奏楽を行い、開扉の後に再拝、拍手）、供饌（奏楽）、奠幣（終わって再拝）、祝詞（終わって再拝、拍手）、撤幣饌（奏

楽）、閉扉（奏楽を行い、閉扉の後に再拝）、退出、とされた。

この「神社祭式」は全国各神社に一律に共通するものとして公布されたものであり、神社の伝統に応じてそれぞれに行われてきた祭式の上からは、有史以来の大変革といっていいものであった。

神社祭式の変遷

明治8年の「神社祭式」の創定から20年を経過した明治27年5月、「内務省訓令第三二七号」により、神社の祭祀は「大祭」と「公式の祭祀」とに二分されることになった。しかし、祭式の内容が変化したわけではない。内容はおおむね以下の通りである。

・官国幣社の大祭は、祈年祭と新嘗祭、例祭、臨時奉幣祭、本殿遷座。
・官国幣社の公式の祭祀は、元始祭と紀元節祭、大祓、遙拝、仮殿遷座。
・府県社以下神社の大祭および公式の祭祀は官国幣社に準ずる。

そして、さらに20年を経過した大正3年（1914）、神社祭祀は「大祭」と「中祭」「小祭」の三つに区分されることになった。明治18年に内閣制が実施され、宮中と府中が分離されるなど政治組織は一変し、明治22年の大日本帝国憲法の発布により法律規定が整備されたにもかかわらず、総じて神社祭祀に関する規定のみが、明治8年の「神社祭式」創定から40年を経過して旧式不備となっていたからである。

大祭・中祭・小祭に分ける規定は、「官国幣社以下神社祭祀令（大正三年一月二十六日勅令第十号）」によってなされた。内容は以下である。

・大祭
　祈年祭、新嘗祭、例祭、遷座祭、臨時奉幣祭、（靖国神社合祀祭を含む）。
・中祭
　歳旦祭、元始祭、紀元節祭、天長節祭、神社に特別の由緒がある祭祀。
・小祭
　大祭、中祭以外の祭祀。

以上の祭祀令に基づいて、「官国幣社以下神社祭式（大正三年三月二十七日内務省令第四号）」が公布された。対象は以下の通りである。

　第一　官国幣社祭式
　　（一）大祭式　（二）中祭式　（三）小祭式

（四）修祓　（五）祝詞、祓詞

（六）雑則［幣物、神饌料、神饌台数、神饌の品目］

なお、神饌台数は、大祭は大社が11台以上、中社が10台以上、小社が9台以上とされ、中祭は7台以上、小祭は5台以上とされた。基準を示し、従前と異なるところは「以上」として余裕をもたせたのである。

第二　府県社以下神社祭式

（一）官国幣社祭式に準ずる　（二）祝詞

また、上記の祭式に付帯して「官国幣社以下遙拝及大祓次第（大正三年三月二十七日内務省訓令第四号）」が定められた。項目は以下の通りである。

第一　官国幣社遙拝及大祓次第

（一）遙拝次第

（二）遙拝詞［春秋皇霊祭、神武天皇祭、明治天皇祭、神嘗祭］

（三）大祓［次第、祓物、大祓詞］

第二　府県社以下遙拝及大祓次第

（一）官国幣社遙拝及大祓次第に準ずる

この大正3年の規定で、なぜ神社の祭祀を「大祭」と「中祭」「小祭」に区分したのか。明治27年の規定では、祭祀は「大祭と公式の祭祀」に区分されていて、そこに「非公式の祭祀」があるのかという誤解が生まれたからであった。先にも少し触れたように、この「大祭」「中祭」「小祭」の区分は、古の「大祀」「中祀」「小祀」とは異なる。後者は、それぞれの祭祀の性格による区別であるが、前者は各神社に共通する各社の中での祭祀の区分である。

この「神社祭祀令」および「神社祭式」の制定に際しては、さまざまな苦労があった。まず、祭祀を法律で制定するべきかどうかという問題である。法制局での審議の結果、勅令となり、祭式に関しては、訓令では拘束力が弱いため省令で行った。次に、宮内省から出される御幣物の捧持者の名称を「奉幣使」にするかどうかという問題があった。これは、神社に参向するのは、宮内省職員ではない地方長官であるから、「幣帛供進使」という新名称になった。祝詞の新定に関しては、祝詞作者の大家たちの草案をもとに、審議を尽くして固めていった。「大祓詞」の天津罪、国津罪の内容は削除し「天津罪、国津罪」とだけ示すなどといったことも決められていったのである。

一方、時代は前後するが、勅使参向神社の祭式も定められていった。いわゆ

る「三祭」のうち「賀茂下上祭」「石清水祭」については明治16年に、「春日祭」は明治18年に決められたが、明治25年以後、勅使参向社の範囲が拡大されたため、昭和12年（1937）2月3日、「内務省令第四号」（即日施行）で、その祭式・祝詞が公布された。また、昭和14年3月には、「内務省令第三号」（4月1日施行）で、護国神社例祭、鎮座祭および祝詞が公布された。勅祭社と護国神社に関しては、別途にその祭式・祝詞を定めたわけである。

　以上、大正3年以降に制定された神社祭式は、「国家の宗祀」としての理念の下、歴史的に初めて詳細に制度化されたものであった。

終戦から現代へ

　終戦後、いわゆる「神道指令」によって、古から国とともに歩んできた神社は、国家の管理から離れることを余儀なくされ、大正3年以来の神社祭式も、国家の制度としてのあらゆる面を削除することとなった。

　そして、昭和23年5月15日の「神社本庁規程第九号」（11月1日施行）により、神社祭式が定められた。その改訂の要点は以下の通りである。
・国家制度としての各条項を一切削除したこと。
・社格の制を全廃し、神職の名称を宮司・禰宜等に一定したこと。
・社格による祭式の区別を撤廃し、一律共通の祭式としたこと。
・全国の神社の総意を代表して神社本庁から大祭に本庁幣を供進し、献幣使が参向することとしたこと。
・神職を仲取持（なかとりもち）として、重視したこと。
・氏子崇敬者の参与に重点を置いたこと。

その一律共通の祭式の主な内容は以下の通りである。
・祭典の前後に「宮司一拝」を加えたこと。
・祝詞もしくは祭詞奏上の次に「奏楽」を加えたこと。
・祭典終了後に「直会式」を加えたこと。
・祝詞の例文を新たに示したこと。
・氏子総代または崇敬者総代の介助および祈願詞奏上を認めたこと。
・氏子崇敬者の献幣または献饌を認めたこと。
・参列者の神徳奉頌の歌文などの奉唱を認めたこと。

　これは、大正3年の神社祭式の「官僚主義」から「民主主義」への転換であ

り、大氏子主義（国家）から元の小氏子主義（氏神氏子）の旧態に復したものともいえる。しかし、神社は、個人の安心立命ばかりを求めるところではない。広く社会的に感謝、祈願、奉賽する場所であることはいうまでもない。

諸祭式と祭式行事作法

　以上の祭式は、主として現在でいう大祭・中祭・小祭について述べてきたが、そのほかに、各神社が行っている祭祀があり祭式がある。現在、これを「諸祭」「諸祭式」という。対象は、田植祭や地鎮祭、献詠祭、結婚式、七五三詣、除厄祭、節分祭など多岐にわたる。

　また、古くから各神社に伝わる「特殊神事」があり、そこにも祭式がある。この特殊神事については、昭和16年に、各神社の報告に基づき神祇院から『官国幣社特殊神事調』と題して出版されたものがある。その範囲は、旧官国幣社一五八社、478神事に及んでいる。

　一方、祭式の「行事作法」を初めて統一したのが、明治40年6月29日「内務省告示第七号」の「神社祭式行事作法」である。その後、35年を経過して昭和17年10月5日「内務省告示第六百八号」（翌1月1日施行）によって改正された。

　現行の「神社祭式行事作法」については、昭和23年5月15日に発令された「神社本庁規程第十号」をその基としている。終戦による祭祀関係を含んだ神社諸法令の廃止を受けた昭和23年の「神社本庁規程第九号」および「神社本庁規程第十号」発令以降、現在に至るまで、神社祭祀関係の諸規定は、時代の進運に応じて、数度にわたり改正・整備が加えられ、祭祀本来のあるべき姿の実現、祭祀の厳修を目指し進んできている。

【参照事項】
はっしんでん　まつり　さいじょう　しゃかくせいど　きゅうちゅうさいし
かみだな　さいかい　かしわで　なおらい　へいはく　しんせん　のりと
しょうぞく　だいじょうさい　かんなめさい　にいなめさい　としごいのまつり
つきなみさい　ちょくさい　とくしゅしんじ　なつまつり　じんこうさい
いずもこくそうのしんじょうえとこでんしんじょうさい
(以下「宗教編」) じんぎかん　だいじょうかん　じしゃぶぎょう　だいきょういん
きょうぶしょう　しゃじきょく　じんじゃきょく　しんとうしれい　じんじゃほんちょう
りつりょうきゃくしき　えんぎしき　しんとうさいきょじょう

㊲ かしわで　拍手

　神祇への敬礼、あるいは、神事での敬礼の一形式であり、「はくしゅ」「てうち」ともいう。まれに「平手」「開手」とも書き、「ひらで」と称して、拍手と同義に用いることもある。料理に関する「カシハデ」（饗膳や膳夫）と語源的な関連がある。上代において、食器に「カシハ」（槲、柏）の葉を用い、「ヒラデ」（枚手、盤葉）、「クボテ」（葉椀）などのように、それに食物を載せたことから、そのような食膳調理をすること、そういったことに従事する者を「カシハデ」と称した。その饗膳に手を打つ慣習があり、饗膳に預かり酒宴で感興が盛り上がった際に手を打ち歓びあったことから、拍手を「カシハデ」と訓むようになったと推測される。饗宴のことを古く「ウタゲ」と称したのも、手を打つこと、即ち「ウチアゲ」の語に由来するとされている。

意義と用字

　「カシハ」とは食器用の葉をいい、「デ」とは手、もしくは、平たい食器のことと推測される。『大言海』の「かしはで」（膳夫）の項では、「デ」は「人(ト)」と解している。橘守部の『雅言考(がげんこう)』の「かしはで」の項には、第一義として「膳夫なり。上つ代には、飲食の具に多く葉(カシハ)を用ひつれば、それを執りあつかふよりいひて、葉執(カシハトリ)の義なるべし。執とは執持配(マカナ)ふをいふ」といい、「とり」が「て」に転じたものと解している。

　上代には、敬意を表し歓喜の情を示す場合に、拍手する礼儀があった。本来は、歓喜の情が深まって自然に発する行為であったと推測されるが、儀式や神事で数を定めて手を打つことは、礼拝に敬意を表し、清めの心を表出する作法であったと思われる。しかし、拍手を「かしわで」と読むのは、「拍」が「柏」と類似していることからの誤読の習俗とする説もあるが、『倭訓栞』や『大言海』では、その考えを拙いものとして斥けている。さらに、神祭において手を打つことを、仏家に模したものとして軽く見るものもある（『雅言考』）。後者は作法の形式化について異を唱えたものと推測されるが、一般には、神祭や神前参拝おける日本独特の敬礼作法として重視されている。

由来

　上代において、飲食物を木の葉に盛る風習があったことは文献に見え、その葉を「カシハ」と称した。

　『日本書紀』の仁徳天皇30年9月条に「皇后、紀国に遊行でまして、熊野岬に到りて、即ち其の処(ところ)の御綱葉(みつなかしわ)を取りて還(かえ)りませり」とある。この「御綱葉」について飯田武郷は、『日本書紀通釈』巻四十で、『古事記』仁徳天皇の段に「大后豊楽(とよのあかり)したまはむと為て、御綱柏(みつながしわ)を採(と)りに、木国に幸行でましし」とあるのを引き、大后は「新嘗の設(もうけ)」のために採取に行かれたとしている。また、『延喜式』巻四十「造酒司」の「大嘗祭の供奉の料」条に、「三津野柏廿四把(みつのはは)」とあり、『大神宮儀式帳』「六月祭」条に、「直会(なおらい)の酒を、采女(うねめ)二人侍して、御角柏(ミツノサキ)に盛りて」とあるところから、「柏葉に三岐鋒ありて尖れる故に、三角の義をとりて名づけたるか。袖中抄に三葉柏の義と為すもまた近し。(中略)柏に酒を受けて飲むことは上古の礼事にして、豊明には必ず其儀あり。(中略)柏は本一種の樹名にあらず。飲食に用ふる葉をいふ」と述べている。

　『古事記』雄略天皇の段には、天皇が葛城一言主(ひとことぬし)大神に出会われたことが語られている。そこに「其の一言主大神、手打ちて、其の捧げ物を受けたまひき」とあり、その「手打ち」に関して本居宣長は、『古事記伝』巻四十二で、「手打(テウチ)は物を得賜(ヨロコビ)ふを歓喜賜(シワザ)ふ態なり」と説いている。また、『日本書紀』顕宗天皇条にある「室寿御詞(むろほきのみよごと)」に、「手掌(たなそこ)も憀亮(やらら)に拍ち上げ賜ひつ、吾が常世等(とこよたち)」とあることを、「宴(ウタゲ)と云ふは即此の拍上にて手を打上(ウチアグル)るよしの名なり」としている。

　さらに宣長は、『日本書紀』持統天皇条の即位のときに「公卿百寮(まえつきみつかさつかさ)、羅列(つらな)りて匝(あまね)く拝みたてまつりて、手拍(お)つ」とあることや、『日本三代実録』巻三十六に「大極殿成りき。右大臣、宴を朝堂院の含章堂に設けき。(中略)飛驒工(だのたくみ)ら廿(にじゅう)人ばかり、感悦に任へずして座を起ち、手を拍ちて歌舞し」、『貞観儀式』の「践祚大嘗祭儀」に、「皇太子以下五位以上、中庭(ちゅうてい)の版(へん)に就き、跪(ひざまず)きて手を拍つこと四度、度別(たびたびごと)に八遍(へん)。(神語に謂ふ所(かむごと)の八開手(やひらで)は是なり)」といった例を挙げ、「みな楽しく歓ぶ心より拍つなり」としている。

　また、「物を受取るとて拍つことあり」として、『貞観儀式』の「園並に韓の神の祭の儀」に、「木綿蘰(ゆうかづら)を賜ふ処に、神祇の官人、また参議以上、五位以上、諸司の判官以下、召使以上、諸司史生以下、歌女以上、並手を拍ちて之を受く」

などの例を挙げ、「これらは自ら物を得て歓ぶにはあらず、ただ物を受取るとて拍つなり」としている。

　続けて宣長は、「拝みて拍つ」場合もあると指摘する。『貞観儀式』の「大原野祭の儀」にある「次に神主、祝詞の座に就いて両段再拝。大臣以下共に拝す。祝詞を読み了（おわり）て、両段再拝して手を拍つ」などの例である。そして、「これらも本は、其事を為畢（ナシヲヘ）て歓ぶ意より出でたるにやあらむ、又本より拝むにも拍つ礼事（キヤゴト）にや、さて手を拍ッ数の定まりたるは、やゝ後のことなるべし」と説いている。このことに関して伊勢貞丈は、『神道独語（どくご）』において、「上古我国の礼、ひとに向つて手を拍つ（う）を礼とす。故に上世、神に向つて、上古の礼をおこなふなり」としている。

　以上のような由来に基づいて、手を打つこと、即ち、拍手を字音のまま「はくしゅ」とも読んだが、「カシハデ」と意訓したものと思われる。

拍手の作法

　神拝での拍手、即ち「かしわで」は、神事における固有の作法と見るべきものである。一般の拍手を「テウチ」と称するのに対して、「カシハデ」と区別したのも、相当古いことと推測される。現在でも、「はくしゅ」と「かしわで」は区別されているが、祭式などでは「はくしゅ」と呼ばれている。

　神事において拍手は、拝と祝詞奏上に際して行われ、神酒をいただくときにもともなう。手の打ち方の起源は不明で、中世・近世においても諸家によって異なっていたと思われる。明治以降は、左右の手を肩の高さほどに上げ、前方やや斜めに掌（てのひら）を合わせ、右手の指端を左手指先の一関節（ひとふし）ほど摺下げ（ずりさげ）て、おもむろに打ち、静かにもとに戻すのが一般的である。

　打つ数や、音の長短大小などにより、短拍手（たんばくしゅ）（みじかで）、長拍手、八開手（やひらで）、連拍手（れんばくしゅ）、合拍手（あわせ）、礼手（らいしゅ）、後手（しりえで）、忍手（しのび）などの別があったといわれ、青戸波江（あおとなみえ）の『神社祭式行事作法教範（きょうはん）』（明治43年／1910）に詳しく説明されている。神社祭祀では一般に２拍手が通例だが、神宮では八開手である。長拍手ともいい、４度打つことを２回繰り返し、計８回の拍手をすることであるが、その終わりに１度打って、この作法を結ぶ。この４度を基本として３度、２度、１度の打ち方がある。これを、長拍手に対して短拍手あるいは「みじかで」といい、その音が小さくなることを「ひきで」「しのびで」と称した。後世では、「忍手」

と書き、神葬祭で音を立てず、しのびやかに拍手をすることをいう。

　礼手は、直会などの折りに、酒盃を受けるに際して行う1度の拍手であり、連拍手は多人数が一斉に調子を揃えて打つものをいう。この拍手の数に関しては、先の『古事記伝』巻四十二にも詳述されているが、拍手の本義とは、歓喜のあまりに自然に発するものであるから、「いかにもいかにも声高（オト）く、大きに拍つことこそ本意にはありけれ」と述べられている。

　いつ拍手が行われるかについて、先の『神社祭式行事作法教範』には、①感悦祝賀のとき、②神拝、朝拝のとき、③授受決定のとき、④酒食、物品下賜のとき、⑤事が終結して退散するとき、と要約してある。神祭に関しては、祝詞奏上、あるいは、それに準ずる祓詞を読むときにともなう拍手が、最も重要な意義と歴史とを有し、大方、2拍手することが今の作法となっている。

作法の歴史

　明治初年以来の一般神社の祭式においては、祝詞奏上の前後に、2拍手する定めであった。これは久しい慣例であり、神前に祝詞を奏するに先だち、また、奏し終わって、敬意を表し心を清める作法となったものと推測される。

　近世に行われた唯一神道の祭儀は世に公表されたものが多く、その祝詞奏上の前後には2拍手の場合が多いが、その祭儀が重儀の場合には、奏上の前に拍手はなく、中臣祓や六根清浄祓を繰り返し奉唱している。慶長年間（1596～1615年）以前の例として、白川家の『伯家部類』によると、天正11年（1583）閏正月、神祇伯・雅朝王が一条関白内基に伝授した「禁裏毎朝御拝御代官之事（うちもと）」に、着座に次いで、「次ニ天地於清米、次ニ身浄米天、拍手二、次祝詞　拍手二」とある。この「天地を清め、次に身を浄め」ることは、多く拍手に先だって行われたが、伯家では、祝詞奏上前に必ず行われ、奏上後にはないことが多かったようである。『伯家部類』には、清祓、三種祓、大祓の作法にも、拍手が前後2度とあり、この白川伯家の作法は民間にも伝わった。

　そして、昭和18年（1943）1月から施行された改正「神社祭式行事作法」により、大正3年（1914）制定のものを変更して、祝詞奏上前後の拍手が削除されることになった。しかし、拍手復活の意見も強く、間もなく拝を追加して、奏上後の2拝に次いで、2拍手1拝を行うことに改められ、現在に至っている。

【参照事項】
ろっこんしょうじょうのはらえ　じんじゃさいしき　なおらい　みき　のりと　とおかみえみため　だいじょうさい　にいなめさい　つきなみさい　（以下『宗教編』）はっけしんとう

㊳　なおらい　直会

　祭りにおける酒宴の行事で、神供をおろして共同飲食することをいう。古典には「猶良比」「直相」「奈保良比」「直食」「直礼」などともある。大嘗祭や新嘗祭、神嘗祭、相嘗祭の「嘗」（あえ、なめ、にえ）」と関連し、神人がともに食事をすること（神人共食）で、神今食もそれにあたる。

　「潔斎」の後の「解斎」として、通常の状態に「直る」こととされ、「直毘・直日の神」との関連も指摘される。大嘗祭や新嘗祭の「豊明」「肆宴」にあたり、神社の祭礼でも直会が行われてきた。直会には芸能もともなう事例も多く見られる。

　また、朝廷の儀式にも直会的な性格を有するものがあり、宮座形式をとる神社の祭儀には、古典に見える儀礼の継承を見出すこともできる。民間の習俗にも直会はあり、正月の「雑煮」や「贈答」など現代の習俗とも繋がっている。

用語と語義

　「ナホラヒ」の語は、『続日本紀』の天平神護元年（765）11月23日、称徳天皇の宣命に「今日は大新嘗の猶良比の豊明聞行す日に在り」とあるのが初見である。『続日本後紀』の天長10年（833）10月19日には、仁明天皇の賀茂川での「御禊」のことが記されていて、そこでは「直相」とある。『延喜式』巻四「伊勢大神宮」には「直会」、『皇大神宮儀式帳』では「奈保良比」「直食」が用いられている。室町時代に成立した辞書『下学集』に「直礼」、室町時代後期の『節用集』には「直礼」の下に「胙」と註し、平安時代末期の『伊呂波字類抄』にも「饗（ヒホロギ祭食也）・神籬（俗用レ之）・胙（已上同・大学式云胙肉・ヒホロキ）」とある。

　語義については、本居宣長の『続紀歴朝詔詞解』に「猶は借字にて、直会にて、奈保理阿比の切れる也。直るとは斎をゆるべて、平常に復る意也、そも／＼大嘗の斎、神祇令に、散斎一月、致斎三日と有て、（中略）儀式にも、

到斎三日ハ、従レ丑至ルレ卯ニと見えたり。卯ノ日に、大嘗祭に御て、神にも祭り給ひ、天皇御みづからも聞シ食シて、大嘗の事畢るに依て、辰ノ日よりは、豊楽院に御て、到斎をゆるべうちとけて、歓び集会意の名也（中略）さて諸社の神事にいふ直会も、神ノ祭畢リて後に行ふわざにて同じ意也」とあり、「ナホラヒ」とは、斎（物忌み）を解き、常の状態に直ることで、人々が直り合うこと、と捉えられている。

　伊勢貞丈の『安斎随筆』巻十六には「延喜式の三節の条並に臨時の祭直会あり。江家次第春日祭侍中群要等にナフライの御粥、亦ナフアヒの御粥ともあり。其の時は、合の字なり。公事根源神今食にナフアヒと仮名にかけ、会は神へ供する御飯を直に神にアヒ奉りて供する意とみえたり。神今食は束帯して供レ之とあり」とある。文中の『侍中群要』とは平安時代中期の有職故実書である。谷川士清の『倭訓栞』には「常に直会と書り、続日本紀に猶良比の豊ノ明といひ、延喜式続日本後紀に直相とも書せり。建武年中行事になうあひと見ゆ」とした上で、『日本書紀』の持統天皇2年（688）8月条に「殯宮に嘗りて慟哭る」（殯宮でナホラヒをして慟哭する）とあるのを引き「嘗の字をなめらひたてまつると釈に訓する其儀なるべし」とある。「釈」とは『釈日本紀』のことで、ここでは「嘗」との関連性が説かれている。

　一方、江戸時代後期に成立した辞書である『俚言集覧』に引用され、寛保元年（1741）の序がある著者未詳の「夏山雑談」によると、「世俗に物あまりある事をナホラヒと云ふ。直会なるにや、神供の御飯を至尊へ奉るを直会と云へり。神社にても神職の人、神供のあまりを戴く事も云へり。俗言も是に拠るなるべし」とあり、「余りもの」に関連する俗言が説かれている。

　その他、辞典類には次のように説明してあり、大方の解説が網羅されている。「直合ノ約、祭事畢リ、散斎・致斎ヲ解キテ、常ニ直ル意。祭事ニ奉仕シタルモノノ、相会シテ御饌ナドノ下物ヲ賜ハルコト。音便ニ、なノらひ」（『大言海』）、「なおり（直）の延にて、斎むこと直りて、平常の状態に復る義。神事の終りたる後、神饌をおろして開く酒宴」（『言泉』）、「昔、祭事が終った後に催した宴会。神に奉った御供、御酒を、神祭の後、戴き嘗めること」（『大漢和辞典』）。

直日の神

　一方、軍人であり言語学者・民俗学者であった松岡静雄による『日本古語大

辞典』（昭和4年／1929）では、直会のことを「ナホヒ（直毘・直日の神。ヒは活用語尾）で、直くすることを古語でナホヒというたものと思はれる」としていて、折口信夫も「大嘗祭の本義」（『古代研究』）で次のように説いている。

　　直会は直り合う事だと云はれて居るが、字は当て字で、当てになるまい。元来なほるといふ語は、直日の神の「直」と関係ある語で、間違ひのあつた時に、匡正してくれる神が、直日の神だから、延喜式にある所の、天子様の食事の時につかへる最姫・次姫の事から考へて見ねばならぬ。天子様が食事をせられる時に、此最姫・次姫は「とがありともなほびたまへ……」といふ呪言を唱へる。此はよし、手落ちがあつたとしても、天子様の召し上り物には間違ひのない様に、といふ意味のとなへ言である。普通には、座をかへてものする時に、なほると言うて居る。此は或は、二度食事をする事から出た解釈かも知れぬ。大嘗祭の行事に見ても、一度食事をせられてから、座を易へて、まう一度、自由な態度でお召し上りなされる。此が直らひの式である。つまりゆつたりと寛いだ式である。そして、其席上へ出る神も亦、直日の神と言はれて居る。平安朝に入つてからは、直日の神といふのは、宴会の神、又は遊芸の神となつて居るのも、此考へから出たのである。

　　大嘗祭の直会の時には、大和舞ひが行はれ、田舞ひが行はれ、舞姫の舞ひも行はれる。そして、すべての人は、今までの厳重な物忌みから、開放される。

　ここで折口は、座を改めて2度食事を摂ることや、芸能をともない、ゆつたりとくつろいで物忌みから開放される「直会」の機能について「直日の神」との関連から説いている。なお、引用文中に出てくる「最姫・次姫」とは、大嘗祭の悠紀殿・主基殿での天皇の神供の際、殿内で奉仕する最も重要な神女（采女）である。『江家次第』には、その次第が記されているが、最姫は神饌を供する陪膳を行い、次姫はその次位で後取ともいう。わけても最姫は、一人、御前に留まって供饌に奉仕した。

大直日の歌

　先に挙げた『大言海』では、直会について以下のような解説もなされている。

　　モノイミシタルヲ常ノ如ク直スこと。なほらひ公ノ神事ナルヲ大なほびと

云ふ。古今集廿大歌所オホなほびノウタ、アタラシキ年ノ始メニカクシコソ千歳ヲカネテタノシキヲツメ。神楽歌、韓神、宮人ノシデハ栄ユル、オホナホミ、イザワガトモニ、神サカモトレ。

　この解説の中の「大歌所(おおうたどころ)」とは、正月の節会(せちえ)や新嘗会などの公儀に用いる「大歌」に携わった役所のことで、ここにある歌は『古今和歌集』巻二十所載の「おほなほびのうた」、つまり「大直毘の神」を祭るときの歌である。「カクシコソ」は「かくこそ」、「タノシキヲツメ」は「楽しきことを極めよう」の意である。次の神楽歌の「オホナホミ」も「大直日」の意味で、平安時代の「御神楽」次第では、最も神事的な「採物(とりもの)」が終わると、中入といって、酒盃が出た。そのときの韓神を祭る歌が上記のもので、八俣部重種注進『神楽歌』(12世紀ころまでの書写)には、「直会」と題されて掲載されている。そこでは「みな人のしでは栄ゆる、おほなほみ、いさわがともに、神さかもとに」とある。その「大直日の歌」について、折口信夫は『上世日本の文学』の中で、以下のように述べている。

　古今集の歌は、(中略)朝賀の時に謡はれ、宮廷に残つたものである。元来は、民間の直会(ナホラヒ)の席で用ひられたものらしい。なほらひの歌から、大直日の歌が出て来たのである。朝賀の時に、下の者から上の方々へ寿詞──よごと──を奉る。其のよごとを奏する時に、若し言ひ間違ひでもすると、其間違うて発した詞の為に其処に、非常な禍が起ると信ぜられて居た。間違うたよごとの効果、即、禍を現す神として考へられたのが大禍津日神(オホマガツヒノカミ)であり、大直毘神は、其に対して考へた神である。だから、積極的な善の神ではない。詞が間違うて居ると禍が起るので、其誤つて発したよごとの効果が生ぜぬ中に直毘神の出現を祈る。其がなほらひであつて、なほらひとは、直毘神の威力を生じさせる行事をいふのである。此際に、直毘神を呼び出す詞が大直日の歌であり、其歌は大直毘神がしろしめすものであるから、朝賀の節に、なほらひのある度に謡ふものであつた。

　そして、「古代人の思考の基礎」(『古代研究』)では、「朝賀の式が終つた後に、直会をする。この直会に当るものが、御歌会であつた。宮廷では、早く大直日(オホナホビ)の祭りと言うてゐた」とも説いている。

豊明と芸能

　古来、新嘗の儀においての天皇は、神を祭られる方であると同時に、饗応を受けられる神としての印象が強い。大嘗（オホニヘ）は神の食事の意であり、毎年の新嘗は、ニヘノ忌がニヒナメに転じたものと推測される。この新嘗に対し、大嘗は即位の年における称となったが、古代においては宮廷の新嘗に対する尊称だったと思われる。

　豊明の宴については、『古事記』応神天皇の段に、髪長比売を御子に賜ったとき、「天皇豊明聞し看しし日に、髪長比売に大御酒の柏を握らしめて」とあり、「吉野の国主の歌」が載せられている。仁徳天皇の段には「豊楽」のための「御綱柏」の記事があり、雄略天皇の段には「豊楽」における三重采女の新嘗讃歌ともいうべき「天語歌」「宇岐歌」、次いで、『日本書紀』の顕宗天皇即位前紀では、新嘗のときの針間（播磨）の小楯の家の「室寿」で、「殊舞」といった芸能が記されている。『万葉集』や「風土記」においても新嘗の饗応については多くが窺える。そして、大嘗祭に関して、先に挙げた『続日本紀』の称徳天皇の宣命では「由紀・須伎二国の献れる黒紀白紀の御酒を、赤丹のほにたまへゐらき常も賜ふ酒幣の物を賜はり以て退れ」（悠紀・主基２国で収穫した稲で黒酒・白酒を作り、顔色が赤くなるまで酒を楽しみ、節会に恒例の酒宴の際の贈り物をもらって退出せよ）とある。大嘗祭は、悠紀・主基の祭儀に次いで、辰日に悠紀節会、巳日に主基節会があった。豊楽院（後に紫宸殿）に悠紀帳（東）主基帳（西）を置き、その前に御座を設け、悠紀帳は朝御膳、主基帳は夕御膳の儀があり、五位以上に饗を給い、両国の国風が奏せられた。巳日節会もほぼ同様であるが、悠紀は倭舞、主基は田舞を奏した。午日には久米舞・吉志舞・大歌・五節舞があり、最後に解斎の舞が続いた。

　明治の「登極令」以後は、大饗第一日の儀・大饗第二日の儀と称し、豊楽殿において、文武の官人、外国使節などの饗宴を行い、第一日は久米舞・風俗舞・大歌・五節舞、第二日の賜宴は洋風の料理で洋楽が用いられた。なお、地方にもおよんで、高等官有爵有位の男女が県庁に参集し饗饌があった。

神宮と神社

　神宮の祭祀で直会が行われる場所としては五丈殿と九丈殿があった。五丈殿は遷宮諸祭において「饗膳」の儀を行うところであるが、古くは「解斎殿」と

称し、直会が行われた。『延喜式』巻四「伊勢大神宮」によると、三節祭において「退きて解斎殿に就き、酒食を給ひ、訖りて外玉垣門に入りて倭舞を供せ。先づ神宮司、次に禰宜、次に大内人、次に幣帛使、次に斎宮主神、次に寮允以上一人（酒立女一人柏を持ち、一人酒を持ちて、舞ひ了る人毎に、柏酒を飲ましめよ。《中略》参らざる時は、禰宜・内人等の妻子を用ひよ。）次に禰宜・大内人の妻、訖りて斎宮の女孺四人、五節舞を供し、次に鳥子名舞」とある。その舞の歌詞は建久3年（1192）の『皇大神宮年中行事』に伝わっている。ただ、内宮の九丈殿は永享年間（1429～1441年）のころに絶えたと推測され、近世以降の直会には五丈殿が用いられた。

　先述したように、遷宮諸祭の「山口祭」「木造始祭」「杵築祭」では「饗膳」の儀が行われるが、これは造神宮使を神宮がもてなしたものを今に伝えるものであり、事始めの祝儀などと解せられ、直会とは内容が異なる。それでも、杵築祭では大宮司以下の神職が古歌を謳いながら御柱根をつき固め、終わって瑞垣御門前で倭舞を奉仕する。しかし、「遷御」の後の「奉幣」で行われる「饗膳」の儀は直会にあたる。

　各神社でも祭祀にともない直会が行われてきた。昭和16年に各社の報告に基づいて作られた『官国幣社特殊神事調』などの資料に掲載された直会の儀は多い。春日大社には「直会殿」があり、今も春日祭では『貞観儀式』の古儀に則り、「直会の儀」があって、その儀の後には庭で和舞が奉納されている。神社本庁の『神社祭式』によると、大祭・中祭・小祭のいずれの祭祀においても直会行事を行うことが定められていて、その作法については「先ず所役饗膳を据う。次に所役神酒を注ぎ、諸員之を飲む。次に直会の楽を奏す。次に所役饗膳を撤す」とある。また、一社の故実による慣例のある場合の作法は、その社の例による、とされている。

宴座・穏座

　朝廷における儀式後の宴席として「宴座」「穏座」があったが、ここにも「直会」の性格を見ることができる。

　宴座は正式な宴会の席であるが、宴席といっても公的な儀式の一環として、さまざまな作法があった。穏座は、引き続き場所を移して行う二次会的性格の宴会である。飲食のみならず、参加者による管絃や詩の披露などが行われ、と

きには無礼講ともされた。

　宴座・穏座をともなう儀式としては、2月の「列見（れっけん）」、2月と8月の「釈奠（せきてん・さきてん）」、正月の「大臣大饗（だいきょう）」などがあった。列見とは主に平安時代の年中行事の一つで、式部省・兵部省が選んだ六位以下の官人を昇叙するため、大臣もしくは上卿（しょうけい）が接見した式のことである。釈奠は、大学寮において孔子および、その弟子である九哲の画像を掲げて祭った儀式で、大臣大饗は大臣の私邸で行われた大規模な饗宴で公的な儀式であった。

　これらの儀式の構成は、「儀礼－宴座－穏座」という3部構成になっており、そこには「神祭り－直会－肆宴（豊明（とよのあかり））」という3部構成に共通する仕組みが発見される。ちなみに「肆宴」の語は『万葉集』や他の文献に見える。日本の儀礼構成は、外来の要素を持つものであっても、根底には祭りの基盤が見出せる。

　列見の宴座は三献（さんこん）の盃事からなる。大饗では数献におよんでいるが、基本は初めの三献にあった。釈奠では、盃事の前にいくつかの祭儀があった。まずは、大学寮官人による祭礼が行われ、このときの献饌物の一部が「聡明」という名称で宴座に出された。一条兼良の『江次第鈔』には「聡明者酢（ヒモロギ）也、餅黐、梁飯、栗黄、乾棗也」とあるが、『年中行事大概』には「いにしへは牛羊等の三牲を用ひたるにや」とあり、かつては宗廟に供える「三牲（さんせい）」の胙（ひもろぎ）を用いたことが推測される。ここでの三牲は大鹿・小鹿・豕（ぶた）のことで、これらが祭礼中に大学頭以下に授けられたこともその証拠になるだろう。先に「直会」の用例のところで触れた平安時代末期の『伊呂波字類抄』に示されていたもので、『延喜式』巻二十「大学寮」の「釈奠」条に見える「胙肉」のことである。その祭礼に用いた胙が宴座に出されたのである。

　やはり朝廷の儀式である節会（せちえ）は宴座・穏座をともなわないが、正月の節会であれば三節御酒（さんせちのみき）が進められ、大嘗、新嘗などで白酒・黒酒が出されることは、現在の祭りで御神酒を頂戴するのに相当すると推測される。釈奠では、宴座・穏座の前に「百度座（ももどざ）」というものがあり、「百度食」という御飯を食べることを中心とした儀であるが、性格的には宴座に入るものであろう。宴座の食べ物では、この御飯と酒が必ず出されていた。諸祭においても必須のもので、御飯には解斎の食べ物としての性格が考えられる。こうした点からも宴座には直会的性格があると考えられるのである。

201

さらに釈奠の場合、孔子および九哲の画像を掲げた廟堂の拝礼を行った後に、「論義－大学寮饗饌」があって宴座となったが、宴座ではこの「論義」で用いた七経の中の文句を詩題として「作文(さくもん)」が行われている。宴座の内容には、儀式的部分の再展開の要素が存在し、複式的展開としての行事性格を有していたのである。これは、神祭りに対する直会の場合と同様である。
　また、釈奠の穏座には宴座で作られた詩の披講があった。大饗の穏座では、宴座で式楽である舞楽が行われたのに対して、主客合一して楽曲と催馬楽を演奏する「御遊」が催されて興が尽くされた。つまり、穏座も宴座の複式的展開として催されたのである。そして、その展開におけるもう一つの要素は座席を改めることにあった。儀式的な場所から他所へ席を改めて宴座は催され、穏座はさらに場所を移して行われた。これはまた、祭りにおける直会・解斎の場合と同じことである。「宴座－穏座」という構成には「直会－肆宴」という構成に対応する性格が見られ、しかも「宴座」には「直会」、「穏座」には「肆宴」に相当する行事性が考えられるのである。

「オフバン（垸飯・埦飯・椀飯）」

　神人共食の儀礼の中には、「垸飯振舞(おうばんぶるまい)」のように公武に発達したものが民間に波及した場合もあるし、八朔節供のように、農民の年中儀礼が武家に受容された例もある。宮座形式をとる各神社の祭儀には、古典に見える儀礼の継承を見出すこともでき、能登の「アヘノコト」は、家単位で行われるにもかかわらず直会の典型を示している。
　このうち「垸飯」とは、人を饗応するための食膳をいい、後には、単に饗応を意味する言葉としても用いられるようになった。その淵源は、古代の公家社会において、集会のあったときなどに簡素な献立をふるまったことに始まる。武家時代になると、いつしか儀礼的な性格が強まって年中行事にまで発展し、近世に至ると民間の行事となり、正月や氏神の祭礼などで親類縁者を招いてもてなす風習となった。時代とともに意義が変遷した特異な行事の一つである。
　「垸飯」の字は、古く「椀飯」「埦飯」などとも書かれ、一定していない。江戸時代の有職故実家・伊勢貞丈は『貞丈雑記』の中で、「埦」または「椀」が正しく、「垸」を用いるのは、「埦」の字に「一」の字を加えると「宀」の下に「死」を書くことになって、これを忌みたから、とした。またワンハンをワウ

ハンと読むのは、判官をハウグワン(ほうがん)と読むのと同じであり、音韻によってワウバンと読むと説明している。「酒に盃、飯に椀」といい、坏は土器、椀は木製の食器であるから、本来の意味からすれば坏飯または椀飯と書くべきであろう。しかし、死を忌みて「埦飯」と記すことは、すでに『江家次第』に見えるから平安中期に遡る。また、鎌倉時代の歴史書である『吾妻鏡』では、すべて「埦飯」と記されていて、室町期の記録を見ても、知識階級である禅僧や公家などの記録では、ほとんど「埦」が用いられている。これはやはり、死を忌みて「埦」と記す思想が一般的な観念となっていたからと推測される。

元来は「椀」あるいは「坏」であったかもしれないが、ここに儀礼的な意味が加わり、年中行事として成立した鎌倉期以降の記録のほとんどに、「埦」が用いられている。「椀」「坏」と記すのは、儀礼として成立していなかった平安初期のものと、儀式としての性格が失われてしまった江戸時代のものに限られている。儀式として、この儀を考える場合には、むしろ固有の名称として「埦飯」と記したほうが適当と思われる。

平安時代から鎌倉時代の埦飯

埦飯の起源については定かではない。おそらく平安時代になって、公家社会の儀礼が盛んになるとともに起こったものであろう。初めは、正月三が日や五節句、神社の祭礼や禁中で行事があったときなどに、饗宴の献立とは別に、諸司の女官や衛府の兵士などに、酒肴や菓子などとともに、椀に盛った飯を台に据えてふるまったもののようである。その飯も、平安時代に源高明によって撰述された有職故実書『西宮記』(さいぐうき・せいきゅうき)には「坏飯粥」などと見えており、その他の記録でも、「盛飯」と「埦飯」とは区別して記してあるから、「強飯」ではなく「姫飯」、つまり、やわらかい飯であったようだ。そして、とくに命を受けた公家衆などが、この饗応の任を負った。

このように、平安時代における埦飯は、後世のような恒例的なものでも儀式的なものでもなかった。いわば、祭日や集会などがあったときにふるまわれた弁当や軽食にすぎなかったのである。しかし、禁中において、儀式や節句などの慶事のときに出されたことから、地方において、次第に儀礼的な意味を有する行事へと発展していった。兵役の義務を終え地方へ帰った郡司の子弟などが、祭日に衛府で賜った埦飯の味を、産土神の祭礼の日などに懐かしんだことに起

因するのかもしれない。平安の末になると、任地に赴いた新任の国司などに対して、在庁官人らが垸飯を奉って饗応する風が新たに起こってきた。これが、鎌倉期に入って、儀式としての垸飯が成立する遠因となったと推測される。

　鎌倉幕府の成立ともに、垸飯は武家儀礼として性格を新たにした。『吾妻鏡』において垸飯は、治承4年（1180）12月20日、三浦義澄が源頼朝の新邸落成祝いに献じたのに始まる。その後、慶事があるたびに行われるようになり、なかでも歳首の垸飯は、幕府の年中行事として次第に重要な意味を持つようなっていった。当初、垸飯を将軍に献じたのが、三浦・上総・千葉・小山などの諸氏に限られていたことは、この儀の成立事情の経緯を物語るものとして興味深い。彼らが鎌倉幕府草創期における屈指の御家人であったことにもよるものであろう。しかし、彼らが東国の有力豪族出身の武士団であったため、新任の国司饗応のために垸飯を進めた平安末期の遺風を、頼朝との主従関係を緊密にする意味をこめて献じたものと推測できる。垸飯は、頼朝と東国の有力御家人との間に生まれた儀礼だったのである。

　幕府における公式儀礼としての意義が大きくなるにつれ、これを献ずる人にも異同があった。建久年間（1190〜1198年）以後には、梶原・北条・和田・畠山氏などが加わり、太刀や馬、砂金などの献上品まで添えられるようになり、北条氏の執権政治時代には、進献の役は北条氏によって独占されることになった。

室町時代以降の垸飯

　南北朝の動乱期に、武家儀礼としての垸飯は絶えたが、室町幕府開府とともに、まずは正月や元服など足利氏の私的な行事から復活した。それが14世紀末から15世紀前半に至り、将軍を中心とした秩序が形成される中、歳首の垸飯も幕府の重要な儀礼として成立した。

　垸飯出仕の人々も、三管四職（管領と侍所に補せられた家柄）を中心として行われるようになり、応永10年（1403）前後より、正月1日は斯波・細川・畠山などの時の管領が献じ、2日は土岐、3日は佐々木（六角と京極で隔年）、7日は赤松、15日に山名の諸氏が、恒例で献ずるようになった。この行事には、不慮の事態が起これば代理人を出し、家門の名誉をかけて参勤した。公式儀礼の最たるものの一つとなったのである。

　室町幕府におけるこの儀の模様を、編纂者不詳の『年中恒例記』や、伊勢貞

頼によって記された『宗五大草紙』などに見ると、進献の儀は御主殿において行われ、まず三献を将軍にたてまつり、三つ目の御盃は、その日、埦飯を献じたものに授けられた。角高杯に強飯を高盛りにした埦飯と、肴には打鮑・梅干・海月酢・塩などが添えられた。御酌は公家や重臣などによりなされ、直垂を着けた奉公人が膳を取り次ぐ「御手長」の役を務めたことが記されている。

　また、海老名季高による『鎌倉年中行事』の写本である『成氏年中行事』からは、関東の鎌倉府においての次第も、幕府のものとほぼ同様であったことが窺われる。むしろ公式儀礼としての成立は、室町幕府より関東府のほうが、いささか早かったようである。このことは、埦飯がもともと東国で発達した儀礼であったことを示す証左と推測される。

　応仁の乱後、幕府の公式儀礼としての埦飯は姿を消した。その遺風は、戦国大名などの儀礼に受け継がれていったが、その意義は、時とともに変化した。本来は、家臣が主君に対して奉るものであったが、しだいに上の者が下の者をもてなす形へと変わっていき、とくに正月や節句などでのそうした饗応を、埦飯と呼ぶようになっていったのである。

　江戸時代には、幕府の公式儀礼としての埦飯はなかったが、広く武家、民間で私的に行われた。例えば、在府の御三家では、年始の祝儀として、老中以上旗本の主だった者を招いて饗応し（柏崎具元の『事蹟合考』）、江戸の両町奉行も正月４、５日ころ、役宅で配下の与力同心をもてなすことを常とした（小川顕道の『塵塚談』）。年始の礼というより親愛の情から起こったもので、献立も鎌倉・室町幕府のような簡素なものとは異なり、いわゆる会席の饗応で、これを昔ながらの「埦飯」の名で呼んだのである。民間においては、正月や氏神の祭礼などで、親類縁者や近隣の知人を招いて馳走する風が盛んとなり、これを「埦飯振舞」というようになった（新見正朝の『昔々物語』）。ここでは公式儀礼といった性格はなくなり、単なる饗応を意味する言葉に変わったのである。

　今でも埼玉県などで、年始の礼に来た者をもてなすことを埦飯といい、中部以西の各地で、食物の贈答を埦飯振舞という例がある。鹿児島県の屋久島では、大晦日に家の入り口に大番椊という横木を吊り、これに大根・魚・餅を掛け連ね、正月２日以後、正月の飾りである蓬莱台に載せて少しずつ食べていく風習があったが、これも民間に伝わった埦飯の名残と思われる。

直会の民俗

　民間の信仰習俗の中には、直会と考えることのできる行事が多く伝承されている。その習俗の多様性は、古態をしのばせる素朴なものから、変化した諸相にいたるまで、多くの発展段階を示している。

　直会が神と人との共食を本義とするところから、直会そのものが神社の祭礼名となった例は多い。各地にある「甘酒祭」がそうである。例えば、岐阜県郡上市の千虎白山神社では、正月の祭礼で甘酒6斗余りを社前に据えた大釜で煮立て、氏子は名が呼ばれるたびに一椀ずつの甘酒を受け、もれなく飲み終わると一同がときの声をあげて大釜を取り囲み、残った甘酒を飲んでしまった。現在では3月に、大釜で甘酒を煮込み、参拝者にふるまわれている。

　かつては氏子全員が神社に集まり、厄年の者が献饌し、そのお下がりで一同が直会をするといった祭りが多く存在した。この形は、直会の本義を伝えたものとして注目される。このような共食のあり方は、祭りの総称にも影響を与え、神饌そのものが祭りの名称・別称ともなっていった。「新飯神事」や「里芋祭」「菜花祭」「茄子の神事」「虎杖祭」「飴祭」「山葵祭」など、例は限りもないが、その多くは特殊神饌と考えられ、祭神との関係を説くところが多い。

　供物は祭日の総称にも影響を与えた。東北地方では、稲の収穫祭を「クンチ」と呼び、9月の9日か19日、29日のいずれかをあてたので、9という数字に関係があるように解されている。しかし、北九州地方のように、9日でなくとも祭日を「オクンチ」と呼ぶことから、本来、神祭りにあたって特別の食物を調理して神に供え、人も食べる「供日」から出た語であることは疑う余地がない。近世以降に武家社会が五節供として重陽の日を重んじたために、農村でも収穫の時期と相まって、9月の9の日を受容しやすかったのである。

贈答と雑煮

　古式を重んずる神社や宮座形式の民間祭祀では、本祭の前の「宵宮」、後の「後夜の宴」に直会の要素を見出すことができる。祭りの前段階としての潔斎・精進は特定の神役に任せ、あるいは、すでに欠如していることも多かったが、潔斎はなくとも、祭りの日の「晴」の感激は集団性をもつことによって高められた。しかし、直会に入って祭りが終わるのではない。島根県の隠岐島には、宮座形式の「客祭」というのがある。以前は多くの村で行われていたが、ある

村では全戸が二つに分かれ、互いに招き合ってご馳走をした。招かれる家は世襲の頭屋以外の全戸となっていたところもあり、直会中心の祭りである。もし、この日に参加できない条件をもつ家があると、頭屋からは「贈り膳」がなされた。贈り膳は共食したことを示す方法の一つであり、その証拠として、贈られた物すべてを受けとるのではなく、器にいくらか食物を残し、お返しとして「ツケギ」や「マッチ」を添えることも広い習俗であった。それと同じ観念から出たものとして「陰膳（かげぜん）」がある。本来、晴の日に共食すべき間柄であるべき人間が、何かの事情で不在の場合に、その人間の分だけ別に膳を設けたのである。この贈り膳と陰膳の習俗は、やがて形を変えて食物以外の品物となり、贈答の習俗として多様な変化を見せつつ、現代においても大きな意味をもっている。

　大晦日から年頭の食事を、「セツ」や「オカン」「ノウライ」などと呼ぶ地方がある。とくに九州地方で「ノウライ」「ノウレイ」と呼ぶ正月の雑煮は、歳神に供えた物をおろし、集めて煮た物を指しており、古い感覚を示す語と考えられる。そして、新しい年の最初の正式な食事の料理を雑煮と呼ぶのは、それを一部の地方でノウライと呼ぶことと深く関わっている。本来は、一日の始まりは真夜中の午前零時ではなく、陽が沈んだ後の「陽のくだち」あるいは「たそかれ」のころであった。古い暦日観からすると、大晦日の夕暮れから新年は始まっているのであり、その夜の食事こそが新年の1回目である。明るくなってとる食事は2回、3回目であり、神々に供えた物をおろして煮て食べる結果になるから、雑煮という語は最もふさわしい感覚をともなっていたと解することができる。

【参照事項】　まつり　さいじつ　さいじょう　ひもろぎ　さいかい　じんじゃさいしき　しんせん　みき　だいじょうさい　かんなめさい　にいなめさい　とくしゅしんじ　きゅうちゅうのねんちゅう（じゅう）ぎょうじ（以下『宗教編』）えんぎしき　なおび

㊴　へいはく　幣帛

　神祇に奉（たてまつ）るものの総称で、「幣物（へいもつ）」ともいう。「みてぐら」ともいい、その場合は「御幣」「幣」とも書く。「ミテグラ」は「御手座」「真手座」「満倉」「満座」の意とされる。幣帛の種類には、布帛・紙・玉・兵器・銭貨・器物・鳥獣などがあり、御饌（み）（神饌）とともに神祇に供する重要なものである。祭祀にお

いて神饌は必ず奉られるが、幣帛は重大な祭祀に際して奉られる。幣帛を美称して「宇豆乃幣帛」「大幣帛」「太幣帛」「豊幣帛」「安幣帛」「足幣帛」ということもある。

「神祇令」には、「凡そ祭祀に供ふる幣帛、飲食、及び菓実の属は、所司の長官親自検校して、必ず精細ならしめよ。穢雑ならしむること勿れ」と規定され、幣帛・神饌が清浄で美しく整っていることが求められた。また、「職制律」には、幣帛の内容が大・中・小祀において神祇令の規定通りに行われなかった場合の罰則が、程度に応じて細かく定められていた。

幣帛のうち、布帛のことを『古事記』では「白丹寸手・青丹寸手」とし、『日本書紀』では「白和幣・青和幣」としている。白丹寸手とは楮布（木綿）、青丹寸手は麻布とされている。「テ」は「タヘ」が約まったもので、布のことであり、『延喜式』巻八「祝詞」の「龍田風神祭」に「明妙・照妙・和妙・荒妙」とある。諸書にも「白妙御幣」とある。

布帛、衣服、紙、玉

幣帛には、前述の通りさまざまな種類がある。以下、文献に見える幣帛の例を取り上げる。

布（布帛）の例としては、『延喜式』巻一「四時祭」がある。「祈年祭の神三一三二座」条においては、「官幣大社三〇四座」について、「座別に絁五尺、五色の薄絁各一尺、倭文一尺、木綿二両、麻五両、庸布一丈四尺」とあり、「官幣小社四三三座」については、「座別に絁三尺、木綿二両、麻五両、庸布一丈四尺」とある。「国幣大社一八八座」については「座別に糸三両、綿三両」とされ、「国幣小社二二〇七座」について、「座別に糸二両、綿二両」とある。また、「春日神四座の祭」の「祭神料」として、「安芸木綿大一斤、絁七尺、調布二丈三尺、曝布一端八尺、商布十二段」があげられ、「園・韓神三座の祭」の料として、「五色帛各八尺、夾纈帛・紫帛・紫纈帛・緋帛・浅纈帛・赤練帛各四尺、帛二丈、練糸二両、細布四丈、商布二段、安芸木綿一斤、凡木綿八斤」などがある。幣帛とされた布はおおむね以上であるが、「両面」「綾（五色）」などの例もある。

なお、『万葉集』に見えるように「幣」は「ぬさ」とも読む。『古事記』仲哀天皇の段には、天皇崩御のとき、「国の大奴佐を取りて」大祓をしたとある。『古

事記伝』には、「祷布佐(ねぎふさ)」が約まったもので、神に手向ける絹布・木綿・麻のこと、としている。これらの布を細かく切って袋に入れ、旅の途中に安全を祈って神に捧げたものである。「おおぬさ」「みぬさ」ともいわれる。

一方、『続日本紀』の神護景雲3年(769)2月に「神服(かむはとり)を天下(あめのした)の諸社に奉る。(中略)社毎に男の神服一具、女の神服一具」とあり、この「神服」は神に捧げる神衣のことで、衣服の例である。

また、先にも挙げた『延喜式』巻一「四時祭」の「春日神四座の祭」の「散祭料」には「白紙廿張(しろきかみにじゅうはり)、色紙卅張(いろがみ)」とあり、『江家次第』の「内侍所御神楽事」の条にも「紙二帖」などを幣料としたと見えるなど、紙を幣帛として奉ることも文献に多く現れている。

玉については、『古事記』「天石屋戸」の段に、「天香山の五百津真賢木(いおつまさかき)」を掘り取って、「上枝に八尺勾瓊(やさかのまがたま)の五百津(いおつ)の御須麻流(みすまる)の玉」をとりつけ、これを「布刀御幣(ふとみてぐら)」としたとあり、『日本書紀』にも同様の記載がある。『新撰姓氏録』の「右京神別」「玉作連」の条には、その祖・天明玉命(あめのあかるたまの)が天孫降臨のときに陪従し、玉を造って「神幣(みてぐら)」としたとある。『延喜式』巻一「四時祭」の「園・韓神三座の祭」の「祭料」の中には「五色玉一百枚(いついろの)(ひら)」、「平岡神四座の祭」の「解除(はらえ)の料」に「五色玉二百丸(がん)」と見え、巻八の「祝詞(のりと)」「祟神(たたりがみ)を遷し却る(うつ)」で、「進る幣帛(たてまつ)(みてぐら)」の中に玉が挙げられている。

兵器、銭貨、器物、鳥獣

兵器を幣帛とする例もある。「宇陀の墨坂(すみさかの)神に赤色の楯矛を祭り、また大坂神に黒色の楯矛を祭り」とあるのは『古事記』崇神天皇の段であり、同様なことが『日本書紀』の崇神天皇9年3月条にも書かれている。垂仁天皇の27年8月条には、「兵器を神の幣(つわもの)(まい)とせむと卜(うら)はしむるに、吉し。故(かれ)、弓矢及び横刀(たち)を諸の神の社に納む」とあり、さらに、「神功皇后摂政前紀」(仲哀天皇9年9月条)には、「諸国に令(みことのり)して、船舶(ふね)を集(つど)へて兵甲(つわもの)を練(ね)らふ。時に軍卒(いくさびとども)集ひ難し。皇后曰はく、『必ず神の心(みこころ)ならむ』とのたまひて、即ち大三輪社(おおみわのやしろ)を立てて、刀矛(たちほこ)を奉りたまふ」とある。『常陸国風土記』によると、崇神天皇の御代に、香島(鹿島)神に「太刀十口(とふり)、鉾二枚(ふたひら)、鉄弓二張(かねゆみはり)、鉄箭二具(かねやよろい)」などが幣帛として奉られたという。以上は、いずれも上代の例であるが、中世以降、弓・箙(えびら)・胡籙(やなぐい)・冑・剣・矢・鎧(よろい)・楯・矛などが奉られることは文献に累見する。

銭貨の例としては、『日本後紀』延暦15年（796）11月辛丑の条に、新銭流通の開始に際して伊勢神宮・賀茂上下社・松尾社に奉納したとある。また、『日本三代実録』貞観12年（870）11月17日の条には、使者を諸社に派遣して、鋳銭司（ちゅうせんし）および葛野鋳銭所（かどのちゅうせんしょ）の新鋳銭を奉った、とある。後世、金銀貨（貨幣）を初穂として奉奠する例（金幣）も枚挙に暇がない。

　一方、『延喜式』巻一「四時祭」の「祈年祭の神」の条、「官幣大社」の「座別の幣」に「鹿角一隻（しかのつのせきすきく）、鍬一口」、「官幣小社」に「鍬」「軛（ゆぎ）」が見える。また、巻八「祝詞」の「平野祭」には、「御鏡・鈴・衣笠」、「竜田風神祭」の祝詞に「宇豆乃幣帛（うずのへいはく）」として「金の麻笥（こがねのおけ）、金の榲（たたり）、金の桛（かせ）」などが記されている。この金の「麻笥、榲、桛」とは、麻を糸にするときの道具で、以上はすべて器物を幣帛とした例である。時代は下って、『玉葉（ぎょくよう）』の文治5年（1189）正月3日の条によると、九条兼実は、心願があって伊勢内宮へ琵琶を、外宮へ笙を奉献したとある。

　鳥獣を幣帛とする例として『貞観儀式』の「二月四日祈年祭儀」の条に、神祇官が斎院に陳べる幣物に、「白鶏一隻・豚一頭」とある。また、『延喜式』巻八「祝詞」の「祈年祭」に、「白き馬・白き猪（い）・白き鶏」を宇豆乃幣帛として「御年の皇神（みとしのすめがみ）」に奉ったことが見えている。鳥獣の幣帛として最も奉られたのが馬である。「しんめ」「じんめ」「かみのこま」といい、神の騎乗に供する馬の意である。神社に参詣したときに奉るものもあり、祈請のために奉ったものもある。祈雨には黒毛馬を、祈晴には白（また赤）毛馬を奉った。

　以上、主に朝廷からの幣帛を取り上げてきたが、春日祭に際し、藤原氏の長者が奉った「私幣」（『貞観儀式』）もあった。また、幣帛とは異なるが、平定家（さだいえ）の『定家朝臣記』の康平5年（1062）5月2日条に、下賀茂社に詣で「金銀幣」を捧げて拝礼したとあり、『気多神社年中行事』6月晦日のところに、祓行事の際の「五色幣」の記述がある。「金銀幣」「五色幣」とは、玉串をとくに立派にしたものである。

明治以降の幣帛

　明治時代から終戦時までは、幣帛を含めた神社の祭祀が法令で詳細に定められていた。明治4年（1871）には、官幣社の祈年・新嘗・例祭と国幣社の祈年・新嘗祭の神饌・幣帛料は皇室から、国幣社の例祭の神饌・幣帛料は国庫から支

出され、臨時奉幣祭・遷座祭の神饌・幣帛料もそれに準じて支出されるようになった。ただし、「料」とあるように、原則として、それらはすべて「金幣」(現金)であり、幣帛は「御幣物」と呼ばれ、特別のものについてのみ現品で奉られた。

そのほかに、官国幣社以下の遷座祭・特殊神事に際して、一社あたりで、楯・矛・弓・箭・鏡・大刀・御装束を奉ることが慣行としてあった。

終戦により、神社関係の諸法令は廃止され、神社に幣帛を供進する根拠規程を失った。この御幣物、幣帛供進に替わるものとして、昭和33年(1958)6月、神社本庁により「神饌幣帛供進に関する規程」が設けられ、数度の改正を経て現在に至っている。

【参照事項】
じんぽう　たま　じんじゃさいしき
たまぐし　しんせん　みき　せんぐう　とくしゅしんじ

㊵ たまぐし　玉串（玉籤）

祭祀において誠意を表するために、神職および関係者が神霊などに捧げる垂をつけた榊の枝をいう。上古より行われてきた神霊を宿らせるためのもので、神人融合の一表現および作法とする考え方もある。一般には神前に捧げるが、神社の垣や鳥居の柱などにつける場合や、「○○神社太玉串」などとする神札として授与する場合もある。

由来と語義

玉串を神に捧げる作法は、「ヒモロギ」（神籬）とも関連し、古くから行われた神事と推測される。文献上の起源としては、天岩戸での「太幣帛」に基づくというのがほぼ定説である。『古事記』によれば、「天香山の五百津真賢木を根こじに抜じて、上枝に八尺の勾璁の五百津の御須麻流の玉を取りつけ、中枝に八尺鏡を取りかけ、下枝に白丹寸手、青丹寸手を取り垂て、此の種々の物は、布刀玉命、布刀御幣と取り持ちて、天児屋命、布戸詔戸言祷き白して」という記事のうちに見える。その榊の装いが、やがて「太玉串」と目され、美称の「太」を略した「玉串」も、ここに由来すると推測される。それは、神霊を招ぎ、

坐せまつる、古くからの厳重な祭祀の形であったと思われる。そのため、このような鏡や瓊を「招ぎし鏡」「招ぎし勾瓊」と称したのであろう。

　この神に捧げ奉ったものという性格から考えて、宣長は『古事記伝』巻八で、玉串は「手向串」の意であろうと説いている。このことは、鈴木重胤の『中臣寿詞講義』巻上や大槻文彦の『大言海』でも、ほぼ同様である。

　「串」は、それを刺し立てる木竹や枝のことであるが、「玉」については、過去には実際に玉を取りつけられたために「玉串」というとする説もある。これは飯田武郷が『日本書紀通釈』巻八で、賀茂真淵や平田篤胤の説、『万葉集』巻三の「大伴坂上郎女の神祭歌」を引きながら展開しているもので、橘守部も『雅言考』で同じような説をとっている。

　一方、六人部是香は『篤能玉籤』初編巻二で、玉串は、御霊を招き寄せるものであるから、「神霊の遇りたまふ料」で、霊串の義である、としている。また、小山田与清は『三樹考』で、単に美称としてその意義を解し、玉という美称のつく種々の例を挙げている。

　総合して考えると、平田篤胤（『古史伝』巻十）や賀茂真淵（『万葉考』巻十四）などが説くように、本来は玉をつけたものをいい、後には、玉ではなく木綿（垂）をつけて神前に捧げたものを、古のままに玉串と称したものと推測される。太玉串とも称するのは、単に美称を重ねているだけのことではなく、六人部是香が『順考神事伝』巻五で述べているように、その名のごとく華麗な玉串で、とくに重要性を強調した用語であったと思われる。『日本書紀』「天石窟」段の第二の一書には「山雷者には、五百津の真坂樹の八十玉籤を採らしめ、野槌者には五百箇の野蔦の八十玉籤を採らしむ」とある。「八十玉籤」とは、その枝葉が繁り、玉串の数が多いことを意味したものと推測される。

祭祀と榊

　神宮には玉串についても多くの伝来があり、『皇大神宮儀式帳』や『延喜式』巻四「伊勢大神宮」などに、玉串の用途、また「玉串内人」、「玉串御門」および「玉串行事」のことなどが伝えられている。近世の学者が諸書に引用しているように、『延喜式』巻四「伊勢大神宮」には「木綿を著けたる賢木、是を太玉串と名づく」とあり、『皇大神宮儀式帳』には、太玉串のほかに「天八重榊」のことが見えている。この天八重榊について鈴木重胤は、『延喜式祝詞講義』

巻十三「伊勢大神宮六月の月次祭」の条で、『日本書紀』に「山雷者には、五百津の真坂樹の八十玉籤を採らしめ」とあるのは、「彼の玉鏡を懸る料の八重榊と、神等の進（たち）れる太玉串との料なり」と解し、『皇大神宮儀式帳』の「祈年祭」の条に見える「太玉串」については、「大前に進む止事無くて重き大御幣（みてぐら）なり」と説明している。そして、「八重榊は神等の御霊を寄給（よせ）はむ料、太玉串は神の御前に捧る幣なりけり」と述べ、『伊勢二所太神宮神名秘書』にある皇孫降臨の記事に関連して、「八重榊は皇大神の御形代（みかたしろ）を懸奉りて、布理奉り、太玉串は其に覆ひ隠し奉りて供奉シ仕へ奉れる由なり」と解釈している。

　このように、玉串は古くからもっぱら神に捧げられ、その料として主に「さかき」が用いられ、転じて単なる榊の枝を玉串と称することになった。同時に、その「サカキ」は、古くは「賢木」「栄樹」「坂樹」などと書かれていたが、いつしか「榊」の字を用いるようになった。語義については「栄樹（さかえき）」の意で、元は、広く「橿（かし）」「檍（おがたまのき）」「桂」などを称する名称であったという解釈が一般的である。この「さかき」に関しては、近世の国学者たちの間でさまざまな研究が試みられてきたが、先に触れた小山田与清の『三樹考』には、一般的な解釈とは多少異なる詳しい見解が見えている。現代でも、実際には土地の風土によって、一般にいう榊（モクレン科常緑喬木）と類似の樹枝を用いる場合もある。また、玉串には、まれに紅白の絹垂（きぬしで）、また、麻が添えられることもある。

【参照事項】　ひもろぎ　しんぼく　じんぽう　たま　へいはく　しんせん
　　　　　　かんなめさい　としごいのまつり　つきなみさい

㊶ しんせん　神饌

　神に供する飲食のこと。古来「みけ」といい、極めて神聖なものとされ、宮中や神宮においては警蹕（けいひつ）をかけて供進した。現在の各神社で行われる神饌の伝供（でんく）（受け渡し）でも、そのたびごとに揖（ゆう）を行うように、丁重に取り扱われている。

　日本の祭りは、神をお招きして饗応するため、神饌、幣帛の奉献や、楽を奏することが重要な次第となっているが、中でも献饌（神饌を供すること）は、すべての祭りで必ず行われる。

　その調製は厳重に執り行われ、米ならば神田において奉作し、魚貝類ならば特定の漁猟場が定められた神社さえある。調理は神聖な忌火（いみび）をもって行われ、

酒の醸造は「神酒造の行事」と称して、「餅搗き」とともに斎戒中に行う行事でもある。神饌への神聖観が禁忌をも生み出し、神が「みけ」として好まれないものは、氏子も一切口にしないところや、神に「初物」として奉らないうちは、決して食べてはならないといった習わしを残しているところもある。

神饌の種類と品目

神饌は、その調理法と性格、献ずる場所によって分類することができる。

①調理法からの分類
- 熟饌または調理饌　鑽り出した忌火によって飯を炊ぎ、酒を醸し、魚・野菜・菓実などを調理したもので、今日では特殊神饌として古社において行われる。
- 生饌または丸物　生の、まるのままのもので、今日の神社における通常の神饌をいう。
- 生贄　種々の説があるが、鳥、獣、魚などを生きたまま奉るもの。
- 素饌（精進料理）　かつて神仏習合が進んだ神社などで奉られていたもので、魚味を加えない神饌。

②神饌の性格からの分類
- 饗応の神饌　神の召し上がりものとして奉るもの。
- 供覧の神饌　庭積みの机代物と呼ばれるもので、神に御覧いただくために奉る神饌。

③献ずる場所による分類
- 案供（あんぐ）　案上に奉るもの。
- 懸供　稲穂・魚・動物などを懸けて奉るもの。
- 散供　地鎮祭のように四方に散らして奉るもの。
- 埋供　地中に埋納するもの。
- 投供　水中に投げて奉るもの。

神饌の品目については、以下の神社本庁の規定がある。

　　和稲・荒稲・酒・餅・海魚・川魚・野鳥・水鳥・海菜・野菜・菓・塩・水等。神饌の外、其の地の産物を副へて奉つることを得。

このうち「和稲」とは、籾を取り除いた稲のことをいい、「荒稲」とは籾が付いたままの稲である。「海菜」とは、昆布などのことで、「菓」とは、果物や菓子である。そのほか、「地の産物」として、大豆などの雑穀、味噌・醤油な

どの調味料、花、猪などの「獣」が奉られる場合もある。また、それぞれの神社の伝統により、さまざまに加工・調理した特殊神饌も奉られる。

神饌の形態と用具

　一般には、三方などに1種類ずつの神饌を載せて奉るが、その盛り方には、「高盛り」など各社の伝統によって異なるところもある。神饌の内容や加工、盛り方などが特殊なものとして著名なところでは、「賀茂祭」での賀茂別雷神社や賀茂御祖神社、「石清水祭」での石清水八幡宮、「春日祭」や「春日若宮おん祭」での春日大社、「大饗祭」での香取神宮、「青柴垣神事」での美保神社、「嘉吉祭」での談山神社などがある。

　神饌は、「忌火屋殿」や「神饌所」といったところで調理されるが、調理および奉饌に必要な主な用具としては、以下が挙げられる。

・真名板、包丁、箸など。調理用として。
・白衣、覆面、マスクなど。調理者の装身具として。
・斎緒。形の崩れやすいもの、整えにくいものに用いる。
・搔敷。神饌の下に敷くもの。主として植物の葉、紙が用いられる。葉盤、葉椀。
・三方、四方、折敷、高坏、行器（容器）など。
・瓶子、缶、甕、酒樽。酒を入れるのに用いる。また、盃台、杓子など。
・土器、水器。
・盆。神饌の伝供に用いる場合がある。
・箸。神饌に添える。また、箸台の耳土器。
・案。（黒木案、榁案、白木案など）。神前に供え神饌を載せるのに用いる。
・薦。案の下に敷く場合と、神饌を載せる場合がある。

神饌献撤の作法

　献饌と撤饌の作法については、以下の神社本庁の規定がある。

　　献饌　先づ後取薦を鋪き案を設け、次に陪膳は案前に、膳部は神饌所に、手長は各其の位置に著き懐芴して候す。次に膳部神饌を手長に伝へ、手長順次に之を陪膳に伝ふ。陪膳之を案上に奠す。畢りて下位の者より本座に復す。

215

撤饌　先づ陪膳は案前に、膳部は神饌所に、手長は各其の位置に著き懐笏して候す。次に陪膳神饌を撤して手長に伝へ、手長順次に之を膳部に伝ふ。畢りて下位の者より本座に復し、後取案及び薦を撤す。

「後取」とは、指示に従って動くもののことをいい、「陪膳」は文字通り、神饌を並べる係りで、「膳部」は神饌を取り仕切る係り、「手長」とは、神饌を受け渡す役のことである。

また、神饌を供ずる場所は、御扉を開く祭典では外陣（げじん）か、それに準ずるところとし、開かない祭典では大床（おおゆか）か、それに準ずるところに奉る。

【参照事項】
まつり　きゅうちゅうさいし　さいかい
じんじゃさいしき　なおらい　へいはく　みき　はつほ　にいなめさい　とくしゅしんじ

㊷ みき　神酒

神に供する酒のことをいい、神饌においてとくに重要な供え物である。「しんしゅ」ともいう。「ミ」は「御」、「キ」は「酒」の意で、「御酒」とも書き、酒の美称・敬称である。境内に「酒殿（さかどの）」を設けて酒を醸造した例も多く、今も神宮や春日大社などで、その古風が見られる。

『日本書紀』の素戔嗚尊の「八岐大蛇」の段には、「脚摩乳・手摩乳をして八醞（しおり）の酒を醸（か）み、（中略）各一口（おのおのひとつ）の槽（さかぶね）置きて、酒を盛れしめて待ちたまふ」とあり、何度も繰り返して醸造した「八醞の酒」のことが見える。同段の第二の一書では「菓（このみ）を以て、酒八甕（やはちか）を醸（か）め。吾当（われまさ）に汝（いまし）が為に蛇（おろち）を殺さむ」、同第三の一書では「毒酒（あしきさけ）を醸みて飲ましむ」とあり、果実酒のような酒や「毒酒」の事例が見られる。

また、『古事記』の八千矛神と須勢理毘売命との「宇伎由比（うきゆひ）」（盃結）や、神功皇后の段にある神意をうかがう「待酒（まちざけ）」（兆酒）、雄略天皇の段における饗宴の際の「宇伎歌（うきうた）」（盃歌）など、古典には酒に関する多くの記述がある。そこからは、神祇と酒、祭祀と酒の関連が窺える。

祭祀と酒

『万葉集』巻三・三七九番に、大伴坂上郎女（おおとものさかのうえのいらつめ）が氏神の祭りを行ったときの

歌がある。

　　　ひさかたの　天の原より　生れ来たる　神の命　奥山の　賢木の枝に
　　　白香つけ　木綿とり付けて　斎瓮を　忌ひほり居ゑ　竹玉を　繁に貫き
　　　垂り　鹿猪じもの　膝折り伏せて　手弱女の　おすひ取り懸け　かくだに
　　　も　われは祈ひなむ　君に逢はじかも

　この歌からは、神籬を立て、肩に竹玉を垂らし襲をかけ、一身に祈りを捧げる巫女の姿が連想され、その際、「斎瓮」を供えたことが分かる。

　このような祭祀に供せられる酒は、どのように造られたのであろうか。『播磨国風土記』の「揖保郡 意此川」の条には「ここに、額田部連久等々を遣りて、祷ましめたまひき。時に、屋形を屋形田に作り、酒屋を佐々山に作りて祭りき」とあり、同郡「酒井野」の条には「酒井と称ふ所以は、品太の天皇のみ世、宮を大宅の里に造り、井を此の野に闢きて、酒殿を造り立てき」とある。さらに、同国「賀毛郡下鴨里」条には「碓居谷・箕谷・酒屋谷あり。昔、大汝命、碓を造りて稲舂きし処は、碓居谷と号け、箕置きし処は、箕谷と号け、酒屋を造りし処は、酒屋谷と号く」とある。上記の「酒屋」「酒殿」は、祭りに際して、酒を醸す村落共有の屋舎を指している。商家としての酒屋がなかった古代においては、村落の祭祀のときにだけ酒が造られたと推測されている。

酒と歌舞

　酒の出来映えは、非常に重要なことであった。祭りにあたって、美酒が出来るか否か（うまく酒になるかどうか）は、神の御心に叶うか否かということであり、厳重な潔斎のもとに醸造が進められた。「酒ほがい」といわれるように、周囲で舞踏を行い、良き酒の兆（ほ）を得ようとするのも重要なことであった。

　『日本書紀』崇神天皇8年の条には、以下のようにある。

　　　冬十二月の丙申の朔乙卯に、天皇、大田田根子を以て大神を祭らしむ。
　　　是の日に、活日自ら神酒を挙げて天皇に献る。仍りて歌して曰はく、
　　　　此の御酒は　我が御酒ならず　倭成す　大物主の　醸みし御酒　幾
　　　　久　幾久

　また、『古事記』の神功皇后の「酒楽の歌」の段では、以下のようにある。

　　　其の御祖息長帯日売命、待酒を醸みて献らしき。爾に其の御祖、御歌
　　　曰みしたまひく、

この御酒は　我が御酒ならず　酒の司　常世に坐す　石立たす　少名
　　　御神の　神寿き　寿き狂ほし　豊寿き　寿き廻ほし　献り来し御酒ぞ
　　　乾さず食せ　ささ

とうたひたまひき。かく歌ひて大御酒を献りたまひき。爾に竹内宿禰命、御子の為に答へて歌曰ひけらく、

　　　この御酒を　醸みけむ人は　その鼓　臼に立てて　歌ひつつ　醸み
　　　けれかも　舞ひつつ　醸みけれかも　この御酒の　御酒の　あやにう
　　　た楽し　ささ

　神功皇后と竹内宿禰の歌の大意は以下の通りである。
　この御酒は、私が醸したものでありません。この御酒は酒の支配者であり、常世の国にいらっしゃる、石像としてお立ちになっている少名毘古那神が、祝福して狂い踊り、踊り廻って祝福し尽くし、献ってきた御酒です。なみなみと注いで、すっかり飲みほしてください。さあさあ。
　この御酒を醸した人は、その鼓を酒を造る臼の側に置いて、その周りを鼓の音に合わせて歌いながら醸したからであろうか、踊りながら醸したからであろうか、この御酒は、この御酒は、なんともいえず味がよくて楽しい。さあさあ。

　ここでは、酒の発祥と薬効が、大物主神と少名御神に託されている。つまり、酒は本来、大物主・少名御神が造られた、いわば「神醸の酒」であり、人間が造ったものではないことを語っている。また、神功皇后が献じた「待酒」は兆酒、つまり、神意をうかがうための酒であり、そのために「酒ほがい」が必要だったのである。良き「秀」（兆）を得ようとする動作や、なんらかの呪術的動作が「ほぐ」といわれるものである。『万葉集』巻六には、「湯原王打酒の歌一首」（九八九番）が収載されている。この「打酒」とは飲酒のことである。
　　　焼太刀の　稜打ち放ち　大夫の　祷く豊御酒に　われ酔ひにけり
　　（大意／火で鍛えた刀のしのぎを打ち放ち、良い結果がでるようにと、ま
　　　すらおが祝う豊御酒に私は酔ってしまった）
　良い兆（ほ）としての酒を得るためには、呪術的所作としての歌舞が必要であったことが明らかである。

造酒司と酒女

　時代が下ると、宮廷や大社には酒殿が設けられ、常時、必要量の造酒が行われることとなった。宮廷には、宮内省の下に造酒司（さけのつかさ・ぞうしゅし）が設けられ、管轄下の大和・河内・摂津に住む「酒戸」から選ばれた「酒部」によって醸酒（造酒）が行われた。

　『神楽歌』の「酒殿歌」には、以下のようにある。

　　　　本
　　酒殿は　広しま広し　甕越に　我が手な取りそ　然告げなくに（或いは「せぬわざ」と云ふ。）
　　　　末
　　酒殿は　今朝はな掃きそ　舎人女の　裳引き裾引き　今朝は掃きてき

本の歌と末の歌の大意は以下である。

　　酒殿は広い、とても広い。酒甕越しに手を握ってはくださいますな。そんなことをなさいとは申しませんのに。（本）

　　今朝は酒殿は掃除をしなくてもいい。雑用をする女性が、あでやかに裳の裾を引いて、早くから掃除をしてくれた。（末）

　酒醸の中心に関わる若い女性の姿が偲ばれる。同様の事例は『催馬楽』の「呂歌」にもある。

　　　　この殿の奥　拍子十六　二段　一段七　二段八
　　この殿の　奥の　奥の酒舎の　うばたまり　あはれ　うばたまり　はれ
　　うばたまり　我を　我を恋ふらし　こざかごゑなるや　ごゑなるや
　（大意／この御殿の、奥の奥にある酒殿の酒造りの老女さん、老女さん、老女さん、私を、私を恋焦がれているらしい。少し酔った声であるよ、酔った声であるよ）

　女性が造酒（醸酒）に重要な役割をなしたことについて、「大隅国風土記」逸文に以下のようにある。

　　　　醸酒
　　大隅ノ国ニハ、一家ニ水ト米トヲマウケテ、村ニツゲメグラセバ、男女一所ニアツマリテ、米ヲカミテ、サカブネニハキイレテ、チリヂリニカヘリヌ、酒ノ香ノイデクルトキ、又アツマリテ、カミテハキイレシモノドモ、コレヲノム、名ヅケテクチカミノ酒トイフト云々、風土記ニ見エタリ。

「口嚙みの酒」とあるように、麹を用いた造酒が未開発だった時代には、唾液で発酵させる酒造法によっていて、ことに供神の酒は清らかな少女の「口嚙み」によって醸されたのである。「丹後国風土記」逸文の「奈具社」の天女伝説にも「天女、善く酒を醸み為りき」とあり、造酒司において神酒のことを掌ったのも女性であった。

酒部と造酒の祖神

　神酒を醸すことを主管するのが女性であったところから、造酒司においては、「大邑刀自」「小邑刀自」といった女性を表す「刀自」の名を付した神々を役所の奉斎神としていた。『延喜式』巻四十の「造酒司」に、以下のようにある。

　　　造酒司
　　祭神九座（春・秋並同じくせよ。）
　　二座。（酒弥豆男神、酒弥豆女神。）並従五位上。
　　（中略）
　　四座（竈神。）
　　（中略）
　　三座。（従五位上大邑刀自、従五位下小邑刀自、次邑刀自。）

　酒となる水を称え、良き酒が造れるように、「酒弥豆男神」「酒弥豆女神」の男女二神を祝い祭り、「大邑刀自」「小邑刀自」「次邑刀自」の三座は、甕そのものの神格化で、醸酒に関係の深い女性の職分によったものと推測される。竈神は、大膳職や大炊寮などと同様、竈を所有する役所として奉斎された。

　造酒司において実際に造酒に携わる職に「酒部」がいて、「職員令」には「造酒司」の条に「酒部六十人」と記されている。その職を世襲した官人に酒部公がおり、『新撰姓氏録』の「右京皇別」下の条に、以下のようにある。

　　酒部公。同じき皇子の三世の孫、足彦大兄王の後なり。大鷦鷯天皇（仁徳天皇）の御代に、韓国より参来し人、兄曽々保利・弟曽々保利二人あり。天皇、何の才か有ると勅ひたまひけるに、酒を造る才有りと白しければ、御酒を造らしめたまひき。是に、麻呂の号を酒看都子と賜ひ、山鹿比咩の号を酒看都女と賜ひき。因れ、酒看都を以て氏と為り。

　冒頭の「同じき皇子」とは景行天皇の皇子、神櫛別命のことである。そして、「麻呂」である「兄曽々保利」に「酒看都子」（酒水子）、「山鹿比咩」である「弟

曽々保利」に酒看都女（酒水女）の号を賜い、以降、「酒部」を以て氏の名としたと記されている。この二神がやがて造酒の祖神と考えられ、造酒司にもその中心的な神として奉斎されるに至ったものと推測される。

酒の神

　酒の神としては奈良県の大神神社が著名である。『日本書紀』崇神天皇８年条には、「夏四月庚子の朔乙卯に、高橋邑の人活日を以て、大神の掌酒とす」とあり、先述したように、大田田根子が大神を祭った折には活日が自ら神酒を奉った。これに関連し、折口信夫は「万葉集辞典」（『折口信夫全集』第六巻）で、「みわ（酒甕）」についてこう述べている。

> 酒を醸す壺。其壺の儘、地に掘りすゑて、神に献る事もある。みわは元、酒の事であるらしい。三輪の地名民譚が、三栄説に固定してからは、三輪の酒に関係ある部分は、忘れられて行つたのであらうが、古くは必、酒醸みの伝へがあつたであらう。大神（オホミワ）・神人（ミワビト）等の氏の中には、必、酒に関係があつたのがあるであらう。天ノ諸神命（モロカミ）の後といふ御手代ノ首と同祖の神人の一流は、もろ・かみなど酒に関係ある神名を思ふと、酒作りの家筋と思はれる。酒部（サカベ）は、大彦命の後と言ふが、恐らくは蕃種で、其以前の醸酒の家が、此神人（ミワビト）であつたのであらう。酒人は進酒の役だと、栗田寛博士は区別してゐられる。或は宮中の酒の事に与つたのが、酒人で、神事に関するのが、神人であつた為、神の字を宛てたのが、次第に発達して、大神氏なども出る様に、なつたのかも知れぬ。みもろのもろ・みわなど言ふ語の、酒に関係ある事が、三輪と酒との関係を、深くしたのであらう。

　栗田寛は幕末に水戸藩に仕え『大日本史』に関わった国学者であるが、その著作『新撰姓氏録考證』を見ても、後の大神朝臣氏と活日との関係は、必ずしも明瞭ではない。しかし、活日は神酒に関わる酒人であったことは明らかで、古来、酒造りを掌（つかさど）った家柄の者であったのであろう。

　京都の松尾大社も酒神として崇められている。室町時代末期以降「日本第一酒造神」と仰がれるようになったが、当社の祭祀部族としての秦氏の特技に「酒造」があり、そこから派生したものと思われる。そのほか、後世に酒神として崇敬された神社も少なくない。『新撰姓氏録考證』巻五には、前出の酒部公の条に、いくつかの社名が記されている。総じて酒神には、「クシ」や「カム」（醸）

などを付した御名が少なくない。先述した古歌にも「酒の司　少名御神の」とあるように、酒のもつ"薬しき霊力"ゆえの「奇の神」としての神名であるだろうし、酒を「醸す」ゆえの神名と思われる。

黒酒・白酒

祭祀に供する酒として、「黒酒」「白酒」「清酒」「濁酒」「醴酒」など、いくつかの名称が見られる。

黒酒・白酒の初見は、『万葉集』巻十九にある以下の歌（四二七五番）である。
　　天地と　久しきまでに　万代に　仕へまつらむ　黒酒白酒を
　　　右の一首は、従三位文室智努真人のなり。

神武天皇の御代から明治元年に至るまでの朝廷の歴代の職員録である『公卿補任』から、文室智努の経歴を考慮すると、この歌が詠まれたのは奈良時代中期と思われる。また、『続日本紀』天平神護元年（765）11月23日の称徳天皇の宣命に「黒紀白紀の御酒を」とあり、翌24日の宣命にも「黒紀・白紀の御酒賜ひ」とあって、この言葉が奈良中期に使用されていたことが分かる。

黒酒・白酒は、大嘗祭・新嘗祭などの神饌として供される神酒の一つであり、造酒司で醸されるが、常の酒殿ではなく別殿を設けて造られた。『延喜式』の「造酒司」には、以下のように細かく規定がある。

　　右九月二日に、省拝に神祇官、司家に赴集きて卜定せよ。(中略) 即ち其の殿地の神を祭れ。(中略) 祭訖らば木工寮、酒殿一宇、白殿一宇、（並三間。）麹室一宇（草葺）を造れ。構ふるに黒木を以てし、掃部寮苫八枚を以て二殿（別に葺くこと四枚。）を葺け。十月上旬に吉日を択び、始めて醸し、十日の内に畢れ。(中略) 其の造酒には、米一石。（女丁をして官田の稲を舂かしめよ。）二斗八升六合を以て糵と為し、七斗一升四合を飯と為し、水五斗を合せ、各等分して二甕と為し、甕に酒を得ること一斗七升八合五勺、熟して後久佐木灰三升を以て（御生気の方の木を採れ。）一甕に和合し、黒貴と号称け、其の一甕の和せざるを、是を白貴と称けよ。（其の践祚大嘗会には、酒部二人を二国の斎場院に遣して、其の事に預からしめよ。）

要約すると、9月2日に酒殿新造のための地鎮祭があり、黒木の材で酒殿・白殿・麹室などを造作し、10月上旬の吉日に酒部・舂稲女などが醸酒を開始

して、10日以内に終了する。米1石のうち3斗弱を麹とし、残り7斗余りを飯（いい）として、そこに水を加えて2甕（かめ）に分ける。酒が熟した後、久佐木灰（山うつぎの根の灰）を加えた酒を黒酒とし、何も加えない1甕の酒を白酒としたのである。

この黒酒・白酒について、本居宣長は『続紀歴朝詔詞解』で、『延喜式』と『貞観儀式』における製法の相違を指摘している。「かの儀式の、黒・白共に、灰を和（アハ）すと異也、式の如きは、白キ酒は、灰を和さゞる、尋常（ヨノツネ）の酒と聞えたり、世々を経るまゝに、変（カハ）りぬるにや」とし、室町時代の明法家（みょうぼう）で有職故実に精通していた中原康富（やすとみ）の『康富記』を挙げて、さらに後の世には、「烏麻粉（クロゴマノ）」を加えて「いさゝか其色を見せたるのみ也」と記している。また、『貞丈雑記』の「酒盃之部」でも、「中古黒胡麻の粉を用られし事もありしと也是は非也とぞ」と指摘されている。宣長が指摘するように、醸造した酒に入れる灰として、『貞観儀式』の「薬灰」と『延喜式』の「久佐木灰」の違いはあったが、久佐木灰の場合、それを混ぜた酒が黒酒であり、混合しないのが白酒であった。伊勢貞丈もいうように、中古以降、黒胡麻の粉が用いられたのは、灰の代用であり便宜措置と推測される。

清酒・濁酒・醴酒

清酒についての古典での初出は古く、『播磨国風土記』「讃容郡弥加都岐原（さよのこおりみかずきはら）」条に、「難波（なにわ）の高津（たかつ）の宮の天皇のみ世、伯耆（ははき）の加具漏（かぐろ）・因幡（いなば）の邑由胡（おおゆこ）の二人、大（いた）く驕（さだめ）りて節（すみ）なく、清酒（すみさけ）を以ちて手足を洗ふ」とある。しかし、確証ある事例としては『正倉院文書』のうち、天平2年（730）の「紀伊国正税帳」や天平11年の「伊豆国正税帳」などに記載が見られるもので、平城宮跡出土の木簡にも「清酒」の名が見える。濁酒については、『正倉院文書』のうち同じ「伊豆国正税帳」に「酒清濁」（清酒・濁酒）の表記があり、『万葉集』巻三の「大宰帥大伴卿、酒を讃（ほ）むる歌十三首」の中に以下のように見える。

　　験無（しるし）き　物を思はずは　一坏（ひとつき）の　濁れる酒を　飲むべくあるらし

大伴旅人の大宰帥の任官は不明だが、『万葉集』巻五の「凶問（きょうもん）に報ふる歌（こた）」によって神亀5年（728）ころの赴任が想定され、天平2年（730）に帰京しているので、上記の歌はその約2年の間の作と考えられる。『正倉院文書』よりも古いことになるが、奈良時代には清酒と濁酒が広く飲まれていたことが分

かる。

　清酒と濁酒の違いについては、『延喜式』「造酒司」の「造酒雑器」から、清酒は布などを用いて濾過した酒や、酒と滓とが分離した上澄みの酒と推測される。濁酒は清酒に対する名称で、滓が混じったままのドブロクの類と思われる。醴酒は、『令義解』や『令集解』の諸説、『延喜式』「造酒司」の記載から、麹を多量に用いて造った一夜酒・甘酒の類と推測される。

　酒器としては『延喜式』の各所に「由加(ゆか)」「缶(はとぎ)」「瓵(はぞう)」「𤭖(さらけ)」「甕(みか)」「坏(つき)」「等呂須伎(ろすき)」「都婆波(つばは)」「短女杯(ひきめつき)」「坩(つぼ)」「酒盞(さかずき)」「土盞(はにのつき)」「叩盆(たたいえ)」などがある。

　また、祭祀にあたって酒器を飾る事例がある。大神神社の摂社・率川(いさがわ)神社の「三枝(さいくさの)祭」が最も著名で、「神祇令」に「三枝(さいくさの)花を以て、酒罇に飾りて祭る」とある。三枝は山百合の異名で、黒酒・白酒の酒罇を山百合で覆って献じられた。現行の祭儀は、明治14年（1881）に故実に基づき再興されたものである。

献酒の作法

　今日の神社祭式においては、神饌供進の際、米に続いて一対の瓶子(へいし)に満たされた酒が供されるのが一般的であるが、神宮をはじめ古社に伝えられている神酒供進の作法を見ると、必ずしも画一的ではない。

　神宮の場合、神饌を供えた後に初献・二献・三献と神酒を奉り、その都度、諸員の奉拝拍手の作法がある。「春日祭」では、勅使以下が四神殿前に御棚の神饌を供えた後、酒樽・缶が備えられ、宮司が酒樽から濁酒を酌んで土器に盛り、御棚上に供し、次に缶から清酒を酌んで別の土器に盛って御棚上に奉る。

　祭りに先立ち、厳重な潔斎の中で神酒が醸造されることは、それ自体が一つの神事とも解すことができる。美味の神酒が醸されることによって、初めて祭りの執行も可能となる。神酒は神の御霊が宿るものと考えることも可能で、直会で供神の御酒を共にすることにより、恩頼(みたまのふゆ)を自身のうちに宿すこともできるのである。

【参照事項】
まつり　ひもろぎ　さいかい　かしわで　なおらい　しんせん
だいじょうさい　にいなめさい
（以下『宗教編』）ぶっきょうとしんとう　みたまのふゆ

㊸ はつほ　初穂

　神に奉る、その年に初めて収穫した稲のこと。昔は稲の穂を抜いて束にし、神に供えたが、後には、その稲束の「初穂」の代わりとして金銭を供したり、「初穂」が雑穀や野菜、魚獣にも適用されることとなった。

神饌としての「稲」の種類

　『延喜式』巻八「祝詞」の「祈年祭」には、「初穂」の語の用例が見られる。

　　御年の皇神等の前に白さく、（中略）八束穂の茂し穂に、皇神等の依さしまつらば、初穂をば、千頴八百頴に 奉り置きて、甕の上高知り、甕の腹満て雙べて、汁にも頴にも 称辞竟へまつらむ。大野の原に生ふる物は、甘菜・辛菜、青海の原に住む物は、鰭の広物、鰭の狭物、奥つ藻菜・辺つ藻菜に至るまでに、御服は明妙・照妙・和妙・荒妙に称辞竟へまつらむ。

「御年の皇神等」とは、穀物の稔りをつかさどる神のことで、「八束穂の茂し穂」とは、長い穂の立派な穂に、「千頴八百頴」とは、たくさんの稲の穂、という意味である。また、「甕の上高知り、甕の腹満て雙べて、汁にも頴にも称辞竟へまつらむ」とは、瓶の上に盛り上げ、瓶に満たして、酒も飯も神前にさしあげて、たたえごとを申そう、といった内容である。つまり、稲を立派に稔らせてくださったら、お初穂をはじめとして、野菜や魚、海藻や織物など種々の物を奉りましょう、と神様たちに申し上げている。

　この祝詞にもあるように、日本の祭祀が、農耕、とくに稲作を根源として形成されているため、初穂が「稲穂」であることは、神饌における最も大きな特徴である。『延喜式』に記載の神饌品目の中で、稲に関するものに限って見てみると、巻一・二の「四時祭」、巻三の「臨時祭」では、「稲」「米」「黒米」「白米」「糯米」「飯」が挙げられていて、巻七の「践祚大嘗祭」では、「粳粢」「米」となっている。そして、現代では、神社本庁の規定によると、稲米を神饌とする品目の中には次のものが挙げられている。

①稲－荒稲・和稲・黒稲・白稲・赤稲・頴・懸税 など
②米－玄米・白米・赤米・糯米・洗米（赤・黄・青）・粢・籾 など
③飯－白飯・赤飯・白強飯・玄飯 など

④粥－米粥・小豆粥・七種粥など

初穂の原点と派生

　稲作に関する祭りの一つに、刈り入れ後の収穫祭に先立つ穂掛け行事がある。これを「カリカケ」「ホカケ」「カケボ」などと呼び、秋の社日あるいは旧暦8月15日などに、数本の稲穂や一束などを刈り取って神に供える。神田の行事に関する古記録を見ても、この初穂刈りの神事は重要なものであったことが窺える。大嘗祭での「抜穂使」の存在から考えても、収穫祭に先立ち初穂を神に奉ることは古くから行われてきたことが分かる。初穂の原義は、この穂掛け行事の中に見出せる。

　また、神社と氏子の結びつきの強い地域では、麦や稲が収穫された際に、「オハツホ」と称して総代などが現物を集めて歩くことが行われていた。中には麦のほうだけ「麦ハツホ」と呼ぶところもあったが、それは初穂が稲を主体にしていた証である。

　このように、本来、初穂は稲の穂を抜いて束ねたものであった。その稲穂の束を、そのままかけて神に奉ったものが「懸税」（かけぢから）である。そして、この稲穂の束という形態から、稲に関する神饌は派生して、籾や米、飯、粥などとなっていった。その中の、米に関する神饌は、さらに、「シトギ」「クマシネ」「カシヨネ」「サンマイ」の4種に分けることもできる。

　シトギは白米で作った餅のようなもので、一般に「粢」の字をあて、餅にしないものをシトギ、餅を「シトギダンゴ」と区別することもある。神事ばかりでなく仏事でも作られ、いずれもハレの供物である。

　クマシネは、「糈米」の字をあてていたが、後には、「オクマ」（御供米）ともいい神饌米を意味した。「クマ」という言葉は、形の大きいもの、尊いものなどを指している。カシヨネは「粿米」の字をあて、とぎ米のことである。今日の洗米と変わりはなく、粢餅にしない前の形と思われる。

　サンマイは「散米」と書く。一般には「ウチマキ」といい、宮殿に災害がないように祈り鎮める祭祀「大殿祭」（おほとのほがい）で、忌部が酒と米を四方に撒くといったことが古くから行われてきた。この散米は、神前でお賽銭の代わりに散くものとして解されたり、邪神や眷族神に奉るものとも説かれてきた。しかし、民間の「オヒネリ」などと呼ばれる習俗から分かるように、単なる呪法ではなく、

素朴な神饌の形態であった。洗米を白紙に包んで散くことが多く、オヒネリとして神に奉ることは今でも各地に見られる。

初穂の変遷

　初穂の原義は、あくまで最初に取り入れた稲を神に奉ることだが、しだいにその対象が拡大されて、いわゆる「初物」であれば種類は問わないということになり、雑穀や野菜、魚獣にも適用されるようになった。

　石川県奥能登地方に伝えられているアヘノコト行事には、稲の収穫祭を中心とした儀礼にもかかわらず、稲に関する神饌はない。この祭りにおいて田の神の依代は、その年にとれた稲の種籾俵とされることが多いが、中には穂つきの2束の稲の場合もあった。籾俵や稲束は田の神そのもので、御神体としての考え方が強く、そこにさまざまな供え物をする形をとっている。昭和30年ころに四柳嘉孝が調査した結果によると、イモノコ（里芋）、豆腐、大根、酢のもの、小豆餅、生魚、塩鯖、二股大根といった供え物が一般的だった。その中で購入したものは魚類くらいであったという。また、神饌は、神と人とが共食できる熟饌が本来の形であるのか、あるいは、生のままがそうであるのか議論の分かれるところであるが、アヘノコト行事における神饌は調理したものが中心で、その点は正月の歳神祭や盆の霊祭に共通した点でもある。

　初穂の意味の拡大は、家庭祭祀にも影響を与え、神棚や仏壇、屋敷内の神々に、毎朝、炊いた御飯や淹れたお茶を奉ることを「オハツホ」と称することが一般的となっていった。現在では「オハツホ」という感覚はなくなりつつあるが、その年の初めての収穫物を「初穂」として、また、金銭を「初穂料」として神前に捧げることは行われている。

漁労と狩猟における「ハツホ」

　漁業者の間では漁期初めに獲れた最初の魚を「ハツオ」といい、恵比須様や船霊様、神社に供えることが行われているが、このハツオに「初尾」の字をあてたのは後々のことで、本来は、初穂からきた呼称と思われる。また、毎朝、家屋内外の神々に詣でるにあたって、潮水、海藻、浜の石などを「ハツホ」として供えることがある。これは「清め」とも思われるが、そのために特別に桶を用意しているところもある。農地や山で塩を用いるのと同じ意味をもつもの

と推測され、初穂の拡大はここにも見出すことができる。

　狩猟者の間では、「ハツホ」に相当する祭りが多く行われていた。まず、「毛祭」がある。猟の後、山の神を祭るときに、獲物の膝の部分の毛を抜き串に挟んで供えるというものだ。蹄の部分の毛や耳の脇の毛を用い、耳を切って添えることもあり、山々によって異同があった。また、「タチ」（膵臓）を毛に添えて供えるところもあった。熊本県の山村では、猪の毛皮を焼く式で以下のような詞が秘事として唱えられていた。

　　奥の山の神さん、中の山の神さん、下の山の神さん、ほかいはずしはあっても、受けとりはずしはないように。受けとってください。南無阿弥陀仏。

獲物の最も大切な部分を山の神に奉り、そのあとで人間が手をつけるのだから、「ハツホ」に違いないが、狩猟者に限って「ハツホ」という言葉を用いてはいなかった。解体の作法と祭儀が一連のもので、しとめた動物の霊を鎮める意味が強く出ているのも、狩猟者の信仰の特徴といえるであろう。

　人間が得た最初の収穫物や獲物を、その生業を守護する神に奉ることは、最も単純な宗教的行為である。農耕、漁労、狩猟と見てきたが、種々の職業に携わる人々の間に「ハツホ」的な形態がある。また、祭祀とは別に、収穫物や成果を近親者や行政者、隣近所に贈与し、あるいは、分かち合う感覚は、日本人の生活の中に存在し続けている。

【参照事項】
しんでん　さいじつ　かみだな　さいかい　なおらい　へいはく　しんせん　だいじょうさい
かんなめさい　にいなめさい　としごいのまつり　つきなみさい　とくしゅしんじ　なつまつり

㊹ のりと　祝詞（諄辞）

　日本の神祭りで、祭る者が神祇に奏上する独特の文体をそなえた祈りの詞（ことば）をいう。「のっと」、「祭詞」（さいし、まつりのことば）ともいい、「諄辞」とも書く。

　「祝」の字の意は、中国最古の漢字字典『説文解字（せつもんかいじ）』に「祭主賛詞者也」（祭主が詞を賛する）とあり、「諄」は、「告暁之熟也」（告げさとす）とあるのに基づく（『古事記伝』巻八）。古典には、「布刀詔刀（ふとのりと）」（『古事記』）、「太諄辞（ふとのりと）」（『日本書紀』）、「敷刀能里等（ふとのりと）」（『万葉集』）などと見えている。

意義と性格

　『延喜式』巻八には、上古の祭儀に用いる祝詞が定められているが、その中でも「大祓詞」は「中臣祓詞」「中臣祓」と称され、中世以来、陰陽師や神社、民間でも盛んに用いられ、『日本書紀』神代巻とともに神道思想の研究に多大な影響をおよぼした。

　近世中期に国学（古学）が興隆すると、『万葉集』『古事記』などとともに『延喜式』巻八「祝詞」が早くから研究資料となった。賀茂真淵の『延喜式祝詞解』『祝詞考』、本居宣長の『大祓詞後釈』『出雲国造神賀詞後釈』、鈴木重胤の『延喜式祝詞講義』が著されて『延喜式』巻九・十の「神名」とともに重視され、敷田年治の『祝詞弁蒙』、さらに、昭和になって次田潤の『祝詞新講』が著された。「延喜式祝詞」には、重要な古語や古代の宗教的信仰が包含されている。国学者たちにいかに重視されたかは、祝詞をわが国の政治の原則、国民生活の規範であるとし、「記紀」とともに日本の大道を示す宝典として、天孫降臨、皇孫統治を依命せられる「ミコトノリ」を中心として下された「ミコト」（命、御言）であるとする重胤の『延喜式祝詞講義』の言葉からも窺える。

解釈の変遷

　近世において最も一般的だった「祝詞」の解釈は、真淵の『祝詞考』上や宣長の『古事記伝』巻八に記されたものであった。要約すると、ノリトはノリトゴトの省略で、宣説言の義、即ち神に白す詞という解釈である。しかし、昨今は、「ノリト」の「ノリ」と「ト」に、それぞれの意義を見出して解釈することが通説となりつつある。そして、「ノリト」は、神が神意を関係者に伝達する呪的ないし霊的要素を有する語句であると考え、また、神から神、神から人へ宣言し伝承することがその本質であったと解釈する。

　白石光邦は『祝詞の研究』（昭和16年／1941 刊）で、「ノリト」の「ノリ」「のる」の語義についての従来の説を、次の7つに分類して解釈している。

　①上から下へ言い聞かす意（みことのりの義）、②上下にかかわらず、単に「申す」意、③卜占に表れる意、④呪言する意、⑤思うことを繰り返して言う意、⑥内なるものが外に現れる意、⑦祈る意。

　これらを古典での原義から考察し、①の「上から下へ言い聞かす」には根拠がなく、③の「卜占に表れる」も狭い見方としている。古典では「のる」は「言

う」の意で用いられている例が最も多い。「のる」には「霊力の呪的転移」という原義があり、それは口より出る気息を通してなされるから、「言う」という転義になったと考えられる。そして、「のる」に関連する「罵る」「呪る」「祈る」「似る」などの語の由来を検討していくと、「体内の霊魂を、言葉を通して対象に乗りかける」といった意味が見出せ、この意味合いにおいて「のりと」の用語が定まったと解釈した。さらに、「ト」については、「ノリト」が「のりとごと」などの約(つづ)まったものではなく、もとから「のりと」という語が存在したとする井手淳二郎（大正・昭和の国文学者）の説に従い、「となう（唱う）」「とこう（嫌う）」などという語の比較から、「のりと」の「と」も呪術的な語と解釈した。

また、武田祐吉はこの「のりと」の「と」について、「言(こと)」と「事(こと)」が分かれる前の語と指摘している。

祝詞と宣命、寿詞、神託

この「と」について折口信夫は、『古代研究』の「国文学の発生」で、「ことど」（事戸）、「とこひど」（咀戸）、「ちくらおきど」（千座置戸）、「はらへど」（祓戸）、「くみど」などの「ど」と同じで、「神事の座、神事執行の中心様式」を示すとしている。ここにいう「事戸」とは、『古事記』に「事戸を渡す」とあり、伊邪那岐命が伊邪那美命に「絶妻の誓い」を言い渡すときに出てくる。また「千座置戸」は『日本書紀』の「天岩窟」の段で素戔嗚尊に科せられたものとして、「くみど」は『古事記』の「国生み」の段に「くみどに興して生める子は」と出てくる。

さらに折口は、「神事の座」と、そこで奏される「祝詞」について以下のように説明している。

> 恐らくは神座・机・発言者などの位置のとり方について言ふものらしいのである。（中略）宣る時の神事様式を示す語で、詔旨を宣べる人の座を斥(サ)して言つたものらしい。即、平安朝以後、始中終、見えた祝詞座・祝詞屋の原始的なものであらう。其のりとに於て発する詞章である処からのりと詞(ゴト)なのであつた。天(アマ)つのりととは天上の――或は其式を伝へた神秘の――祝詞座、即、高御座(タカミクラ)である。其処で始めて発せられ、其様式を襲いでくり返す処の伝来の古詞が「天つのりとの太のりと詞」なのである。

つまり、霊力が内在する神聖な言葉は、神（上）より直接に、あるいは、他を媒介として特殊な者に伝わって、上より下に言うみことのり（勅）となる。その一方で、これを伝承し他の神の功徳を称える諄辞となるとともに、その両面で使用される詞章として発達した。前者は「宣命」（詔勅）であり、後者は「祝詞」である。いずれにしても「ノリト」は本来、霊力を顕現転移させる言霊の信仰から発生したものであるから、上代には「寿詞」「賀詞（祝）」および「神託」「託宣（かむがかり）」とも深い関係がある。それらは、さらに深く上古の文学、宗教的要素に富む古語として研究の対象となってくる。

　祝詞が巧みであった天児屋命は、神話においてその性格が称えられ、その子孫が祭祀と最も関係の深い中臣氏や卜部氏、また政治家としての藤原氏の遠祖となる。また、ノリトなどの神として、卜占の神である櫛真知命（久慈真智神）や、言霊の神として興台産霊神（天児屋命および雷臣の祖）が崇められている。また、『延喜式』「神名」には、「左京二條に坐す神社　二座　太詔戸命神　久慈真智命神」「大和国　添上郡　太祝詞神社」「大和国　十市郡　天香久山坐櫛真命神社」など祝詞の神社が記されている。古い卜占方が伝わる壱岐・対馬においても、「対馬嶋　上県郡　能理刀神社」「対馬嶋　下県郡　太祝詞神社」が記されている。

祝詞の変遷

　『万葉集』には「ノリト」に関係ある用語が多く、また、「記紀」には「ミコトノリ」（詔勅）として採録されている。『日本書紀』の「孝徳天皇紀」などに現れてくる宣命風の文句はたどたどしく、宣長は、それ以前の「ミコトノリ」（宣命）も、もとはこのように記されていて、この大化の改新のころに漢文の詔勅風に書き改められたのであろうと推測している。しかし、『万葉集』に見られるように、このころに漢字の使用能力が高まり、やがて『続日本紀』に見られる多くの宣命のように発達したと思われる（『続日本後紀』嘉祥２年／849年３月興福寺僧長歌参照）。そして、そういう宣命体風の文章は、和文体の表記形式も含め、平安時代の初期から不振になっていったものと推測される。また、種々の文献にある神前の奏詞や祈願文も、漢文以外のものはあまり見当たらない。

　上代から中世にかけ、大社においてどのような祝詞が用いられたかは不明であるが、『延喜式』に記載の祝詞を通して、その一端を想像することができる。

『延喜式』「祝詞」の「六月晦大祓」には、東西文部(ふみべ)が読んだ漢文風の道教的な辞句が添えられており、その状況の一部を示している。

室町時代には主に吉田家が神祇のことを掌(つかさど)り、神道伝授や神道裁許状などの発給を行ったため、近世初期には中央から離れた神職も、苦心して吉田家から祭式や祝詞などの移入に努め、中臣祓や諸々の祝詞を学んだと思われる。この時代の祝詞が、上代のような呪的、霊力な性格に乏しく、神に信念を告げ信仰を訴えることよりも、参列者に感動を与える表現に意が注がれたことは自然なことといえよう。それでも、そこには至誠と熱意が込められた祝詞の発展があり、教義的感化力が発揮されたと思われる。近世末期以来、国民思想が熟成され神祇祭祀が興隆して以降も、祝詞には時代に応じた進展があった。

祝詞の研究

先述した「中臣祓」に関しては、鎌倉時代に『中臣祓訓解』が著され、南北朝時代に度会家行の『類聚神祇本源』に収載された。鎌倉末期から室町時代中期に成立した両部神道関連の書物の中には『大日尊神中臣祓天津祝詞太祝詞文伝』といったものもあり、近世には、「中臣祓」の註釈書や『六根清浄祓詞』の解説書も数多く見られる。

『延喜式祝詞講義』をはじめ近世における祝詞の注釈書は先述した通りだが、近現代においては武田祐吉の『神と神を祭る者との文学』が、折口信夫の『古代研究』とともに価値が高い。また、先述した白石光邦の『祝詞の研究』は、原始宗教における信仰の批判、祝詞の語義から論を展開し、天孫降臨の神勅と祝詞、祝詞と宣命との関係、宣命体祝詞解釈、また、延喜式祝詞の作成年代におよんで、祝詞研究史の概説で結んでいる。西角井正慶(にしつのいまさよし)の著作においても、その宗教的教義が探究されて示唆に富んでいる。

【参照事項】
ろっこんしょうじょうのはらえ　せんみょう　とおかみえみため　あまつのりとのふとのりと
(以下『宗教編』) おんようどう　かんながらのみち　みそぎはらえ　しんとうさいきょじょう
しんとうでんじゅ

㊵ せんみょう　宣命

　和語(やまとことば)で記された詔勅(しょうちょく)のこと。「宣」は口頭で「のる」「のりきかせる」「宣読」、「命」は天皇が臣下に下す御言葉である「御言(みこと)」「綸言(りんげん)」を意味する。「宣命」の本来の意味は「天皇の御言を宣り伝える」ものである。いつの御代も天皇は、天つ神の御子として、国の重大事に際し「大御心(おおみごころ)」を言魂（言霊）によって示され、その伝達手段が宣命であった。

　「宣命」の中には、「集侍皇子等(ウゴナハレルミコタチ)、王等(オホキミタチ)、百官人等(モモノツカサノヒトタチ)、天下公民諸(アメノシタノオホミタカラモロモロキコシ)聞食(メサヘト)、詔(ノル)」の言葉がある。上古において天皇は、朝廷に群臣を召集し、荘厳なる儀礼の場で勅命を公にした。群臣たちの前で勅命を宣る者は、朗々と声を張り上げ、和語を駆使して宣り上げたと推測される。しかし、漢字文化の定着により、「文字の文化」が「口承の文化」を圧倒し始める。勅命も、漢字の正訓を仮(か)りて和語を写し、助詞や用言の活用語尾は、一字一音式の字音仮字を右下に小字で書くという「宣命書き」の様式になっていった。

　以降、純粋に漢文で書かれた勅命を「詔勅」、和語で書かれたものを「宣命」と呼ぶようになった。文書による勅命伝達に重点が置かれるようになると、漢文・和文２種類の文書が生まれ、宣命の語義も、「勅命を宣る」ことから、「宣るように和語で記された文書」も指すようになった。

　宣命の原義は、本居宣長が『続紀歴朝詔詞解』で説いているように、「命(ミコト)を宣(ノ)よしにて、宣とは、命(ミコト)を受ヶ伝へて告聞(ノリキカ)するをいふ」ことである。『令集解』にも「宣命すべきの事」「宣命すべからざるの色」などとあるように、「宣命す」という動詞に使用されている例が本義であった。その分岐点がいつだったのかは不明であるが、『延喜式』巻十二「中務省」に「凡(およ)そ賀茂祭の日の宣命は、前一日に書く」などとあるのは、文書そのものを指すものと考えられる。一方で「宣命の文」という言葉も見え、この場合の「文」は文書を指し、「宣命」は勅命を宣ることを指していると解される。おそらく平安時代初期には、すでに「宣命」に２通りの意味があったと考えられている。

詔書と勅旨、臨時大事と尋常小事

　勅命を公にするために記された文書は、令の制度（「公式令」）によって、「詔

書」と「勅旨」とに区分されている。これは、唐令の「詔」（後に「制」）と「勅」に倣い、事件の大小によって区分された。『令集解』によれば、国家における「臨時大事」の勅命は「詔」、「尋常小事」の勅命は「勅」と呼ばれ、その文書がそれぞれ「詔書」「勅旨」である。そして、「詔書」は必ず「宣命すべき事」が規定されていた。

　つまり、国家の大事・小事は、公に「宣命すべき」か「宣命すべからざる」かによって分けられる。「宣命すべき」臨時大事は「宣命書き」といわれる和語で書かれ、「宣命すべからざる」「勅旨」は漢語で記されていたことになる。これは『続日本紀』で、「詔書」と「勅書」（勅旨）が、それぞれ和文と漢文で記されていることからも明らかである。以上をまとめると、以下のようになろう。

　　　綸言┬詔書（宣命をともなう）臨時大事・和文
　　　　　└勅旨（宣命をともなわず）尋常小事・漢文

「宣命すべき臨時大事」と「宣命すべからざる尋常小事」の内容については、藤原公任（きんとう）による平安時代中期の有職故実書『北山抄（ほくざんしょう）』に詳しい。

　　詔書事、改元、改銭、幷赦令等類也。臨時大事為レ詔、尋常大事為レ勅。
　　勅書事、摂政関白賜二随身一、皇子賜二源氏姓一、内親王准二三后一充二封戸一等類、可二尋注一。
　　宣命事、神社山陵告文、立后太子、任大臣節会、任僧綱、天台座主、及喪家告文等類、奏覧儀同二詔書一。

　臨時の大事は、改元、改銭、赦令、それ以外の宣命すべきこととしては、神社・山陵への告文、立后、立太子、大臣の叙任、任天台座主などであり、さらに『続日本紀』に掲載されている宣命から考えると、即位は、その最たることとなる。

『続日本紀』

　宣命の第一級史料は、『続日本紀』に採録されている62編である。『続日本紀』は漢文で記された国史であるが、宣命に限り「宣命書き」の様式で書かれている。貴重な資料を原形のままに伝えたことは、編纂者の「宣命」に対する見識を示していよう。それに対し『日本書紀』は漢文第一主義を貫き、勅命も漢文に書き改められているため、和文で書かれたはずの原形を知ることができない。

『続日本紀』には文武天皇元年（697）から桓武天皇の延暦10年（791）までの記事が載せられているが、宣命は、文武天皇の元年8月庚辰御即位の「詔」に始まり、桓武天皇の延暦8年9月戊午のもので終わる。即位、立后、立太子、改元、譲位、大官任命などの臨時大事は、いずれの御代にも見え、ほぼ恒例化されている。ほかに「大仏造立」や「黄金出土」などの国家の慶事、「大嘗祭」「新嘗祭」といった儀式、臣下の謀反などでも宣命が下されている。また、太上天皇、皇太后、皇后の言葉を宣るものも5編収められている。下される対象は、通常は「皇子・王・臣・百官人等・天下公民」であるが、神や仏に宣られたものもある。そのときの天皇の称号も統一的な様式が確立されていた。「公式令」には、「明神御宇日本天皇」「明神御宇天皇」「明神御大八洲天皇」のようにある。

　『令集解』によれば、「明神御宇日本天皇」は大事を蕃国（外国）の使に宣る場合、「明神御宇天皇」は次事を蕃国の使に宣る場合である。立后、立太子、元日の受朝など朝廷の大事には「明神御大八洲天皇」の称号が用いられており、外国へは「日本」、臣民には「大八洲」と和語が用いられていたことが分かる。

書式と作成

　「宣命」の書き方は、「公式令」により次の5通りに規定されていた。

　　　詔書式
　　　明神御宇日本天皇詔旨。云々咸聞。　①
　　　明神御宇天皇詔旨。云々咸聞。　　②
　　　明神御大八洲天皇詔旨。云々咸聞。　③
　　　天皇詔旨。云々咸聞。　　　　　　④
　　　詔旨。云々咸聞。　　　　　　　　⑤
　　　　年月　御画日
　　　　中務卿位臣姓名　宣
　　　　中務大輔位臣姓名　奉
　　　　中務少輔位臣姓名　行
　　太政大臣位臣姓
　　左大臣位臣姓
　　右大臣位臣姓

大納言位臣姓名等言

　　　詔書如レ右。請奉レ詔。付レ外施行。謹言。

　　　　　年月日

　　　可。御画

　①②③については先述した通りだが、④は『令集解』によれば、左右大臣以上を任ずるの類、⑤は五位以上を授くの類とされている。「詔書」は「臨事大事」であるが、その大事もさらに大・中・小に区分されていたことが分かる。

　「詔書」の作成は、中務省の役人である内記(ないき)が口勅を受けて草案を作った。この内記は、北畠親房が書いたとされる有職故実書『職原抄(しょくげんしょう)』に「儒門の中、文筆のことに堪(た)へたる者を之に任ずる」とあるように学識が求められた。そして、手続きを経て、「日付」や「可」の天皇の「御画」の御裁可を受け、1通を写して太政官に送った。太政官では、さらに1通を写して「騰詔符」とし、詔書は、この騰詔符によって施行された（『延喜式』巻十二「中務省」）。使用された料紙にも規定があり、同式に「凡そ宣命の文は、皆黄紙(みなきのかみ)を以て書け。但し伊勢太神宮に奉る文は、縹(はなだの)紙を以て書け。賀茂社は紅紙を以て書け」とある。

抑揚と韻律

　騰詔符として諸国の官庁へ下された「詔書」は、しだいに本来の「宣命」の意義を失ったようであるが、神宮や賀茂社に奉られた宣命は、今日の祝詞のように神前で奉読・奉唱されたと推測される。「宣命」には本来、祝詞と同様に言魂の発動によって相手を説得させる「言向けの呪力」が存しており、したがって、宣読の方法にも注意が払われ、「宣命」は、独特の抑揚や韻律をともなっていたと考えられる。

　鎌倉時代後期の成立とされる図書目録『本朝書籍(しょじゃく)目録』「雑々」の部には、「宣命譜一巻」とあるが現存していない。一条兼良の『公事根源』「踏歌の節会」の条にも、「踏歌の節会をばあらればしりのとよのあかりと申すにや、或はあられましりと宣命の譜にはよめり」とある。この『宣命譜』の作者は、文徳天皇の仁寿2年（852）に正四位下で卒した参議兼行宮内卿相模守滋野朝臣貞主(しげのあそんさだぬし)であった。このころ、少なくとも「宣命」には「譜」があり、「あらればしり」を「あられましり」と読むなど、独特の訓法をもった韻文であったことが分かる。

　『日本三代実録』貞観9年（867）正月17日条には、以下のような内容が書

かれている。桓武天皇の皇子・仲野親王（なかのしんのう）は、「奏寿宣命之道」をよくし、その「音儀詞語」は模範とするに足るものであった。当時の王公達もこれを識る者少なく、参議・藤原朝臣基経（もとつね）と大江朝臣音人（おとんど）は、親王にその「奏寿宣命之道」を習った。仲野親王にこれを伝授したのは左大臣・藤原朝臣緒嗣（おつぐ）で、親王は「師法」を忠実に襲持していた。

　この仲野親王が藤原緒嗣より伝授された「奏寿宣命之道」には、「音詞曲折」とあり、独特の韻律があったと考えられる。また、「宣命之道」「師法」とあるように、師から弟子へ相伝される「道」を確立していたようである。参議以上の者は、宣命大夫として、この「道」の修練に励む必要があったと思われる。

　「宣命」宣読の儀式の場を彷彿とさせる資料として、『貞観儀式』「大嘗祭巳日」の条がある。

　　内記、宣命の文を以ちて大臣に進めよ。大臣、執りて之を奏せよ。訖（おわ）りて大臣、宣命に堪へたる参議以上一人を喚（め）し、宣命文を授けよ。受けて即ち本座に復（かえ）れ。（中略）皇太子、座の東に立ちて西に面（む）け。次に、親王以下、共に降りて立て。（中略）宣命大夫、殿を下り、進みて版に就き、宣制（みことのり）れ。其の詞に云はく、（中略）諸（もろもろ）聞食せと宣（のりたま）ふ。皇太子、先づ称唯（いしょう）し、次に親王以下、共に称唯せ。皇太子、先づ再拝、次に親王已下、共に再拝。更に宣りて云はく、（中略）諸聞食せと宣ふ。皇太子、先づ称唯し、次に親王以下、称唯せ、訖りて皇太子、先づ再拝、次に親王以下［小斎（おみ）、先づ拝］宣命大夫、本座に復れ、親王以下、亦本座に復れ、（後略）

宣命は、参議以上の適任者である「宣命大夫」（宣命使）が版（宣命を読む座）に就いて宣読する。皇太子・親王は、おそらく起立低頭の姿勢で聞き、宣命大夫が「諸聞食宣」と宣ると、皇太子が「唯」と応え、親王以下も「唯」と応える。この儀礼が何度かあり、「称唯」「再拝」で本座に復すというものである。

宣命の変遷

　上述したような荘厳な儀式をともなって「宣命」が本来の言魂を発動させていた平安初期は、同時に「宣命」が「宣命されなくなる」時代の始まりでもあった。「詔書」は次第に漢文で記されるようになってくる。

　次に挙げる2つの文書は、ともに「詔書」であるが、その違いには歴然としたものがある。

○天応元年（781）4月、桓武天皇即位の宣命

明神止大八洲所知天皇詔旨良万止宣勅、親王・諸臣・百官人等、天下公民、衆聞食宣。
挂畏現神坐倭根子天皇我皇、此天日嗣高座之業乎掛畏近江大津乃宮尓御宇之天皇乃勅賜比定賜部流法随尓被賜弖仕奉止仰賜比授賜閇頂尓受賜利恐美受賜利懼進不知尓退母不知尓恐美坐久止宣天皇勅、衆聞食宣。（後略）

○弘仁元年（810）12月27日、嵯峨天皇の宣命

詔曰、天文垂レ象、鉤陳列二衛於紫微一、地理分レ区、金石効二用於緗録一、除レ兇禁レ暴、七徳照二其威一、静レ乱禦レ侮、四海服二其武一、弧矢之用焉自二往昔一、甲兵之儲匪二独蒸日一、今左右近衛、其数減少、脱有二機警一、何以応レ卒、一張一弛、文武之道所レ先、観レ時適レ時、廃置之宜斯在、其左右近衛可レ復二旧数一焉、主者施行、

（大意／天皇が次のように詔した。日月・星辰がものの道理を示している。北斗七星が北極星を守護すべく、親衛軍が皇宮の守りについている、区域ごとの武力が有用なことは古典に記されており、武の七徳の威力を明らかにしている。兵乱を鎮め朝廷への侮蔑を防ぎ、全国が従う。左右近衛府の員数を削減したが、緊急事態に、どう対処できるだろうか。情勢に応じて文武ともに対処をし、左右近衛に関しては旧来の数に戻すべきである）

天応元年と弘仁元年、わずか30年の歳月の中で、純粋なる「宣命書き」と純粋なる「漢文」の2種の「詔書」が登場している。後者の「詔書」は、もはや「宣命する」ことを念頭に置いていないようであり、事実、文書の最後に「主者施行」とある一文が、「宣命する」ためのものでないことを明らかにしている。前者は「衆聞食宣」とあり、「宣命する」場で聞かせることを主眼としているのに対し、後者は、文書を交付することで公にし、施行させることを目的としている。このことは、「公式令」が、「明神御大八洲天皇詔旨云々　咸聞」という書式を規定したのに対し、『延喜式』巻十二「中務省」の詔書の規定が「詔主者施行」とあるのに対応している。

先に触れた「詔書」作成の手続きに関しても、『延喜式』では、1通の「詔書」を完成させるまでの煩瑣な手続きと公布の規定があるだけで、「宣す命る」儀式についての規定は見られない。このことからも、本来、国家の重大事である

「臨時大事」において、和語を駆使し、独特の韻律をともなって「宣命」された「詔書」は、平安初期からしだいにその意義を失い、漢文の「詔書」や、「宣命」をともなわない「詔書」に座を譲っていったと考えられる。

とはいえ、「宣命」の儀式が完全に廃絶したわけではなく、改元、立后、立太子、任大臣、天台座主が補せられるときなどには、江戸末期まで「宣命」の儀式が行われた。しかし、それは極端なまでに形式化してしまった。

明治6年（1873）4月、「宣命」の語は廃せられ、「御告文」（神前での天皇自らの奏上の勅旨）、「祭文」（勅使が奏するもの）、「策命文」（贈位なのどもの）と改められた。これが宣命の形式を受けつぐ「詔勅」として今日に至っている。

宣命の御代

宣命が「宣命する」ことで、言魂の呪力を発動せしめた時代は、奈良時代末期から平安初期の『続日本紀』の時代である。内外に困難な問題を多くかかえていたとはいえ、天皇を中心とする国家が躍動し、律令が機能を発揮した時代であった。藤原京から大都・平城京へ、また、大仏の造立と、大事業が次々と打ち出された。天皇は、神仏をも掌握した「明神」であり、国家の大事に際し和語を尽くして「宣命」したのである。

○文武天皇元年（697）　即位の宣命
　高天原ニ事始而、遠天皇祖御世、中今至麻弖尓、天皇御子之阿礼坐牟弥継々尓、大八嶋国将知次止、天都神乃御子随母、天坐神之依之奉之随　（以下略）

○元明天皇和銅元年（708）　改元の宣命
　高天原ニ天降坐志天皇御世始而、中・今尓至麻弖尓、天皇御世御世、天豆日嗣高御座尓坐而治賜慈賜来国天下之業止奈母　（後略）

○元正天皇神亀元年（724）2月　譲位の宣命
　遠皇祖御世始而、中今尓至麻弖、天日嗣止高御座尓坐而、此食国天下乎撫賜慈賜波久波　（後略）

天皇は「高天原」「遠皇祖」のはるか遠い御代に始まり、万世一系にこの国を治め、その「明神」としての大御心を臣下に示し、国民を「撫慈」んできた。その「天津日嗣」の思想が和語を通して宣言されている。「宣命」は天皇と臣民を言魂によって結ぶ「絆」でもあった。

【参照事項】　のりと　だいじょうさい（以下『宗教編』）かんながらのみち　しょうちょく　なかいま

㊻ とおかみえみため
吐普加美依身多女

　中世以来、一種の「祓詞」として信仰され、また、呪術的な神秘の語句として重視された言葉のこと。上代から亀卜に関して用いられた呪的要語と考えられている。「とおかみえみため」の表記には、さまざまな漢字があてられるが、「吐普（菩）加美依身多女」が一般的である。

　吉田家の唯一神道などでは、「吐普加身依身多女、寒言神尊利根陀見、波羅伊玉意喜余目出玉」という「三種大祓」の主要語句として用いられた。近世には、神拝の詞、あるいは、神恩を蒙る辞句として解説され、とくに重視された。

由来と信仰の展開

　「トホカミエミタメ」とは、上古において占卜を行う際、鹿骨または亀甲につけた印の符牒のことである。鹿骨または亀甲には、卜兆として「マチガタ」（兆体、亀兆 ⌒）が印づけられたが、その要点である5箇所に付けられた符牒であった。

```
         タメ   エミ
  ホ ─────┼─────── ト
         カミ
```

　その「ト」「ホ」「カミ」「エミ」「タメ」の字や、付ける位置は、卜術の諸流により異なっていたが、ほどなく統一されていった。平安時代後期の有職故実書『江家次第』には、巻十八の「軒廊ノ御卜」の条に、以下のように見えている（承応2年／1653の板本による）。

　亀卜ハ必ズ具ス二五行ヲ一
　　水　灌之　　火　放之　　木　立之　　金　為懸レ水器
　　土　以二亀甲一撒　　水　ト　　火　ホ　　神　カミ
　　人　エミ
　　土　多如（○女）　　金　エミ　　木　カミ
　　　　　　　　　　　人　　　　　神

　この卜術は、神祇官の卜部や、壱岐、対馬、伊豆の卜部が古くから用いたものであった。久しく使ううちに特定の意味が生じたと思われ、中世末期には、卜部家や白川家で、「三種大祓」（三種祝詞）が形成された。

卜占の家柄であった吉田家が、唯一神道の興隆に際して、「中臣祓」や「三社託宣」などとともに、この卜兆である「トホカミ……」の神呪を信仰的に宣揚するのは自然なことであったろう。そして、陰陽五行説と密接な関係がある易の八卦「坎」「艮」「震」「巽」「離」「坤」「兌」「乾」の語に結びつけ、「寒言神尊利根陀見」の8言を案出し、さらに、祓い清めの用語「波羅伊玉意喜余目出玉」を添えて「三種大祓」を形成し、神言神呪として普及させたと推測される。

　宝永元年（1704）写本の『三種大祓神言』には、天孫降臨の際、太玉命が三種大祓の語句を作り、種子命が和字に書し、大連公に至って漢字に書き改めたとされている。卜部氏の家伝では、多くの祝詞などの起源を天児屋命に帰し、氏の遠祖とする常磐大連に関係づけていることから、この「大連公」も常磐大連を指しているのかもしれない。また、この神呪を「三種神器」に関連させ、「吐普」を「勇」、「加身」を「智」、「依身多女」を「仁」とする一方で、「寒言神尊利根陀見」の8言が八卦に由来することを否定している。この八卦に由来した8言については、江戸時代中ごろ、京都で庶民層を対象にした神道講釈で有名な増穂残口による建白などを取り入れ、用いなくなったといわれている。

　近世においては、この「三種大祓」が、三社託宣とともに僧俗で深く信仰された。また、この「三種大祓」こそが、「大祓詞」（中臣祓）にある「天津祝詞太祝詞」であるとして尊重し、「禊祓」の根本的な神呪とされた例もある。

　宝永・正徳年間（1704〜1716）の吉田定俊の『三種大祓俗解』や、明和6年（1769）板の源本秀の『三種大祓纂説』（改板して『三種大祓大意抄』）、さらに明治8年（1875）に刊行された大田喜春成の『吐菩加美考』などを見ると、この言葉への信仰が窺える。とくに文化・文政年間（1804〜1829）ごろ、この「とおかみえみため」の言葉を中心に通俗平易な信仰を広めた井上正鉄は多くの門人を得た。その門人たちは、明治5年（1872）に「吐菩加美講」を結成し、翌年には「禊教」と称して、後に「神道十三派」の一つとなった。

意義と解釈

　近世には、この語句の解釈も多く行われた。『倭訓栞』では、五行や卜術に関連して解説されている。鈴木重胤は『延喜式祝詞講義』巻十「六月晦大祓詞の解」で、この語をかなり古いものと考え、種々の説を試みているが、「天津

祝詞の太祝詞」と、この語句そのものに関するところを引用しよう。

> 伯家に伝はる大祓式に、先ヅ中臣祓詞を読ム（祓具の作法あり）、次三種祝詞と有て、此詞を百返二百返より千返に至ると有るぞ、然すがに天津祝詞の太祝詞事の神随(カムナガラ)にして行はるゝ所には有ける（中略）然るを諸説に異有りと雖も、大旨天地人三義の祓詞なる故に三種大祓と云由なるは信用難し。今思ふに、此詞の所用二種なり。一は太兆、二には祈事、三には大祓と、此三種に用来れりしより、何時となく、題号の如く成て、天津祝詞の太祝詞の名目は亡(ウ)けるなる可し（中略）三種大祓の天津祝詞の太祝詞事なる由を今此に徴してむ。諸書に吐普加身依身多女と有て、此は占方に用ふる詞なるが、吐普(トホ)は遠大にて、天地の底際(ソコヒ)の内(ウラ)を悉く取統て云ふなり。加身(カマケワタ)は神にて天上地下(アメノソコクニノソコ)に至る迄感通らせる神を申せり。依身は能看、多女は可給と云事にて、遠神能知看可給と乞申せるは、簡古(コズクナ)にして、能く六合(トリスベ)を網羅たる神呪にて、中々に人為の能く及ぶ所には非りけり。

「トホカミ」は「遠つ神」の意味とする者が多いが、「エミタメ」については「ヱ」と「エ」を混同して「笑(エ)み賜(タマ)え」（エミタマヘ）、また「恵(メグ)み給(タマ)え」の意とも解する者もある。もっとも、亀卜専門の家・卜部系統の人々においては、五行の思想が背景にあったとも思われる。このことに関しては、対馬藩に仕えた江戸時代中期の儒者・雨森芳洲(あめのもりほうしゅう)の随筆『たはれ草』の記事が参考になる。この随筆の内容は、卜占研究の名著である伴信伴の『正卜考』でも引用されている。

> 此国に伝へし亀卜は古の遺法なりと覚ゆ（中略）、とほかみゑみためといへるに、世の人もてはやせる説多し、ある人の臆説に、とは水、ほは火。いにしへの言葉しかなり。かみは東分の震雷、木なり。今もふるき国には、いかづちすることを、をうなわらべの言葉に、かみなり給ふといへり。ゑみは西方の兌金(ダキン)、兌(ダ)は説(ヨロコブ)なりといふ。よろこぶはゑむなり。つねの言葉にゑみをふくむといへるにおなじ。ためは民なり。民は人なり。春鱗、夏羽、秋毛、冬介、おの〳〵属する所あり。人は中央にくらゐして、六月の土に属せるゆゑ、土をためといへるなり。

この言葉を、「三種大祓」として用い、「天津祝詞の太祝詞」として考えることには、そこに、呪詞としての神秘性や信仰性を認めることであった。また、近世の末から今日にかけて、これを簡潔な「神拝詞」として用いるのも、「修

祓の唱え詞」として用いることと同じで、その信仰の性格を示すものでもある。

【参照事項】
さんしゅのしんき　のりと　あまつのりとのふとのりと　うらない
(以下『宗教編』) はっけしんとう　きょうはしんとう
かんながらのみち　みそぎはらえ

あまつのりとのふとのりと
天都詔詞太祝詞

　天つ神の最も神聖な言葉の一つとして伝承されている。主として『延喜式』巻八「祝詞」に見える語で、似た言葉も文献に散在する。祝詞（詔詞・諄辞）は、祭祀において奉仕者が奏上する奉告、礼讃、祈請、感謝などの詞であるが、大本は神の宣旨として伝えられたものであった。その祝詞の中で、最も重大な意義を有する神秘的辞句が「天都詔詞の太祝詞」と呼ばれた。

主要な文献

　古典での初見は『延喜式』巻八「祝詞」である。そのうちの「六月晦大祓」に、「大中臣、（中略）天津祝詞の太祝詞事を宣れ、かく宣らば」、天津神と国津神、また禊祓に関係する神々が、すべての罪穢を祓い清めてくれよう、とあることから、その存在についての考察がなされてきた。

　『延喜式』「祝詞」では、「鎮火祭」「道饗祭」「伊勢大神宮　六月月次祭」「同神嘗祭」の祝詞にも、この語が見えるが、その内容は祝詞全文の中で示されていると解されてきた。また、「大殿祭」には「天津奇し護言」、「出雲国造神賀詞」には「天津次の神賀の吉詞」が出てくるが、これらについても同様である。

　しかし、「大祓詞」においては、その辞句の用例と祓の行事に重点が置かれており、その指し示す内容が不明瞭と思われるため、ほかに特別な「ノリト」が存在するのかといった議論が続いてきた。

　なお、平安時代後期の藤原頼長の日記『台記別記』所収の「中臣寿詞」には「天都詔戸の太詔戸言」の語が見え、平安時代後期に三善為康が編纂した詩文集『朝野群載』所収の「中臣祭文」には「天津詔言」、『倭姫命世記』には「天津告刀の太告戸事」がある。

考察と諸説

　この「大祓詞」(中臣祓)における「天津祝詞太祝詞」については、近世の学者もさまざまな説を出しており、河野省三はそれを以下のように3種に大別している(「天津祝詞太諄考」『國學院大學紀要』第二巻、昭和15年／1940刊)。
①大祓詞(中臣祓詞)そのものであるという説。
②この言葉にかかる「天つ金木(かなぎ)」から「八針に取り辟(さ)きて」までを指すという説。
③全く別の祝詞が存在し、一種の神呪であるという説(現在に伝わっているという見解と、伝わっているかは不明という見解がある)。

　①説をとる者としては、谷秦山、賀茂真淵、本居宣長、伴信友、鈴木重胤、荒木田守訓、岡熊臣、敷田年治、鈴木雅之などがいる。度会延佳もこの部に属するが、②説の立場でもある。鈴木重胤は、①説以外にも③説にも立つ。

　②説の主張者は少ないが、③説に属するものとしては、清原宣賢、橘三喜、山崎闇斎、白井宗因、度会正身、玉木正英、源仲之、大神貫道、卜部清蔭などがいる。また、『中臣祓訓解』にも、この③説が取り上げられている。そして、この③説の中で、「天津祝詞の太祝詞」の辞句を推定している人々として、忌部正通、平田篤胤、鈴木重胤、大国隆正、柴田花守などが挙げられる。その説の中には、「トホカミエミタメ」をあてたり、『先代旧事本紀』が伝える「一二三四五六七八九十……(ひとふたみ よいつむつなな や ここのたり)」の語を推定する説もある。

　そこで河野自身は①説をとり、③説のような別個の天津祝詞があるとするならば、大祓詞制定当時には、すでに失われていたのであろうとしている。そして、「大祓の精神」(昭和19年刊『神道史の研究』所載)においても、大祓詞の冒頭にある、皇祖神の神勅に基づく皇孫降臨による統治の信仰と、天皇の稜威(みいつ)を宣揚する辞句が、根本の「アマツノリトノフトノリト」であるとし、それは、その権威に対して、祓に関する神々を中心とした天神地祇が挙国的協力を示す称詞だとしている。この根本の「アマツノリトフトノリト」の観点に立ち、広く種々の「フトノリト」の存在を認めると、『延喜式』「祝詞」に掲載された数種の「フトノリト」の整合性はつくと指摘した。同氏に次いで、この問題を論証した小野祖教も「天津祝詞の太祝詞の本文及び詞型」(昭和32年刊『古典の新研究』第三所載)で、①を主張しながら③説も許容している。

　最後に、この③説の立場から、「トホカミエミタメ」と「天津祝詞太祝詞」に関して、一点、指摘しておきたい。『日本書紀』「天岩窟」段の第三の一書に

は、天児屋命が「解除之太諄辞」を掌ったと見え、『万葉集』巻十七・四〇三一番には、「中臣のふとのりとごと言ひはらへ」とある。また、『延喜式』巻九・十「神名」には「太詔戸命神」と「久慈真智命神」が挙げられていて、卜占と関係の深い「大和国」と「対馬嶋」には「太祝詞神社」が「大社」として載せられている。そして、この太詔戸命については、吉田神社の神官・鈴鹿連胤が幕末から明治にかけて古社を考証した『神社覈録』によると、中臣氏や卜部氏の祖とされる天児屋命の卜庭における神名としての指摘もある。また、卜部兼方の『釈日本紀』巻五「太占」の条で引用されている「亀兆伝」の記事には、太詔戸命と亀津比女命の名が見え、その亀津比女命には、「今、天津祝戸太詔戸命と称する」とある。これらの所伝と卜兆の語としての「トホカミエミタメ」とを併せ考えると、この呪術的用語を「天津祝詞太祝詞」として考える、その由来が推察されよう。

【参照事項】
はっしんでん　のりと　とおかみえみため　うらない
(以下『宗教編』) かんながらのみち　せんだいくじほんぎ
かむろぎかむろみのみこと　みそぎはらえ

㊽ しょうぞく　装束

装束には、「装飾」と「衣服」の意味がある。ここでは祭祀・儀式に用いる「祭儀服」のことを取り上げる。男子装束には「束帯」「衣冠」「直衣」「小直衣」「狩衣」「浄衣」、女子装束には、いわゆる「十二単」「小袿」「長袴」「袿」「袴」などがある。

沿革

日本の服制は、推古天皇11年（603）に「冠位十二階」が制定されたのに始まる。「徳」「仁」「礼」「信」「義」「智」の「六種」に、それぞれを大小に分けた「十二階」で、それぞれの地位を表す色別の冠が授けられた。その後、6回にわたって官服制度の改廃が行われ、多いときには、親王・諸王「二種十二階」、諸臣「六種十八階」、あわせて「八種三十階」にまでおよんだ。このような改廃は、主として冠服に使用する裂地や色彩の変化のためであった。それが

文武天皇の「大宝令」（701）で固定され、唐制に準拠した「礼服」「朝服」「制服」の３種が立てられた。「礼服」は、天皇の即位、正月の朝賀に際しての皇太子以下諸臣五位以上の儀服、「朝服」は有位者が参朝するときの公務服、「制服」は無位の官人および一般庶民の公務服であった。そのうちの「礼服」の制は、明治維新に至るまで用いられた。そして、「大宝令」の発布から200年が経過し、宇多天皇の寛平６年（894）になって遣唐使が廃止されると、国風文化の勃興とも相まって「朝服」が一新されて日本化した。それが、先に記した束帯以下の装束である。

　束帯は「石帯」で装束を結びつけるところからの名称で、「昼装束」とも称し、朝儀における「儀服」として重要な位置を占めるようになった。束帯に次ぐのが衣冠で、石帯の代わりに細帯で括りつける略装である。着脱が手軽なところから「宿直装束」と称して宿直用に用いられ、単を着込んで神事用・神詣用にも利用された。直衣以下の装束は家居用とされた。女子装束の十二単は、幾枚も重ね着したことからの名称で、男子の束帯に相当した。また、小袿・長袴は衣冠に相当し、それ以下は家居用として発達した。

　以上の束帯・小袿・長袴は、現在も天皇・皇后両陛下、皇太子・同妃両殿下の恒例の「祭儀服」として用いられている。神社では、神宮式年遷宮や賀茂・石清水・春日の「三祭」などの場合を除き、男子は衣冠単が最上の祭儀服となっている。

衣紋道

　以上のような装束は、元来、皇室ならびに皇室に仕えた公家の間（朝廷）で用いられ、その盛行は平安時代中期を過ぎた藤原時代にあたり、『源氏物語』や『枕草子』などの王朝文学作品に数多くが記されている。このころの装束は、地質が柔らかく、しなやかであったので「萎装束」という。それが平安時代末の第74代鳥羽天皇の御代（嘉承２年／1107～）のころから、冠や烏帽子を張抜きの漆塗りにし、装束類の生地に糊をきかせ、ごわごわとした「剛装束」となった。剛装束になると装束の着法が案出され、着脱に他人の手を借りるようになった。この着方・着方術が「衣紋道」で、折目正しい剛装束とともに現在にまで伝承されている。

　衣紋道の開祖は源有仁で、皇族（有仁王、後三條天皇の孫、白河天皇の養子）

であったが臣籍降下し左大臣にまで栄達した。45歳で早逝した後、衣紋道は徳大寺家と大炊御門家に分かれ、さらに、徳大寺家が山科家に、大炊御門家が高倉家に移った。室町時代以降は、両家がそれぞれに継承し明治維新におよんだ。明治4年（1871）に、いったん、高倉・山科両家における衣紋道の家職および装束調進は廃止されたが、明治16年に賀茂・石清水両祭の再興にあたり（春日祭は同18年）、両家に衣紋法の教授が命ぜられ、復活した形となって今日に至る。なお、明治17年（1884）に山科家は伯爵、高倉家は子爵に叙された。

明治の改変

　明治維新により、1000年以上の長きにわたり、宮内参内服または朝儀の儀服として用いられてきた装束の制は大きな変革を迎える。

　明治5年を皮切りに、宮内参内の大礼服・陸海軍の正装をはじめ官公吏の事務服に至るまで、すべて洋服に変化した。祭服に関しては、明治5年11月12日、太政官布告第三百三十九号をもって「従前ノ衣冠ヲ以テ祭服ト為シ直垂狩衣上下等ハ総テ廃止」する旨が公布され、翌6年1月7日、太政官布告第四十一号をもって「従前ノ衣冠ヲ以テ祭服ト致スベキ旨仰出サレ候処衣冠所持コレ無キ輩ハ狩衣、直垂、浄衣等用ヒ候テ苦シカラズ」とされた。しかし、その細目は長らく示されず、同27年1月30日、勅令第六号「神官神職服制」が公布された。

　この制により、祭服は大きく「正服」「略服」「斎服」の3種に分けられた。正服は「衣冠単」で、その略服が「狩衣」である。正服は「大礼用」で、略服は「小礼用」、そして、斎服が「公式の祭祀用」とされた。このときの大礼とは後の「大祭」、公式の祭祀が「中祭」、小礼が「小祭」におおよそ該当する。さらに、正服・略服・斎服それぞれにおいて、着用する服の種類を、その身分・立場と「叙位条例」（明治20年勅令第十号）に基づく位階によって6段階に分けた。①神宮祭主、②三位以上神官・神職、③四位神官・神職、④五位神官・神職、⑤六位以下神官・神職、⑥無位神官・神職である。ここでの「神官」とは神宮職員のことを指している。

大正の改変

　そして、20年近くが経過した大正元年（1912）12月7日、勅令第五十三号により「神官神職服制」が、そして、その翌年4月の実施に先立つ3月25日に内務省訓令第四号で「神官神職服装規則」が公布される。これは、翌3年1月に公布された「神社祭祀令」と3月の「神社祭式」公布とに関連していた。

　この大正の制によれば、祭服は「正装」「礼装」「常装」の3種に分けられた。「正装」とは「衣冠単」で、「従前ヨリ慣用アルモノニ限リ斎服ヲ以テ正装ト為スコトヲ得」という但し書きが加えられた。「礼装」は「斎服」を着用することで、常装は「狩衣」「浄衣」の着用と定められた。そして、「正装」は、天皇・三后・皇太子・皇太孫がご参拝のとき、ならびに神社の大祭のときに着用、「礼装」は神社の中祭、常装は神社の小祭・日拝および恒例式などに着用するものとされた。明治と大正の服制の大要の違いを示したのが以下である。

＜明治27年＞

正　服	斎　服	略　服
大礼用	公式祭祀用	小礼用
衣冠単	斎　服	狩　衣

＜大正元年＞

正　装	礼　装	常　装
大祭用	中祭用	小祭用
衣冠単	斎　服	狩衣・浄衣

　大正の改定の主要点は、明治の規定では古来の慣例に従い「位階」にて服制を分けたのに対し、新たな「職階」（勅任級・奏任級・判任級）によった点にある。その結果、①皇族（神宮祭主）、②勅任官および同待遇、③奏任官および同待遇、④判任官および同待遇の4段階に区分された。この改定により、明治の制度で生まれた、無位の官国幣社宮司と有位禰宜間での「装束」による身分・立場の逆転状態が解消されることとなった。神宮職員は官吏、一般神職は官吏待遇として、神官神職はすべて判任官もしくは判任官待遇以上の立場にあった。この「勅・奏・判」の職階による区分は、明治天皇のご意向とされる明治44年4月29日の「幣帛供進使服制」（勅令第百三十号）に、その発端を見

ることができる。

服制の内容（正装の冠）

＜正装（衣冠単）＞

「正装」の「衣冠単」は以下のもので構成された。冠（黒羅・垂纓）・袍（縫腋／夏冬）・単・袴（差貫）・笏（木笏)・檜扇・帖紙・履（浅沓・沓敷）である。以下、それぞれについて略説する。

［冠］「かんむり」は頭上に被るものなので、「かかふり」「こうぶり」「こうむり」ともいい、各人の位を現すために作ったのが濫觴で、地位により「生地わけ」「色わけ」されたものであった。天武天皇12年（683）から黒一色になり、これに紋をおいたものを「有紋」、そうでないものを「無紋」といった。明治の制では、神宮祭主と三位以上の神官神職だけを「有紋」（小菱）としていたが、皇族以下勅任級・奏任級までを「繁文」とし、判任級を「遠文」とした。

古来、「繁文」は紋間が近く、「遠文」は紋間が離れているものをいったが、無紋は、天皇の新嘗祭に使われ、一般では神葬祭に用いられていため改められた。無紋を「遠文」とし、有紋の範囲を広げたのである。

冠にも、さまざまな種類があるが、「垂纓」とは、今日、神社で見る最も一般的なものである。

［袍］ 和訓では「ウヘノキヌ」という。「うわぎ」のことである。元来「きもの」には、仕立て具合によって「垂頸」と「上頸」の2様がある。垂頸とは、現在の「着物」のように、襟を左右に違える仕立てのものをいい、上頸とは、「被布」のように、襟が頸の周りに納まる仕立てのものをいう。装束でいえば、袍の下に着る「単」が垂頸で、袍が上頸である。ちなみに、「垂頸」が日本固有のものである。

正装の袍

袍には、「縫腋袍」と「闕腋袍」の2様があり、和訓では「縫腋袍」を「マツハシノウヘノキヌ」、「闕腋袍」を「ワキアケノウヘノキヌ」という。「縫腋袍」は腋を縫いつぶし、裾の周りに横裂の「襴」を縫いつけている。「闕腋袍」は、狩衣のように腋を縫わず襴もない。束帯・衣冠・斎服・直衣は「縫腋袍」にあ

たる。

　服色については、今日では「黄櫨染^{こうろぜん}」（天皇陛下）、「黄丹^{おうに}」（皇太子殿下）の色以外は禁じられていないが、『大宝令』「衣服令」では、以下のように、色の順序が決められ、みだりに用いることが禁じられていた。

　　凡^{およそ}服色、白、黄丹、紫、蘇方^{すおう}、緋^{あけ}、紅^ひ、黄橡^{つるばみ}、纁^{そひ}、葡萄^{えびぞめ}、緑、紺、縹^{はなだ}、桑^{くわぞめ}、黄^{きぞめ}、楷衣^{すりぞめごろも}、蓁^{はりぞめ}、柴^{しばぞめ}、橡^{つるばみ}、墨^{すみぞめ}、如レ此之属、当色^{とうじき}ヨリ以下、各兼テ得レ服之。

末文にあるように「当色以下」の色は用いてもよいが、以上を冒すことは禁じていた。「当色」とは官位相当の服色で、一位は濃紫、二位・三位は薄紫といった決められた色を指している。したがって、紫を使用できる位階の者は、蘇方以下は何色を用いてもよかった。これを「位袍」という。当色は「衣服令」では20色あったが、一條天皇の寛弘年間（1004〜1011）のころに4色に絞られ、四位以上が黒、五位が緋、六・七位が緑、八位・初位が縹とされた。

　明治の制では、袍は縫腋で、夏服と冬服とに分けた。例えば冬服は、神宮祭主が黒綾（雲鶴紋^{うんかく}）で、三位・四位が黒綾（輪^わ無し紋または轡唐草紋^{くつわからくさ}）、五位が赤綾（紋同上）、六位以下が緑綾（無紋・蘇芳裏）、無位が黄平絹^{へいけん}（無紋）であった。これが、大正の制では、「轡唐草紋」がなくなり、緑袍が下級服となって無位用の黄袍がなくなった。明治の制では、六位以下が緑色に定められていたが、今日でも、縹色を用いて緑色は使用していない。八位・初位の位階が廃止されたので、その色を六・七位に充当したことによる。袍色は事実上、黒・赤・縹の3色になった。

正装の袴・笏

［袴］　明治の制で「差貫^{さしぬき}」と定められた。「差貫」は「指貫」「奴袴」とも書き、裾長の袴で、腰下1倍半に延びる。その裾を紐で差し貫いて括りつけるのでその名称がついた。『日本書紀』「天武天皇紀」に「括緒褌^{くくりおのはかま}」とあるのが初見である。『倭名抄』では「さしぬきのはかま」と訓ませている。この袴は容姿を美しく見せるために、日本で案出された。明治の制では、神宮祭主が紫織物（雲立涌紋^{くもたてわく}）、三位以上が紫固織（藤ノ丸紋^{かたおり}）、四・五位が紫平絹^{へいけん}、六位以下が白布浅黄平絹、無位が白布と定められた。

［笏］　笏^{しゃく}の音^{おん}は「こつ」であるが、「骨」に通ずるため「しゃく」としたと

いわれている。中国では、紙のない時代は薄い竹簡を韋(なめしがわ)でつづり、それに漆で字を書いたが、その竹簡の一片が笏になったともされている。日本では、古墳などからは笏らしきものは出土していない。制度化されたのは『大宝令』においてである。五位以上は「牙笏」(象牙の笏)、六位以下は「木笏」と定められたが、「牙」は容易に得がたかったため、『延喜式』巻四十一「弾正台(だんじょうだい)」では、白木をもって「牙」に代用することが認められている。

形状は、上部が狭く下部が広くて厚いものから、現在のような、上部が広く下部が狭くて薄いものに変化してきたと考えられている。細部に関しては、①上下ともに角(かど)があるもの、②上部が丸く下部が方直なもの、③上下とも丸いものの3種がある。①の角のあるものは、上の角は神に対し、下の角は臣下に対する心の正しさを表したもので、天皇陛下の神祭用である。②の上部が丸いものは服従を表していて臣下用だった。③の上下とも丸いものは、上に服従し配下をいつくしむ意味で、一般用とされる。

用途については、もともと儀式次第のメモを書きつけるためのものだったと推測されている。幌(とばり)を広げ、人を招き、二つに割って笏拍子などにもするが、現在では、もっぱら容姿を整え、心のひずみを正す定木とされている。寸法は一定しないが、長さ1尺2寸7分(約42センチ)、上端の幅が2寸2分5厘(約7.4センチ)で厚さ2分(約7ミリ)、下端の幅が1寸5分5厘(約3センチ)で厚さ1分5厘(約5ミリ)が、昭和の大礼で用いられた寸法である。

この笏は明治の制では、木笏とし、用材を櫟(いちい)・柊・榊の類としたが、大正の制では櫟の類のみとした。今日では、天皇陛下をはじめ、すべて木笏(ぼくしゃく)である。

正装の檜扇・履と礼装

［檜扇　帖紙(たとうがみ)］　檜扇と帖紙は、明治の制に規定はなく、大正の制で加えられた。両方とも装飾具であるが、檜扇は沓の向きを要(かなめ)の方で直すこともある。帖紙は懐紙(かいし)で、大正の制では白檀紙(びゃくだん)を用いることが規定された。檜扇は、すべて無地で25橋(きょう)とされた。細長い檜の薄片木を扇様に綴じたもので、片木の一枚一枚を「橋」という。もとは、三位以上の公卿が25橋、五位以上の殿上人が23橋、六位以下が12橋の決まりであった。大正での規定は公卿の例によったのである。

なお、檜扇は「ヒノキアフギ」のことで、古く「アフギ」といえば団扇(うちわ)のこ

251

とであった。中国においてもそうで、日本では奈良時代ころまで同様であった。平安時代中期に束帯が成立して、その懐中する持ち物となったころが檜扇の起源と推測される。これも日本で案出された。

［履］　黒塗りの木沓である浅沓と規定された。内張は白絹で、上位者用のものは「沓敷」(くつじき)（一般の靴でいう中敷き）に表袴(うえのはかま)の裂を貼る。勅任級の沓敷は有紋（藤の丸紋）であった。

<礼装（斎服）>

礼装である斎服は、以下のもので構成された。冠・袍（縫腋）・単・袴（差袴(さしこ)）・笏（木笏)・帖紙・履（浅沓）である。

冠は、明治の制で、すべて無紋と定められたが、正装のところで記したように、ここでも「黒羅遠紋」と改められた。また、袍・単・袴は、白絹で作ることが明治の制で規定されていた。このうち、「差袴」とは、「さしばかま」ともいい、「差籠」とも書く。裾を脚の長さで切った袴で、「切袴」のことである。正装の差貫とともに、赤・白・黄色などの下袴をはく。

なお、白絹の袍に関しては、古くから神事服として青摺闕腋袍(あおずりのけってき)はあったが、純白縫腋袍にあたる斎服はなかった。明治18年3月16日に、宮内省で白絹を用い、衣冠の縫腋袍と同じ仕立てに作ったのが嚆矢で、その名称が初めて公布されたのは明治の制においてである。

常装の狩衣・浄衣・烏帽子

<常装（狩衣(かりぎぬ)・浄衣(じょうえ)）>

大正の制で、常装は「狩衣」と「浄衣」の2種と規定された。その構成は、烏帽子(えぼし)（立(たて)）・狩衣または浄衣（親王・王は小直衣(こなおし)）・袴（差袴）・笏（木笏)・履（浅沓）である。

［狩衣］　狩衣は、「雁衣」「猟衣」「獦衣」とも書き、「布衣」(ほい)ともいう。平安時代からあり、古くは布製で狩猟用だったが、公家の間で私服として常用されるようになった。徐々に絹地となって、織物・浮織物にもなり、上皇・親王以下、有位者によって着用されるにいたった。しかし、どのような形であれ、狩衣で参内することは許されなかった。天皇は、狩衣を着けることはないが、上皇は「仙洞布衣始」と称して用いたので、院参には許された。狩衣の特色としては、以下の点が挙げられる。烏帽子を被り、後身(うしろみ)が袍と違って一幅である

こと。両袖の端に「袖括り(そでくくり)」があり、袖の縫い付けが、後身の肩のところで3寸（3.3センチ）ほどだけになっていることなどである。

「狩衣または浄衣」のところで「親王・王」とあるのは神宮祭主のことで、小直衣を着けた。明治の制のときも同様で、「狩衣直衣」ともいい、狩衣の裾(すそ)に横裂の襴(らん)が付けられていた。また、狩衣の地質は地位によって異なると規定された。なお、明治のときには、狩衣は衣冠単の略服のように扱われていたが、大正の制で、常装として一部門が立てられた。

［浄衣］　浄衣は、古くから、純白で清らかな装束として神事用とされている。浄衣の規定は大正の制によって加えられたものである。狩衣は色がついており、白色でも有紋であるが、浄衣は純白無紋である。仕立てはまったく同じである。

［烏帽子］　往古は、紗(しゃ)または絹を袋状に縫った柔らかなものであったが、先述したように、鳥羽天皇の御代から装束が「剛装束」になると、冠に代わる略式の烏帽子も張貫きの漆塗りになった。起源は、天武天皇の御代に制定された「圭冠(はしばこうぶり)」で、将棋の駒の上部を丸くしたような袋状のものであった。

朝廷での成年式の「加冠の儀」では、未成年時の冠から、成人用の冠に着け代えるのが通式であった。武家の時代になると、武家では冠の代わりに烏帽子を用いた。烏帽子を被せる人を「烏帽子親」、烏帽子を着け代えられる人を「烏帽子子」と称した。単に烏帽子といえば「立(たて)烏帽子」であるが、略儀には立烏帽子の頂上が風に折れたような形の「風折(かざおり)烏帽子」が用いられた。

明治の制では、有位者は立烏帽子、無位者は風折烏帽子とされたが、大正の制では、上下を通じて立烏帽子と規定された。

現行の制

終戦により、神社関係の諸法令は廃止され、神官神職の「祭儀服」の根拠規程は失われた。それに替わるものとして、昭和21年（1946）6月26日に神社本庁より「神職の祭祀服装に関する規程」が設けられ、数度の改正を経て現在にいたっている。おおむね大正の制の踏襲であるが、主な相違点は以下である。

まずは、着用者の身分が変わったことである。3段階に分けられ、「特級・一級」がもとの勅任級に、「二級上・二級」が奏任級に、「三級・四級」が判任級に相当する。「二級上」は昭和36年6月に新設されたが、その差貫が「紫固織・無紋緯(ぬき)白・裏同色平絹」であったのを、同39年7月から「紫固織・紋

藤の丸・共緯・裏同色平絹」に改められた。また、狩衣に単を加えたことと、袴は差貫を本義として、差袴を用いてもよいこととされた。

終戦後は、女子神職も任用されることになり、昭和25年11月30日に、神社本庁通達第十三号によって規定されたのが「女子神職服制」である。「正装」は「袿袴（うちきはかま）」、「礼装」は「袿袴または水干（すいかん）」、「常装」は「水干」と定められ、身分は男子と同様に「特級・一級」「二級上・二級」「三級・四級」の3段階とされた。この女子装束については、昭和62年（1987）7月1日に「正装」は「正服」、「礼装」は「斎服」、「常装」は「常服または浄衣」と改められた。

以下、昭和25年（1950）の規定を中心に、その内容について略述する。

女子の正装

＜旧正装（袿袴）＞

袿袴は、以下の内容で構成されている。袿（冬夏）・単・袴（差袴）・扇（檜扇）・帖紙・履（木履）である。

女子は、まず頭髪を「垂髻（たれすべらかし）」（おさげ）に結い、前髪をとることが規定されている。ただし、葬祭のときには前髪をとらない。また、短髪には「額当（ぬかあて）」という、三山型の黒塗り薄物のものを額（ひたい）にあてて紐で括りつける。この「額当」は「つけることができる」と付記されている。この髪型、「額当」については、正装以下、同じである。

［袿］「うちかけて着る」ところからの名称で、十二単の最上衣の「表着（うわぎ）」に相当するものである。広袖（ひろそで）で丈（たけ）が長く裾をひくもので、色目は「禁色（きんじき）」「忌色（いみじき）」を除いて自由である。古来、禁色には3色があったが、現在では「黄櫨染」と「黄丹」の2色である。忌色は「橡（つるばみ）」（茶色や黒）、「鈍（にぶ）」（鼠色）、「柑子（こうじ）」（だいだい色）、「萱草（かんぞう）」（黄色と赤色を掛け合わせて染めた色）の4色である。また、冬は二重織物・綾地など、夏は紗の類と、裂地による冬夏の区別が立ててある。

［単］その名のように裏なしの一枚ものであるが、男子用の短衣とは違って、袿と同じ仕立てであるだけではなく、裄（ゆき）も身丈も1寸（約3センチ）ほど長い。地質は萌黄綾で、幸菱紋（さいわいびし）が織り出されたものである。その上に袿を重ねるので、裄や裾に美しく現れる。

［袴］女子の袴は、元来、長袴が本義であり、色目は緋か濃（こき）（結婚前は濃紫）、地質は精好（せいごう）の定めであるが、現在は、男子と動作をともにする関係上、古制と

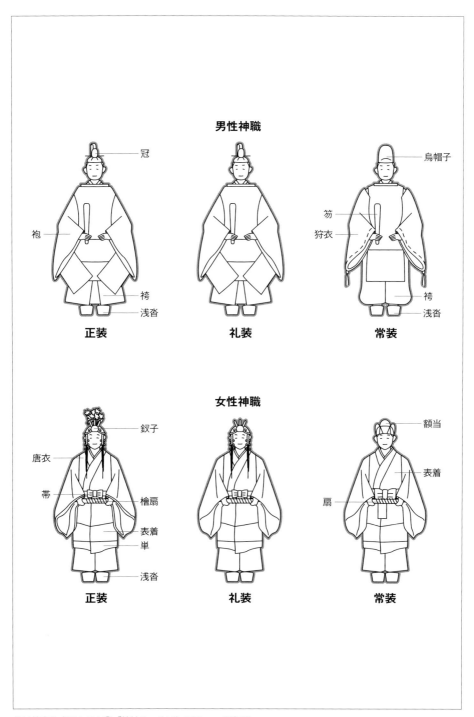

神社検定公式テキスト①『神社のいろは』126ページ参照

は異なり、色目も地質も男子と同じで差袴である。

［扇］　表裏ともに胡粉が塗られ、雲・霞・花・鳥など全面に絵模様が描かれた極彩色の美しいもので、男子用のものとは異なっている。23橋で、親骨の上端には6色の長い絹の飾紐が付いている。元来は39橋であるが、あまりに嵩張るので23橋に減らしたのである。十二単装束の持ち物で、これを手に持つ場合は要の上2〜3寸のところを右手で握り、左手を少し上げて下から支えて胸さきに執る。袙を着て持つので「袙扇」といい、広げて右手で高く翳すこともあるので「大翳」ともいう。

［帖紙］　「紅鳥の子紙」である。

［履］　浅沓の小型のもので、上級者は有紋（幸菱紋）の沓敷を用いる。

＜現正装（正服）＞

　正服は、以下の内容で構成されている。釵子・唐衣（冬夏）・表着（冬・夏）・単・袴（切袴）・扇（檜扇）・帖紙・履（浅沓）である。

　頭髪については「垂髫」を通例とするとされた。また、額には、男子装束の冠に相当する釵子を付ける。これは宮中に仕えた女性（女房）が額（前髪）につけた飾りに依拠している。「袿」から「唐衣」「表着」に改められたが、これらも十二単の最上衣の「表着」に相当する。「袿」はまさに十二単の風を残し、まさに「うちかけて」着用したが、「唐衣」「表着」は小紐（帯）で結んでいる。「単」の色目は萌黄または紅綾とされた。

女子の礼装と常装

＜旧礼装（袿袴または水干）＞

　女子の礼装には、袿袴と水干の2種がある。袿袴の構成は、正装の場合と同様だが、裂地に白色の生絹または白絹を用いる点が違う。また、正装には冬夏の区別があったが、礼装にはない。礼装の水干の構成は、単・袴（差袴）・扇（ボンボリまたは木笏代用）・履（木履）である。

［水干］　裂地を水張りにして干し上げたので、その名称がついたといわれている。水干の特徴である「菊綴」（縫い合わせ箇所に付けられた総飾り）がないのは、鎌倉以前の古制によったからである。仕立ては狩衣・浄衣と同じであるが、首の周りを取り囲む「首紙」を紐で結びとめるところが異なる。水干の着法には、袴で着こむ方法と、そうでないものとの2様があるが、狩衣・浄衣

の着方と同様に着こまないことになっている。
［単］　袿の単とは異なり、短衣であるから、男子用と同じく袴で着こむ。
［袴・履］　袴は差袴で白平絹、履は正装と同様である。
［扇］　ボンボリとは、親骨が要よりも外側に反った形の「中啓」ほどではないが、扇の上部が、やや開いているものである。

<現礼装（斎服）>

　斎服の構成は、概ね正服と同様であるが、唐衣が省略され、裂地・色目は旧斎装と同じである。また、冬夏の区別がないのも旧斎服と同様になっている。

<旧常装（水干）>

　常装の水干の構成は、礼装における単を欠くだけで、ほかは同じである。しかし、常装の水干は、裂地が有紋の綾・紗・緞子（下級にはなし）・平絹の類とされていて、禁色忌色を除いて、すべて色ものである。

<現常装（常服または浄衣）>

　常装には、常服と浄衣の2種があるが、両者ともおおむね斎服と同様の構成である。ともに釵子ではなく額当、檜扇ではなくボンボリを用い、帖紙が省略される。言い換えれば、常服は、正服から唐衣と帖紙を省略し、浄衣は、斎服から帖紙を省略し、額当とボンボリを用いたものである。

束帯と衣冠

　ここで、束帯と衣冠について触れておきたい。束帯は衣冠・直衣など、あらゆる装束類の基盤となったものである。その語は、『論語』の「公冶長篇」に「束帯シテ立ニ於朝一」とあるのによるが、先述したように、日本では石帯で括る装束についてをいう。日本の文献での初見は『扶桑略記』の延暦25年（806）の条である。

　石帯は漆塗りの黒皮帯で、もとは一本のもので、奈良の正倉院には1000年以上も前のものが現存している。現在のものは「上手」との2本構造になっている。石帯には、その名の由来となった「飾り石」が本帯に10個、上手に1個が、白糸で十字に綴じ付けられている。古くはこの「飾り石」は、三位以上が玉、四・五位が瑪瑙、六位が犀角であった。石帯の括り方に、山科流と高倉流では違いがあり、着付け後に、石帯が隠れて見えないのが山科流、半石を見せるのが高倉流である。

衣紋道にも流派が存在しているように、着付けは複雑だが、その構造を見るため、束帯を着るときの次第を以下に簡略に紹介しよう。
①白の小袖を着て帯を結び、足袋または襪(しとうず)を履いて、お清めに手を洗う。
②冠を被る。
③袴である赤色の「大口(おおくち)」をはいて紐を結ぶ。
④「表袴(うえのはかま)」をはいて、単を着け、衵(あこめ)を着ける。衵は、省略することも多いが、天皇陛下はじめ皇族方は省かれない。単、衵を着けた後、表袴を繰り上げて紐を結ぶ。
⑤「下襲(したがさね)」を着ける。下襲は裾が長く、身分が高い人ほど長くひく。その長くひく裾を「裾(きょ)」と称する。陛下のものは襟下2丈1尺5寸（約7.1メートル）にもおよぶ。あまりに長いことから、現今は、「胴」と「裾」とを別々に切り放し、胴を着けた後に「別裾」を括りつける。とくに、神事に奉仕する際は、「纔著(さいちゃく)」といって身丈(みたけ)に切る。
⑥袍を着けて、石帯をはめ、調整をしながら石帯で括る。
　一方、衣冠は単を着用するかどうかによって、その名称が異なる。着用するのを「単衣冠」、着用しないのを「衣冠」という。単を着用するものが重んじられ、古来、前述の通り、神拝用に供せられた。上衣である袍の仕立ては、束帯と同じで、束帯は石帯で括るが、衣冠では袍と同色の裂地の細紐で括る。
　束帯と衣冠の大きな違いは、石帯を用いるかどうかもあるが、束帯では下襲を着けるが、衣冠では着けず、また、衣冠では差貫をはく。

天皇陛下の祭服

　大嘗祭や新嘗祭などの宮中祭祀で天皇陛下が着けられる装束を「御儀服」という。その中で、とくに袍と冠について説明しよう。
　まずは「御祭服」である。御祭服は大嘗祭の悠紀主基両殿ご親祭と恒例の新嘗祭のときにお召しになる袍で、純白生絹(すずし)の裏なしである。白色については「大宝令」の筆頭に定めてあり、『令集解』に「我朝以白色為貴色天皇色也」とあるのに明らかである。絹には生絹と練絹(ねりぎぬ)があり、生絹は生のままで練らないものであるが、練絹は灰のアクで柔らかく練ったものである。とくに生のままをもって清浄とする。「御祭服」は「闕腋袍」で、一般に「闕腋袍」の裾は襴(らん)がないが、「御祭服」には襴が付いている。盤領の首の周りに沿って取り付

けられている「首上」にも、一般は「とんぼ」の受け緒と掛け緒が一か所だけだが、二か所に付いている。そして、このときに着けられる冠が「御幘の御冠」である。

「帛御袍」は、純白の練絹の縫腋袍である。『日本紀略』の嵯峨天皇の弘仁11年（820）2月の詔に「大小諸神事及季冬奉‐幣諸陵‐則用‐帛衣‐」とあり、「帛衣」とは、この御袍のことである。室町時代中期に洞院実煕が著した有職故実書『禁中方名目抄』にも「帛衣ハ天子神事之時用レ之」とある。即位礼当日の賢所大前の儀および大嘗祭で頓宮より廻立殿に渡御のときにお召しになる。

「黄櫨染の御袍」は、その名の通り、色がついたものである。黄櫨染とは『延喜式』巻十四「縫殿寮」によれば、黄味の櫨と赤味の蘇方を染料に用いた暗黄赤色である。裂地は固織物で、桐・竹・鳳凰・麒麟を四角にまとめた紋様が織り出されている。この地文の由来は、瑞鳥である鳳凰が竹の実をくわえて桐の木にとまったという中国の故事に、瑞獣である麒麟を加えたものである。

起源は、『日本紀略』の嵯峨天皇の弘仁11年2月の詔に「朔日受朝、同聴政、受‐蕃国使‐、奉幣及大小諸会、則用‐黄櫨染衣‐」とあるのに基づく。「黄櫨染」は「天皇の御位袍」とされてきた。幕末から明治初期の国学者・近藤芳樹は、陛下御用の黄櫨染は日の色であって、皇太子の黄丹は日の未だ出でざる曙の色にたとえたものであろう、と述べている。

この御袍は縫腋袍仕立てである。即位礼や年頭の四方拝をはじめ宮中三殿での恒例の大小祭を通じて、お召しになっている。また、このときと、先の帛の御袍のときに着けられる冠が「立纓の御冠」である。

御引直衣、御直衣、黄丹袍

次に「御引直衣」であるが、一般の「直衣」は、外見上は衣冠とほぼ変わりなく、色目や文様が自由であった。『伊勢物語』に「父はなほ人にて母なん藤原なりける」とあるように、「直衣」（なほし）の「なほ」は「通常」を意味し、「し」は「そ」の転訛であるから、「なほし」は平常服の意味である。

この「御引直衣」の形状は、『貞丈雑記』に「御引直衣は御下直衣とも云ふ。天子常の装束也。その裁縫は常の直衣の如くにして、後の裾甚だ長くして曳を給ふ故、御曳直衣と云ふ」とあり、天皇の常の装束であり、略装に衣冠は用いなかった。白地小葵紋の固綾織の御直衣に紅長袴を着し、同じ裂地の幅狭の

帯で括る。夏は、二藍の縠織三重襷紋（三重菱ともいう）である。「御引直衣」は、現在、即位礼後の神宮や神社への勅使発遣の際などに用いられる。

「御引直衣」は、古来、陛下の平常の装束とされていたが、裾を長く曳き長袴なので、恒例用としては略儀の直衣・「御直衣」を用いられる。冬と夏の織や紋は「御引直衣」と同じだが、紅精好切袴である。現在、御神楽の儀や旬祭、神宮や山陵へ勅使発遣の儀のときに着けられる。また、6月・12月末日の「節折の儀」に際しての「御小直衣」があり、これは、袍ではなく狩衣に襴が付いたものである。なお、この「節折の儀」の際には、元は天皇の平常の御冠であった「御金巾子の御冠」を着けられる。

「黄丹袍」は皇太子殿下のみが着けられる祭服である。黄丹色は『延喜式』「縫殿寮」によれば、紅花と支子で染めたもの、とある。支子は赤味を帯びた黄色である。織紋は胡瓜の断面（山が6つ）のような「窠」の中に、鴛鴦が下向きに羽根を広げている図柄である。冠は「垂纓冠」である。

【参照事項】きゅうちゅうさいし　じんじゃさいしき　だいじょうさい　にいなめさい
きゅうちゅうのねんちゅう（じゅう）ぎょうじ

㊾ だいじょうさい　大嘗祭

即位に際し、天皇が初めて新穀を食され、皇祖および天神地祇に供し奉る祭儀のことで、一代一度の新嘗である。『続日本紀』天平神護元年条によれば、「大新嘗」（おおきにいあえ）ともいう。古訓では、「記紀」に「オホナヘ」「オホヘ」「オホニヘ」、『古今和歌集』巻二十・一〇八六番歌に「御べ」、順徳天皇（承元4年／1210〜）が著した歌論書『八雲御抄』に「オホンベ」があるが、一般には「だいじょうさい」と音読されている。天皇の皇位継承にともなって行われる諸儀式の中でも、古くから重視されてきた国家的祭儀であり、日本の祭祀の中で、最大規模のものである。

古典での初見と内容

「大嘗」「新嘗」の初見は、『古事記』「須佐之男命の勝さび」の段の、天照大御神が「大嘗を聞看す殿」、『日本書紀』第七段の本文の「天照大神、天狭田・長田を以て（中略）新嘗きこしめし」である。また、同第九段の第三の一

書には、皇孫が日向の地に降臨され、「神吾田鹿葦津姫、卜定田を以て、号けて狭名田と曰ふ。其の田の稲を以て、天甜酒を醸みて嘗す。又渟浪田の稲を用て、飯に為きて嘗す」とある。このように田が２か所になっていることは、『日本書紀』の天武天皇２年12月条に「大嘗に侍奉れる中臣・忌部及び神官の人等、幷て播磨・丹波、二つの国の郡司」とあり、大嘗祭にあたって悠紀・主基両国が卜定されたことと関連していると思われる。

　『延喜式』巻一「四時祭」では、祭祀を大祀・中祀・小祀に分けているが、大祀は大嘗祭のみである。『延喜式』巻十一「践祚大嘗祭」や『貞観儀式』巻二〜四「践祚大嘗祭儀」などを見ても、大嘗の執行は神祇官のみの管掌ではなく、太政官に「検校」「行事」を任じ、その下の八省以下すべての機関が関与している。

　大正・昭和の大礼もこれに倣い、大礼の際には「大礼使」を宮中に設けて総理大臣が管掌し、皇族に大礼使総裁を戴き、その職員には大礼使長官、次官、参与官、事務官、典儀官、書記が置かれて各省の官吏が任じられ、「国家の大祀」として運営を行い、平成の大礼もこれに準じた。

　大嘗祭では祭儀・行事も多い。節会をもって終わるため、古来、「大嘗会」ともいわれる。その主なものが以下である。

　①両斎国の卜定（４月）、②抜穂行事（９月）、③北野斎場行事〔白酒・黒酒の謹醸、御贄の調備、神服調製〕（10月〜11月）、④御禊（10月下旬、賀茂河原行幸）、⑤造殿行事（祭日前10日）、⑥供神物の供納（卯日当朝、斎場・大嘗宮）、⑦大嘗宮悠紀殿主基殿の儀（卯日夜〜翌暁）、⑧節会（辰巳午日）。

① 両斎国の卜定

　斎田の卜定は、古くは、最初に悠紀国と主基国、次にその両国から斎郡、さらに、その両斎郡から斎田が点定されるという順序だったと推測される。

　第一の両国の卜定は、後には、京都を中心として東と西に定められたが、光仁天皇（宝亀元年／770〜）以前は、必ずしもそうではなかった。先述したように、両斎国の文献での初見は、天武天皇２年条の「播磨・丹波」であるが、同じく５年９月条では、新嘗のためのものではあるが、「斎忌」は「尾張国」、「次」は「丹波国」に卜定され、当時の都である大和からは、ともに北方にあたっている。また、聖武天皇（神亀元年／724〜）の御代には丹波国が悠紀

になっている例もある。しかし、光仁天皇の御代から大方、都を中心として東西となり（悠紀は三河国、主基は因幡国）、その後、宇多天皇の御代（仁和3年／887～）から悠紀は近江国に固定された。醍醐天皇（寛平9年／897～）から、主基は丹波国ないし備中国から卜定する例となり、後鳥羽天皇（寿永2年／1183～）以後は丹波国と備中国を交互にあて、幕末の孝明天皇の御代にいたる。

このようにして、両国は固定化され、郡の卜定だけとなった。平安時代後期の藤原宗忠の日記『中右記』には、「往古ハ国郡共ニ雖ニ卜定一寛平以後被レ仰レ国ヲ之後唯所レト二定郡ヲ一也」とあり、稲熟の期に抜穂使が参向して、斎郡での良田を卜定したことが分かる。この点は、京都の以東以南に悠紀、以西以北に主基の斎田を勅定する「登極令」の地方点定とは異なっているが、「卜定」と「勅定」に重きが置かれていることに変わりはない。

抜穂使と造酒童女

抜穂使は8月上旬に発遣される。その使には宮主1人・卜部3人の4人をあて、悠紀・主基両国で各2人に分けられた。そのことに関し、平安時代末期から鎌倉時代初頭までの中山忠親の日記『山槐記』には、「悠紀に宮主一人卜部一人」とある。したがって主基には卜部2人を発遣したことなる。そのうちの1人を「稲実卜部」、もう1人を「禰宜卜部」といった。宮主も卜部氏であるため、悠紀では宮主を稲実卜部としたと推測される。稲実卜部は、大嘗宮への神供々納の列にも加わっている。使の責任は、供納し終わって初めて解除されたのであろう。

使は、その国に向かうと国司をともなって斎郡に参向し、まず大祓を行い、斎田と斎場を卜定した。卜定される斎田は「六段」で、これを「大田」ともいう。斎場の「稲実殿地」は田の西に設けられ、祭りの場であるとともに神聖な作業場でもあった。斎田・斎場の各四隅には、木綿を付けた榊を挿し立てて聖地の標示とし、殿舎の建築にとりかかった。殿舎には①使政所屋、②使宿屋、③五間屋、④造酒童女宿屋、⑤八神殿、⑥高萱御倉、⑦稲実殿、⑧物部女等宿屋の8棟が建てられた（『貞観儀式』）。

それとともに、奉耕者の卜定が行われた。「稲実公」「造酒童女」「大酒波」などの15人である。このうち、「稲実公」は御稲のことを司る長であり、「登

極令」では「大田主」とある。地方の名望家で篤農家が卜定されたと思われる。「造酒童女」については「当郡の大少領の未だ嫁がざるを以ちて、卜食みて之に充てよ。神語に佐可都古という」と、『貞観儀式』や『延喜式』にも註記がある。この童女は斎田行事から、大嘗祭の当夜の供御の御飯の奉舂・奉炊に至るまで一切の奉仕を行った。神宮の「物忌」の「童女」と同様に、この童女が「手つけ始める」ことが原則とされている。抜穂の場合には最初に穂を抜く。斎場の造営に際しては、まず忌鎌にて草を払い忌鍬にて掘り始める。御料材の伐採でも忌斧にて切り始め、稲舂きでも最初に手をつけるのが造酒童女である。

　この「造酒童女」1人、「稲実公」1人（男）、「大酒波」1人（女）の次に、「大多米酒波」1人（女、『延喜式』では多明酒波）、「粉走」2人（女、『延喜式』では篩粉1人）、「相作」4人（女、『延喜式』では共作2人）、「焼灰」1人（男）、「採薪」4人（男）が卜定された。これらの人たちは「物部人」「物部女」と呼ばれた人たち（『延喜式』には「雑色人」）である。それ以外に300人が採用され、斎田の奉耕ならびに京への運搬に従事した。このうち、斎場に宿泊するのは卜定で選ばれた先の男6人・女9人で、とくに郡内の名望家の子女があてられた。

　このほか「物部人」として、郡内の子女から「歌人」20人、「歌女」20人が採用された。卜定ではないが、卯日の当日、国司に率いられて大嘗宮の前で「国風歌」を奏する人たちである。

② 抜穂行事

　9月に入ると、吉日を選定して「抜穂の儀」が奉仕される。儀に先立って水際で大祓が行われ、これを「河頭ノ祓」「河臨ノ祓」ともいった。その後、御田に入って稲を抜きとる。まず造酒童女、次に稲実公、酒波、物部の男女の順である。最初に抜いた稲4束を供御の料として高萱御倉に納め、それ以外は白酒・黒酒の料として稲実殿（稲実斎屋）に納められた。高萱御倉の構造は『貞観儀式』に「葺き蔀むに青草を以てし、北に戸を開き葦を以て扉と為よ。内に竹棚を作り其の上に薦を敷き、以って御稲を安け」とあり、神殿のような構えで、神宮の「御稲御倉」も、このような意味をもっていたと推測される。

　「抜穂」が終わると八神殿において祭典が行われる。この八神は、①御歳神、②高御魂神、③庭高日神、④御食神、⑤大宮売神、⑥事代主神、⑦阿須波神、

⑧波比岐神である。『延喜式』「践祚大嘗祭」では、「大御食神」「御膳八神」としている。

　稲は斎場で乾燥された後、「御稲韓櫃」と竹籠に納められ、擔夫300人に昇かれて京に運ばれた。韓櫃と籠には、いずれも榊と木綿が付けられており、行列は、その御米を中心として、禰宜卜部と木綿蔓を着けた稲実公などが前を進み、造酒童女は輿に駕って供奉し、稲実卜部が後ろを進んだ。そして、9月下旬に京に入り、大麻と塩湯で修祓を受け、斎場の竣工まで、一時、「外院」の仮屋に納められた。

③ 北野斎場

　北野斎場は宮城の真北の地に卜定された。平安京でいえば、大内裏の北面する外郭の真ん中にあった偉鑒門から80丈（約242メートル）の地で、そこに「内院」と「外院」とに区切られた斎場が建設された。外院は斎田の稲が京に到着するまでに建てられることになっていたが、内院は、その到着後、両国の国司によって造作された。

　「小斎院」や「稲実殿地」とも称される内院だが、殿舎を建てるに際しては、まず地鎮祭が行われる。そして、卜食（卜定）された野や山に入り、野の神を祭って萱を刈り取り、山の神を祭って料材を伐採する。それらを内院に搬送し、さらに大祓を行い着工した。神宮式年遷宮における「山口祭」や「御杣始祭」などと同じ趣旨のものと考えられる。

　『貞観儀式』によれば、内院には①八間神座殿、②高萱片葺御倉、③稲実殿、④倉代殿、⑤御贄殿、⑥鋪設殿、⑦黒酒殿、⑧白酒殿、⑨麹室屋、⑩大炊屋、⑪臼殿が設けられている。ここでは、御飯を除く神膳、つまり、白酒・黒酒をはじめ阿波・淡路・紀伊の3国からの海産物の「油加物」（御贄）の調理と収納が行われる。

　また、内院の南には「神服院」が建てられた。神服調製の院であり、そのための「神服女」の宿屋も建てられる。ここでは「繒服」が奉織された。繒服は「和妙」の神服で、「三河の赤引糸」で織られる。これは、三河国に発遣された「神服使」が奉持し、卜定された織部の長2人と織女6人、工人2人の10人を率いて京の斎場に至り、悠紀・主基それぞれに5人をあてて奉織された。一方、「麁服」（荒妙の神服）は、その神服使が阿波国に向かい、そ

の地において織り上げさせ、京に捧持して神祇官に納められる。大嘗祭に際して、和妙・荒妙が奉られることは、神宮における「神御衣祭」と同様に、皇祖・天照大御神が天上において自ら神服を織って神祭された伝承を今に伝えるものと考えられる。この「繒服」は卯日の当夜、ほかの供神物とともに斎場を発し、神祇官から出発した「麁服」と途中で合流し、大嘗宮の神座に奉安された。

④ 御禊

　本儀は10月下旬に河原に行幸して修される。『拾遺和歌集』巻十一などでは「豊の御禊」とも見えるが、通常は「ごけい」と称し、「河原の大祓」ともいう。江戸時代前期の一条兼良の『御代始和抄』からは、その大方の内容が窺える。

　　御禊行幸ノ事、大嘗会行はむとての十月に此事あり、豊のみぞぎと是をいふ。世俗には河原の御はらへといふ。解除をば河にのぞみて修することなれば二条三条の川原に行幸して行はる。まづ九月中旬装束司、次第司の除目を申シこなひ陰陽寮に仰せて御禊の日時を勘申さしむ。長官一人中納言を用ふ。次官一人中弁を定む。判官二人主典二人なり（中略）。主上は百子帳の内の大床子に着御し給ふ。御手水のことあり、主水司之を供す。其後大床子の前の平敷の御座につかせ給ふ。神祇官御贖物を供ず。宮主解除の言葉を奏す。之即ち御禊の儀なり。公卿おの〳〵祓つ物を前に置て神祇官大麻をひく。次に腰輿に駕して御膳の幄に帰らしめ給ふ。晴の御膳、腋の御膳などを供ず。その後山城の国司献物三十捧をとりて庭中に列立す。大臣物の名を問ひて後、か̇し̇は̇で̇に給へと仰す。又今日神祇官幣帛を近辺の諸神にあかち奉ることあり。其後遷幸あり。（傍点は編集部）

　文中の「かしはで」とは内膳司のことである。『江家次第』によると御祓の儀は、①御手水、②御麻一吻一撫、③御贖物折敷高坏二本（一本解縄散米一本人形）供進、④宮主祓詞奏上、⑤五穀を散ずる大炊寮、となっている。③④は同時に行われる儀で、大祓奏上の間、縄を解き、米を散じ、人形にて身を左右中と撫でられる。

　御禊は、東山天皇の貞享4年（1687）の大嘗祭再興以後は、清涼殿の東庭または昼御座で行われ、明治4年（1871）の大嘗祭でも宮殿内で行われている。「登極令」には御禊の場所の明記がないが、大正・昭和の両度とも京都御所内の「小御所」で行われており、再興以後の慣例に拠ったものと推測される。平

成の大嘗祭においては、宮殿「竹の間」で行われた。

⑤ 造殿行事

　大嘗宮を建てる場所は、平安初期の平城天皇の御代から、大内裏の南中央に位置した朝堂院（八省院）の前庭にあった竜尾壇の下が用いられた。それ以前は、「乾政官院」や「太政官院」、離宮と思われる「南薬院」などの庭が、文献に窺われる。平安時代末期に朝堂院が焼亡してからは、安徳天皇の寿永元年（1182）の大嘗祭のように、内裏の紫宸殿の前庭を用いるといった例もあったが、おおよそ大極殿の旧地の竜尾壇下に建てられ、後土御門天皇の文正元年（1466）の大嘗祭までが行われた。東山天皇の貞享の再興時には大極殿址も明らかでなかったためか、安徳天皇の先例に倣って紫宸殿の前庭が用いられ、明治に至った。明治4年の大嘗祭は、初めて東京の御所内の吹上御苑で行われ、大正・昭和のときは、京都の大宮御所内の旧仙洞御所の御苑があてられた。これは、明治22年の『皇室典範』第1条の規定「即位ノ礼及大嘗祭ハ共ニ京都ニ於テ之ヲ行フ」に拠ったものである。平成の大嘗祭は、皇居内の東御苑で行われた。

　大嘗宮の造殿行事としては、「大嘗宮の儀」の7日前に、まず地鎮祭が行われた。祭員には、神祇官の中臣、忌部ならびに稲実卜部、禰宜卜部、また、悠紀主基両国の国司以下稲実公、造酒童女、灰焼などの雑色人があたった。夜の祭儀であったため、まず、童女が火を鑽り始め、稲実公が火を鑽り出し、灰焼が火を吹いて、国司や郡司の子弟が持つ松明に移す。その8人の子弟が松明を捧げて斎場に立ち、工人が東西21丈4尺（約65メートル）、南北15丈（約46メートル）を測って宮地とする。『貞観儀式』には「之を中に分け、東を悠紀院とし、西を主基院とせよ」とある（『延喜式』も同様の記載）。

　そして、稲実卜部が童女を率いて、宮地の4隅と中央、また、4方の門に「食薦」を敷き、幣物（布帛）と神饌を献ずる。その順序は、図の通りで、「い」「ろ」「は」「に」「ほ」が悠紀、「イ」「ロ」「ハ」「ニ」「ホ」が主基の順序である。『貞観儀式』によると、祝詞は卜部が奏し「南門の内に入り再拝すること両段、訖りて、祝詞を読め」とある。両国の童女が木綿を付けた榊を捧げ、これから両殿が建つ4隅と、門が立つところに挿し立て、「斎鍬」で8度穿つ。こうして地鎮祭が終了すると、諸工が一斉に建設にとりかかった。

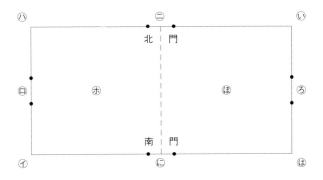

　大嘗宮の様式は『貞観儀式』と『延喜式』に詳細な記載がある。図は『貞観儀式』に拠ったものであるが、①宮垣、②正南の門、③屏籬、④正東少北の門、⑤正北の門、⑥正西少北の門、⑦中籬、⑧悠紀主基の中垣、⑨中垣、⑩正殿、⑪御厠、⑫膳屋、⑬臼屋、⑭神服柏棚、⑮廻立殿である。これらを祭日3日前までに、5日間で竣工させることになっていた。さらに、外院として、皇太子幄（幄舎）、親王幄、大臣以下参議以上幄、五位以上幄、「小斎（忌）の人」（神事に奉仕する人、卜定によって選ばれた）の幄などが、祭前1日までに建てられた。

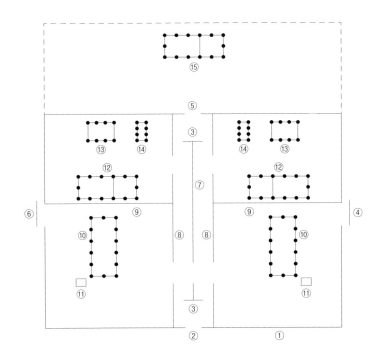

このうち正殿の様式は、『延喜式』によると、南面妻入、黒木作り、屋根は萱葺である。間取りは２室で、地に草を敷き竹簀を置いて床とした。「室」と称する奥の間には、さらに蓆を敷いて、「堂」と称する前室との間仕切りに蓆戸を設け、内側に幌として麻布を垂れた。奥の間の壁は草を芯として両面を蓆で化粧し、前室は壁の代わりに「蓆障子」を設け、外側に「葦簾」をかけたものである。こういった記述から、奥の間が薄暗い部屋であるのに対し、前室は開放的で、蓆障子や御簾、竹簀や敷草を除けば、明るい土間になると推測される。大江匡房の『鳥羽天皇天仁元年大嘗会記』と平信範の『六条天皇仁安三年大嘗会記』には、「板敷」「南簀子」「階下」などの語が見え、天仁元年（1108）や仁安３年（1168）には、床は板敷となり、簀子縁なども設けられるようになったと思われるが、古くは、原始の姿といってもいいような構造であった。

　竣工すると、『貞観儀式』『延喜式』ともに「殿及び門を祭れ」とある。宮殿に災害がないように祈る「大殿祭」や、上代に皇居の門に入ってくる邪神を払うために行われた「御門祭」である。その式次第は、『延喜式』巻三・八「臨時祭」「祝詞」などにも記載がある大殿祭の式に倣って行われたと推測される。

⑥ 供神物の供納

　北野斎場の内院や神服院で調えられた白酒・黒酒、御贄、神服は、卯日の当朝・巳刻（午前10時ころ）に斎場から出され、大嘗宮に供納される。その供納の徒歩行列は総勢5000人（『貞観儀式』）にのぼった。この時刻、天皇は宮殿で大忌の御湯を使われている。この行列では、一種の神籬とも考えられる「標山」が曳かれた。御飯の御料である御稲は輿にて昇かれ、「造酒童女」のみは輿にて供奉した。これらの記述だけを見ても、これが単なる供物搬入の列次ではなく、古い神幸の姿を伝えるものであることが分かる。列に加わっている諸人は、賢木や白杖、青竹などの執物を手にし、供物の品々は日蔭蔓や草木、花などで飾られ、物を頭に戴く女の姿もある。行列の前部が神供の品々であり、後部は両国からの献物や諸員に頒賜の品々であった。

　北野斎場を出発し、宮城の北から渡ってきたこの大行列は、宮城の北門である偉鑒門前で左右に分かれ、悠紀は宮城の東の大宮大路を、主基は西の西大宮大路を通って七条まで南下する。そして、中央の朱雀大路に向かって合流し、悠紀は朱雀大路の右（東）側を、主基は左（西）側を北上し、未刻（午後２

時頃）には宮城の南門である朱雀門に到着する。ここで、神祇官を出発してきた阿波の「麁服」が列に加わった。それから朝堂院の第一門である応天門を経て、第二門の会昌門に入り、行列の前部と後部とに分かれた。行列の前部は、そこで神祇官の祓を受けて、その先導により大嘗宮へと向かうが、後部は会昌門前で停止し、その奉持してきた品々は翌朝までに豊楽院の庭上に陳列された。一方、行列の前部は、大嘗宮の南門に至り、そこから悠紀は右（東）に回る形で北門に向かい、主基は左（西）から回り込んで、再び合流する。その行進の前に、まずは両国の神服の男女の一団が「酒柏」を各膳屋に納め、行列が合流した後に、繪服・麁服が両殿の神座に奉納された。酒柏とは、酒を飲むための器である。続いて、他の供進物や祭器具などがそれぞれの膳屋、臼屋などに納められ、供納の儀は終了となる。

　こうして供納が終わると、悠紀殿における供御の御稲の奉舂が始められた。まず造酒童女が稲を舂き、酒波以下が皆で舂き終わる。この間に、「稲舂歌」が詠まれた。そして、古くから膳のことに携わってきた高橋・安曇の両氏が酒部・膳部を率いて御飯を炊き、神膳を調理して「盛殿」（膳屋の一室）に備えたのである。

⑦ 大嘗宮の儀

　内裏から廻立殿に渡御した天皇は、ここで「浴湯」をされる。これを「御湯殿の儀」「小忌御湯」といい、祭服に着替えて悠紀の正殿に渡御された。時刻は戌刻（午後７時〜９時ころ）である。御巫、猿女、中臣、忌部が左右に前行し、大臣が天皇の直前を行く。天皇は、菅蓋をさしかけられ、脂燭で足もとが照らされる中を、徒跣（素足で歩く）で葉薦の上を進まれる。そして、悠紀の正殿内に入られると、いったん、中戸の外に南面して著御された。

　次いで、伴・佐伯氏が南門を開き、群臣が会昌門から参入する。この群臣の参入のときに、隼人が犬声を発した。そして、吉野の国栖による「古風」、悠紀・主基両国の歌人による「国風」、美濃・丹波・丹後・但馬・因幡・出雲などの語部による「古詞」が奏され、最後に隼人の「風俗歌舞」があった。これらは、すべて寿の歌舞と思われる。歌舞が終わると、皇太子以下が幄舎を出て庭中に跪き、皇太子が、まず八開手を打って退下、続いて、親王以下五位以上、六位以下の順で一斉に八開手を打って、五位以上は再び幄に着いた。

これらの次第から、先の天皇の「中戸外南面の座」は、歌舞や臣下の拝礼を受けられる座と考えられる。
　そして、神膳を運び込む行立(ぎょうりゅう)となって、大嘗祭の本儀中の本儀である親祭となる。神膳行立は亥1剋(いのこく)(午後9時半ごろ)に膳舎を発進した。その列行は以下の通りである。
　「脂燭」(膳部の伴造(とものみやつこ))、「削木(けずりぎ)」(采女朝臣(うねめのあそみ)。警蹕(けいひつ)を発する)、「竹杖(たけのつえ)」(宮主卜部)、「海老鰭盥槽(えびのはたのあらいぶね)」(水取連(もいとりのむらじ))、「多志良加(たしらか)」(手水(てみず)用の水を入れ、注ぐための器。水部(もいとりべ))、「楊枝筥(ようじばこ)」(典水采女(とのもいとりのすけ))、「御巾筥(おんくなごいばこ)」(同上)、「神食薦(かみのすごも)」(陪膳采女(はいぜんうねめ))、「御食薦(みすごも)」(後取采女(しんどりうねめ))、「枚手筥(ひらてばこ)」(手長采女(てながうねめ))、「御箸筥(おんはしばこ)」(同上)、「御飯筥(ごはんばこ)」(同上)、「生魚筥(なまものばこ)」(同上)、「干魚筥(からものばこ)」(同上)、「菓子筥(このみばこ)」(同上)、「鮑汁漬(あわびのしるづけ)」(高橋朝臣)、「海藻汁漬(みるのしるづけ)」(安曇宿禰(あずみのすくね))、「空盞(こうさん)」(盃。膳部2人)「御羹(あつもの)八足机(やつあしづくえ)」(同上2人)、「御酒八足机(みきのやつあしづくえ)」(酒部2人)、「御酒(御直会(なおらい))八足机」(酒部2人)。
　そして、「采女十姫(ひめ)」が殿内に入り、中戸口前まで進んで、Ｖ字型に雁列(がんれつ)して控え、その他は殿外に止まる。次に、典水采女の2人が内陣(奥の間)に入り、御座に着いて「御手水」を供す。続いて、陪膳・後取の采女が入って、神食薦、御食薦を敷く。この後、後取采女は中戸口のところで、枚手筥以下を、順次、手長采女から受けて陪膳采女に渡す。さらに、南戸口において手長采女は、高橋朝臣や膳部など内膳の10人から交互に汁漬以下を受けて後取采女に渡した。
　こうして、天皇の「御親供」「御直会」の御儀があり、直会が終わると、神饌の撤下も同じように行われる。そして、再び、御手水があり、天皇は廻立殿へと還御(かんぎょ)され、悠紀殿の儀は終了となった。『貞観儀式』『延喜式』とも、還御の時刻を亥4剋(こく)(午後11時ごろ)としている。
　次には、引き続き主基の儀となるので、神祇官人は内膳の膳部などを率いて主基の膳屋に移り、悠紀と同様に稲春(うしの)より始めて神膳を調理する。そして、再び、天皇は御湯殿の儀の後、翌丑4剋(午前3時ごろ)に主基殿に渡御され、すべて悠紀と同じ次第で御儀を終了した。時刻は寅4剋(午前5時ごろ)で、日の出に間近いころである。

⑧ 節会

　朝廷の饗宴を節会という。節会には正月の「元日節会」「白馬節会」「踏歌節会」、大嘗祭と新嘗祭の「豊明節会」などがあるが、大嘗祭では「辰日節会」「巳日節会」さらに「午日節会」が続行され、「悠紀節会」「主基節会」「豊明節会」とも称される。

　元来、大嘗・新嘗は、「祭」とも「会」とも称されていない。単に「大嘗」「新嘗」とだけ記されている。奈良時代になると、「大嘗会」「新嘗会」と称されるようになり、平安時代になると、公式の記録では「大嘗祭」「新嘗祭」とされたが、日記類ではほとんど「大嘗会」「新嘗会」である。この経緯から、大嘗・新嘗を構成する重要な要素の一つが「会」にあったことが分かる。さらに、辰日節会には、中臣の「天神寿詞」が奏され、忌部によって「神璽鏡剣」が奉られた。それは節会という概念にはあてはまらないほどの厳儀であり、夜には神宴も行われている。『本朝世紀』の近衛天皇康治元年（1142）の大嘗祭の記事には、辰巳の両日には節会の文字が見えず、午日に至って「今日撤二悠紀主基帳一有二節会事一」とあり、節会を午日だけとしている。

天神寿詞と神璽鏡剣

　大嘗宮主基殿の儀が終了した辰日の午前7時には、悠紀主基両国の「倉代等の雑物」が豊楽院の庭中に陳設された。供進物の供納行列の後部にあったもので、両国からの献物や諸員に頒賜される品々である。『延喜式』によると、供納の列次の中に「倉代物四十輿、雑魚鮨一百缶、酒一百缶」などとあり、それぞれ輿に載せて昇かれ、おびただしい数であった。そして、掃部寮によって豊楽院の内外が清掃され、両国の御帳（悠紀帳・主基帳）が豊楽殿上の東と西に設けられ、「標山」が殿前に移し構えられた。

　主基の儀が終了し、大極殿に還御された天皇は、再び午前6時に発御、いったん、豊楽院の清暑堂に留まられ、辰2刻（午前7時半ころ）に悠紀帳に出御される。すると、親王以下五位以上が版（所定の位置）に着き、六位以下も続く。次に皇太子が版に着く。いずれも位袍の束帯を着している。場が整うと、『延喜式』には、「神祇官の中臣、賢木を執りて笏に副へ、南門より入りて版位に就き、跪きて天神之寿詞を奏せ。忌部入りて神璽之鏡剣を奉り、訖りて退出れ」とある。神祇官の中臣は、多くの場合、神宮の祭主が兼ねていた。た

んに「祭主」とある文献も多い。

「天神寿詞」の全文は、近衛天皇の康治元年11月16日の辰日節会に奏されたものが、左大臣・藤原頼長の日記『台記別記』に収載されている。その内容は「由志理伊都志理持恐美恐美由麻波利仁奉レ仕」った「天都御膳乃長御膳乃遠御膳与」この大嘗にて聞しめされた、そのお喜びを天神からのお言葉として、天皇に申し上げます、といったものである。この寿詞奏上には、忌部が皇祖から親授されたとする鏡剣の奉上とともに、深遠な意義が窺われる。

『古語拾遺』によると、神武天皇の即位のときに、天富命（斎部の祖・太玉命の孫）が天璽の鏡剣を捧持して正殿に奉安したとある。また、『日本書紀』の持統天皇4年正月即位の条には「神祇伯中臣大嶋朝臣、天神寿詞読む。畢りて、忌部宿禰色夫知、神璽の剣・鏡を皇后に奉上る。皇后、即天皇位す。公卿百寮、羅列りて匝く拝みたてまつりて、手拍つ」とあり、「太宝令」においては「凡践祚の日に、中臣は天神之寿詞を奏せ。忌部は神璽之鏡剣を上れ」とあって、即位に際して、この両儀があったことは明瞭である。

当時は、「践祚」（天皇の位を受け継ぐこと）と「即位」（位についたことを明らかにすること）とは、分かれてはいなかった。ところが、文武天皇の皇位継承は、持統天皇からの譲位を受けての即位であったため、践祚と即位とが期日を別にして行われた。その後、光仁天皇から譲位を受けて践祚された桓武天皇もこの例に倣い、践祚から13日後に大極殿にて即位された。以後、これが慣例となり、践祚の際に、剣璽をいったん新帝に渡されることとなった。『日本後紀』大同元年（806）3月17日の条、『貞観儀式』「譲国の儀」の条、『日本文徳天皇実録』嘉承3年（1108）3月己亥の条に、その実際と式が見られる。これが、「剣璽渡御の儀」（剣璽承継の儀）として伝えられている式である。

一方、中臣寿詞は『日本書紀』持統天皇5年11月辛卯条にも「大嘗す。神祇伯中臣朝臣大嶋、天神寿詞を読む」とあって、前年正月の即位のときと同様に寿詞があった。つまり、即位には即位の寿詞、大嘗には大嘗の寿詞がそれぞれあったことになる。とすれば、鏡剣奉上も、即位と大嘗において、それぞれあったのではないかとも推測される。大嘗そのものが、元来の即位の儀とする見解は、このあたりからも生まれている。

ところが、鏡剣の奉上の儀は『北山抄』によれば「寛平式（宇多帝）云天長（仁明帝）以来此事停止、（中略）其後忌部雖レ申不レ給」とあり、『貞観儀式』

の記載は次第を記載しただけで、実際には、仁明天皇(天長10年／833〜)以後は行われていなかったと思われる。『江家次第』にも同様の記載が見えるが、それ以後は次第にも記載されていない。

　こうして、即位の際に奏された「天神寿詞」もいつしか廃され、鏡剣の奉上も践祚の日の剣璽渡御となり、大嘗における両儀もいつごろからか辰日に移され、中臣の「天神寿詞」のみが明治の御代の大嘗の節会まで伝統される結果となった。

辰日節会

　中臣の「天神寿詞」奏上が終わると、豊楽院の前庭に陳設されている両国からの献上品「多明物」(多米都物)の色目(目録)の奏上がある。『延喜式』には、次は「皇太子先づ手を拍ちて退出れ。次に五位以上倶に手を拍ち、六位以下相承けて手を拍つこと並前儀の如くし、次を以て退出れ」とある。この拍手は、卯日と同様に八開手であり、『貞観儀式』にも「拍手、四段(段別八度、所謂八開手者也)」とある。皇太子以下群臣は、これを一区切りとして、いったん退下した。ここまでが卯日の続きであり、以下が節会となる。

　宮内省からの献物の謁見が執り行われ、改めて、五位以上の召し立てがあり、先頭の第一の人(貫首)が儀鸞門から進み、自分の版位まで「練歩」して着く。練歩とは節会のときに行われる作法で、踵を地から離さず踏み定めながら進む。ほかの者は、貫首が版に着き終わるのを見て、順次、参進し各自の版に着く。続いて、上卿の大臣が、敷いてある座に着くことを命じる「敷尹」を伝えると、群臣が一斉に二拝した。これを「謝座の礼」という。次に、造酒司の正が空の盃である「空盞」を捧げ、跪いて貫首に授ける。貫首も跪いてこれを受け、一同とともに二拝した。これを「謝酒の礼」という。そして、王卿(参議以上)は豊楽殿の殿上に昇り、五位以上は顕陽・承観両堂に、六位以下は観徳・明義両堂に着いた。以上は『北山抄』と『江家次第』による。『貞観儀式』には似た記述があるが、『延喜式』に見えないのは恒例の作法として略筆したためと推測される。

　こうして群臣たちが座に着くと、巳1剋(午前9時ごろ)から「供膳の儀」があり、「白酒黒酒の儀」が行われる。『江家次第』には「供二白黒酒一八度」とあり、藤原師輔の『九条年中行事』には「次供二白貴一次賜二臣下一、王卿欲レ受レ盞而先拍手、次黒酒、次第如レ先」、藤原師通の『後二条師通記』寛治7年(1093)

11月17日新嘗豊明条には「臣下白酒拍手三度又黒酒拍手三度」とある。卯日の親祭の直会の節も、天皇は「白酒四度黒酒四度」であり、このときの作法を、鎌倉時代後期の『伏見院御記』には「拍手三度称唯以両手受盃頓頭低飲之如此惣八度（白四度黒四度）」とある。次に「觴行一周」、「觴」とは盃のことであり、これを一献という。そして、いわゆる「宴」となった。

この間、両国からの献上品である「多明物」が群官に頒賜され、悠紀からの御贄である「鮮味」も献上された。二献のころには、国司に率いられた悠紀の歌人・歌女による「国風の歌舞」が奏された。三献のころには、『江家次第』によると、庭中に置かれていた悠紀からの「別貢」の品々である和琴や屏風、御挿頭などが殿上に舁き上げられた。御挿頭は季節の造花のことで、天皇には大臣の奉仕により御冠の左下に挿され、臣下は右下に着けた。最後に、一同が庭上に降り、一斉に拝舞し、『延喜式』によると「朝膳」が片づけられた。

天皇は、いったん豊楽殿の清暑堂に還御する。次いで『延喜式』によると、未２点（午後２時ころ）、「主基の帳に遷御し、皇太子以下亦主基の座に就け。別貢物参入り、当時の鮮味を献ぜよ。御膳を薦め、国風等を奏すること、並前に同じくせよ。事訖りて悠紀国に禄を給へ」となる。

悠紀の膳を「朝膳」と称しているので、主基のものは夕の膳と考えられる。また、「悠紀国が禄を給ふ」ころは燭を点して事にあたると『貞観儀式』に見えている。禄は悠紀の国司以下だけが賜わった。なお、『江家次第』などの儀式書を見ると、鮮味と別貢の品の献上は悠紀だけで、主基の献上は巳日となっている。そこから、辰日節会を「悠紀の節会」ともいう。

巳日節会

『延喜式』には次のようにある。

巳日の辰の二点に悠紀の帳に御したまふ。三点に御膳を薦め、次に和舞を奏し、其の五位已上を召して饗を給ひ、及び六位已下参入りて風俗楽等を奏すること、並辰日に同じくせよ。未の二点に主基の帳に御したまふ。御膳を供ずるの後、田舞を奏せよ。庶事、前の儀に同じくし、事訖りて主基国に禄を賜へ。

「辰二点」は午前８時、「三点」は８時半、「未二点」は午後２時ころである。『北山抄』や『江家次第』によると、巳日の節会では、二献の後に、和舞（倭舞）

が雅楽寮（うたまいのつかさ）によって奏された。舞人10人・歌人10人・琴師2人・笛工1人の構成で、舞人は内舎人であった。また、田舞は多治比氏、内舎人などが奏す、とある。以下に『江家次第』によって両日の対照表を示す。

辰日	巳日
○悠紀帳	○悠紀帳
天神寿詞	
両国多米都物色目奏	
宮内省高次枚次物進献	
一献悠紀鮮味献進	一献風俗
二献風俗	二献和舞
三献和琴挿頭花進献	三献
○主基帳	○主基帳
一献風俗	一献主基鮮物献進風俗
二献風俗	二献田舞
三献	三献和琴挿頭花進献
悠紀見参奏並賜禄	主基見参奏並賜禄

　巳日の夜には清暑堂で神宴が執り行われた。古くは、辰日ないしは辰巳両夜のこともあったが、平安時代中期に巳日となった。楽に堪能な公卿が列し、神楽歌並びに、御遊（宮中で催された管絃の催し）として催馬楽の「安那多布東」（安名尊）や「簑山」（美濃山）などが唱和された。神宴の名にふさわしく、神を仰ぎ神に献ずる神遊びであり、「極歓」といった記事も見えるが、想像以上に慎み深いものであったと思われる。

豊明節会

　豊明節会は、毎年の新嘗では卯日の翌日（辰日）に、大嘗では午の日に行われた。古来、豊明は「とよのあかり」と訓んでいる。御宴一般のことも「豊明」と呼ばれたが、後には、大嘗・新嘗の節会だけの名称となった。場所は豊楽殿で、御座には、御帳を撤して中央に「高御座」が設けられ、殿前には舞台が構えられた。

午前8時に、天皇が出御して高御座に着かれると、続いて群官が入り、庭上で謝座、謝酒の礼を行い殿上の席に着く。次に、両国の国司と功労者の叙位が行われ、叙位の宣命が下された。宣命は参議が「宣命大夫(たいふ)」(宣命使)を務め、天皇から賜った宣命を宣読する。内容は、両国司以下を労い、位を上げる旨を主とし、文武官中の功績者の叙位におよぶ。次いで、式部・兵部の2省から位記が伝達され、位を叙された人が拝舞して退出。その親族も下殿して親族拝を行い、叙位が終わると饗宴となった。

　まず采女の奉仕により天皇はじめ皇太子の饗膳が供され、臣下の饌も大膳職によって整えられる。一献の間に、吉野の国栖が歌笛を奏して御贄を献上し、二献におよんで、伴・佐伯氏が率いる舞人の「久米舞」があり、三献中に阿部氏による「吉志舞(きしのまい)」があった。この後、両国司が率いる歌人・歌女による風俗舞があって、「五節舞(ごせちのまい)」となった。この舞では、まず「大歌(おおうた)」数曲が奏された。大歌とは、宮中の「大歌所」によって採用され伝習された日本古来の催馬楽や神楽歌、風俗歌である。その後、舞台で舞姫4人による舞いが行われた。五節舞が終わると、群臣一同による庭上での御礼の拝舞があり、次は、雅楽寮によって立って歌われる「立歌(たちうた)」があった。そして、解斎のための和舞が神服女(かむはとりのおみな)4人によって奉られた。このとき、人々に柏が配られて、その柏で酒を受けて飲み、飲み終わると、柏を蘰(かづら)として和舞を舞う。以上が終わると、再び宣命が宣読された。以下は、その『貞観儀式』による全文である。

　天皇(すめら)我(が)詔旨(おほみこと)良末止(らまと)宣(のりたま)ふ大命(おほみこと)を衆(もろもろ)聞食(きこしめ)閇止(へと)宣(のりたまふとい)ふ、(皇太子以下称唯(ひつぎのみこよりしもしょうい)再拝(ふたたびおろがめ)、更(さらに)宣(のりて)云(いはく)、)今日(けふ)波(は)大嘗(おほにへ)乃(の)直会(なほらひ)乃(の)豊楽(とよのあかりきこしめす)聞食(ひ)爾(あり)在(かれここをもちてくろ)、故是以黒岐(しろ)白岐(き)乃御酒(みき)、赤丹(あかに)乃穂爾食(にほにをしまけ)恵良岐(ゑらき)罷(まか)止(とし)為(てな)氏奈毛(うぢなもつねも)常毛(たまえおほみものたまふとい)賜御物賜(みなおろがみ)入止(くと)宣(のりたまふとい)、(以次称唯、倶拝舞(まへ)、)

　こうして、禄を受けた親王以下が再拝して退出、天皇が還御されて、大儀は完了となる。ここにおいて天皇は、皇祖の祭祀を受け継がれ、その霊徳を新穀を通じて自らのものとし、諸臣にも頒(わか)ち、皇位を無窮のものとされるのである。

文献

　大嘗祭の基礎資料は『貞観儀式』と『延喜式』である。それぞれに「践祚大嘗祭」の特記がある。私撰の儀式書としては『西宮記』『北山抄』『江家次第』が挙げられる。時代は少し下って、康安2年(1362)の卜部兼豊の編とされ

る『宮主秘事口伝抄』もある。卜部家代々の家伝を集めたものであり、大嘗祭に関する記事も多い。また、諸家の日記から抄出された大嘗会記として以下がある。『鳥羽天皇天仁元年大嘗会記』（大江匡房著『江記』）、『後伏見天皇正安三年大嘗会記（三条実躬著『実躬卿記』）、『近衛天皇康治元年大嘗会記』（藤原頼長著『台記』）、『後円融天皇永和元年大嘗会記』（二条良基著）、『六条天皇仁安三年大嘗会記』（平信範著『兵範記』）、『称光天皇応永二十二年大嘗会記』（一条経嗣著）、『後鳥羽天皇元暦元年大嘗会記』（中山忠親著『山槐記』）、『後花園天皇永享元年大嘗会記』（中原康富著『康富記』）。以上のほか、御宸記類も多い。

大嘗会の解説書ともいうべきものに一条兼良の『御代始和抄』（別名『三箇重事抄（御譲位・御即位・大嘗会等)』）があり、江戸時代中期のものとして、荷田在麿の『大嘗会儀式具釈』と『大嘗会弁蒙』がある。前者は桜町天皇元文3年の大嘗会の次第に註釈を加えたもの、後者はその抄ではあるが、歴史的沿革などにも及んでいる。大正時代以降の書としては、桜井秀の『即位大嘗典礼史要』、山田孝雄の『御即位大嘗祭大礼通義』がある。

編集されたものとしては諸種の大嘗祭部類記もあるが、『古事類苑』神祇部には大嘗祭があり、『皇室制度史』第四巻には皇位継承の儀礼として大嘗祭が挙げられている。なお、大正・昭和・平成の大嘗祭を知るには『大正大礼記録』『昭和大礼要録』『平成大禮要話』がある。

【参照事項】
はっしんでん　まつり　さいじょう　かんべ　しんでん　さんしゅのしんき　じんぽう　たま
さいかい　かしわで　なおらい　みき　はつほ　せんみょう　しょうぞく
かんなめさい　にいなめさい　せんぐう（以下『宗教編』）みそぎはらえ

㊿ かんなめさい　神嘗祭

天照大御神に初穂を捧げる神宮での皇祖奉斎の祭りである。当日、宮中では神嘗祭賢所の儀が行われる。

神嘗の古訓は「カムニヘ」「カムナヘ」である。語義は、従来、神の新嘗で、新嘗（ニヒナヘ・ニハナヒ）は「新之饗」または「新饗」の約言とした本居宣長の説が有力であった。しかし、上代特殊仮名遣いの研究が進んで否定されている。「嘗」は「ニヘ」で、神や天皇に供薦すること（もの）で、食物一般は「贄」

の字を用いたが、稲の場合、中国の「嘗祭」に借りて「嘗」の字を用いたものである。また、「ニヒナヘ」「ニハナヒ」を表す漢字は「嘗」の一字で十分であったが、「新」の字を添えて意味を強めたのが「新嘗」とされている。したがって、神嘗の語義は「神のニヘ」ということになり、神嘗祭は、天皇が、皇祖・天照大御神（神宮）に新穀を供薦される祭りということになる。

古儀

　現行の祭儀は、10月15日午後10時から、豊受大神宮（外宮）の由貴夕大御饌、16日の午前2時から由貴朝大御饌、正午から奉幣の儀があり、次いで、午後10時から皇大神宮（内宮）の由貴夕大御饌、17日午前2時から由貴朝大御饌、同日正午から奉幣の儀がある。祭りに先立っては9月晦日に大祓があり、10月15日の午後5時からは興玉神祭、続いて御卜が行われている。

　『皇大神宮儀式帳』や『止由気宮儀式帳』『延喜式』『皇太神宮年中行事』などによれば、古儀においては、由貴大御饌で大御饌を供進するのは御正殿御床下の心御柱で、大神宮司は奉仕せず大物忌（童女）が奉仕した。神宮では、皇祖・天照大御神の御杖代である斎王が天皇に代わって奉仕したが、さらに、斎王に代わって大御神に近侍したのは大物忌であった。三節祭において由貴大御饌には、大物忌が奉仕した。

　由貴大御饌において、皇大神宮の内院に参入するのは禰宜・大内人（3員）・大物忌・宮守物忌・地祭物忌・酒作（酒造）物忌・清酒物忌・並びに介添役としてこれら5人の物忌の父の計14人で、御床下に進んで供進するのは、大物忌と宮守物忌・地祭物忌だけであった。

　祭月の15日、斎王は斎宮から離宮院（斎宮の離宮）に入り、禊祓を行って16日に度会宮（外宮）に参入した。そして、太玉串行事の後、侍殿に候し、大神宮司以下が奉仕する奉幣の諸行事が終わって退出した。いったん離宮院に戻り、17日に大神宮（内宮）に参向し、度会宮と同様に太玉串行事を行って、すべての行事が終わって退出した。

　太玉串行事では、斎王は両宮とも外玉垣御門内に入って東殿の座に着くが、左右に命婦がひかえ、西殿には女嬬の座が設けられた。大神宮司は鬘木綿を持って参入し、命婦を経て斎王に奉り、斎王は拍手して木綿を取り、鬘に付けた。これは神姿を示現することを意味している。次いで、太玉串が大神宮司

によって捧持されてきて、同様に命婦を経て斎王に進められ、斎王は拍手してこれを受け、内玉垣御門内に参入する。座に着いて、拝座にて再拝両段し、命婦に太玉串を授ける。命婦はこれを大物忌に授け、大物忌はこれを瑞垣御門の西頭に立てる。斎王は東殿の本座に戻って、そこに候した。

次いで、大神宮司以下の奉幣行事となるが、まず大神宮司、禰宜、宇治内人（外宮では禰宜2員）が太玉串を捧持して中重の版に着き、大神宮司の祝詞の後、太玉串を内玉垣御門の前に立てた。太玉串は、大神宮司が2枝、禰宜が4枝、宇治内人が8枝という多数であった。そして、大神宮司以下が内院に参入して開扉、幣帛と御衣を正殿に納めて中重に退き、ここで一斉に八度拝を行って退出した。次に、荒祭宮に参進して四度拝を行い、幣帛・御衣を納めて、再び中重に参入し、倭舞などの歌舞を奏し、直会があって奉幣の儀を終了した。

そして、斎王は禰宜・内人らに禄を賜り退出した。奉幣の儀の間中、侍殿に候したままで、天照大御神の御杖代として、文字通り、大神の霊が憑りつくのを待っていたものと考えられる。

この次第は、度会宮でもほぼ同様である。大神宮では、さらに天八重榊と称し、御門の東西に1列8枝ずつを八重にして64本ずつの榊が立ち並んだ。奉幣の儀における大神宮司の祝詞は、天八重榊が左右に立ち並び、禰宜・内人が捧持する太玉串に囲まれた中で奏する形となっていた。『皇大神宮儀式帳』「山向物忌職掌」条に、「以レ此天乃八重佐加岐幷禰宜乃捧持太玉串ニ大中臣隠侍弖天津告刀乃太告刀乃厚広亥遠多々倍申」とあるが、「大中臣隠り侍りて」とは、まさに実感の言葉であっただろう。

幣帛と懸税

『延喜式』巻二「四時祭」の「伊勢大神宮神嘗祭」条には「幣帛二筥（内蔵寮供え設けよ）」とあり、同巻四「伊勢大神宮」の「九月神嘗祭」条にも「但し朝庭の幣の数は内蔵式にあり」としている。同巻十五「内蔵寮」によると、皇大神宮には、錦・両面・綾（深紫・淺紫・緋・中緑・黄）・白綾を柳筥1合に盛り、豊受大神宮には帛（緋・中縹・黄・皀）を柳筥1合に盛ったことが分かる。このほか「四時祭」によると、神祇官より絁・絲・倭文・席・鞍・馬・籠頭などが奉られた。

「発遣の儀」の次第は『貞観儀式』にあり、当月11日、天皇は大極殿の後殿

である小安殿に出御され、御前にて中臣・忌部が両宮の幣帛を受けて退出し、天皇は還御されるというものであった。当日、天皇は御湯を召し、神事の御服にて出御され、まず幣帛を拝され「好く申して奉れ」との勅があった。使は、その日に出発し、14日に伊勢の離宮院に到着、両宮の祭儀が終わって20日に帰京し復命した。

先の「伊勢大神宮」「九月神嘗祭」条には、小税・大税・斤税として次の細目が記されている。

大神宮
　小税二百卅束、（一把を以て束と為せ。神麻続一百束。神服織八十束、飯野郡の封戸十束、伊賀国の封戸四十束。）
　大税一百八十束、（五把を以て束と為せ。神麻続一百束。神服織八十束。）
　斤税一千二百廿二束、（大神宮に一千八十二束、荒祭宮に五十束、月夜見宮に卅束。滝原宮に廿束。滝原並宮に廿束。滝祭に十束。朝熊社に十束。並神税を用いよ。）

度会宮
　小税一百廿束、（神服織四十束。神麻続八十束。）
　大税八十束、（神服織四十束。神麻続四十束。）
　斤税八百束、（神宮に七百九十束。高宮に十束。）

これが懸税で、『倭姫命世記』によると、垂仁天皇27年秋7月に、倭姫命が大御神を奉じて佐佐牟江の行宮に至ったとき、一茎の稲が八百穂に茂るのを見て、これを抜穂として大御神の御前に懸けたのに始まるという。これは、『延喜式』巻八「祝詞」の「同神嘗祭」に「三つの郡・国国処処に寄せまつれる神戸の人等の、常も進る由紀の御酒・御贄、懸税千税余り五百税を、横山の如く置き足はして」とあるのに対応する。しかし、中世には廃絶し、建久3年（1192）の『皇大神宮年中行事』に、わずかに禰宜より各2束が供進されたことが見えるのみである。

神嘗祭と新嘗祭

　神嘗祭は古儀では9月で、新嘗祭は11月であった。この時期が定まった理由について、鈴木重胤は『延喜式祝詞講義』巻十三で、租が納め始められる9月に、まず神宮に献り、租が納め終えられる11月に、天皇みずからが聞こ

し食すのであると説いた。新嘗祭は『延喜式』「祝詞」の「大嘗祭」に「天つ御食の長御食の遠御食と、皇御孫の命の大嘗聞こし食さむための故に」とあるように、天皇が皇祖の霊がこもる新穀を食して、皇祖と一体となられる御儀であるが、初穂は、まず大御神に献り、天皇は最後に聞こし食すのである。このことは、天皇が「大嘗聞こし食す」にあたり、まず「サバ」を「サバの神」に奉られるともいうことができる。

「サバ」とは、「散飯」「生飯」「三把」などと記し、平安時代中期の有職故実書『侍中群要』に「供_御飯_時以_銀御箸_取_三把_」とあるのをはじめ、各種の記録に散見される。大嘗祭・新嘗祭において天皇が、まず新穀を天神地祇に奉られるのも、この「サバ」を「サバの神」に奉られる意にほかならない。また、新嘗祭で天皇が新穀を聞こし食すに際しては、まずは神嘗祭で「サバ」を皇祖天照大神に奉られるのである。そして、天照大御神も新穀を聞こし食すに際して「サバの神」に奉られる。皇大神宮にとって「サバの神」に相当するのは、御食都神である豊受大神宮にほかならない。ここに外宮先祭の理由があると推測される。

神嘗祭と天孫降臨

「記紀」の天孫降臨神話の諸伝を分析して、第１段階の「原始神話」から第２段階の「儀礼神話」、さらに第３段階の「政治神話」に発達したと説いたのは昭和時代の古代史学者・神話学者の三品彰英であった。三品によると、最も原始的な稲米収穫儀礼から大嘗祭に発達する段階に応じて祭神が変化し、それが天孫降臨神話においては降臨を司令する神に投影されているとしている。

「日向国風土記」逸文には「ホノニニギノミコト」（火瓊々杵尊）が稲籾を投げ散らしながら降臨する物語が記されているが、これは最も古い段階における収穫儀礼を象徴していて、稲穂そのものを祭ったものとしている。次に、『日本書紀』本文および第四・六の一書にある「タカミムスヒノミコト」（高皇産霊尊）一神の司令で「ホノニニギノミコト」（火瓊瓊杵尊）が天降ったのは、「ムスビ」の霊格と稲穂が祭られるようになり、そして、同第二の一書および『古事記』の「タカミムスヒノカミ」（高御産巣日神・高木神）と天照大御神の二神の司令で「ニニギノミコト」（邇邇芸命）が天降ったのは、「タカミムスヒノミコト」と天照大神が並んで祭られた段階を表しているとした。最後に第一の

一書の天照大神一神の司令によって天孫降臨がなされたのは、大嘗・新嘗の祭儀が確立して、大嘗宮の主神が天照大神とされるに至った時点を反映しているというものである。

『日本書紀』の神武天皇即位前紀には、丹生川上における祭祀についての以下の記事がある。

  乃ち丹生の川上の五百箇の真坂樹を抜取にして、諸神を祭ひたまふ。此より始めて厳瓮の置有り。時に道臣命に勅すらく、「今高皇産霊尊を以て、朕親ら顕斎（分註略）を作さむ。汝を用て斎主として、授くるに厳媛の号を以てせむ……」（後略）

ここにある「顕斎」の儀は、先の「タカミムスヒノミコト」一神の司令により「ニニギノミコト」が天降ったという所伝と対応するものと思われる。少なくともこの段階においては、神嘗祭と新嘗祭は一体の形で行われたとしていいであろう。ここにおいて神武天皇（祭る人）は、親ら高皇産霊尊（祭られる神）となり、これを祭る斎主を「厳媛」として名付けているのは、天照大神の御杖代として斎王があったことを想起させる。天皇もまた「祭られる神」の立場になられているからである。

『日本書紀』の崇神天皇6年条にある、天照大神を同床共殿から出し奉ったとする所伝は、神嘗祭と新嘗祭の最初の分化を物語るものであろう。天孫降臨神話では、『古事記』および『日本書紀』の第二の一書の記事が、神嘗祭と新嘗祭の関係を端的に示している。『古事記』によると、天照大御神は「アメノオシホミミノミコト」（天忍穂耳命）という穀霊の母神であった。高木神（高皇産霊尊）の「ミコトモチ」（命以ち。ご命令）により、「アメノオシホミミノミコト」に降臨を司令されたが、その「装束」をしている間に「ニニギノミコト」の出誕があって、実際に降臨したのはこの新生の穀童である。その母神は高木神の女「ヨロヅハタトヨアキツシヒメノミコト」（萬幡豊秋津師比売命。『日本書紀』では萬幡豊秋津媛命、「タクハタチヂヒメ」栲幡千千姫）で、内宮・御正宮の相殿神である。新生の穀童「ニニギノミコト」は豊葦原の瑞穂国の象徴であり、天つ神の「ミコトモチ」によって、「斎庭の穂」の「コトヨサシ」（言依。ご委託）を受けた「日の御子」「日嗣の御子」である。祖神は日神であり「オオヒルメノミコト」（大日孁尊）とも呼ばれ、「アマテラスオオカミ」の御名で称えられた。

冬至と神嘗祭、新嘗祭、大嘗祭

　天孫降臨とは、年々歳々の冬至の日における、「日の御子」である穀童の出誕になぞらえた「ニヒナヘ」儀礼の投影と思われる。皇孫「ニニギノミコト」は、豊葦原の瑞穂国、つまり、稲の豊かな稔りに恵まれた国とする聖なる使命を以て、天上の稲を地上に実現するべく天降られた。そして、「ニヒナヘ」を通じて、新たな日神を迎え、日神の霊威を体して、瑞穂国の稔りをもたらされる存在である。新嘗祭は皇孫「ニニギノミコト」としての天皇の霊威の更新であるが、その霊威の根源である日神の霊威もまた更新されなければならなかった。実はそこに神嘗祭の本義があると思われる。

　大嘗・新嘗祭の夕御饌は亥刻（午後10時の前後2時間ごろ）であり、朝御饌は寅刻（午前4時の前後2時間ごろ）である。これに対して、神嘗祭の由貴夕大御饌は同じく亥刻であるが、朝大御饌は一刻早い丑刻（午前2時の前後2時間ごろ）である。それは太陽の運行と密接な関係をもっていたと思われる。

　本来、新嘗祭は冬至の日の日没から斎み籠って太陽霊が憑りつくのを待ち、陽がまったく果てた亥刻に日神の霊威が籠る稲魂を体して霊性を養い、さらに斎み籠ったうえで、暁の寅刻に再び稲魂を体して霊性を完成し、若々しい日の御子「ニニギノミコト」＝「皇孫」として、太陽の復活とともにこの現世に顕現する、というものであろう。大嘗・新嘗祭は、天皇が天照大神の霊威を享け、天皇としての霊質を獲得して更新する御儀であり、神嘗祭は、皇祖・天照大御神が御親ら神威を更新される御儀であった。神嘗祭の朝御饌が、大嘗・新嘗祭より一刻早い丑刻であるのは、天皇が霊性を更新されるに先立って、その霊威の根源である日神、即ち皇祖の大御神の神威も更新されなければならなかったからであると思われる。

　天つ神の「ミコトモチ」により、天照大神が皇孫命に「コトヨサシ」された「斎庭の穂」は、皇孫命である天皇の立場からすると、皇祖の大御神からいただいたものであるが、大御神は天つ神より「ミコトモチ」として承ったものであった。したがって、神嘗祭は天照大神が、天つ神、即ち高皇産霊尊の「ムスビ」の霊徳を以て、親らの神威を更新される御儀とも考えることができる。また、天皇に代わって天照大神の御杖代となる斎王が、奉幣行事の間、侍殿に候していたのは、「高皇産霊尊を以て、顕斎を為さん」との記事そのままに、高皇産霊尊の霊威が憑りつくのを待つ姿と拝することができよう。

しかし、神宮には高皇産霊尊を祭ったことを窺わせる痕跡はない。それは、『日本書紀』の第一の一書に、天照大神一神の司令によって天孫降臨がなされたとする所伝に見られるように、天照大神を以て最高至貴の神とする観念によるものと考えられる。

【参照事項】　まつり　さいじつ　しんのみはしら　なおらい　へいはく　たまぐし　はつほ　だいじょうさい　にいなめさい　としごいのまつり　つきなみさい　ちょくさい　せんぐう（以下『宗教編』）かみ　むすび　こっかかん

にいなめさい　新嘗祭

　11月23日に宮中の神嘉殿および全国の神社で行われる収穫祭で、2月の祈年祭と対置される。ここでは、とくに宮中の新嘗祭について解説する。

　「神祇令」によれば、11月の下の卯日、三の卯があれば中の卯の日に行われていた。明治6年（1873）10月4日の太政官布告第三百四十号によって、下の卯の日にあたる11月23日に固定され今日に至る。改暦のためばかりでなく、この日が民間の二十三夜の「月待ち」で、「刈上祭」とも関係がある日であったためといわれる。「皇室祭祀令」では「十一月二十三日ヨリ二十四日ニ亘ル」とあるが、古には翌暁・寅の刻まではその日のうちであり、当日は23日と考えてよい。

神嘉殿と鋪設

　神嘉殿は、殿内中央に母屋（本殿）、東に東隔殿、西に西隔殿の構造となっており、北と西は廊下、南と東は簀子縁で取り囲まれ、南正面に階段がある。南庭を神嘉殿前庭と称し、東に膳舎があり、廊下で神嘉殿の東の簀子に通じている。膳舎の南には参列者の幄舎がある。京都では、西隔殿の西に御湯殿が設けられていたが、明治以来、潔斎は御所で行われることとなったため現在の御殿にはない。また、神嘉殿は、賢所と同域とされているが、賢所前庭とは膳舎や幄舎で仕切られ、賢所には賢所正門があり、神嘉殿には神嘉門がある。

　元来、神嘉殿は中和院内の正殿で、平安大内裏の中心に建っていて、内裏東の賢所（内侍所）とは別域にあった。安政2年（1855）に再建された内裏の中にあった神嘉殿は、明治23年（1890）の橿原神宮創建の際に下賜されて、

現在も同神宮域内にある。

　神嘉殿には、常には神は祀られていないため、祭儀に際しては一切の鋪設が必要となる。母屋の室礼（鋪設）として最も重要なものは、神座、寝座、御座で、神座は黄端の短畳、御座は白端の半畳である。神座と御座は相対して西南の神宮の方位に設けられる。寝座は神座・御座の東、母屋のほぼ中央に南北に敷かれる。薄帖を何枚も重ね敷き、南に「坂枕」（薦で作られ頭をのせる部分が斜めになっている）を置き、さらに「八重畳」（薦7枚を重ね編み、上に薄帖1枚をのせる）を敷き、羽二重袷仕立ての「御衾」がかけられる。その端には女儀用の櫛、檜扇、笏などが置かれ、文字通りの寝座の設けであるが、『江記』によると、古くはこれを「第一の神座」と称し、御座はこの寝座に密着して設けられ、さらに両座に帖1枚がかけ渡されたようである。

　母屋の殿内には麻のお壁代、お幌が垂らされ、4隅に白木の置燈楼が置かれる。西隔殿には、御座と皇太子の座が設けられ、それぞれ剣璽案、壺切御剣案が置かれる。東隔殿には掌典長と采女の座が、西隔殿の南には侍従長、東宮大夫、侍従の座などが設けられ、膳舎とその廊下には藁薦が敷きつめられる。また、前庭各所には庭燎舎が建ち、西側に楽師の楽舎が設けられるなど、さまざまな準備がなされる。新嘗祭は年中最大の祭儀だけに、その鋪設には相当の日数がかかる。

神饌行立

　神饌は古代神饌で、上代における最高の供御でもあった。品目は、米の蒸し御飯、米の御粥、粟の御飯、粟の御粥があり、新穀のお米から謹醸した白酒、黒酒がある。新穀は、古くは宮内省の省営田の中からの亀卜点定の地、近世においては御料地のものを用いたが、明治25年からは全国の篤農家からの献上による。お添えものとしては魚類の鮮物、干物があり、菓物もある。鮮物は鯛、烏賊、蚫、鮭の4種で、甘塩にして身をしめ、三枚におろして背の部分を小さい短冊型に切り、1品ずつ4筥に納める。干物には干鯛、堅魚、蒸蚫、干鱈があり、同様に筥に盛るが、蚫だけは蒸して甘塩の陰干しにする。菓物には干柿、搗栗、生栗干、棗があって、それぞれを入れて筥に盛る。ほかにも、蚫の汁漬（煮付け）、海藻の汁漬、蚫の御羹（お吸物）、海松の御羹がある。

　火は鑽火の忌火を用いる。これらを盛る容器は窪手（窪盤）、枚手（葉盤）で、

御酒や汁物などには土器が用いられる。窪手、枚手は『日本書紀』神武天皇即位前紀戊午年11月条に「葉盤八枚を作して食を盛りて饗ふ」、『古事記』の「神功皇后の新羅征討」の段には、多くの「比羅伝」を作って海神に捧げたとあるように、古代の食器であった。窪手は筥型で盛りつけ用、枚手は丸い皿型で取り分け用で、窪手の中の神饌をお箸で枚手に取り分け、それが神前に供される。いずれも槲の葉に竹のヒゴを刺して作られたものである。

これらは食薦の上に並べて供される。食薦には藺製と新藁製のものがあるが、こうした食薦の上に、直接、神供を備えることは古代神饌の特徴である。『延喜式』には食薦を用いる祭祀が多く載せられていて、とくに巻三の「臨時祭」には多い。槲の葉も同様である。

神饌行立の「行立」とは、行きつつ立ち、立ち止まっては進行することである。所役は、大方、一品一役で、神饌を捧持して膳舎から進むが、その列行の順序は、「皇室祭祀令」「附式」によれば以下である。

「脂燭」（掌典補）、「削木」（警蹕掌典）、「海老鰭盬槽」（掌典）、多志良加同上）、「御刀子筥」（陪膳女官）、「御巾子筥」（後取女官）、「神食膳」（女官）、「御食薦」（同上）、「御箸筥」（同上）、「御枚手筥」（同上）、「御飯筥」（掌典）、「鮮物筥」（同上）、「干物筥」（掌典補）、「御菓子筥」（同上）、「蚫汁漬」（同上）、「海藻汁漬」（同上）、「空盞」（同上）、「空盞」（同上）、「御羮八足机」（同上二人）、「御酒八足机」（同上）、「御粥八足机」（同上）、「御直会八足机」（同上）。

上記の中の「女官」は、『延喜式』巻三十一「宮内省」では「釆女十人」、『江記』では「十女（釆女也）」とあり、「皇室祭祀令」の女官も釆女の意味と解される。なお、「筥」は葛を編んだもので、「鮮物筥」には鮮物を盛った窪手が4箇入れられている。空盞は文字通り空の器であるが、神嘉殿東妻戸口の簀子上まで捧持され、そこで所役が羮を土堝から入れて殿内の釆女に進める。

御神供と御直会

陛下の出御、皇太子参進の御列は以下の通りである。

掌典長　宝剣（脂燭）　　　陛下（脂燭）御裾侍従　神璽　侍従長　侍従
東宮大夫（脂燭）　　東宮（脂燭）　御剣　東宮侍従長　東宮侍従
（剣璽は侍従が捧持し、脂燭は侍従が持つ。「御裾侍従」とは陛下の束帯の

裾取りのこと）

　陛下は綾綺殿、皇太子は東宮便殿からお出ましで、神嘉殿東簀子を経て、正面の御扉から入御、南庇、西隔殿を経て母屋に進み御座に着かれる。この出御のころには、皇族や諸員の幄舎への著床も済み、膳舎からの神饌行立もすでに始められているが、行立は神嘉殿東妻戸口の階下の手前まで進んでいったん停止し、陛下のお姿を仰いだ後、その位置から進行して、削木を執る掌典が階段下に着くと、高らかに警蹕（オーシーと唱える）をかける。陛下が母屋に進まれるころである。その警蹕が終わるのを引き取って、楽師が神楽歌を奏し始め、御儀が終了するまで歌い続ける。そして、御手水具を捧持の掌典と陪膳・後取采女が殿内に参入し、御手水（陪膳奉仕）、御親供となる。

　新嘗祭の神饌が、古来、文字通りの天皇御親供であったことは、後鳥羽天皇（寿永２年／1183〜）、順徳天皇（承元４年／1210〜）、伏見天皇（弘安10年／1287〜）、後醍醐天皇（文保２年／1318〜）の各宸記（日記）から窺うことができる。『山槐記』によれば、本殿内には「関白すら猶入らず」とした厳制があった。たとえ陪膳・後取の両采女が参入を許され、お手伝いすることはあっても、御親供は天皇自親の御役であった。陛下が執られる御箸は竹製のピンセット型のもので、丹念に窪手の品々をつまみ枚手に盛り重ねられる。本儀は「夕」と「暁」の両度の儀があって、現行の「夕の儀」は午後６時から８時、「暁の儀」は午後11時から翌朝午前１時に至る。その２時間のうち、神饌のお取り分けが約１時間半である。

　御親供が終わると、御告文の奏上があり、御直会に移られるが、御告文の後、東宮は座を立たれ、南庇中央・母屋御扉口御幌前の拝座に着かれ拝礼される。続いて参列の皇族、諸員の拝礼が正面階段下の庭上で行われる。御直会のときの御所作は、『伏見院御記』に、「拍手三度称唯低頭の上、直会」されるとある。この作法は、目上の方から物をいただくときの古礼でもあるから、まさしく初穂を、皇祖からのいただきものとしての作法であった。また、同御記には「余のものは嘗めず」とある通り、直会されるのは米粟の御飯、白酒、黒酒である。新嘗祭が当年の新穀の「アエ」（饗）であり、この新穀を供御として皇祖はじめ神々に供され、さらに御自身にも拝戴されることを本儀とされるためであろう。

　御直会の後は、再び、殿内の御座にて御手水の後、還御になる。これは「内々入御」といわれ、背後の廊下を通られて綾綺殿に、いったん戻られる。そして、

再び、この廊下を経て出御され、暁の儀の御親祭があり、最後は正面から出られて還御される。

【参照事項】
まつり　さいじつ　きゅうちゅうさいし　かしわで　なおらい　しんせん　みき　はつほ　しょうぞく　だいじょうさい　かんなめさい　としごいのまつり　つきなみさい

52　としごいのまつり　祈年祭

　2月17日に、宮中はじめ全国の神社で行われている、あらゆる産業の発展と国力の充実を祈願する祭儀である。

　祈年祭は、律令国家の恒例祭祀のうち、6月・12月の月次祭・新嘗祭と並んで、最も重儀とされた祭儀であった。中でも祈年祭は年初の2月4日に執行される祭祀で、1年の豊穣を祈願する最重要のものであった。しかし、平安時代中期以降は形骸化し、室町時代後期には、ほかの宮中祭祀と同様に断絶し、再興されたのは明治2年（1869）に至ってからであった。

起源と幣物の内容

　祈年祭の起源については、鎌倉時代前期の成立とされる『年中行事秘抄』や、室町時代中期の『二十二社註式』『公事根源』が、天武天皇4年（675）としていたため、従来、その説を支持するものが多かった。しかし、『日本書紀』天智天皇9年3月条に「山御井の傍に、諸神の座を敷きて、幣帛を班つ。中臣金連、祝詞を宣る」とあることから、祭月や祭場が後世のものとは異なるものの、祭儀の内容が合致するため、この記事を初見とする学説が主流を占めている。

　そのいずれにしても、大和地方の春の予祝行事を母胎とする祈年祭が、全国的規模の令制祭祀として整備された時期は、神道史学者・西山德や日本史学者・早川庄八が指摘するように律令制の導入時期と軌を一にしていると考えられる。『延喜式』巻一「四時祭」祈年祭条によれば、祈年祭の幣帛の内容は以下のものであった。

　〇官幣大社一九八所
　　座別に絁五尺、五色薄絁各一尺、倭文一尺、木綿二両、麻五両、

庸
ちからしろ
布一丈四尺、倭文纏刀形（倭文三寸。）・絁纏刀形（絁三寸。）・布纏刀形（布三寸。）各一口、四座置
くら
・八座置各一束、楯一枚、槍鋒一竿、弓一張、靫
ゆぎ
一口、鹿角一隻、鍬
しか
一口、酒四升、鰒
あわび
・堅魚各五両、腊二升、海藻
め
・滑
あら
海藻・雑
くさぐさの
海菜
もは
各六両、塩一升、酒坩一口、裏葉薦五尺。
さかつぼ つつむ

〇前一〇六座

座別に絁五尺、五色薄絁各一尺、倭文一尺、木綿二両、麻五両、倭文纏刀形・絁纏刀形・布纏刀形各一口、四座置・八座置各一束、楯一枚、槍鋒一竿、裏葉薦五尺。

〇官幣小社三七五所

座別に絁三尺、木綿二両、麻五両、四座置・八座置各一束、楯一枚、槍鋒一口、庸布一丈四尺、裏葉薦三尺、就中
このうち
、六十五座には各鍬一口、靫一口を加へよ。卅座には各鍬一口、三座には各靫一口。

〇前五八座

座別に絁三尺、木綿二両、麻五両、四座置・八座置各一束、楯一枚、槍鋒一口、裏葉薦三尺。

〇国幣大社一八八座

座別に絲
いと
三両、綿
わた
三両。

〇国幣小社二二〇七座

座別に絲二両、綿二両。

また、神宮と畿内の特定数社には、このほかに、馬匹などが加えられることになっていた。

祭儀の内容

毎年、2月4日に神祇官斎（西）院で執行された祭儀は、祝詞奏上と班幣行事で構成されていた。『延喜式』巻一「四時祭上」には、以下のようにある。

致斎の日の平明
まいみ へいめい
、幣物
みてぐら
を斎院の案上幷に案下に奠
たてまつ
れ。（所司
しょし
、預
あらかじ
め案の下に幣
みてぐら
の薦を敷け。）掃部寮、座を内外に設け、（諸祭に座を設くること此
これ
に准ぜよ。）神祇の官人、御巫
かんなぎ
等を率ゐて中門
ちゅうもん
より入り、西庁
にしのちょう
の座に就け。東面北上なり。大臣以下は北門より入り北庁の座に就き、（大臣は南面、参議以上は庁の東の座に就きて西面、王・大夫は庁の西の座に就きて東面せよ。）御巫は庁の下
しも
の座に就き、群官は南門より入りて南庁

の座に就け。北面東上。神部、祝部等を引きて入り、西庁の南庭に立て。既にして神祇の官人降りて庁の前の座に就き、大臣以下及び諸司共に降りて庁の前の座に就け。中臣進みて座に就き祝詞を宣り、一段畢る毎に祝部称唯し、宣り訖りて中臣退出し、大臣以下諸司手を拍つこと両段。称唯せざれ。然る後に皆本座に還り、伯命じて云はく幣帛を班ち奉れと。史称唯し、忌部二人進みて案を夾みて立ち、史、官の次を以て御巫及び社の祝を唱し、祝称唯して進み、忌部、幣帛を頒ち畢り、（大神宮の幣帛は別の案の上に置き、使を差して進れ。）史、座に還りて幣を頒ち訖りぬと申し、諸司退出せよ。（月次祭の儀は此に准ぜよ。）

　要約すると、祭儀は、当日の明け方、斎院の鋪設と幣物の準備から始まった。時刻に至ると、伯以下の神祇官人と大臣・参議・弁・外記・史などの諸司の官人が斎院に参入する。その後、神部が幣帛の受け取りのため諸国から上京してきた祝部を率いて斎院に到着。これより本格的な祭祀が始まり、まず、中臣が所定の座に進んで10段の祝詞を宣読した。その際、祝詞が1段終わるごとに祝部が称唯する（「唯」と称す）。祝詞奏上の終了後、大臣以下が座を降り拍手両段。拝礼終了後、伯の命により忌部が班幣行事を行い、祭儀は終了した。

　このように祈年祭は、伯以下の神祇官人と大臣以下の太政官人、そして諸国から上京してきた祝部などによって奉仕される祭祀であった。『延喜式』巻十一「太政官」の「祈年の班幣」条によれば、諸司の官人は五位以上の者と六位以下の者それぞれ1人の祭儀への参加が義務づけられているから、動員人数の点からも、令制の恒例祭祀の中で最大のものであったろうと推察される。

祝詞の内容と制度の変遷

　「集侍はれる神主・祝部等、諸聞しめせ」という詞から始まる祈年祭の祝詞は、前述の通り10段から成っている。『延喜式』巻八「祝詞」にその全文が掲載されているが、西山徳は、「祈年祭の研究」（『上代神道史の研究』）で、その祝詞の願意の性格について、以下のようにまとめている。
①天社・国社に白す詞
②御年神（穀物の稔りの神）に白す詞……年穀の豊穣を祈る。
③大御巫の祀る神に白す詞……御代の長久を祈る。
④座摩の御巫（皇居の敷地の神を祭る巫女）の祭る神に白す詞

……大宮の地の安く平かならんことを祈る。
⑤御門の御巫（皇居の御門の神を祭る巫女）の祭る神に白す詞
　……宮中の守護を祈る。
⑥生島の御巫（国土の神を祭る巫女）の祭る神に白す詞
　……国土の繁栄を祈る。
⑦伊勢の天照大御神に白す詞……国運の隆昌と御代の長久とを祈る。
⑧6の御県にます神（天皇の御料の地にいらっしゃる神。高市・葛木・十市・志貴・山辺・曾布）に白す詞……御料地の豊穣を祈る。
⑨6の山口にます神（山の入口にいらっしゃる神。飛鳥・石村・忍坂・長谷・畝火・耳無）に白す詞……宮殿の御用材の豊かであることを祈る。
⑩4の水分にます神（水を配分する所にいらっしゃる神。吉野・宇陀・都祁・葛木）に白す詞……年穀の豊穣を祈る。

　そして、祝詞は「『辞別きて、忌部の弱肩に太手繦取り掛けて、持ち斎はり仕へまつれる幣帛を、神主・祝部受け賜はりて、事過たず捧げ持ちて奉れ』と宣る」で終わる。

　しかし、その班幣行事に関しては、平安時代以降、朝廷の度々の注意にもかかわらず祝部の不参が続き、必ずしも円滑には機能しなくなり、形骸化が始まった。延喜14年（914）に醍醐天皇に提出された三善清行の『意見封事十二箇条』の「応下消二水旱一求中豊穣上事」条には、祈年祭のみならず月次祭に参集した祝部の放逸・無軌道な行為を伝えており、『延喜式』編纂当時には、すでに事態はかなり深刻化していたと思われる。

　祈年祭の班幣制度は、時代が下るとともに有名無実化し、しだいに衰退へと向かったが、祭儀までもがまったく行われなくなったわけではない。鎌倉時代初期に成立した『神祇官年中行事』の「二月四日祈年祭」条に、「当日官人着二座出居一、御巫子廻二見幣物案一、詔戸師申二詔戸一」「諸社神馬廿二匹（中略）諸社司可二請取一之処、近代本官年預請二取之一」とあるように、祈年祭は神祇官の自己完結的な祭祀に縮小して変容はしたが、平安時代以降も丁重に行われ続けた。

【参照事項】
しゃくかくせいど　きゅうちゅうさいし　じんじゃさいしき　にいなめさい　つきなみさい

53　つきなみさい　月次祭

神宮において、6月と12月に行われている祭儀。古代においては律令国家の恒例祭祀として大規模に行われ、中世まで存続したが応仁の乱（1467）後に廃絶した。

なお、現在、各神社で毎月1日や15日など期日を決めて行われている、皇室の永遠と国家の繁栄、氏子崇敬者並びに社会の平和を祈る祭儀（小祭）も月次祭と呼ぶ。

古代の祭祀の概要

古代においては、毎年、6月と12月の11日に、神祇官より神宮はじめ三〇四座の神々に幣帛が奉られた。

『令義解』には、「季夏」と「季冬」に「月次祭」とあり、「神祇官に於て祭る。祈年祭と同じ。即ち庶人の宅神祭の如し。」との註がある。『延喜式』巻一「四時祭」には、「祈年・月次・神嘗・新嘗・賀茂等の祭を中祀と為し」とあり、同「六月祭」に「月次祭に幣を案上に奠る神三百四座（並大。）」として、「社一百九十八所」「前一百六座」の幣帛の料が記載されている。

三〇四座の神々は、案上に官幣を奉る大社で、新嘗祭の班幣の対象となった神々と一致する。また、月次祭の祝詞は、祈年祭の「御年皇神等の前に白す」段を欠くほかは、同じ構成である。平安時代に書かれた法令集『類聚三代格』の「寛平5年3月2日」条に「二月祈年、六月十二月月次、十一月新嘗祭等者国家之大事也。」とあり、祈年・新嘗の祭りと並んで国の重儀であった。

『貞観儀式』『西宮記』『江家次第』などによれば、6月は卯刻（午前5時から7時ごろ）、12月は辰刻（午前7時から9時ごろ）に、神祇官以下諸司の官人が参集して、中臣が祝詞を奏し、諸社への班幣の儀が行われた。なお、天皇は、その日の夜、中和院に出御し神今食の儀を行われた。神今食は「かむいまけ」「じんこんじき」といい、月次祭の夜に天皇親ら御飯を神祇に供薦し、御親らも聞こし食す儀である。

「月次」の意について、本居宣長は『玉勝間』で以下のように述べている。

　月次と名くるよしは、月毎に奉り給ふべきを、合せて二度に奉り給ふにて、

六月には、其年の七月より、十二月までのを奉り、十二月には来年の正月より、六月までのを奉り給ふ也、かくて同じ夜に行はるる神今食も、その同じ趣にて、天皇の月毎に新磨(イマズリ)の御食(ミケ)を聞食(キコシメ)すよしにて、其度ごとに行ひ給ふべきを、合せて二度に行ひ給ふよしにて、そは新穀にはあらざれども、新磨(イマズリ)を聞食(キコシメシ)始むるをさへに、重く厳(オゴソカ)に斎(イミ)給ふにて、先ヅ神に奉リ給ひて、さて天皇のきこしめすこと、もはら新嘗大嘗のこころばへに同じ、さる故に此祭の儀式は、何事も大かた新嘗大嘗の儀の如くなる也。

つまり、毎月、行われるべき祭りを、6月・12月の年2度に行い、諸国の神社に幣帛が奉られたとしている。

成立。祝詞と神今食の所見から

『延喜式』巻八「祝詞」の「月次祭」は、以下の9段で構成されている。

①天社国社に白す詞、②大御巫の祭る神に白す詞、③座摩の御巫の祭る神に白す詞、④御門の御巫の祭る神に白す詞、⑤生島の御巫の祭る神に白す詞、⑥天照大御神に白す詞、⑦6の御県に坐す神に白す詞、⑧6の山口に坐す神に白す詞、⑨4の水分に坐す神に白す詞。

どの詞も「皇御孫命(すめみまのみこと)のうづの幣帛を称辞竟(たたえごとお)へまつらくと宣(の)る」(天皇の貴い幣帛を、称え言を行い申しわたすと宣る)の言葉で終えられており、各段の祭祀は、もともと個々に行われたものが、天皇が行う祭祀として統合されたと思われる。

祈年祭の祝詞には、この月次祭の祝詞に年穀の豊穣を祈る「御年皇神に白す」段が加わるが、祈年祭の班幣の対象の神々は三一三二座であるのに対し、月次祭は新嘗祭とともに三〇四座である。そのため、春の予祝が祈年祭で、秋の収穫祭が新嘗祭とするなら、その報賽である新嘗祭が、わずかに三〇四座というのは不合理であるとして、疑問が呈されてきた。このことに関して西山徳は、「祈年祭の研究」(『神社と祭祀』所収)で、「御年皇神に白す」段が祈年祭にあって月次祭にないところから「新嘗祭に対する"としごひのまつり"は月次祭で、祈年祭は月次祭より分離して別個に意識的に成立したものである」と論じている。

「大嘗祭」の祝詞には、「皇御孫命の大嘗聞し食さむ為(ため)の故に、皇神等あひうずのいまつりて」(天皇が大嘗されるにあたって、祖先の神たちがともに賛美し申し上げて)とある。したがって、新嘗祭は「大嘗聞し食す」ところに本義

があり、春の予祝（祈年祭）に対する収穫感謝の祭りではない。月次祭での班幣は、新嘗祭と同じ三〇四座で、対象となる神々も等しいから、月次祭は新嘗祭との関連で考えるべきと思われる。しかも、祭祀の最も純粋な形を伝えている神宮においては、6月・12月の月次祭は、神嘗祭とともに三節祭と称し、最大最重の恒例の厳儀となっていて、その前夜に、夕と朝の由貴大御饌がある。ここに、宮廷の月次祭でも神今食が行われたことと通じるものが窺われる。

神今食においては、神嘉殿に「真床追衾」が備えられ、亥刻の夕御饌と寅刻の朝御饌ともに天神地祇に供薦して、天皇御親らも聞こし食されることは、新嘗祭と変わりはない。新嘗祭が新穀であるのに対して、旧穀である点が異なるだけである。この場合の旧穀とは、新嘗祭以後の稲米をいうものと解される。神今食の初見は、『続日本紀』延暦9年（790）6月戊申（13日）条である。

　　神祇官の曹司に於て神今食の事を行ふ。是より先、頻に国の哀に属ひて諒闇未だ終らず。故に内裏を避けて外の設に於て作す。

この記事は、諒闇（天皇の服喪の期間）により内裏以外の場所で行われたことを記録したもので、実際には、それ以前から行われていたことが察せられる。事実、『二十二社註式』には、元正天皇霊亀2年（716）6月に始められたとあり、『公事根源』や「高橋氏文」からも、そのことが窺われる。

一方、月次祭の初見は『続日本紀』文武天皇大宝2年（702）7月癸酉（8日）条である。

　　山背国乙訓郡に在る火雷神は、旱毎に雨を祈ふに、頻に徴験有り。大幣と月次の幣との例に入るべし。

ここで注意すべきは、月次祭の班幣が「祈雨」の意によって行われたとも読みとれることである。そのころの班幣の事例を『日本書紀』と『続日本紀』から拾うと以下の通りである。

　　持統四年正月庚子（23日）班_幣於畿内天神地祇_。
　　持統四年七月戊寅（3日）班_幣天神地祇_。
　　持統八年三月乙巳（22日）奉_幣於諸社_。
　　持統十一年六月甲申（19日）班_幣於神祇_。
　　文武二年五月庚申朔（1日）諸国旱、因奉_幣帛于諸社_。
　　大宝元年（701）四月戊午（15日）奉_幣帛于諸社_、祈_雨于名山大川_。
　　慶雲元年（704）六月丙子（22日）奉レ幣祈_雨于諸社_。

慶雲元年十二月辛酉（10日）供₋幣帛于諸社₋。
　　慶雲二年六月乙亥（27日）奉₋幣帛于諸社₋。以祈ᴸ雨焉。
　　慶雲三年六月丙子（4日）令ᴅ₋京畿₋祈ᴍ雨于名山大川ᵁ。

　持統天皇4年正月のものは、即位によるから別として、以後、断続的に事あるごとに班幣がなされているが、文武天皇2年以後は、6月前後の旱による祈雨を主とした諸社への奉幣が多い。ここから、月次祭の班幣は、祈雨を契機として6月・12月に恒例化するに至ったと思われる。

意義。宅神祭と「ニヒナヘ」の所見から

　『令義解』において月次祭は「祈年祭と同じ。即ち庶人の宅神祭(やかつかみのまつり)の如し。」とされていた。「宅神祭」とは、家宅を守護する神を祭るもので、一般に保食神をもって行った。宮殿・家宅の神を祀る「大殿祭(おおとのほかい)」の祝詞（『延喜式』巻八）では、「屋船豊宇気姫命(やふねとようけひめのみこと)」を註して「是は稲の霊(みたま)なり、俗の詞に宇賀能美多麻(うかのみたま)といふ」とあり、家宅の神は稲霊であったことが窺われる。ここから、おそらく月次祭も、発祥は御食都神・稲米その他の食物の神を祀ったと察することができる。つまり、民間における月毎の「嘗」の儀であったろう。

　「嘗」は、古代中国における稲の祭りである「嘗祭」の文字を借用しているが、わが国独自の信仰に根ざした「ニヒナヘ」の行事で、我々の生命を養い育てる稲魂を身に体する行為を儀礼化したものである。民間においても新穀をもって行う年に1度の「ニヒナヘ」の行事があったことは、『万葉集』の三三八六・三四六〇番歌や、『常陸国風土記』に見える富士山と筑波山の祖神の巡幸の記事などによって知ることができる。この「ニヒナヘ」の行事が、家ごとに魂迎(たまむか)えの形をとったところから「宅神祭」になった。一方、宮廷において、天皇が国家的規模で行われたのが新嘗祭である。したがって、「宅神祭」は「ニヒナヘ」と通じ、「宅神祭の如き」観を呈した月次祭は新嘗祭と通じたのであろう。

　このような「ニヒナヘ」の行事は、年に1度の新嘗祭だけでよしとされたのではなく、朝に夕に神の賜りものによって「命(いのち)」を養い、豊穣を祈るという日々の行いを、月に1度、儀式化した月次の「嘗」の行事として行った。この月々の「嘗」の儀を、1月から6月までのものと、7月から12月までのものに分け、暦日を2分する季夏6月と季冬12月に、向こう半年分をまとめて行うようになったのが神今食、その日に諸種の祭りを統合して行われたのが月次祭であろう。

月次祭は『大宝令』で制度化され、神宮はじめ諸国の大社に幣帛が奉られた。それが、たまたま６月前後の大旱による祈雨が契機となって数が増し、『延喜式』では三〇四座となって定着したものと思われる。祈雨は年穀の豊穣を祈ることにほかならず、月次祭にも祈年祭と同じく年穀の豊穣を祈る意がある。新嘗祭と対応する「としごいのまつり」は月次祭であったとされる由縁である。

　ちなみに、祈年祭の所見は、『続日本紀』文武天皇慶雲３年（706）２月庚子（26日）条である。

　　是の日、甲斐・信濃・越中・但馬・土佐等の一十九社、始めて祈年の幣帛の例に入る。（其の神名は神祇官記に具（つぶさ）なり。）

　しかし、上記の国々は『延喜式』巻九・十の「神名」の神祇官祭神には入ってはいない。そこから、このころには祈年祭で班幣の対象となる神々は固定していなかったことが窺われ、祈年祭は純然たる「としごい」の意をもって興された祭祀であり、月次・新嘗の班幣に預からない神々もできるだけ広くその数に入れるようにされたことが察せられる。

　要するに月次祭は、文字通り月ごとの祭りで、月々の「嘗」の儀を６月・12月にまとめて行い、宮廷における諸種の祭りをも統合したもので、「嘗」の行事は神今食となり、昼間の祭儀は祈年祭と同様の「としごい」の意をもって行われるようになったものであろう。こうして令制下、月次祭は祈年祭・新嘗祭とともに中祀として行われ、「国家之大事」ともされたが、中世に至っては欠滞を生じ、応仁の乱以後は廃絶した。

神宮の月次祭

　『延暦儀式帳』や『延喜式』巻四「伊勢大神宮」によると、神宮における月次祭の古儀は、祭月の16日が豊受大神宮、17日が皇大神宮で、斎王が参入して太玉串を奉り、大神宮司以下の奉幣諸行事が行われた。その前夜の亥刻に夕御饌が、丑刻に朝御饌の由貴大御饌が奉られたことも神嘗祭と同様であった。

　しかし、応仁以後、官幣は中絶し、大神宮司において代品を調えて祭儀を続行していた。明治５年（1872）６月、教部省達により６月の月次祭が再興され、同年８月には12月の月次祭も再興されたが、官幣の奉納に止まり、勅使の参向はなく、大宮司が御祭文に代わる祝詞を奏上することとなった。祭儀の内容は現行の神嘗祭と同様である。

【参照事項】
しゃかくせいど　じんじゃさいしき　だいじょうさい　かんなめさい　にいなめさい
としごいのまつり（以下『宗教編』）きょうぶしょう　にぎみたま、あらみたま　みたまのふゆ

㊴ ちょくさい　勅祭

　勅使が神社に差遣され、天皇の祭文が神前に捧げられて、奉幣される祭祀のこと。神宮の神嘗祭や賀茂祭、石清水祭など勅祭に預かる神社は古くからあり、いわゆる「二十二社」などは代表的な例である。

　近代の制としては、明治元年（1868）10月17日、明治天皇の思召しにより、埼玉県・（大宮）氷川神社が、武蔵国の鎮守・勅祭の社と定められたことを始まりとする。現在の勅祭社は、明治16年（1883）に、賀茂祭および石清水祭が勅祭と定められた賀茂御祖神社・賀茂別雷神社と石清水八幡宮を最初として一六社ある。正式には「勅使参向の神社」と呼ぶ。

勅祭の初見と布告

　「勅祭」という言葉は古い文献には見えない。慶応4年（1868）3月に出された神仏分離令に「勅祭之神社」とあるのが初見と思われ、明治元年の『法令全書』には、そのほか「勅祭神社」「勅祭社」の名称が見える。「勅祭」という言葉は、明治維新後に正式に使用されるようになり、『公卿補任』などによって、明治元年に行われた勅使参向の神社の祭祀を拾うと、以下のようになる。

　［2月13日］大原野祭、［2月18日］春日祭、［4月19日］賀茂祭、［4月22日］吉田祭、［5月7日］松尾祭、［5月8日］石清水臨時祭、［6月15日］八坂臨時祭、［8月5日］北野臨時祭、［8月15日］石清水中秋祭、［11月11日］春日祭、［11月15日］大原野祭、［11月23日］吉田祭、［11月］賀茂臨時祭（延引、明治2年1月29日追行）。

　これらは、春日の両度の祭りを別として、応仁以降廃絶し、江戸時代に入って幕末維新期前までに再興をみた勅使参向の祭祀である。ちなみに、その再興のときを挙げると以下のようになる。

　石清水祭（延宝6年／1678）、賀茂祭（元禄7年／1694）、石清水臨時祭（文化10年／1813）、賀茂臨時祭（文化11年／1814）、北野臨時祭（元治元年／

1864)、八坂臨時祭（慶応元年／1865）、大原野祭（同）、吉田祭（同）、松尾祭（慶応2年／1866）。

「勅祭」の名称が公になったのは、明治元年10月17日の太政官布告で「武蔵国大宮駅氷川神社以後当国之鎮守勅祭之社ト被為定」と旨達されたことによる。

同年11月8日には、東京府内外の一二社（日枝、神田、根津、芝神明、亀戸、白山、品川貴船、富岡八幡、赤坂氷川、王子、府中六所、鷺宮）を「勅祭に准ずる社」とし、祈雨・祈晴などには神祇官から使が立てられ、月次の祈祷や天皇の東幸・還幸の御安泰祈願などがなされている。しかし、この一二社は同3年9月28日には府県の管轄に移され、次いで10月18日には、この「東京十二社准勅祭」は廃止された。この制度は、京都における上御霊・下御霊社やその他の諸社で、折々に祈祷などが執り行われていた例によったものであろうが、その名称も適切さを欠き、一時的な制度になったものと考えられる。

一方、「勅祭」の用語は明治5年までは公文書にも使用されていたが、明治6年からは使用されることもなくなり、「勅祭社」という名称も公的には使用されなくなった。

廃止までの経緯

先に挙げた明治元年の勅使参向の神社の祭祀には、その参向の上卿（しょうけい）・参議などの名が記録されている。例えば、2月13日の大原野祭においては、「上卿（三条西季知）　権中納言　弁通房（万里小路右小弁）　奉行長邦（葉室左少弁）」とある。この参向人からも分かるように、当時の祭式は旧儀が踏襲されたものであった。

しかし、明治3年に上卿・参議・弁などの名称がなくなると、一様に神祇官員が「宣命使」「奉幣使」としてあてられ、神祇官の管掌の色彩が強くなった。また、「臨時祭」の名称が廃され、毎年2季に行われていた春日、大原野、吉田祭は2月のみと定められた。さらに同5年には、「宣命使」「奉幣使」の名称が廃され「勅使」と改められた。神祇省廃止以前は神祇省官員、その後は太政官の式部寮官員が参向し、幣帛の奉奠・祝詞の奏上は掌典が担った。

事態は明治6年2月15日の「太政官布告第五十三号」によって、さらに大きく変化する。

> 前官幣諸社官祭之儀式部寮官員参向執行候処今後伊勢神宮ヲ除ク之外総テ地方官ニ於テ執行可致事

　　　　但巨細ハ追テ式部寮ヨリ可相達事

「官祭」は太政官の式部寮ではなく地方官の管掌となり、神宮を除いて勅祭は消滅した。理由は、官祭の増加にともなう経費の増加であったと考えられる。

一方、この時点では保留されたこともある。この太政官布告を受けて同年3月には式部寮から「官祭式」が頒布されたが、そこには、雅楽の「東　遊」や「御神楽」「走　馬」が行われていた神社について、従前通りの御奉納があるとされていた。元来、これらの楽遊の奉納は臨時祭の一つの特徴であり、臨時祭は特別な御願事の報賽などによって執行された祭儀であった。しかしながら、このことも明治10年（1877）にいたって、雅楽課の出張が廃されて、神社の催しとしては別として、御奉納はなくなった。

再興

このような推移に対し、旧儀を復興すべしとの意見があがってくる。明治16年（1883）4月26日、太政官から、京都において行われた即位の礼の宮殿保存に関する達が宮内省へ渡された。宮内省では京都支庁を設け、旧堂上、非蔵人、官人、諸大夫などを任用した。これらの人たちは、賀茂・石清水・春日の「三祭」参向に多く任ぜられた人たちである。

さらに、明治13年の行幸御滞京中の明治天皇の思召しを受けた岩倉具視が作成した京都復興の建言により、賀茂・男山（石清水八幡宮）両祭の再興が宮内卿から太政大臣に上申された。当時、京都は天皇の東幸にともない荒廃を余儀なくされた状況だったのである。その全文が以下である。

　　　賀茂男山両祭再興ノ儀ニ付伺
　　　京都宮殿御保存被仰出候ニ付テハ賀茂男山両祭旧儀御再興明治十七年ヨリ
　　　被為行度尤儀式中職員ハ現今ノ官職ニ引直シ可申見込ニ有之候御達案相添
　　　此段相伺候也
　　　　明治十六年九月四日
　　　　　　　　　　　　　　　　　　　　　　　　　宮内卿　徳大寺実則
　　　太政大臣　三条実美殿

この上申は同月22日に御裁可になり、旧儀再興は宮内省にて取り扱うこととなった。このことに関連し、岩倉具視は以下の見解を示している。

　　　賀茂祭（旧暦四月中酉日其原ハ舒明天皇ノ御宇ニ起ル）同臨時祭（旧暦

十一月下酉日其原ハ宇多天皇御宇ニ起ル）此両祭ハ旧式最鄭重ニシテ勅使ノ行粧華麗ナリシヲ以テ（中略）士民其盛儀ヲ観ル為メ途上雑沓セシト雖モ大政維新ノ後ハ神社一般ノ奉幣式ニ従ヒ頗ル其儀ヲ簡ニシ毎年一度（四月十五日）勅使ヲ差シ遣スノミ此等ノ祭儀ヲ改革セラレシモ亦今日都下衰微ヲ来タセシ一原因ニ属ス依テ自今旧儀再興一年両度之ヲ行フヘシ

石清水臨時祭（旧暦三月中午日其原ハ朱雀天皇ノ御宇ニ起リ之ヲ南祭ト称ス）同シク放生会（旧暦八月十五日其原ハ元正天皇ノ御宇ニ起リ維新ノ後中秋祭ト改称シ後又男山祭ト改ム）是ノ両祭亦旧儀壮重ナリト雖モ現今賀茂祭ト同様ニ神社一般奉幣式ニ従ヒ毎年一度（八月十五日）勅使ヲ差遣スノミ依テ自今旧儀再興一年両度之ヲ行フヘシ

こうして、明治17年5月15日に賀茂祭、9月15日に男山祭が、勅使が参向して再興された。しかし、岩倉の見解にもあった両臨時祭に関しては、実現していない。春日祭は明治18年に上申が行われ、翌19年3月13日に再興された。以上の三祭は、終戦時には一時中止されたものの、その後、旧儀をさらに加味し、今日に至っている。

また、明治10年に廃止となった楽遊奉納の再興に関しては、明治25年（1892）に氷川神社例祭に勅使参向が定まり、それとともに東遊の奉納が実現した。

以後、掌典が勅使となって祭祀が執行される勅祭の対象となる神社は徐々に増加していった。大正時代には、6年（1917）に熱田神宮、橿原神宮、出雲大社が、9年には御鎮座にともなって明治神宮が、14年（1925）には宇佐神宮、香椎宮が勅祭社となった。昭和時代には、17年（1942）に鹿島・香取両神宮が、20年に平安神宮と近江神宮が勅祭社となって今日に至っている。また、靖國神社は明治2年の創祀以来の勅祭社で、大正元年（1912）から春秋2季の大祭に勅使参向となった。

【参照事項】
しゃかくせいど　じんじゃさいしき　きゅうていのねんちゅう（じゅう）ぎょうじ
（以下『宗教編』）だいじょうかん
きょうぶしょう　しゃじきょく　じんじゃきょく

55 せんぐう　遷宮

　神社の本殿を改修または新築する際、本殿から仮殿へ、次いで仮殿から本殿へ神儀（御体）を遷し奉ること。神社として最重要の大儀とされる。「おみやうつし」「おんわたまし」「おいでまし」「おわたり」などともいう。神社創祀の始原のときを再現し、神威の一層の高まりを願い、恩頼（みたまのふゆ）を最もいただく祭儀である。とくに伊勢の神宮で行われる式年遷宮は、「皇家第一の重事、神宮無双の大営」として有名である。

　遷御に先立っては、仮殿または本殿の竣工が進められるのと併行して、神宝・調度が調えられることも多い。調度とは、玉名井（たまない）・厨子（ずし）・几帳・八重畳・御茵（しとね）・御船代（みふなしろ）・床子（しょうじ）・屏風・獅子狛犬、また、壁代（かべしろ）・御簾（みす）・浜床（はまゆか）・翳（かざし）・菅蓋（すががさ）・錦蓋・羽車（はぐるま）・辛櫃などである。本殿が竣工すると清祓（きよはらえ）・御飾（おかざり）の儀が行われる。

文献

　神宮の創建から平安時代末期までの主要事項が編年体でまとめられている『太神宮諸雑事記』（だいじんぐうしょぞうじき）には、白鳳14年（天武天皇14年／685）9月10日、初めて伊勢の二所太神宮へ神宝二十一種が奉られ、殿舎・御門鳥居などが作り加えられて、以後20年に1度、殿舎以下を造替し、新宮へ奉遷すべき制規が立てられたとある。

　「神祇令」によると、神宮以下の当時の官社の造営料は、神戸から出される調・庸・田租があてられることになっていた。『類聚三代格』の弘仁3年（812）5月3日の太政官符によると、神戸のない神社については、その社の禰宜・祝などに修造させよとあり、貞観10年（868）6月28日の太政官符には、神戸のある大社は、関係ある神戸なき神社を修造せよとある。

　次に、『延喜式』巻三「臨時祭」によると、「神戸の調・庸は、祭の料ならびに神社を造り、および神に供へる調度に充てよ、田租は貯へて神税とせよ」と規定されている。また、諸国の神社（官社）は、破損にしたがって修理し、「但し摂津国の住吉、下総国の香取、常陸国の鹿島等の神社の正殿は、廿年に一度改め造り」、その料には神税を用いて、「もし神税がなければ、即ち正税を充てよ」とあり、ここに式年造替・遷宮の制のことが見えている。同巻四「伊勢大

神宮」には、大神宮は20年に1度、正殿・宝殿および外幣殿を造替すること、度会宮（豊受大神宮）・別宮などの神殿もこれに準じて造替することが定められている。その料には神郡・神戸よりの貢納があてられた。

変遷

遷宮を経済的に支えてきた律令制の綻びにより、殿舎の造営、神宝・調度の制作、遷御にともなう神職の装束、その他一切の費用は、社領や荘園に求められ、また、朝廷や権門、領主などからの寄進があてられた。同じく近世には、朱印領・黒印領に財源が求められ、将軍や大名などの寄進があてられた。

明治時代以降は、神社に関するさまざまな法制が整備されていった。造営・遷宮に関しては、まず、明治4年（1871）の太政官布告第二百三十五号で、官国幣社の式年造営、その他の営繕の費用は国庫から支出されることとなった。府県社以下については、その社費と有志の寄進とによって営まれた。

次いで、明治8年4月の式部寮達による「神社祭式」で、官国幣社の仮殿遷座・本殿遷座の式次第、祝詞も定められた。同年8月には、府県社以下においても、この「神社祭式」に準じて祭典を執行すべきことが達せられた（教部省達書第三十四号）。また、同10年5月には、官国幣社に対し、従来、本殿修造のたびに遷坐（座）式を行ってきたのに対し、今後は本殿改造・内陣修繕・総屋根葺替えなどのほかは遷座を行わず、供饌を行い、祝詞をもってその由を告げるだけでよいとされた（内務省達丁第八号）。

そして、大正3年（1914）1月の「神宮祭祀令」（勅令第九号）と「官国幣社以下神社祭祀令」（勅令第十号）により遷座祭は大祭とされた。同年3月には、「官国幣社以下神社祭式」（内務省令第四号）が定められ、従来の制を整備した遷座祭の式次第と祝詞が定められた（府県社以下もそれに準ずる）。その官国幣社「本殿遷座祭」の「遷座ノ儀」と「幣帛供進ノ儀」の祭式が以下である。

　　　本殿遷座祭
　　　　　遷座ノ儀
　　当日早旦仮殿・本殿ヲ装飾ス
　　時刻宮司以下、仮殿所定ノ座ニ著ク
　　次神祇院高等官及地方高等官、仮殿所定ノ座ニ著ク（是ヨリ先、手水及修祓ノ儀アリ）

次地方長官参進、随員副従（是ヨリ先、手水ノ儀アリ）

次地方長官、祓所ニ著ク

次修祓

次地方長官、仮殿所定ノ座ニ著ク

次宮司、諸事弁備セル由ヲ地方長官ニ申ス

次宮司、仮殿ノ御扉ヲ開キ、畢リテ側ニ候ス（此間奏楽）

次地方長官、祝詞ヲ奏ス

次宮司、殿内ニ参進シ、諸員各其ノ位置ニ列立ス

次遷御（此間、奏楽、警蹕）

　其ノ儀、地方長官前行、宮司奉戴、諸員前後陣ニ奉仕シ、神祇院高等官及地方高等官供奉ス

次入御（此間、奏楽、警蹕）

　是ヨリ先、権宮司若ハ禰宜、本殿ノ御扉ヲ開ク

次宮司、御扉ノ側ニ候シ、諸員、所定ノ座ニ著ク

次地方長官、祝詞ヲ奏ス

次地方長官拝礼、随員拝礼

次神祇院高等官拝礼

次地方高等官拝礼

次宮司拝礼、権宮司若ハ禰宜以下拝礼

次宮司御扉ヲ閉ヂ、畢リテ所定ノ座ニ著ク

　（此間奏楽）

次宮司、祭儀畢レル由ヲ地方長官ニ申ス

次各、退出

　　　幣帛供進ノ儀

当日早旦社殿ヲ装飾ス

時刻宮司以下、所定ノ座ニ著ク

次神祇院高等官及地方高等官、所定ノ座ニ著ク（是ヨリ先、手水及修祓ノ儀アリ）

次地方長官参進、随員副従（是ヨリ先、手水ノ儀アリ）

次地方長官、祓所ニ著ク

次修祓（先御幣物、次地方長官及随員）

次地方長官、所定ノ座ニ著ク

次御幣物辛櫃ヲ便宜ノ所ニ置ク（地方長官随員副フ）

次宮司、諸事弁備セル由ヲ地方長官ニ申ス

次宮司、御扉ヲ開キ、畢リテ側ニ候ス（此間奏楽）

次禰宜以下、神饌ヲ供ス（此間奏楽）

次宮司、祝詞ヲ奏ス

次地方長官随員、御幣物ヲ辛櫃ヨリ出シ、仮ニ案上ニ置ク（案ハ、予メ便宜ノ所ニ設ク）

次宮司、御幣物ヲ奉ル

次地方長官、祝詞ヲ奏ス

次地方長官、玉串ヲ奉リテ拝礼

次地方長官随員、拝礼

次神祇院高等官、玉串ヲ奉リテ拝礼

次地方高等官、玉串ヲ奉リテ拝礼

次宮司、玉串ヲ奉リテ拝礼

次禰宜以下、拝礼

次宮司以下、御幣物ヲ撤ス

次禰宜以下、神饌ヲ撤ス（此間奏楽）

次宮司、御扉ヲ閉ヂ、畢リテ本座ニ復ス（此間奏楽）

次宮司、祭儀畢レル由ヲ地方長官ニ申ス

次各、退出

この大正の「神社祭式」の雑則には、次のような例外が規定されていた。

①遷座祭に際し、古例の神事がある場合は、それを行うことができる。

②遷座祭の祭式および祝詞で、理由がある場合には、その一部を変更することができる。

③熱田神宮ならびに賀茂別雷神社・賀茂御祖神社・石清水八幡宮・春日神社・氷川神社・香取神宮・鹿島神宮・出雲大社・宇佐神宮・香椎宮・橿原神宮・明治神宮の本殿遷座祭の祭式・祝詞は、そのつど定める。

また、勅祭社の場合には「地方長官」に代わって「勅使」が奉仕した。

このような祭式にのっとり、官国幣社では、各社共通金と毎年計上された臨時神社費、それに社費を加えて造替・遷宮が行われた。内務省神社局では、官

社二〇〇余社の造替を、毎年、数社について行い、50〜60年で一巡する計画を立てていた。

　終戦後、神社本庁では、従来の祭式に準拠して遷座祭を大祭とし、神社では一般の協賛と神社の備蓄によって遷宮を行っている。

式年遷宮

　神宮職員の補任についてを歴史的に編纂した『二所太神宮例文』によると、神宮では、持統天皇4年（690）に皇大神宮（内宮）の第1回式年遷宮が行われ、同6年に豊受大神宮（外宮）の第1回式年遷宮が執行された。

　20年ごとの造替に関しては、『延暦儀式帳』や『延喜式』に記されていて、『続日本後紀』や『類聚国史』『日本三代実録』などからも史実と分かる。元亨3年（1323）の内宮遷宮、正中2年（1325）の外宮遷宮まで、おおむね20年目ごとに両宮の遷宮があり、内宮の翌々年に外宮の遷宮が行われた。しかし、南北朝時代の興国4年・康永2年（1343）の内宮遷宮、同6年・貞和元年の外宮遷宮は、前遷宮から21年目となり、その後、永享6年（1434）の外宮遷宮、寛正3年（1462）の内宮遷宮以後、時代は戦国時代となって129年間、正遷宮は行われなかった。そして、永禄6年（1563）に外宮の正遷宮が行われ、天正13年（1585）に両宮の正遷宮が再興した。その斎行年の一覧は307~308ページの表の通りである。

　なお、火災やその他の事故により、式年を待たずに御正殿を造営することを「臨時遷宮」という。この場合、その次の正遷宮は、前式年から数える場合も、その年から数える場合もあった。また、社殿や御装束などの修理を要する場合に、仮殿あるいは他の殿舎へ遷御・還御されることを「仮殿遷宮」という。

　当初、遷御は、外宮は9月15日、内宮は同16日に、ほぼ行われてきた。これを「式月式日」という。しかし、南北朝時代の興国4年・康永2年12月28日に内宮の遷宮が行われて以来、式月式日は乱れて10月から12月の間に行われるようになった。そして、明治22年の遷宮以来、内宮は10月2日、外宮は10月5日となって、現在に至っている。

　神宮式年遷宮にともなう諸祭典・行事は、「山口祭」をはじめとし、「御装束神寶讀合（とくごう）」「川原大祓（かわらおおはらい）」「御飾（おかざり）」などがあり、次いで「遷御」「奉幣」「古物渡（わたし）」などが奉斎され、最後に御神楽が行われる。第62回式年遷宮の主要諸祭

行事は 309 ページの表の通りである。

　『延喜式』にあるように、住吉大社や香取神宮、鹿島神宮でも式年遷宮が行われてきた。賀茂別雷神社や賀茂御祖神社、春日大社でも、それぞれ21年、20年の周期で式年遷宮・造替が行われてきた。宇佐神宮でも、かつて33年の周期で式年造替が行われていた。

　諏訪大社の「御柱祭」も式年遷宮である。諏訪大社は、上社(かみ)に前宮(まえみや)・本宮(ほんみや)、下社(しも)に春宮(はるみや)・秋宮(あきみや)の4宮があり、それぞれ「御柱」という樅(もみ)の巨木が4隅に立てられている。この柱は、申と寅の年に7年目ごとに建て替えられ、その年に各社の宝殿も造替される。また、群馬県富岡市の一之宮貫前(ぬきさき)神社では、12年に1度、式年遷宮祭が行われている。

【参照事項】
かんべ　しんのみはしら　じんぽう　じんじゃさいしき　だいじょうさい　かんなめさい　ちょくさい（以下『宗教編』）じんぎかん　きょうぶしょう　しゃじきょく　じんじゃきょく　りつりょうきゃくしき　えんぎしき　いせしんこう　みたまのふゆ

神宮式年遷宮の斎行年一覧

	皇大神宮	豊受大神宮
第 1 回	（持統）4 年（690）	（持統）6 年（692）
第 2 回	和銅 2 年（709）	和銅 4 年（711）
第 3 回	天平元年（729）	天平 4 年（732）
第 4 回	天平 19 年（747）	天平勝宝元年（749）
第 5 回	天平神護 2 年（766）	神護景雲 2 年（768）
第 6 回	延暦 4 年（785）	延暦 6 年（787）
第 7 回	弘仁元年（810）	弘仁 3 年（812）
第 8 回	天長 6 年（829）	天長 8 年（831）
第 9 回	嘉祥 2 年（849）	仁寿元年（851）
第 10 回	貞観 10 年（868）	貞観 12 年（870）
第 11 回	仁和 2 年（886）	寛平元年（889）
第 12 回	延喜 5 年（905）	延喜 7 年（907）
第 13 回	延長 2 年（924）	延長 4 年（926）
第 14 回	天慶 6 年（943）	天慶 8 年（945）
第 15 回	応和 2 年（962）	康保元年（964）
第 16 回	天元 4 年（981）	永観元年（983）
第 17 回	長保 2 年（1000）	長保 4 年（1002）
第 18 回	寛仁 3 年（1019）	治安元年（1021）
第 19 回	長暦 2 年（1038）	長久元年（1040）
第 20 回	天喜 5 年（1057）	康平 2 年（1059）
第 21 回	承保 3 年（1076）	承暦 2 年（1078）
第 22 回	嘉保 2 年（1095）	承徳元年（1097）
第 23 回	永久 2 年（1114）	永久 4 年（1116）
第 24 回	長承 2 年（1133）	保延元年（1135）
第 25 回	仁平 2 年（1152）	久寿元年（1154）
第 26 回	承安元年（1171）	承安 3 年（1173）
第 27 回	建久元年（1190）	建久 3 年（1192）
第 28 回	承元 3 年（1209）	建暦元年（1211）
第 29 回	安貞 2 年（1228）	寛喜 2 年（1230）
第 30 回	宝治元年（1247）	建長元年（1249）
第 31 回	文永 3 年（1266）	文永 5 年（1268）

皇大神宮	豊受大神宮
第32回　弘安8年(1285)	弘安10年(1287)
第33回　嘉元2年(1304)	徳治元年(1306)
第34回　元亨3年(1323)	正中2年(1325)
第35回　興国4年・康永2年(1343)	興国6年・貞和元年(1345)
第36回　正平19年・貞治3年(1364)	天授6年・康暦2年(1380)
第37回　元中8年・明徳2年(1391)	応永7年(1400)
第38回　応永18年(1411)	応永26年(1419)
第39回　永享3年(1431)	永享6年(1434)
第40回　寛正3年(1462)	永禄6年(1563)
第41回　天正13年(1585)	同年
第42回　慶長14年(1609)	同年
第43回　寛永6年(1629)	同年
第44回　慶安2年(1649)	同年
第45回　寛文9年(1669)	同年
第46回　元禄2年(1689)	同年
第47回　宝永6年(1709)	同年
第48回　享保14年(1729)	同年
第49回　寛延2年(1749)	同年
第50回　明和6年(1769)	同年
第51回　寛政元年(1789)	同年
第52回　文化6年(1809)	同年
第53回　文政12年(1829)	同年
第54回　嘉永2年(1849)	同年
第55回　明治2年(1869)	同年
第56回　明治22年(1889)	同年
第57回　明治42年(1909)	同年
第58回　昭和4年(1929)	同年
第59回　昭和28年(1953)	同年
第60回　昭和48年(1973)	同年
第61回　平成5年(1993)	同年
第62回　平成25年(2013)	同年

第62回神宮式年遷宮主要諸祭行事一覧

平成17年	5月	山口祭
	5月	木本祭
	6月	御杣始祭
	6月	御樋代木奉曳式
	9月	御船代祭
平成18年	4月	御木曳初式
	4月	木造始祭
	5月	仮御樋代木伐採式
	5月～7月	御木曳行事（第一次）
平成19年	5月～7月	御木曳行事（第二次）
平成20年	4月	鎮地祭
平成21年	11月	宇治橋渡始式
平成24年	3月	立柱祭
	3月	御形祭
	3月	上棟祭
	5月	檐付祭
	7月	甍祭
平成25年	8月	御白石持行事
	9月	御戸祭
	9月	御船代奉納式
	9月	洗清
	9月	心御柱奉建
	9月	杵築祭
	10月	後鎮祭
	10月	御装束神寶讀合
	10月	川原大祓
	10月	御飾
	10月	遷御
	10月	大御饌
	10月	奉幣
	10月	古物渡
	10月	御神楽御饌
	10月	御神楽

＊荒祭宮、多賀宮の遷宮祭は平成25年10月。十二別宮の遷宮祭は平成26年10月から平成27年3月
季刊誌『皇室』平成26年冬・61号、神社検定公式テキスト④『遷宮のつぼ』参照

㊺ とくしゅしんじ　特殊神事

　恒例の神社祭式にとくに定めのない、神社にとって特別の由緒をもつ神事・行事のことをいい、その地域の特性や歴史性、神社やご祭神と地域とのつながりを表しているとされる。

定義

　特殊神事について小野祖教は、『神道の基礎知識と基礎問題』（昭和48年／1973）で、「祭祀令の例外としての古例又は特殊の祭祀又は行事」と定義している。神事という語は神に関する行為として広義に捉えることができて、祭祀の義に近く、慣習的に「祭祀令」（神社祭祀に関わる神社関係諸法令）によって定められた新儀の祭祀については神事という語を用いない。そこから小野は、特殊神事とは「祭祀令」施行以前から各神社に伝えられてきた旧儀の祭祀行事であり、神社本庁が定めた現行の「神社祭式」においては古例として認められた祭祀や諸式であるとして、次のように分類している。

　　広義の「神事」　┬ 祭祀令による祭祀および行事
　　　　　　　　　　└ 祭祀令の例外としての古例または特殊の祭祀および行事
　　　　　　　　　　　　　1社の古例または特有のもの＝特殊神事
　　　　　　　　　　　　　各社共通のもの＝（普通）神事

　この定義は、特殊神事についての最も詳しいものと思われる。また、倉林正次は『神道辞典』（昭和43年／1968）で、次のような定義をしている。

　　神社祭式のうち、特にその神社にとって由緒の深いもので、現行の神社祭式とは異なった独自の祭式次第、作法によって行われる神事。古式祭ともいう。

　以上を総括すれば、特殊神事は「祭祀令」の制定にともない、それに適合しない祭祀形態として、特定の神社に伝えられてきた祭祀を「特殊」として認め、祭祀という概念と区別して神事と呼んだものといえよう。

成立の前提

　古代以降、各地の神社の神事に対して、祭祀の制度化が幾度か行われてきた。

『大宝令』において、本格的な成文化が始まり、全国の神社は神祇官のもとに制度的に組織化されていった。その中で、神社の祭祀についても「神祇令」のもと、一定の制度化・官祭の成立を見た。そこにおいて「神祇令」に盛られなかった祭祀や、神祇官の管轄とはならなかった村々の祭祀、久しく口頭伝承によって維持されてきた祭祀は、相対的に「特殊なもの」となっていった。

　「神祇令」において国家の管轄となった祭祀は、後に『貞永式目（御成敗式目）』に受け継がれ、さらに、明治時代から大正時代にかけての制度により再編成されていった。その一方でも「特殊な祭祀」は斎行され続けており、終戦後、神社本庁で制定した「神社祭式」の雑則において、「祭祀及び諸式につき、古例の神事、又は故実による慣例あるものは、之を行ふことを得」と明文化された。ここで、その「特殊な祭祀」を「特殊神事」として位置づけたことの神道史上での意味を考えることが必要になってくる。

　「特殊な祭祀」は、個々の地域・神社において伝統的に伝えられてきた固有の信仰を基礎にしており、神祇官の祭祀制度と相容れない部分をもっていた。そのことが多少なりとも「特殊な祭祀」は「私的祭祀」という観念の発達をうながしたと思われる。その点について、柳田國男は『祭日考』で『類聚三代格』寛平7年（895）12月3日の太政官符を取り上げている。それは、京都に居住する貴族たちに対し、各自の氏神祭にことよせてむやみに都から離れることを禁じたものであった。

　　また諸人の氏神は多く畿内に在る。毎年二月四月十一月何ぞ、先祖の常祀を廃せむ。若し申請あらば、直ちに官宣を下さむ。このごとき類は往還に程あり、意に任せて留連し、日を経て遊蕩することは辞さず。その違越者は名を録して言上せよ。違勅の罪に処せん。

　この文章から、公的身分にある者が、その場を離れて私的な祭りである氏神祭に参加することを禁じていることが分かる。国の政治に関わる者として厳に慎むべきことを強調するところに、いかに「私祭」が盛大であったかを物語っているといえよう。

余波

　官祭の整備により、各神社の伝統的な祭祀が公からの干渉を受けることもあったと思われる。とくに宮座組織による神社の管理、運営、祭祀が行われてい

たところでは、奉幣使の来拝の際は神官による祭祀を行い、奉幣使などが帰ってから、伝統的な祭祀を執り行ったという例がある。これを、公の例祭に対して「私祭」「裏祭」「蔭祭」などと呼んでいた。

例えば、岡山県真庭市上河内の熊野神社は、旧河内庄の総氏神であったが、その祭りは「斎宮祭」や「当屋祭」といい、宮座組織によって営まれたことが延元２年（1337）の文書に見えている。ここでは当屋は２戸で務め、１戸を「公領斎」、ほかを「地下斎」と呼んでいた。「地下」は「ヂゲ」で、自村を意味し、この地方では自村と他村を区別して用いる言葉である。「公領」と「地下」の区別は、明らかに「公的な祭祀」と「私的な祭祀」の分担である。

日本の祭祀には、神を祭るという宗教性のみならず、国家的な性格があった。政治の基本として祭祀と敬神を重視し、政権の交替にあたって権力者が宗教政策を重視した理由もそこにある。『貞永式目』を制定した北条泰時が、その第一条で「神社を修理し、祭祀を専にすべき事」を強調したことはよく知られている。弘長元年（1261）２月には、神事が次第に廃れていき、古儀に則した神祀が行われなくなった風潮に対して次のように令している。

> 祭は、豊年にも奢せず、凶年にも倹せず、この礼典の定むる所なり。しかるに近年神事等あるいは陵夷古き儀に背き、あるいは過差世の費えを忘る。神慮測り難く、人何の益有らむ。自今以後、恒例の祭祀、陵夷を致さず、臨時の礼典過差せしむ勿れ。

「陵夷」とは、次第に廃れること、「過差」とは、分に過ぎたことで、祭祀の厳修と奢侈とを戒めている。祭祀の荒廃は、制度によらない伝統的な祭りが原因で、公の立場からするならば、それはあくまで「私的な祭祀」に見えたであろう。近世において、幕府や各藩で出された祭祀関係の禁制の多くも、いわば特殊神事に対してであった。そのことは、神社の社格制度や祭祀の官祭化によってだけでは統一しきれない人々の宗教的な盛り上がりを施政者が恐れたためと見ることもできる。しかし、一般の人々の立場からすれば、その根元には、私的・伝統的祭祀によって初めて得られる宗教的安心があったともいえよう。

成立

明治政府が取り組んだ政治の大きな柱の一つに「祭政一致」があった。明治４年（1871）５月の太政官布告第二百三十四号は、神社が「国家の宗祀」であ

ることを述べたものとして、よく知られている。

　　神社ノ儀ハ国家ノ宗祀ニテ一家ノ私有ニスヘキニ非サルハ勿論ノ事ニ候処、中古以来大道ノ陵夷ニ随ヒ神官社家ノ輩中ニハ神世相伝由緒ノ向モ有之候ヘ共、多クハ一時補佐ノ社職基儘沿襲到シ或ハ領家地頭世変ニ因リ終ニ一社ノ執務致シ居リ、其余村邑ノ社家等ニ至ル迄総テ世襲ト相成、社入ヲ以テ家禄ト相心得候儀天下一般ノ積習ニテ、神官ハ自然士民ノ別種ト相成、祭政一致ノ御政体ニ相悖リ其弊害不 $\underset{すくなからず}{尠}$ 候ニ付、今般御改正 $\underset{あらせられ}{被為在}$、伊勢両宮世襲ノ神官ヲ始メ天下大小ノ神官社家ニ至ル迄精撰補任 $\underset{いたすべきむね}{可致旨}$ 仰出サル

　こうして全国の神社の祀職が神祇官の掌握下に入ることになった。そして、人々の生活の宗教的側面に、根本的といっていいほどの影響を与えたのが明治5年11月15日の太陽暦への改暦と、それに続く祭日・祝日の制定であった。江戸幕府が制定した「五節句」は、従来の農耕儀礼の多くや先祖祭と合致していた。人々は新しく定められた暦に基づく祭日・祝日を、旗を立てるだけの公の休日という意味で「$\underset{はたび}{旗日}$」と呼び、生活に適合していた古来の祭日を「将軍様の節句」や「$\underset{ものび}{物忌日}$」といって区別した。ここにおいて、精神生活の区切りである年中行事も「特殊な行事」になったのである。

　また、明治6年7月7日には、教部省から「神官奉務規則」が通達された。

　　一、祭祀ノ典則ハ之ヲ遵守シテ違乱スヘカラス其一社ノ例祭民俗因襲ノ神賑等ハ地方ノ適宜ニ $\underset{したが}{循}$ ヒ行フヲ得ヘシ
　　一、例祭常祀ノ外旱 $\underset{そうろう}{潦}$ 疾疫等臨時祭時ヲ行フハ其地方官ノ許可ヲ受クヘシ
　　一、人民ノ請求ニ応シ祈祷ヲ行ヒ神札ヲ授クルハ妨ケナシト雖モ貧 $\underset{どんらん}{婪}$ ノ所業ハ之アルヘカラス
　　一、神官ハ教導職ヲ再務ス其責タル $\underset{きじゅう}{纂重}$ ナリ故ニ国体ヲ $\underset{わきま}{弁}$ ヘ理義ニ通シ其言皆師表ノ任ニ勝ユヘキヲ要スヘシ
　　一、教義ハ三条ノ御趣意ヲ遵奉シ及ヒ一般ノ教導職ト協和シ $\underset{はいれい}{悖戻}$ ノ所為アルヘカラス
　　一、卜 $\underset{ぼくぜいほうい}{筮方位}$ ヲ以テ $\underset{みだり}{漫}$ ニ吉凶禍福ヲ説キ無稽ノ祈祷等決テ行フヘカラス
　　一、社殿及ヒ其境内ヲ清潔ニシ修繕取締リ等常ニ意ヲ用ヒ汚穢褻 $\underset{せっとく}{瀆}$ ニ至ラシムヘカラス
　　一、一社所蔵ノ宝物什器及ヒ古文書類等之ヲ監護シテ散逸セシムヘカラス

313

一、葬祭ヲ乞フ者アルトキハ喪家ノ分ニ随テ其式ヲ立懇切ニ執行シ聊モ遺
　　憾ナカラシムヘシ
　一、喪家ニ臨ミ若シ変死異常等疑シキ事アラハ其情状ヲ地方官ヘ報知シ応
　　允ヲ得テ後葬儀ヲ行フヘシ曖昧ノ処置アルヘカラス
　一、神社境内ニ於テ非常ノ事故アルトキハ其情実ヲ地方官ニ報達シ其指揮
　　ヲ受クヘシ

　これは神職の服務規定としての性格も有するものであるが、国民の精神生活の深層にまでおよび、神官がその監督者の立場に置かれた。
　一方、神社や神官、祭祀に関する通達は続き、明治40年（1907）に「神社祭式行事作法」、同41年に「皇室祭祀令」の制定、大正3年（1914）に「神宮祭祀令」と「官国幣社以下神社祭祀令」が発布された。そして、その過程において、各地の神社における古例の神事や一社伝来の儀式、官幣社における特別の祭祀といった存在が浮かび上がってきたのである。
　大正3年1月の勅令による「官国幣社以下神社祭祀令」は、「神社祭式行事作法」に適合しない祭祀について規定し、第九条において「地方ノ状況其ノ他特別ノ事情アル神社ニ於テハ当分ノ内仍従前ノ例ニ依ルコトヲ得」とした。
　特殊神事という言葉が、いつから用いられるようになったのかは明確ではないが、大正13年には、官国幣社から神社局長あてに特殊神事についての調査報告がなされている。これをもとにして昭和16年（1941）3月に神祇院から発行されたのが『官国幣社特殊神事調』全5編である。

意味

　特殊神事は以下のような前提において成立したといえるだろう。
　神社は「国家の宗祀」である。それゆえに、神社の祭祀は国家において決定された祭祀方式によって統一されるべきである。神官も神社や祭祀を私するべきではなく、常に、国家の安泰・隆盛を理念として奉仕すべきである。神社ごとの特別の状況、古来の事蹟に基づく祭祀は尊重するが、「特殊な祭祀」は、あくまで国家のための祭祀を前提にして認められる。
　ここにおいて特殊神事は意味をもち得た。例えば、祭式の大中小の区別は『大宝令』の「大祀」「小祀」に始まり、『延喜式』では「大祀」（践祚大嘗）、「中祀」（祈年、月次、神嘗、賀茂など）、「小祀」（大忌、風神、鎮花、三枝、相嘗、鎮

火、道饗、園韓神、松尾、平野、春日、大原野など）というように、その祭神と祭祀者を中心として、ある種「国家」との関わり方によってその祭祀の区別が決定された。その上で個々の神社の特別に由緒ある祭祀を認めることは、古例を尊重するというより、個々の神社を信仰し祭る者たちの主体的な立場を尊重するという宗教観を基礎にしたと解釈すべきであろう。そのことにより祭式の統一が初めて可能になった。

　神社の祭祀における古例とは何か。例えば『官国幣社特殊神事調』により、個々を見ていくと、特殊神事は、祭神、祭日、祭場、祭祀者などの条件によって構成される神事全体の中の、特定の条件の強調・分化によっているものと考えることができる。倉林正次は先の『神道辞典』の中で、旧官国幣社の特殊神事について次のような分類をしている。

　①神の降臨出現を中心とする神事。②斎忌を中心とする神事。③禊祓を中心とする神事。④供物、舗設を中心とする神事。⑤渡御に関する神事。⑥卜占により神意をはかる神事。⑦農耕関係の神事。⑧採取行事に関する神事。⑨火に関する神事。⑩疫病除けを中心とする神事。⑪競技行事を中心とする神事。⑫芸能行事を中心とする神事。

　この分類を見ると、主として神を迎えて神意をうかがい、神を和める神態（かみわざ）（神を祭る業）の部分が多数を占めていることが分かる。これは日本の祭りに共通する特色というべきでものでもある。柳田國男は『分類祭祀習俗語彙』で、祭りというものが人々にどのような観念で伝えられてきたかを示すものとして、祭り全体を表現する呼称を分析している。それによると、神幸を中心としたもの、斎掃（いみさし）・執物（とりもの）・斎忌を対象としたもの、神態を対象としたもの、神饌・幣物を対象としたもの、頭屋など祭祀者を対象としたものが大部分を占めている。

　つまり、祭りを構成する特定の条件で、祭り全体を表現しているのである。祭りの中心を最もよく表現する祭祀の一部の呼称を、全体に拡大させているともいえよう。このことは、その祭りの中心的意味が人々によって選択されたものであることをも示している。

　そうすると、特殊神事はその一部が強調されたために「特殊」であり、各社の「特殊」を分類・比較すれば、同類型に位置づけられる祭りが多くなる。全国的に見れば、それは「特殊」ではなく普遍的な存在なのである。さらに、各神社の年間の祭祀は、1回限りの祭りによって地域住民の信仰に応えるのでは

なく、1年を周期とした生活過程に対応して営まれる幾度かの祭りによって全体が構成されている。したがって、どれを例祭として捉えるかの判断が難しい場合が多い。この認識を欠くと、特殊神事の価値や位置づけを十分に理解することはできない。

研究の問題点

　従来、宮中祭祀をはじめとして各地の旧社・名社の神事は、古代以降、国家の度重なる政策によって変革が加えられ、純粋に古代的要素を伝えていることが少ないという見解は多くの学者によって示されてきた。一方で、特定の神社の由緒に基づく神事は、それが人々との主体的な関わりによって伝えられたものであるために、国家によって統制することが難しく、古代の要素や歴史的意義をそこに認めるべきであるという見解もあった。しかし、いずれか一方を固執することの欠点は明らかである。西角井正慶は『祭祀概論』で、特殊神事と祭式について、次のように述べている。

> 特殊神事其物が、明治祭式に従つて、祭式の一部に包含されたものもあつて、全般に祭式以外の形態をなすのは、極めて稀である。神宮をはじめ各地の大社には、古式の神事に基くものが少くない。だがその古式も、長い年次を経る間には、変遷がない訳ではなかつた。況や明治の神社祭式制定以後は神宮祭祀さへ、新しき制定に拠る処が多く、特殊性はむしろ山間僻地の民社に残されてゐる。その最も目立つのは、神仏分離以前の形態で、仏教的色彩陰陽道要素を多分に伝来したが、此等は大社ほど廃止が徹底され、小社に於いては民間の信仰上温存されてゐた。例へば対馬の豆酸の多久頭魂神社（天道様）に於ける九僧（供僧）の神事の如き、明治大正を経て、今なほ古き祀職による独得の行儀がある。併し、其等は全く例外と見るべきで、神社祭儀は、とも角も祭式によつて統一された行事次第に、古来の条件と要素とが継承されてゐる。

　信仰は、古代以降、純粋な形で伝えられてきたのではない。歴史の流れの中で、さまざまな影響を受けながら今日に至っている。とくに特殊神事とされる信仰事象は、歴史的に国家の宗教政策と直接に関わった点において、そのもつ意味は大きい。特殊神事を今日に伝えてきた背景には、そうした歴史によっても変わることのなかった信仰者の側の主体的な条件が強固に存在したという事

実がある。祭式は、たんに神祭りに奉仕する側の形式の問題ではない。その形式と精神を受け止める側との主体的な関わり方が問題となる。

【参照事項】
じんじゃ　まつり　じんじゃさいしき　しんせん　なつまつり　じんこうさい
（以下『宗教編』）じんぎかん　たいきょうせんぷ
だいきょういん　きょうぶしょう　しんとうじむきょく　しゃじきょく　じんじゃきょく

なつまつり　夏祭り

　春と秋に行われる古い祭りに比べて新しく発達したもので、疫病退散の性格などをもち、都市で発展したものとされる。しかし、祭りの類型・定義に関しては曖昧なところも多い。

折口信夫の説

　現在、夏は一般に6・7・8月をいう。陰暦では立夏から立秋までで、4・5・6月の期間を示していた。しかし、新旧どちらの暦にせよ、「夏の期間に行われる祭り」と「夏祭り」とでは、意味合いが異なる。

　例えば「祭」は夏の季語であるが、これは京都の賀茂祭を念頭に置いたものである。賀茂祭は、現行は5月15日だが、旧暦では4月の酉の日を中心に営まれ、夏の祭りということになるが、厳密にいえば「夏祭り」ではなく、むしろ「春祭り」というべきものと思われる。

　この「夏祭り」の成立について、折口信夫は『古代研究』「民俗学篇」で以下のように述べている。

　　夏の祭りは、要するに、禊ぎの作法から出たもので、祭礼と認められ出したのは、平安朝以前には遡らない、新しいものなのである。御輿のお渡りが行はれたのは、夏祭の中心であつて、水辺の、禊ぎに適した地に臨まれるのである。

　祭りの前提として行われる禊は、水による浄化を期待するものである。つまり折口は、夏祭りは、元来、祭りの範疇に入るべきものでなかったとしている。そして、別の個所で折口は「祭り」について、こう述べている。

　　まつると言ふ語が正確に訣らないのは、古代人の考へ癖が呑みこめないか

317

らだと思ふ。神の代理者、即、御言実行者(ミコトモチ)の信仰が、まづ知られねばならぬ。にゝぎの命は、神考(カブロギ)・神妣(カブロミ)のみこともちとして、天の下に降られた。歴代の天子も、神考(カブロギ)・神妣(カブロミ)に対しては、にゝぎの命と同資格のみこともちであった。さうして、天子から行事を委任せられた人々は、皆みこともちと称せられる（中略）。

みこととは神の発した呪詞又は命令である。みことを唱へて、実効を挙げるのがもつである。「伝達する」よりは重い。神に近い性格を得てふるまふことになる。み言の内容を具体化して来ると言ふ意義が、まつるの古い用語例にあつたらしい。

春の初めに神のみこともち、すなわち「まれびと」が、村々を訪れ、みことを宣り、その内容を具体化することが「祭り」という。そして、祭りの原型は、「春まつり」にあり、そこから「冬まつり」が分かれ、さらに、その前提が「秋まつり」を生んだとしている。その基本は、年に1度、まれびとが訪れてくるという予想である。しかし、平安時代に以下の事態が起こったという。

年一度来る筈の、海の彼方のまれびと神が、度々来ねばならなくなり、中元を境にして、年を二つに分けて考へ、七月以後は春夏のくり返しと言ふ風の信仰が出て来た。此は、夏の禊ぎが盛になつた為でゝもあつた。禊ぎには、まれびと神の来臨が伴ふものとしてゐた信仰からは、夏から秋への転化を新しい年のはじまりと考へないでは居られなかつたのだ。

こうして、「夏祭り」が発生したという。つまり、本来の「祭り」とは、水稲耕作を行う農民の生活のうちに必然的に生まれた「春祭り」であり、それから派生した「冬祭り」「秋祭り」で、この基本線からはずれた「夏祭り」は、あくまで二次的なものと見なしている。

柳田國男の説

一方、柳田國男は『祭日考』において祭りの原型を追究し、「夏祭り」に言及している。「特殊神事」の項で触れた寛平7年12月3日の太政官符には、2月・4月・11月に氏神祭が行われていたと記載されていたが、この事実から出発し、『延喜式』「四時祭」、二十二社の祭日、『神祇志料』、幕末を中心に編纂された各藩誌、明治以降の各郡誌、教部省撰の「延喜式神名帳」の注釈書『特選神名牒』などの書にあたり、「祭日変化の五つの段階」を提示している。この5段

階は「祭日」の項でも挙げたが、ここでも改めて取り上げたい。
　甲　2月11日または4月11日を祭りの日としている神社。
　乙　2月11日または4月11日の祭日の他に、さらに1つもしくは2つの祭りをくわえているもの。
　丙　両度の祭日のうち、一つは2、4月または11月であって、他の一方の祭日が別の月になっているもの。
　丁　春秋両度とも、または、年に一度、2、4、11月でない月にのみ祭りをしているもの、新暦後の祭日は大部分が皆これである。
　戊　夏祭り、ただしなかには夏の節を過ぎているものもあるが、とにかく神を迎える日が夏の初めより後に来るもの。

　この5段階のうち、最も新しい展開を示したものが「戊」であり、柳田によっても夏祭りは、最後になって誕生したものとされている。「甲」を祭日の基本型としたのは、稲作農耕にともなう春祭り（祈願）と秋祭り（収穫感謝）を祭りの祖型と考えたからである。この場合、4月が季夏、11月は仲冬で、暦の上からは春・秋とはいえないが、暦輸入以前の生活感から、2月・4月は「春祭り」で、11月を「秋祭り」として差しつかえないとしている。

　この稲作の農耕過程に沿った祈願と奉賽の祭りから最も遠くに位置するのが「夏祭り」である。柳田は「最後に戊類といふ夏祭系の祭日は、都会が普及の源であったと推定して、大よそまちがひが無ひであらう」としている。

祇園祭と尾張津島天王祭

　実際に行われている夏祭りを分類すると、おおよそ次の4種に分けられる。その中でも、とくに目にする機会の多い①から③に焦点を絞り見ていこう。
①祇園祭・尾張津島天王祭系のもの
②火祭りをともなうもの
③麦秋祭をともなうもの
④その他（虫送り、夏越祭など）
　この中で最も数が多いのは、祇園祭・尾張津島天王祭系の祭りである。また、一つの祭りの中に、いくつかの内容を含んでいる場合もある。
　京都の八坂神社で行われる祇園祭（祇園会）は日本中で行われる祇園祭の源流で、その大きな特徴は、山鉾の巡行である。社伝によれば、貞観11年（869）、

卜部日良麿が66本の鉾を立てて牛頭天王を祭り、悪疫退散を願ったことに始まるという。旧暦6月7日の神幸祭が中心であったが、現在の祭日になったのは明治9年（1876）からである。

愛知県津島市の津島神社で行われる尾張津島天王祭は、現在は7月の第4土・日曜日を中心に長い期間を通じて行われ、絢爛豪華な祭船が出ることで有名である。『官国幣社特殊神事調』によっても「陰暦六月十四、十五日を中心として、前後九十日間に亘って執行する大祭にして、当社随一の祭典なり」とされている。社伝によれば、欽明天皇元年のご鎮座とされるが、式内社ではない。文献での初見は『吾妻鏡』の文治4年（1188）である。中世・近世を通じ、津島牛頭天王社とも称し、古くから津島御師の活躍が著しく、中部地方はもとより中国・四国・関東・東北にまで天王信仰を広めた。村々で悪疫・疱瘡が流行すると、牛頭天王を迎えたようで、とくに江戸時代における御師・手代の活躍はめざましく、同社には多くの檀那帳が伝えられている。

この二つの祭りに共通することとして以下の2点が挙げられよう。

a、神社の成立が比較的新しいこと。
b、神幸祭にともないきらびやかな山車の出ること

全国の多くの夏祭りは、大なり小なり、これらの祭りの影響を受けているといっても過言ではない。

火祭りと麦秋祭

和歌山県の熊野那智大社の例祭・扇祭は、通称「那智火祭り」として有名である。旧暦では6月14日、現在は7月14日が祭日となっている。熊野那智大社は、熊野三山のほかの二社が式内の大社と位置づけられるのに対し、式内社ではない。三山の内では最も新しく成立したものとされる。社伝によれば、創建は仁徳天皇の御代という。扇祭では、熊野十二所権現の神々が、12基の扇神輿で那智の大滝を御神体とする飛瀧神社へ御神幸になる。このとき、大松明12本によって扇神輿を清める儀式があり、そのため火祭りの名称がある。

このほか、山梨県の北口本宮浅間神社の「吉田の火祭り」、石川県七尾市能登島の伊夜比咩神社の「向田の火祭り」などがあり、それぞれ火を焚く意味は異なるかもしれないが、この時期に火を焚く行事が集中している。

埼玉県大宮市に鎮座する氷川神社では、8月1日の例祭の翌日に行われる神

幸祭で「小麦飯」が供えられる。旧暦では、それぞれ6月14日と15日であった。氷川神社は、武蔵国一の宮で、社伝によれば孝昭天皇の御代の創祀とされる。文献での初見は平安時代に書かれた法制書『新抄格勅符抄』の「神護2年」（天平神護2年／766、神護景雲2年／768）で、式内社である。

　8月2日の神幸祭での神輿に神霊を遷す儀では、小麦藁のむしろを敷いて神事が行われるという。続いて、行列を整えて渡御となり、神輿は小麦藁を敷きつめた神橋に奉安され、小麦飯を中心とした神饌が供えられ祭典が行われる。

　また、神奈川県川崎市の稲毛神社や静岡県焼津市の焼津神社の夏祭りにも麦秋祭の性格がある。「祇園祭」や「天王祭」の名を冠する全国の祭りにおいても、麦を神饌として供えるところが多くある。京都の祇園祭と津島の天王祭では、麦を供えることはないため、系統を異にする夏祭りということができよう。あるいは、この系統の祭り・麦秋祭に、祇園祭・天王祭系統の夏祭りを受け入れる基盤があったと考えられるのかもしれない。

　そのほか、夏祭りの類型としては、「虫送り」や、夏越の祓としての「茅の輪くぐり」などの民俗行事を中心とした祭りがある。

　以上、夏祭りの諸相を、焦点を絞り見てきたが、当然ながら、上記の類型に収まりきれない夏祭りもある。また、6月15日の八幡祭が広がったものとする説もある。さらに、旧暦の6月の位置づけについても明確にはなっていない。夏祭りの定義についても、今後の研究の成果が待たれるところである。

【参照事項】まつり　さいじつ　ちのわ　さいかい　とくしゅしんじ
じんこうさい（以下『宗教編』）くまのしんこう　ごりょうしんこう　かみかむろぎかむろみのみこと　みそぎはらえ

58　じんこうさい　神幸祭

　神輿や鳳輦、御座船などに遷られた神霊が、お旅所に渡御したり、氏子区域を巡幸する祭事のこと。「神幸」（みゆき）ともいう。狭義では、神霊がご本殿に戻られる還幸祭に対して、発御祭とも称する出御での祭典を意味する。

内容の分析

　神霊がご本殿を出御し渡御する際には、供奉の鉾・山車・屋台、あるいは稚

児の行列などがともなうことがある。また、神霊が饗応を受けるお旅所が設けられることも多い。柳田國男の『分類祭祀習俗語彙』「神幸」の項では、「神幸汎称」「御旅所」「鉾、山車、屋台」「神輿、神馬」、「神輿かつぎ・行列の諸役」、「稚児」の小項目を設けて分類が行われ、それぞれ6〜30例の民俗語彙が収録されている。このことにより、神幸祭がいかに多様なものであるかが分かる。また、これらのことは、一般的に思い浮かべる「祭り」の印象ともなっている。

　皇紀2600年（昭和15年／1940）を記念して平凡社から出版された『神道大辞典』では、神幸祭を以下の5類型に分類し、具体例を挙げている。

　一、もと神を迎へ奉る古儀に出で毎年或は周年にさながら之を繰返すもの。
　　（例、多賀大社大宮祭）
　二、歴史の事実、祭神の事蹟にかたどるもの。
　　（例、香取神社の軍神祭・建部大社の納涼祭船幸・香椎宮春季祭）
　三、疫病消除の神事が恒例化せるもの。
　　（例、八坂神社の祇園祭）
　四、神慮を慰むる趣旨に出づるもの。
　　（例、厳島神社の管絃祭・金崎宮の御船遊）
　五、祭神縁故の地或は氏子区域に渡御せられるもの。
　　（例、宮崎神宮の神幸祭・平安神宮の時代祭・南宮神社の神幸祭・藤島神社の神幸祭）

深層

　昭和時代の宗教学者・堀一郎は『我が国民間信仰史の研究』で、古来より現在に至るまでの信仰現象を三点に要約し、その一つに「神の降臨・神の遊幸信仰」があるとした。そして、それを裏づけるものとして、神の「依りまし」の事実や神の「ミコトモチ」としての神人遊行（ゆぎょう）の実践形態があるとしている。

　　我が国の諸社祭神が依帰神として信仰せられてゐる事は、祭式規定に今も降臨（カミオロシ）・昇神（カミアゲ）の儀が供饌・祝詞・玉串奉奠・撤饌の前と後とに行はれてゐる事実からも察せられるのであるが、更に祭礼と云へばこれかとさへ考へる者の多く、祭の日の最も印象的な中心行事となってゐる神輿渡御・神幸祭の儀は、何よりもまさしき神遊幸の観念の直截なる表出であった。

日本古来の信仰の中には、神が遠いところから自分たちの村にやって来るという観念や、神が各地を巡幸し祝福を与えてくれるものだという信念体系が力強く息づいていて、その最も直截なる表出が神幸祭であるという。また、この信仰現象は、「記紀」をはじめとする古典にも無数に見えることを指摘した上で、後世の仏教者の遊行にも触れている。

　さすがの仏教でさへも、この日本人の信仰形態を根柢より覆へすには至らなかった。のみならず、特に民衆に接触し、民衆と共にあらんとした宗教家は、意識的であったか無かったかは別問題として、多少共この古来の信仰形態を踏襲しつつ、自己の教化を拡大して行ったのである。この事は泰澄、役小角然り、道昭、行基また然りである。（中略）
　新たなる宗教が興り弘く伝播せらるる際に、例外なくかかる形態の採られることは、自明且つ自然の途であって、殊更に取立てて論ずる迄もない事であるが、他面信仰受容者の側に於ける客人歓待即ち hospitality の風習が広く原始宗教を奉ずる民群に残留せる事実から推して、彼等の遊行を可能ならしめたものは、むしろ受容者の信仰態度のうちに在ったことが明らかとなり、それとともに遊行者の原始的形態が、後世に於ける自己の意志や目的、即ち個人の、若しくは僧団教会などによって計画せられる伝道旅行や食物享受のための循環訪問ではなく、予言者的予祝的巫女神人の、神の名と意志の下に於ける遊行訪問であったらしく思はれる。

　つまり、依り来る神の信仰、巡幸遊行する神の信仰は、歴史上、遊行 聖(ひじり)に受け継がれ、庶民のレベルでは、仏教を奉じる僧として遇するよりも、むしろ神意を奉じる客人としてもてなしたとしている。

　ここに、日本の祭りに欠くことのできない神幸祭の理由の一端を窺うことができる。『神道大辞典』の分類で、最初に「もと神を迎へ奉る古儀に出で毎年或は周年にさながら之を繰返すもの」が設けられたのは、創祀のときに神を招いて社にお鎮めしたのと同じように、毎年、新しい神を迎えるという意識が、神常住の観念が生じた後も無意識のうちに伝えられていた事例が多く見られたからであろう。神幸祭という祭りの形式を今日まで伝えてきた意識の深層には、元来、神は祭りの日に限って遠くからやってくるという信仰があると思われる。

神幸祭の多様性

　神幸祭の諸相は多様性に富んでいる。試みとしてその形態を以下の5つに分類し、神幸祭のいくつかを紹介する。
　①山車や屋台をともなうもの、②荒れ神輿、③海浜・河辺に渡御するもの、④船によるもの、⑤長距離にわたるもの。
　山車や屋台が供奉する例は、祇園祭をはじめとして多くあるが、岐阜県の「高山祭り」と埼玉県の「秩父夜祭り」も有名である。高山祭りは日枝神社と桜山八幡宮の祭礼で、秩父夜祭りは秩父神社の例祭である。秩父夜祭りについて、江戸時代の『武蔵野話』（斎藤鶴磯著）には以下のようにある。

> 霜月朔日より六日まで毎日大宮の町に市たちて上毛、下毛、信濃、尾張、江戸諸国の商人いりこみて売買す、其繁栄なる事なかなか筆紙に述べがたし。三日の夜神輿および屋台など御旅所とて祠地より十町も南に小たかき所へ引あげんとして畑の中を踏通り挑灯をともしつれ、其群集十町四方白昼のごとく実に譬んかたなし。小高き所へ屋台を引上、神輿を御旅所の地へ居置、其前にて躍を催し神事を執行ひて後皆祠地へ引返す事なり。誠に善つくし美をつくし、かかる神事も珍しいといふべし。しかれども屋台をいだす事後世の事なるべれども神徳の著しき、仰ぐべし祟むべし。

　秩父夜祭りは、かつては霜月の祭りであったが、明治の改暦以降は、現在の12月3日を中心とした祭日となっている。
　神幸祭の途次、屈強な若者に昇かれた神輿がぶつかり合ったりする、いわゆる「荒祭り」も各地に見られる。新潟県糸魚川市の天津神社で4月10日に行われる春季大祭は「糸魚川けんか祭り」として有名で、兵庫県姫路市に鎮座する松原八幡神社で10月14・15日に行われる例祭も「灘のけんか祭り」として名高い。
　夏祭りは水に関係したものが多いが、夏祭り以外でも水辺へ向かう神幸祭は数多くある。千葉県の玉前神社では9月10日から13日にかけて、世にいう「上総裸祭り」が行われる。近郷一二社の神輿が境内に集まり、13日の例祭には、玉前神社の神輿2基が浜に神幸し、近郷一二社の神輿がこれを迎える。神奈川県の寒川神社では、7月の海の日に「浜降祭」が行われる。その模様は『官国幣社特殊神事調』には以下のように記されていた。

> 七月十四日午後一時神輿を拝殿中央に装置す。同六時御霊遷の式奉仕。十五日午前三時発輿、本郡茅ヶ崎町南湖の浜へ渡御、途中、当社元摂社鶴

ヶ嶺八幡神社大門前へ、郡内郷村社の内十数社の神輿奉迎す。それより一列にて古来の登場へ着輿。日出の際祭典奉仕、畢て各社の神輿奉供、帰路一宮村通輿の際、往古より該村某の家にて麦茎に点火し神輿に投掛るの儀あり（原因不詳）。次に還御。午後三時祭典奉仕畢て退散。次に本殿に神籬を奉還一同退出。

　また、神霊を御座船に遷して、海上や川を渡御する神事も多い。中でも安芸の宮島の厳島神社で、旧暦6月17日に行われる「管絃祭」は海上渡御の祭りとして有名である。大阪天満宮で7月24・25日に行われる「天神祭」もその一つである。24日の宵宮では、堂島川にかかる鉾流橋（ほこながしばし）の水上より神鉾を流す「鉾流神事（ほこながし）」が行われるが、以前は、その鉾が流れついたところをお旅所としていた。翌日は、神輿・鳳輦が猿田彦・触太鼓・獅子・風流花傘・八乙女・稚児の行列とともに神幸し、鉾流橋から船に乗って、人形船・ドンドコ船・篝船・囃船などともに川を下り、お旅所まで渡御がある。

　一方、長野県の諏訪大社では、8月1日に下社で「御船祭」がある。この祭りは、実際に神霊が御座船で渡御するというものではないが、「神霊の乗り物としての船」を象徴的に示している事例である。

　長距離の神幸祭としては、石川県羽咋市（はくい）に鎮座する気多神社（けた）の「平国祭（へいこくさい）」の百数十キロにおよぶもの、山口県熊毛郡（くまげ）上関町（かみのせき）の祝島（いわいしま）の「神舞神事（かんまい）」のような49キロにわたる海上渡御の例もある。

　以上、神幸祭のいくつかを紹介したが、今まで以上に調査を進めて、この多様性に富んだ祭りのさらなる分析と類型が求められる。

【参照事項】
まつり　さいじつ　しんよ・みこし　とくしゅしんじ　なつまつり

59　いずもこくそうのしんじょうえとこでんしんじょうさい
出雲国造の新嘗会と古伝新嘗祭

　出雲大社（杵築大社（きづきのおおやしろ））で11月23日の夜に行われているのが「古伝新嘗祭（こでんしんじょうさい）」で、宮司（出雲国造）が新穀を神前に供え、相嘗を行って五穀豊穣を感謝する祭儀である。中・近世においては「新嘗会」として、今と異なる場所で行われていた。

出雲国造家

　出雲大社の宮司家は、天照大神の第2の御子・天穂日命（あめのほひのみこと）が大国主神の司祭者に任ぜられたという神話に始まり、崇神天皇の時代に補せられたという「出雲国造」の名を今も継承しつつ、子孫が連綿としてその職を伝えている。国造家は南北朝時代初期に「千家」「北島」の2門に分かれ、隔月で大社の神事に奉仕しつつ明治に至った。

　出雲大社の新嘗祭は、中・近世においては「新嘗会」と呼ばれ、出雲大社ではなく、出雲国造のもとの本拠である松江市南郊・大庭（おおば）の「神魂神社（かもすじんじゃ）」と「国造別邸」で斎行された。神魂神社は、国造が大庭に居住したころの邸内社または総社が、平安中期以降に神社として展開したともいわれ、『出雲国風土記』や「延喜式神名帳」にはその名が見えない。現在、出雲大社で11月23日の夜に拝殿で斎行されている「古伝新嘗祭」は、明治5年（1872）以来の新儀である。

　新嘗会の古い姿は、あまり世に知られていない。「新嘗会」という名称でさえ、記録に出てくるのは16世紀後半である。その具体的内容を示す史料として重要なものに、同社の上官・佐草自清著の『重山雲秘抄』上（元禄元年／1688）がある。以下は、17世紀後期の新嘗会の概観であるが、この形は幕末までほとんど変わるところがなかった。

古の祭儀

　千家・北島の両国造が杵築から約11里（約43キロ）離れた大庭に出立するのは、新嘗会の2日前、11月中の丑の日であった。この日から散斎に入った国造たちの行列は、途中で出雲郡の中宿に一泊し、寅の日に大庭に到着すると、それぞれの別邸に入った。そして、翌日・卯の日の早朝、国造は神魂神社に参拝した。また、大庭の南方・約3里（約12キロ）の地にあり、古くから出雲氏の氏神とされる「熊野神社」（現・熊野大社）に飛脚を遣わして火燧杵（ひきりきね）と火燧臼（うす）を差し出すよう依頼する。

　新嘗会の行事は、卯の日の宵から、両国造が滞在するそれぞれの別邸で始まる。両国造の行事はほとんど同様で、まず、熊野神社から「別火代」の宮大夫が「火切り」（檜の板の火燧杵・卯つ木の火燧臼）を3枚ずつ持参すると、これを吟味して試みに鑽火（きりび）し、うち1枚の火を「お火所（ひどころ）」（国造用の斎火殿）に移し、付近の茶臼山（ちゃうすやま）（神名樋山）の「真名井の水」を使って新穀を炊飯する。

この御飯は、神事の後半で、国造の新嘗用に供されるものである。「火切り」を持参した熊野の社人に対しては饗応があり、現在の「亀太夫神事」にあるような、熊野の亀太夫が出雲の神職に対して悪態をつくことは江戸初期の史料には現れていない。

　鑽火が済むと、国造は神魂神社に参入し、出雲大社において最も丁重な御供である「諸御供」を献進した。国造は箸を取って薦供し、終わると本殿を下りて、「庁の舎」に設けられた「稜威之席」の座に着いて、複雑な祝詞行事を斎行した。「稜威之席」は真菰または茅草を新藁か荒苧で編んだものとされている。

　祝詞奏上が本殿内でない点は、出雲大社の「三月会」（現在の例祭）の行事と類似している。国造は本殿の方角を向いて着座し、杵築から随行の上官と神魂社の神主が左右に従うと、まず、神魂の「別火」が御幣を手にして国造に向かって祝詞を唱える。終わると、国造・上官・神主が御幣を手にして、同時に祝詞を申し、最後に、別火がまた国造に向かって祝詞を唱えた。この方式は、国造の襲職儀礼である「火継神事」の２日目に、神魂の本殿内で行われたものと同一かと思われる。

「百番の榊舞」と「御釜の神事」

　続いて、祝詞行事と同じ場所で「歯固め」「一夜酒頂戴」「百番の榊舞」があった。方式はすべて火継神事と同様であるが、場所は本殿内ではない。また、「一夜酒」は、火継神事の折には本殿内で炊かれた飯の一部で造られるのに対し、新嘗会のものは国造別邸のお火所で、寅の日の夕刻に前年から残しておいた熊野の火切りの１枚で鑽火・炊飯し、醸造する。

　「歯固め」とは、神名樋山の真名井の滝で採取された小石を国造が３度噛む行事で、長寿の祈念とされる。国造が神の奉仕者として神聖性を更新し、新しい人格として誕生する産育儀礼とも理解される。「一夜酒頂戴」は、後述の「御飯頂戴」とともに国造の新嘗の一部である。「百番の榊舞」は、国造が榊の小枝・「手草」を左右の手に１枚ずつ持ち、拝舞を100回繰り返すもので、社人たちが琴板を打ちつつ神楽歌を謡う。国造の拝舞が終わると、上官・神主・別火も囃子なしで３番ずつ榊舞を行った。新嘗会の前半をなす神魂神社での行事はこれで終了し、次いで、国造別邸に座が移された。

国造別邸での行事は、「御釜の神事」から始まる。広間に古い神事用の釜を据え、その正面奥の細長い四畳敷の「高間(たかま)」に、束帯姿の国造が着座する。釜の上には、6升の玄米飯が入れられた新俵が置かれ、神々の依代として大幣3本、小幣20本が立てられる。神魂の「別火」が、釜と国造に向かって祝詞を申し、担(にな)い棒の前部に稲穂3把(わ)、後部に一夜酒が入った瓶子(へいし)を付けて荷(にな)う。そして、杖を突きつつ釜の周辺を3度廻り、廻るたびごとに「荒田なし」と唱える。このときの別火の姿が、京都の高山寺や聖護院が所蔵する鎌倉時代の「熊野曼荼羅」における紀州熊野の稲持王子神像、あるいは、東寺に伝わる「稲荷縁起」の稲荷神の姿に近いことは興味深い。穀霊を祭る古い儀式のあり方が窺われるところであろう。

　続いて、別邸にてもう一度、国造の歯固め・一夜酒頂戴（北島のみ）・百番の榊舞があった。作法は神魂神社でのものと同一であるが、上官・神主・別火の榊舞はない。これらが終わると、国造の「御飯頂戴」となった。この晩の行事の初めに焚いた新穀の白飯を土器に盛り、「裸の役人」（お火所番）が持参する。国造はこれを3口食べ、残りは膳ともども「下殿(おりどの)」に下げる。「裸の役人」の姿は禊を済ませたままの清い姿であった。

直会

　次に、火切り板（火燧臼(きこう)）への揮毫となるが、両国造家の間に若干の相違があった。今まで見てきたように、両国造の行事はほとんど同様であったが、杵築出発時には先番・次番の順があった。この揮毫においても違いが見られる。

　千家国造の場合、2枚の火切り板に「新嘗会御火切」と書き、うち1枚は、以後1年間、杵築の「お火所」で国造用の食物調理のために使用する。もう1枚は、翌年の新嘗会の一夜酒を醸すためのものとして大庭の別邸のお火所に残す。また、国造が頂戴した白飯を焚くために使用した1枚には何も書かない。これは、翌日、国造の食物の残りや使用した膳具・器物とともに、打ち砕いて背後の山に埋めるのである。

　これに対して北島国造の場合は、3枚それぞれに「天御火切」「新嘗会御火切」「御酒火切」と書いた。「天御火切」は元旦の「天火祭」用、「新嘗会御火切」はこの卯の日の晩からの1年間の国造の食物調理用、「御酒火切」は翌年の新嘗会のため大庭に残す分である。

卯の日の晩から始まった新嘗会は、こうして徹夜で執行され、辰の日の日の出ごろ、最後の行事である「侍之神事」を迎えた。これは、前夜から奉仕した上官・中官・近習・被官たちとの饗宴で、饗膳には1升盛りの白飯に鰤4切れが添えられた。醴酒(ひとよ)が3巡し、配膳や酌には神魂神社の被官たちがあたった。なお、この朝の国造の膳は一汁八菜で、それまで食べることが禁忌とされていたその年にできた瓜（白瓜・マクワ瓜）・茄子・大豆・小豆・大角豆(ささげ)・干瓢(かんぴょう)・黍(きび)・粟の類を、初めて味わうことができた。饗宴のあと、その日の午前中に、両国造の行列は大庭を出て、途中で1泊して巳の日に杵築に帰着した。そして、改めて祝宴が開かれた。

「新嘗会」と「火継神事」

　上記でいくつか触れたように、国造の襲職儀礼である「火継神事」と「新嘗会」には、多くの類似点がある。例えば、神聖な火切りの火と真名井の水で焚かれた「御飯」である。使用される火切りは必ず熊野神社から授けられたものでなければならず、今もこれが踏襲されている。熊野の火切りであるがゆえに、そこから鑽り出される火も神火となる。国造は自分自身の潔斎と禁忌の遵守と、この聖火による食物を口にすることによって、神聖性を獲得し保持できるのである。火継神事と新嘗会における構造と機能の類似は、「諸御供の献進」、「上官の祝詞」、「国造の歯固め」「一夜酒頂戴」「百番の榊舞」などにも見られる。規模の大小と祭場の異同は別として、火継神事を通じて、神々と祖先の霊威を継承し、神の「御杖代」とされた国造が、年々の新嘗会によって、その聖なる資格を更新するものと考えられる。

　上記のように新嘗会は一つの複合的な儀礼であった。その中で不思議に思われるのは、国造の歯固め・一夜酒頂戴・百番の榊舞などが、なぜ神魂神社と別邸の双方で繰り返されなければならなかったのかということである。その点に関しては、新嘗会は出雲国造が杵築に移住する以前から、大庭の国造邸で行われていたもので、平安中期以後に神魂神社が展開するに従って儀礼が2元化し、その行事のうちの若干が、神魂と別邸の2か所で重複して行われることになったとの仮説が立てられる。

　次に、幕末までの新嘗会が、なぜ杵築で行われることなく大庭でなされたか、という疑問がある。この点に関しては、出雲氏の族長は、国造に任ぜられる以

前から政治と神事の両面にわたる「まつりごと」の主宰者であり、政務の傍ら出雲大社と熊野神社の双方の司祭者であったので、新嘗の行事も杵築まで参向することなく、その本拠地である大庭で行う慣習だったと思われる。しかも、この国造が、神の「垂迹」または「御杖代」と信じられてきたことは、儀礼の実修や祝詞の文面からも跡づけられるところである。新嘗会における国造は熊野大神・櫛御気野命や大国主神などの司祭者であるとともに、それらの神々自身ともなる。換言すれば新嘗会は、国造を媒介とする櫛御気野命や大国主神たちの新嘗であったとも解される。

　江戸時代までの「新嘗会」が、現在の「古伝新嘗祭」に変化していく契機となったのは、明治4年（1871）からの神社制度の改変である。社領の上地、官社への編入など出雲大社においても政治的・経済的な急変があった。明治4年の新嘗祭がどのような形で行われたかは不明であるが、大・少宮司（ともに国造）の大庭行きはなかった模様である。翌5年5月、大宮司により、神魂神社において両国造の新嘗の神事を継続したい旨が願い出され、6月に教部省から許可が出されている。しかし、9月下旬になるとそれが改められ、国造は新嘗祭を出雲大社で行う旨の伺いを出さざるを得なくなった。官幣大社として、正式の新嘗祭は定日に大社で行われねばならず、大・少宮司が大庭に出向することが不可能となったからである。教部省の承認は翌月に出されたが、こうして大社の新嘗祭は、神社としての正式の祭典がまず午前に本殿で執行され、同日午後に、"国造家の行事"としての"古伝新嘗祭"が庁の舎「榊の間」で行われることになった。後に、その祭場が拝殿に移され、夜の神事に戻って現在に至っている。

現行

　現今の古伝新嘗祭の式次第については『官国幣社特殊神事調』（四）、出雲大社が発行している『出雲大社由緒略記』、千家尊統著の『出雲大社』などに詳しい。その要点は『出雲大社由緒略記』によれば以下である。

　　時刻前に祭場（拝殿）舗設
　　午後、末社釜社に神職出仕を従え参向し祭祀を行う
　　　畢って、出仕神釜を昇ぎ、祭場所定の席の敷薦の上に定置する
　　午後七時、祭場より諸事整備せる旨を報ずる

次、宮司以下一同斎館より祭場へ参進着座（此間奏楽）
次、宮司祭壇（拝殿中央高間）に上り立って一揖、畢って側に伺候す
　神職祭壇中央に 軾(ひざつき) を敷く
　権禰宜宮司の座前に敷皮を敷く（敷皮は海驢(みち)）
次、宮司御飯及醴酒(ひとよさけ)を棒げて四方を拝す
　是より先、権禰宜御飯及醴酒を載せた膳を棒持して敷皮の上に置く
　[其儀、宮司先ず御飯を捧げて拝席に進み、立ちながら四方に向い之を献じ畢って祭壇の座に復す]（一同平伏）
　次に醴酒を捧げて前の如くする（一同平伏）
　（御飯は新玄米にて焚き、醴酒は新白米にて醸造したものを、土器に盛り箸を添う。此火は熊野神社より新に授かった火燧臼を以て鑽り出したものである。）
次、宮司相嘗の式を行う
　[其儀、御飯を先にして醴酒を後にす]
　終って、権禰宜御膳を撤す
次、宮司火燧臼に文字を読む
　[文字は表面に「新嘗祭御燧臼」、裏面に年月日を書く]
次、宮司歯固式を行い、畢って本座に復す
　[歯固は小石二個（石は真名井から）を土器に盛り箸を添えた膳を権禰宜敷皮の上に置く、宮司左の手に土器を持ち右の手に箸を持って之を嚙む]
　畢って、権禰宜御膳を撤し、続いて権禰宜敷皮を撤す
次、宮司百番の舞を納む
　是より先、祭壇中央に掛盤(かけばん)を置き、次に左に手草(たぐさ)を、右に手草受の三宝を夫々掛盤の横に置き、而して軾を敷く
　（手草は榊の小枝に葉二三枚あるものを紙にて根を巻いたもの）
　[宮司祭壇の掛盤(かけばん)の前に進めば、権禰宜二人左右に侍し、左座の後取(しどり)手草を進む、宮司手草を執って舞い、終って右座の後取に渡す、右座の後取これを三宝に置く（これを百回繰返す）初中終の各三番は起って舞い、その余は座して舞う、此の時一回毎に微音にて古伝の唱語をなす、此の間出仕琴板(こといた)を打ち鳴らしつつ、神楽歌、前の五十番には「ア、ア、ウンウン」、後の五十番には「皇神をよき日にまつりしあすよりはあけの衣

を毛衣にせん」と唱う〕
　宮司百番の舞を納めて再拝拍手し復座する、二人の権禰宜（後取）之に従う
次、宮司祭壇に上り一揖、畢って御釜の前に進み再拝拍手、終って復座する
次、禰宜釜の神事を行う
　　〔其儀、禰宜御釜の前に進み一揖し、後取より稲束と瓶子とを竹の棒の
　　両端に近くくくったもの及び青竹の杖を受取り、御釜の前に一揖し、稲
　　と瓶子を肩に荷い青竹を杖とし「あらたぬし」と賀詞を唱えつつ御釜の
　　周囲を廻ること三度、終って御釜の前に一揖し、後取に渡し撤せしめ、
　　禰宜復座する〕
次、宮司以下一同祭場より庁舎（ちょうのや）へ退出（此間奏楽）
　右終って、庁舎榊の間に於て直会式を行う

神人共食の形

　現在の古伝新嘗祭の根幹をなす行事は、以下のようにまとめられる。
　「宮司の祭壇一揖」、「御飯・醴酒を捧げての四方拝」、「相嘗」、「火燧臼への揮毫」、「歯固め」、「百番の舞・拝礼」、「祭壇一揖・御釜拝礼」、「釜の神事」。
　したがって、明治３年までの「新嘗会」に見られた祝詞行事はない。これは既述のように同日午前に正式の新嘗祭が執行され、祝詞奏上がなされていたからと解される（現在は献穀祭）。また、出雲国造の幕末までの「火継神事」や「新嘗会」では、必ず、黙祷形式の神秘な祈りが、「御飯」や「一夜酒頂戴」の際になされていた。これは、「四方拝」と「相嘗」の式に踏襲されている。その他の行事については、場所が変わり順序が若干入れ替わって、釜に対する宮司の拝礼が加わっている。しかし、「相嘗」や「歯固め」「百番の舞」などの作法は、幕末までのものと大きく変わるものではない。
　「古伝新嘗祭」の時代となってから、出雲大社では祭典に先だち、職員を熊野神社に遣わして火切りを取り寄せることになった。大正４年（1915）には、御大典を記念して、熊野神社で「鑚火祭（さんかさい）」が行われることとなり、「亀太夫神事」も復活して、現在では、毎年10月15日に宮司が神職若干名を率いて熊野大社に参向し、新しい火切りを受けることになっている。
　「新嘗会」と「古伝新嘗祭」を通じて窺われる「相嘗」の行事の特色は、新穀の食物を、神前用と国造用に取り分けて供しない点である。御飯と醴酒を盛

る土器はそれぞれ1つだけで、国造はこれを1品ずつ両手で捧げ、微音で神々に対する唱えごとをして神に供える形をとって、みずから頂戴する。これは、神道における一般的な神人会食のそれとは違うが、これも食物を通じてなされる一種の神々との霊交であろう。出雲国造は古来、熊野大社からの聖なる火切り以外の火で調理した物を食べてはならず、国造用の聖なる食物を、たとえ国造の家族であっても、他の人が食べることは厳重な禁忌であった。そのため、国造用と同一の火で用意された新穀を供えることを避けたものと思われる。

【参照事項】
さいかい　じんじゃさいしき　なおらい　みき　はつほ　かんなめさい　にいなめさい
とくしゅしんじ　（神社検定公式テキスト②『神話のおへそ』）108ページ「出雲Ⅰ」

59 きゅうていのねんちゅう（じゅう）ぎょうじ
宮廷の年中行事

　年中行事とは、毎年、同じ時期に人々によって行われる共同体的な行事の総称で、もとは公家の年中行事を指した。その宮廷の年中行事は7世紀から8世紀にかけて成立していったと考えられる。古来、極めて数が多く、古代の国家祭祀も年中行事に含まれる。平安時代中期以降は形式も固定化していき、有職故実として継承された。

概要

　内裏を中心とする年中行事には、恒例の儀式と臨時のものとがあった。恒例の行事は、毎年、決められた日に、一定の式次第に従って行われるもので、この「式日」は、特定の「日」と「干支」とによっていた。この式日が決まっていた恒例の儀式を「年中行事」と呼んでおり、この中には、大小の神事・仏事・陰陽道の行事・政務などがあり、臨時の諸行事を含めると、平安時代には年間300から400にも上り、ほとんど毎日行われていたことになる。

　これらの恒例・臨時の儀式には、担当する「行事」の官人が定められた。その指名は摂関によってなされたが、とくに儀式の一切を主宰する「上卿」の役目は重要で、国家的な大行事では、故実に明るい有能な公卿が選ばれた。この「上卿」について当時の儀式書や日記には、たんに「上」「日上」や「大臣」と書かれていたり、儀式の大小・種類によって呼称に違いがあった。

例えば、元日・白馬(あおうま)・踏歌などの諸節会では「内弁(ないべん)」、大嘗会では「節下大臣(せちげのおとど)」と称し、鎮護国家を祈願して「仁王般若経(にんのうきょう)」を読誦した「仁王会(にんのうえ)」では「検校」といった。大きな行事では、大臣の上卿の下に、副として納言・参議などが置かれ、大臣を補佐した。これらは官方(かんがた)の行事であるが、「令外官(りょうげのかん)」であった蔵人方(くろうどがた)の行事には、蔵人頭(くろうどのとう)・蔵人などが定められた。

　「伊勢例幣」「平野祭」「賀茂祭」「大祓」「荷前の使(のさきのつかい)」など、祭祀に関連するものも多いが、以下、恒例・臨時の儀式の中から6つの行事を取り上げる。

四方拝(しほうはい)

　恒例の年中行事は「四方拝」より始まる。元日の寅1刻（午前3時半）、天皇が清涼殿の東庭において、「属星(ぞくしょう)（しょくじょう）」の名を唱え、天地四方、次いで山陵を拝し、年中の災厄を祓い、宝祚の長久を祈願する儀式である。蔵人が行事して、東庭には葉薦(はごも)と、その上に長筵(ながむしろ)が敷かれ、屏風8帖(じょう)で取り囲まれた天皇拝礼の座が設けられた。

　次第はまず、その屏風で囲まれた西の御座で、天皇が北に向かい属星の「名」と「字(あざな)」を7遍唱えられる。属星とは、北斗七星の中で生年に相当する星を指していうもので、『江家次第』には、子年は「貪狼星(たんろう)」、丑・亥年(きょもん)は「巨門星」などと見えている。『親信卿記(ちかのぶきょうき)』によれば、円融天皇は天徳3年（959）己未生まれで、その属星の名は「武曲星」、字は「寅大恵子」（一説に「寅大東子」）となり、天延元年（973）の四方拝では、これを唱えられている。その後、再拝があり、呪文を唱えられたが、呪の文言は、平安時代前期に編纂された『内裏儀式』や『江家次第』に収載されている。

　次に、東の御座に著御され、まず、北に向かって天を拝し、次いで西北に向かって地を拝する。天・地ともそれぞれ再拝され、続いて、東より始めて、南・西・北の順に拝し、四方に向かって再拝する。ただし、子の方角（北）より始め、卯（東）・午（南）・酉（西）の順に拝する場合（藤原師輔(もろすけ)の九条流の有職故実）もあったという（『北山抄』『江家次第』）。

　次に、南の御座に着かれ2陵を拝された。2陵は皇考・皇妣の山陵で、皇考より両段再拝（4拝）する。『親信卿記』によると、円融天皇は、まず西方に向かって皇考（父・村上天皇）の山陵を拝し、次いで東南に向かって皇妣（母・藤原安子）の御陵を拝されている。

なお、天皇の御座には短帖が敷かれ、天地四方を拝する座には、さらに褥が敷かれていた。

鹿島使と石清水臨時祭

　仲春２月と仲冬11月の上申の日には春日祭が行われ、朝廷より近衛使（勅使）や内蔵寮使（官使）などが春日社に遣わされた。これとは別に、鹿島・香取両社にも祭使が立った。この鹿島使には、有力氏族の学生のために藤原氏が作った大学別曹・勧学院の学生と、内蔵寮の史生とがあてられた。前者は勧学院の「差文」（朝廷の行事で、諸役を務める者の名を記した文書）により、氏長者がこれを定め、後者は内蔵寮が点定して官に申請した。祭使の発遣に際しては、使一行の連絡のため「内印」（天皇の印）が押された太政官符が発給された。『北山抄』によれば、内印が押されるのは、公務出張のために朝廷から人馬を徴発するための「駅鈴」が支給されたからである。その官符の書式については、平安時代の法令集である『類聚符宣抄』に記載されている。なお、当使は後には２月にのみ差遣されることになった（『西宮記』）。

　石清水臨時祭は、その名の通り、もとは恒例の祭祀ではなく、朱雀天皇の天慶５年（942）４月27日、承平・天慶の乱の鎮定祈願の報賽として、「神財」「歌舞」「宣命」などを奉ったのが始まりである。その後、30年近くもこの祭りはなかったが、円融天皇の天禄２年（971）３月８日に祭祀を行って以来、毎年の行事となった。ただし、数年間は３月の吉日を選んで行っており、初めて３月の午の日に行われたのは、天元元年（978）３月22日丙午（下午）のことである（『日本紀略』『小記目録』）。『北山抄』によれば、式日は、３午あるときは中午とし、２午のときは下午を用いたという。

　祭りに先だっては「試楽」「調楽」が行われた。『江家次第』によれば、試楽は祭前２日、調楽は試楽より30日前に行うとあるが、実際には、期日が迫って舞楽を教習することが多かった。試楽は天皇臨席のもとに、清涼殿の東庭において行われたが、その際に、舞人や陪従（歌や管絃の演奏を行う）などが冠につける挿頭花に関しての逸話が『古事談』に載せられている。同書は鎌倉時代初期に源顕兼によって編まれた説話集ではあるが、古記録類を素材としたものが多く信憑度は高い。その中には「一条院御時、臨時祭試楽」とあって、この臨時祭が石清水・賀茂のいずれを指すのか判然としないが、一條天皇の御

代に、試楽に遅参したため造花の挿頭花をもらえなかった藤原実方が、東庭にある呉竹の枝を折って造花の代わりに用いたことが、臨席者の好評を博し、これ以後、臨時祭試楽の挿頭花には、この呉竹の枝が用いられるようになったとある。『江家次第』には、石清水と賀茂の臨時祭試楽に、ともに呉竹をもって挿頭花とすることが見えている。

節折(よおり)

　節折とは、6月と12月の晦日に、天皇、皇后、皇太子の身長を竹の枝で測り、「荒世(あらよ)」「和世(にぎよ)」の「御贖物(みあがもの)」をもって行う祓の儀をいう。その竹の枝を折るところから、その名がある。この神事の歴史は古いが、後には、蔵人が催すようになり、『江家次第』に蔵人式の逸文が載っている。後醍醐天皇によって書かれた『建武年中行事』には、この儀について「節折の命婦(みょうぶ)、竹を持て参て、御(丈)たけよりはじめて、所々の寸法をとりて、いでて宮主(みやじ)にきりあてがはせて、御はらへをつとむるなり」とされている。

　「節折の命婦」は「節折蔵人」「節折中臣女(なかとみのめ)」とも呼ばれ、この神事のみならず、大嘗会の御禊の際にも補せられた。その補任は、『西宮記』や『侍中群要』によれば、大中臣氏によって中臣氏の中から選ばれ、神祇官の「解(げ)」(上申文書)をもって奏上され、天皇の勅旨を内侍司(ないしのつかさ)の女官が口頭で伝える「内侍宣(ないしせん)」により神祇官に下されたという。村上天皇の応和元年(961)6月29日には、神祇官より、節折蔵人・同子(あつこ)の死去により、大中臣清子を奉仕させたい旨が奏上されたのに対し、内侍宣が神祇官に下されている。しかし、この日、内侍がいなかったため、蔵人が内侍宣を伝えたという(『西宮記』十四・裏書、『江家次第』七)。そして、内侍に代わって、実際には蔵人が宣下するようになったため、南北朝時代の公事書『伝宣草(でんせんそう)』などでは、節折命婦を定める宣旨(せんじ)を蔵人方の宣旨に入れている。

広瀬・龍田祭

　風災を鎮め、年穀を祈るこの祭りは、孟夏4月と孟秋7月の各4日が式日で、この日には諸司は政務を執り行わないのが原則であった。式日に先だって4月・7月の朔日、卜食(うらはみ)により、広瀬・龍田の社前に王・臣の五位以上各1名が、祭使に定められた。それらのことは『本朝月令』や『延喜式』巻十一「太政官」、

同巻十八「式部省」、『西宮記』に載せられている。祭使の人選は式部省の任であり、式部省の祭使点定の差文については、以下の長和4年（1015）4月1日のものが『類聚符宣抄』に収載されている。

　　式部省
　　　差進今月四日広瀬・竜田両社祭使諸大夫事
　　　広瀬社
　　　　　従五位下為済王　　　従五位下藤原朝臣栄光
　　　竜田社
　　　　　従五位下信忠王　　　従五位下三善朝臣興光
　　　右、使依例所差進如件、
　　　　　　長和四年四月一日　　　　　　正六位上行少録麻田宿禰光貴
　　　　　　　　　　　　　　　　　　　　正六位上行大丞藤原朝臣隆佐

この差文は式部省より太政官の弁官(べんかん)に申し送りされた。そして、差文を受理した弁官では、祭使一行の路次の供給のため、発遣の旨を両社が鎮座する大和国に下知した。その文書も『類聚符宣抄』には掲載されているが、それを見ると、祭使一行の随員には「正六位上」のものも入っており、『延喜式』の「五位以上」の規定に符合せず、平安中期の当使の実態を示した史料としても重要である。

　また、『延喜式』巻一「四時祭」によれば、両社の祭りには祭使・神官のほか、大和国司の次官以上が1人、行事することになっているが、この規定は延暦18年（799）6月15日の官符（勅）によって定められ、その符旨が『弘仁式』に定着し（『本朝月令』『日本後紀』）、次いで『貞観式』『延喜式』へと引き継がれていったものである。

大神宝使

　天皇即位の後、おおよそ1～2年の間に、神宮をはじめ京畿・七道のほぼ五〇社に、「神宝」「幣帛」「宣命」などを奉るため使(つかい)が遣わされた。これが「大神宝使(しづかい)」であり「一代一度の大神宝（大奉幣）」とも呼ばれる。

　大神宝使の構成は、伊勢使(いせのつかい)・宇佐使(うさづかい)・京近辺諸社の使（石清水・園幷韓神・賀茂上下・稲荷・松尾・平野・大原野）・畿内使（大和・河内・摂津）・七道使よりなっていた。このうち、伊勢使は例幣使と同じく諸王が、畿内使には諸大

夫が定められたが、ともに官方の差配によった。また、宇佐使と京近辺諸社の使には殿上人（てんじょうびと）が、七道使には蔵人所（どころ）の雑色（ぞうしき）・所衆（ところのしゅう）があてられたが、これは蔵人方で定められることになっていた（『西宮記』『北山抄』）。これらの使には、路次往還のため、宣旨または官符が発給された。蔵人所雑色・所衆に任ぜられた遠路の七道使には、駅鈴（えきれい）が支給されるため、路次の国々に内印の官符を下す一方、蔵人所より公文書の一つである「牒（ちょう）」が添えられた。殿上人を使者とする宇佐使も同様であった。

宇佐使は、「宇佐和気使（わけのつかい）」と、和気氏以外の他氏を遣わす「宇佐使」に分けられる。和気使は一代一度の大神宝使に含まれるもので、清麻呂の故事に因んで、和気氏の五位昇殿者があてられたが、他姓の人がこの使を務めたこともあった。『兵範記』の仁安２年（1167）11月１日条の裏書によれば、この使は甚だ厳重で、使に定められた人は、宮中より直ちに精進所に向かい、出発当日まで魚味を食さず、女人を入れず、毎日行水して潔斎した。天皇も宇佐使が帰京して復命するまで、精進の御膳物を服された。一方、他氏を遣わすのは、３年に１度または臨時の使であった。

大神宝使に託して諸社に奉る宣命の数は53巻であったが、伊勢のほか宇佐、賀茂、日前（ひのくま）・国懸（くにかかす）などを２巻とする場合があり、宣命数と社数とは必ずしも一致しない。『西宮記』（七）は53巻・五二社とし、『江家次第』（十五）・『江家次第秘抄』には53巻・五〇社とある。

【参照事項】
まつり　さいじつ　きゅうちゅうさいし　じんぽう　じんじゃさいしき　なおらい
だいじょうさい　ちょくさい　（以下『宗教編』）さんりょう　じんぎかん
だいじょうかん　りつりょうきゃくしき　えんぎしき　みたまのふゆ

(61) うらない 占（卜、占卜、卜筮）

古代より行われてきた神意の認識、発見、感得の方法の一つ。公事にも私事にも用いられ、とくに神事に関連して重視されてきた。「うら（卜・占）」、「うらえ（卜合）」ともいう。

意義

　「ウラナイ」は、古今にわたって世界中で行われてきた。日本においては、上代から現在に至るまで、神事のみならず習俗の中にもその姿が認められる。『倭訓栞』には、「うら」の項に「占卜をいふはうら〳〵と定まらざるの詞也。又裏を察して表を證する意といへり。占筮は陰陽の主る所、亀卜は卜部家の主る所也」とある。また、「うらかた」（占状、卜兆）、「うらとふ」（卜問）「うらばのかみ」（卜庭の神）、「うらばみ」（卜食）、「うらべ」（卜部）、「うらやさん」（卜や算）などの類語も挙げ、「うらなふ」の項に「占をするの義、又卜合の転語也。古事記に占相と書けりうらへあはすの略也○俗にうらなひさんといふは卜者をいへり。うらやさんともいへり。さんは算の音なるべし」と註されている。そして、その「増補語林」では、「うらなふ」の項に「未来の事、見ぬ所の事を知らんがために卜筮の事を行ふをいふ。神代紀に、基業成否、当以 レ 汝為 レ 占。万十一、玉ほこの道ゆきうらに占相、いもにあはんとわれにのりつる」とされている。

　『大言海』では、まず「心」の意味の「うら」の説明として「裏の義。外面ニアラハレズ、至テ深キ所、下心、心裏、心中ノ意」とし、次に「うら」（占卜）の項において「〔事ノ心ノ意〕事ノ成行ノ吉凶ヲ、神ニ問ヒ奉リテ、其御心ヲ承ケテ定ムル法。ウラヘ、ウラナヒ、其法種々ナリ。太古ニ、鹿ノ肩ノ骨ヲ焼キテ行フ、太占アリ。後ニ韓国ヨリ、亀ノ甲ヲ焼キテ行フ亀卜ノ法渡リ、最後ニ、支那ヨリ筮ヲ数ヘテ行フ易卜ノ法渡ル。卜筮ト云フ。今専ラ行ハルルハ卜筮ナリ。又占ヘニ足占、石占ナドアリ。其外、灰占、辻占ナドモアリ」としている。

　『大言海』にもあるように、上代の「ウラナヒ」（占卜）の中で、最も重要とされていたものは「ふとまに」（太占）と呼ばれるものであった。また、「うけひ」（誓盟・神誓・誓約）と称して、深く祈請の達成を祈り、神明の意志に基づいて現れるものから事の成否を判断する方法もあり、「くがたち（神盟探湯）」や「とこい（呪咀）」にも、占卜の要素が含まれている。また、後世になって、とくに江戸時代以降は、古くに中国から伝わった易道による「八卦」「メドキ」（蓍、筮竹）を用いて、人の運命や事の吉凶を卜することも広く「うらない」と称するようになった。

　これらの「卜事」や「うら」の語義についての諸家の解釈はほぼ一致してい

るが、鈴木重胤は『延喜式祝詞講義』巻七「龍田風神祭」の条で、とくに「ウラ」および「ウラゴト」の精神を神学的に考察し、人としての純真無垢な心情になって、人の真心と神の心とが相合するところに、その本義を認めている。

古典

　『古事記』によれば、伊邪那岐命と伊邪那美命が「国生み」の初めにうまく事が運ばなかったことを天つ神に報告すると、「布斗麻邇爾卜相ひて詔りたまひしく」とあり、「天石屋」の段では、天香具山の鹿の骨を「ははかの木」（朱桜）で灼いて「占合ひ」したことが記されている。

　本居宣長は『古事記伝』巻四で、「国生み」の段のことに関し、「抑万の事に、いささかも己が私を用ひずて、唯天ッ神の命の随に行ひ賜ふことは、道の大義なり」と述べている。また、「フトマニ」の「マニ」という語の意義は解し得ず、『日本書紀』では「太占」の字があてられているが、「占」という漢字の義ではないと前置きして、「凡て書紀の文字は、語に中らねど、意を得て書けるが多きなり。又から文にては、卜と占と別なれど、此方には通ハし用ヒて別なし」としている。また、『古事記伝』巻八で、日本固有のト法である鹿卜が早くから廃れたことを嘆き、それに代わって行われた漢土伝来の亀卜は、卜部氏などが伝えたものであろうと推測している。

　なお、『古事記伝』巻四では、この「卜」は、中古からはもっぱら神事にのみ用いられるようになったが、上古においては、すべてのことが卜によって、神意に基づいて行われたことを述べ、「異神の卜問は、天ッ神の御教へを受賜ふなるべければ、謂れたるを、今此天ッ神の卜ヘ賜ふは、何レノ神の御教を受賜ふぞと、疑う人も有リなめど、其は漢籍意にて、古への意ばヘに違ヘり、是レを彼に此にいはゞ、神代の事は皆がら、疑はしきことのみならむ」から、すべてそのまま了承すべきだとしている。

　飯田武郷は『日本書紀通釈』巻三で、この宣長の説を引用した上で「此は、天ッ神高皇産霊尊、此時、顕身と現れ坐して、二神の奏状を聞食玉ひながらも、猶御親自の御心とは答かねさせ玉ふが、天御中主尊の大御心を太占以て占問ひ玉ヘるなり」としている。これは平田篤胤の『古史伝』巻三の考え方に基づくものと思われるが、篤胤は、天之御中主神以外に複数の天つ神の存在を述べて、広く天つ神の御心としている。

これに対して、鈴木重胤は『日本書紀伝』巻五で、宣長の意見に賛同しながら、この天つ神が授けられた「太占」、とそれによって教えられた意義が深く覚られていない点を指摘し、「女人先レ言不レ良とは、已に伊邪那岐命の御心の情に在りし事なるを、天神の御情には、其如く出でたりし故に、情と情とを合せて、其卜の善しく趣く方に就て、行ふべき条理の彰はる。是即ち卜相なり。さて此時の御占は、鹿卜なども未だ有ざりし程なりければ、何なる御占なりけむ、知るべからざれども、御心の御占を以て、正定に思定め給ふ可き、甚も奇しき神術こそは有りけめ」と詳述している。

　理論的考察はさまざまであるが、信仰上あるいは神話の面から考えて、宣長の考え方が妥当なところだと思われる。『日本書紀』の編者たちは、上記のようなことに多少の疑義を感じていたのか、本文では「卜定」のことを避けたようで、その一書の所伝において太占の神話を挿入し、また、漢風の思想により、さらに諾冉二尊が天つ神の教えに従って「時日を卜定へて」天降ったことを述べている。

習俗の展開

　神意をうかがって行動の道を知ろうとした日本の古代の方法に対し、神意・天意の発見によって吉凶を知り、生活の禍福に対処しようとする「卜筮」の方法が、中国から伝わったのも古く、これは陰陽道とも関連して行われた。その推移については、国学者で『古事類苑』の編集長も務めた佐藤誠実の『修訂日本教育史』にまとまったものがある。その第3篇の応神天皇から持統天皇の御代での展開を以下に引用する。

> 陰陽道は占筮、相地等に従事する者にて、推古天皇十年に、百済の僧観勒が遁甲、方術の書を貢し、大友高聡等をして、就きて之を習学せしめしを以て始とす。次で天武天皇の世に、陰陽師あり、占筮、相地を掌る者なり。持統天皇の世に、僧にして陰陽博士たる者あり。陰陽生を教ふる者なり。其の中に支那の卜筮の法は、是より先に輸入せり。即ち継体天皇の世に五経博士段揚爾百済より来りて易を伝へしかば、是に於て蓍（メド・メドギ）を以て筮する事あり。欽明天皇十四年には、百済に勅して卜書を献ぜしむ。是に於て、亀甲を灼きて卜する事あり。是より後は、太古も亦亀甲を用ふるに至りしかど、辺陬の地には、猶鹿骨を用ひしなり。

続いて第4篇では文武天皇から安徳天皇の御代の期間の展開が記されている。

　陰陽師の占は、周易に依り蓍を以てし、或は式を用ふ。式は吉凶を推す器の名にして、十二辰を刻せり。式の中にて殊に重き者は雷公式、太乙式にて、私家に之を有することを得ず。其余は六壬占なり。六壬占は星辰月日を計へて占ふ者にして、当時多く之を用ふ。故に神社の樹の枯れしをも、仏寺に虫の集れるをも、以て凶兆と為し、朝廷にて占はしむる時には、多く此占を用ひしなり。而れども独り陰陽師をして占はしむるのみならず、又神祇官の卜部にも占はしめたり。卜部は対馬、壹岐、伊豆の三国の人を取り、太占の法に依り、亀甲に、と、ほ、かみ、えみ、ための町形(マチガタ)を刻して之を焼き、其破坼(ハタク)の状を観て卜するなり。而して亀卜は神祇関係の事に多く用ひて、其余は皆陰陽道の占筮なり。元明天皇の和銅年間に、僧義法と云ふ者、新羅に往き、占を学び、殊に之を善くするを以て、勅して還俗せしめ、姓名を賜ひて大津首と云ひき。当時、此術の必要なりしこと以て観るべし。故に諸国にも、朝廷より陰陽師を置きて、毎に吉凶を判ぜしめしなり。夫より後には、僧にして祇冠を戴き、陰陽道を以て業とする者あり。是れ仏教と陰陽道とは倶に祈禳を主るが故に、此れに至りたる者にて、其修法中にも相類せる者多し。

奈良・平安時代には、このよう和漢の占卜が各方面で盛んに行われた。中世においても、陰陽師の占筮は公武ともに一般的に行われたが、卜部流の亀卜は神祇官以外では衰退して、わずかに対馬・伊豆方面で伝えるだけとなり、鹿卜も上野国・貫前(ぬきさき)神社などに、簡易な形式で伝えるのみである。なお、卜部の亀卜については、上代において、卜庭神(うらにわのかみ)として、太詔戸命、櫛真智命が祭られ、6月・12月に神祇官の卜部が卜庭神祭を行ったことが『延喜式』や『古語拾遺』などに見える。

諸国の神社では「筒粥」などの占方が多く行われた。民間では、古来のさまざまな単純な占い方が、形を変えながら習俗として行われていった。中国風の八卦を使い、50本の蓍(めどぎ)や筮竹を用いて吉凶禍福や人相方位などを「ウラナフ」ことがますます盛んになり、近世において民間では「ウラナヒ」といえば、ほとんどこの筮法を指していた。それを職業とするものを易者と称し、神職・僧侶や漢学者でも業とする人がいた。これと並行して、社寺や民間で「くじ（闢、

籤)」をもって占い、また、「みくじ」（神籤）を社頭で行うところも少なくなかった。近世以降の「みくじ」の判詞には比喩的なものが多く、庶民の間で行われたものは縁談・災禍に関するものが一般的である。

雑占

　太占を中心として、この方面の研究を大成したのが伴信友の『正卜考』三巻であるが、その下巻（附録）では、古く行われた民間の雑占について考証されている。また、大正から昭和時代の歴史学者で文化人類学者でもあった西村真次も『万葉集の文化史的研究』で、その考察を試みている。

　信友は、外国伝来のものと思われるものは省略し、「琴占（ことうら）」「神依板（かみよりいた）」「片巫（かんなぎ）」「肱巫（ひじかんなぎ）（附土々鳥ヲ占、竈輪ノ占、米占、飯占、粥占、菅占）」「夕占（夕占間）（ゆうけとい）」「石占（いしうら）」「足占（あしうら）」「橋占」「水占」「灰占」「山管占」「苗占」「歌占」「久慈（くじ）」「依瓶水占（よりべのみずのうら）」「三角柏占（みつのかしわのうら）」を挙げている。その解説からは、民俗的もしく庶民の信仰の性質が推測される。

　夢の内容や雲の色彩などによって事を判じたことも古典には見られる。後世には、自然や人為の事象から、世間の変異、人間の禍福を卜することが通常のこととなっていった。地震の時刻、釜の鳴り方、茶柱の立ち方といったものである。また、辻占や「サイコロ（賽、骰子（とうじ））」などによる占いも一般的になっていった。それら以外に、近世以来、各所でさまざまな「うらない」が行われていたことは、江戸時代後期の随筆『嬉遊笑覧（きゆうしょうらん）』や『和漢三才図会』、国学者・白井宗因（しらいそういん）の『神社啓蒙』、摂津国の地誌『摂陽群談（せつようぐんだん）』、伊勢貞丈の『安斎随筆』など多くの随筆類に散見される。

【参照事項】
きがん　のりと　とおかみえみため　みくじ（以下『宗教編』）おんようどう

62 みくじ
神籤（御鬮）

　神仏の意を受けて、吉凶禍福・勝敗・当落・順番などを占い、物事を選定する方法の一つとして広く用いられている。現在も、神社の社頭で盛んに行われているほか、商店街や忘年会の「くじ引き」などの習俗としても定着している。

符号や文字を付した紙片・紙捻・木片・竹片などを、束にしたり筒などに入れて、引きあてるものである。

歴史における「クジ」

　中世の文明 6 年（1474）ごろに成立したとされる『節用集』（文明本）には、「神心」（かみこころ）や「鬮」（きゅう）の項目が立てられ、現在と変わらない「クジ」の意味や方法についてが記されている。

　歴史をさかのぼると、『日本書紀』斉明天皇 4 年 11 月庚寅条には、有間皇子が謀反の成否を占うために「短籍」を取ったことが記されている。『続日本紀』天平 2 年（730）正月辛丑条には、聖武天皇が宴席で、それぞれに「仁」「義」「礼」「智」「信」の字を書いた「短籍」を取らせ、その字により物を賜ったことが記されている。上記の「短籍」は「短冊」「短尺」とも書き、紙片を用いた鬮の方法である。

　『古今著聞集』巻四の「頼長公行学問料試事」条には、仁平 3 年（1153）、藤原頼長第において「左伝・礼記・毛詩を分たびて、題をえらばされけり、みな紙切に書わけて、頭弁朝隆朝臣をめしてくじにとらせられけり、礼を以て儀を行ふといふ」とある。ここでは試験問題を鬮で決めていて「紙切」が用いられている。

　聖武天皇や頼長の例のように、神仏の意を介さずに鬮取りが行われる例も見られるが、多くは「神前御鬮」「仏前御鬮」「宝前御鬮」であり、それらは中世に入ると顕著な事象となってくる。『吾妻鏡』治承 4 年（1180）10 月 12 日条によれば、源頼朝は鎌倉に入ると直ちに鶴岡八幡宮の創建に着手し、由比若宮の神前にて神意を奉じ、自ら「令レ取二探鬮一」て、現社地・小林郷への遷座を決定している。

　神意を奉じての鬮取りの著名な例としては、鎌倉幕府の天皇・将軍の後継の決定での鬮の採用がある。『増鏡』や『五代帝王物語』によると、仁治 3 年（1242）正月、四條天皇崩御の知らせが鎌倉に届くと、執権・北条泰時は若宮（鶴岡八幡宮）神前にて鬮を取り、土御門上皇の子・邦仁親王（のちの後嵯峨天皇）に皇嗣を決定している。承久の乱（1221 年）後は「治天の君」の権限を幕府が握り、天皇・摂関をはじめとする公家の人事をも関東が行う形となった。そのため、泰時は公家社会の人事抗争に巻き込まれるのを嫌い、公平を期すため鬮

取の方法を採り入れたものと思われる。また、醍醐寺座主の『満済准后日記』や万里小路時房の日記『建内記』には、応永35年（1428）、室町将軍・足利義持の後嗣決定にあたり、八幡宮神前（石清水八幡のほか、三条八幡、六条八幡など諸説ある）において御鬮を取り、兄弟4人の中から青蓮院義円が選ばれて還俗し、第6代将軍義宣（義教）となったことは、とくに有名である。

　鬮を多数決によって決めた例もある。西園寺家伝来の記録『管見記』永享5年（1433）10月25日条には、後小松上皇の崩御にあたって、諒闇とするか否かが問題となったとき、足利義教は関白・二条持基、前摂政・一条兼良の意見を容れ、御鬮による神慮によって決めることになった。神祇伯（雅兼王）と吉田神主（吉田兼富）、伊勢祭主（藤波清忠）による鬮取りが行われ、2対1で諒闇とすることに決められた。中世の寺院衆会や村落で共同の意志を決定する際には、「鬮」や「多数決」が用いられたが、ここでは、「鬮による多数決」が行われている。

中世での「クジ」の分類と近世以降

　上記のように、中世に入ると鬮取りの史料は増加するが、これは現世の権威が低落し、信心の営みが展開され、神仏に誓いを立てる起請文などが現れたことと相応する事象であった。瀬田勝哉は『武蔵大学人文学会雑誌』1314所収の「鬮取についての覚書―室町政治社会思想史の一試み」で、寄合・評定・集会など集団の意志を決定する方法としての鬮取りの内容を、以下の5項目に分類している。

　①集団としての判断・方針の決定、②集団内での所領・物品の配分、③集団内での行為・行動の順位・順番（祇園祭・山鉾巡行の順番など）、④集団内の人の選出（宮座における祭礼頭役など）、⑤集団内のグループ分け、である。

　中世では、儒教の祖の権威を求めたためか、鬮に「孔子」の字が付されるようになる。鶴岡八幡宮では遷宮のときに御神体を遷し奉る役目の者2人を選ぶ際に、その鬮が利用されている。『八幡宮御殿司職次第』によれば、その役目は供僧の中から選ばれ、「孔子」を取った一生不犯の異性と交わらない清僧が選ばれた。これは、上記の④の例である。同じく鶴岡八幡宮では、鎌倉末期以降、供僧による社領の分田支配が行われ、応永本『鶴岡八幡宮寺供僧次第』には、「矢古宇四番鬮」「楠木長崎十六番孔子」などの朱註が施されており、鬮に

分田番号が記されて所領の配分がなされている。これは②の例である。

神前において、人は貴賤上下なく平等であったように、神仏前で引かれる籤にも公平・平等の原理が求められ、それは血縁・地縁・主従関係など日常的な社会関係を超越した存在であった。しかも、神意を奉じた籤は、その決定事項が「御神慮」であるとされ、集団や個人に対して強い規制力を有していた。

しかし、近世に入ると、中世における籤取りの重い意味は、起請文と同じように薄れてゆき、遊戯的性格が加わってくる。「富籤」はその一例である。

【参照事項】
せんぐう　うらない

本書は一般財団法人 神道文化会が発行している『神道要語集　祭祀篇』を基にしています。

　この『神道要語集』には「宗教篇」と「祭祀篇」があります。両書ともに、一般には発売されていません。ご入用の場合は、一般財団法人 神道文化会（☎ 03-3379-8281）までお問合せください。

　神道文化会は昭和22年（1947）9月に神道文化の普及・興隆を目的として設立された財団法人で、発足以来、各種の事業を展開してきました。
　『神道要語集』は、昭和33年（1958）より國學院大學日本文化研究所（当時。現・國學院大學研究開発推進機構）の機関誌『日本文化研究紀要』に掲載された「神道要語集」を編纂し、昭和49年に第一巻「祭祀篇一」、昭和51年に第二巻「祭祀篇二」、昭和52年に第三巻「宗教篇一」、昭和61年に第四巻「宗教篇二」、そして昭和62年に第五巻の「祭祀篇三」が完成し、『神道要語集』（國學院大學日本文化研究所編纂）全5巻として神道文化会より刊行されました。
　そして、平成24年にこれら5巻を神道文化会設立65周年を記念して「宗教篇」と「祭祀篇」の2巻に再編集したものが現在の『神道要語集　宗教篇』と『神道要語集　祭祀篇』です。

『神道要語集　宗教篇』
Ａ5判　本体700ページ

『神道要語集　祭祀篇』
Ａ5判　本体1198ページ

「神社検定」公式ホームページ
http://www.jinjakentei.jp/

装丁・本文デザイン　坂本浪男・齋藤静香（アクシャルデザイン）

イラスト　　　　　　紙風景

監修	神社本庁
企画	公益財団法人 日本文化興隆財団
協力	一般財団法人 神道文化会
要約	伊豆野 誠
要約協力	浅山雅司（一般財団法人 神道文化会）
編集	扶桑社「皇室」編集部 編集長　伊豆野 誠 編集協力　伊東ひとみ
校閲	聚珍社

神社検定公式テキスト⑦ 『神社のいろは要語集 祭祀編』

平成27年（2015）2月28日　初版第1刷発行
令和3年（2021）8月10日　　第3刷発行

企　画　　公益財団法人 日本文化興隆財団
発行者　　久保田榮一
発行所　　株式会社扶桑社
　　　　　〒105-8070　東京都港区芝浦1-1-1 浜松町ビルディング
　　　　　電話　03-6368-8879（編集）
　　　　　　　　03-6368-8891（郵便室）
　　　　　ホームページ　http://www.fususha.co.jp/
印刷・製本　大日本印刷株式会社

定価はカバーに示してあります。
乱丁・落丁本（本の頁の抜け落ちや順序の間違い）は
扶桑社郵便室宛てにお送りください。
送料小社負担でお取り替えいたします。
本書の一部、あるいは全部を無断で複写複製することは、
法律で認められた場合を除き、著作権の侵害となります。
ISBN978-4-594-07193-6
©2015　KOUEKIZAIDANHOUJIN NIHONBUNKAKOURYUZAIDAN
Printed in Japan